ブッダの変貌

交錯する近代仏教

TRANSFORMATIONS of the BUDDHA

Crisscrossing Streams of Modern Buddhism

末木文美士・林淳・吉永進一・大谷栄一　編

日文研叢書

はじめに

かつて仏教の研究というと、古典的な文献研究に限られていた。それが、この十数年ほど、大きく情勢が変化して、近代仏教の研究が急速に進展するようになってきた。それは、「仏教」の捉えなおしとともに、「近代」の捉えなおしがそれだけ避けられない課題となっていることによるものであろう。

編者の一人末木が、二〇〇八年に国際日本文化研究センターにおいて開始した共同研究「仏教からみた前近代と近代」は、このような状況を背景として、従来大きな成果を上げてきた日本の前近代に関する仏教研究と、新しく進展しつつある近代仏教の研究とを結びあわせることで、新たな知見が生まれることを期待したものであった。

その共同研究では、一方で前近代の仏教に対する理解を深めるために、近世初頭のキリシタン文献である『妙貞問答』上巻の仏教批判の部分を読み進めるとともに、もう一方では、近代仏教に関して、共同研究員ならびにゲスト研究者による発表討論を行うという形で三年間にわたって続けられ、二〇一〇年度にひとまず終わり、二〇一一年度を成果取りまとめの年度とした。同年十月十三―十五日には、国際研究集会「近代と仏教」を開催して、海外からのゲストを招いて、議論を深めた。

この国際研究集会の大きな意義は、海外研究者と同じ場で討論することで、近代仏教という問題が、日本に限定されたものではなく、欧米、アジアにまたがるグローバルな視野で捉えなおさなければならないことが、明確になったことである。その成果は、日本語版は、国際日本文化研究センターから『近代と仏教』（二〇一二年三月）として、英語版は *The Eastern Buddhist* (NS) Vol.43, No.1 & 2, 2012 に Feature: Modernity and Buddhism として発表された。

その後、この共同研究ならびに国際研究集会で投げかけられた問題をさらに深め、近代仏教研究の新たな地平を築くために、論集を出したいという意見が強く出された。そこで、活動の中心となってきた末木・林・吉永・大谷の四名が編集委員（編者）となって、幾度も編集会議を開いて計画を練った。その結果、先の国際研究集会で招待したゲストをはじめとする海外研究者の近代仏教に関する基本的な論文や著書の一部を和訳し、それに関連する日本語論文をあわせ収めるということで、本書の構想が出来上がった。さいわい、英語論文原著者、翻訳者、論文執筆者のご理解のもとに原稿が集まり、それがある程度まとまった段階で、二〇一二年十二月八日に、国際日本文化研究センターにおいてシンポジウム「近代仏教――トランスナショナルな視点から」を開催して、それぞれの論文に関して発表討論を行うことができた。

本書は、これらの論文を四部に分けて収録する。第1部「近代仏教の語り方」では、近代仏教の知的、学術的な面を扱う。近代になって、仏教はそれまでと異なる語りがなされるようになり、それが今日に至るまで常識化して流布することになった。そこには欧米とアジア、あるいはアジアの中の複雑な関係が反映している。それを立ち入って検証する。

第2部「近代仏教のトランスナショナル・ヒストリー」は、十九世紀後半から二十世紀前半の近代仏教の成立期に焦点を当て、そこに欧米の精神史的状況や欧米とアジアの政治力学を含んだ関係が反映されていることを論証する。神智学のように、従来、隠されてきた動向が、じつは近代仏教の中で大きな意味を持つことも明らかにされる。

第3部「アジアにおける近代仏教の展開」は、アジアという地域内における近代仏教の問題を取り上げる。日本のアジア侵略は、中国や韓国の仏教に屈折した反応を引き起こし、また、今日、大きな広がりを持ちつつある社会参加仏教も、アジア仏教の近代化の中から生まれたものである。このような政治性と絡んだアジアの近代仏教の様相を解明する。

第4部「伝統と近代」では、このような近代仏教が伝統的な仏教とどのような関係を持ち、どの点に新しさがあるのかを検討する。ここでは、そもそも「近代仏教」とは何なのか、改めてその特性が問いなおされ、また、具体的に日本の場合に焦点を当て、近世仏教との関係や、日本の近代仏教の特徴とされる肉食妻帯問題などを考えなおす。

各部は、最初に編者による総論があり、それぞれの部で論じられる問題の基本的な枠組みを提示し、その後、各論として、英語論文の和訳、ならびに日本語の論文を収めた。巻末には、人名索引とともに人名解説を載せ、本書に登場する主要な人物に簡単な解説を加えた。

書名の『ブッダの変貌――交錯する近代仏教』は、伝統仏教から近代仏教への転換を、ブッダ像の変貌という観点に代表させたものである。この点に関しては、とりわけ第1部のロペス論文「「ブッダ」の誕生」が参考にされよう。

以上、本書の成立のいきさつと、本書の構成を記した。従来の近代仏教研究が、ともすれば日本という枠の中に閉ざされていたのに対して、アジア、欧米に視野を広げ、それらと日本の近代仏教がどのように切り結ぶかという視点を提供できたという点で、今後の近代仏教研究に一つの大きな問題提起ができたのではないかと自負している。

本書の出版が実現するまでには、きわめて多くの方々に様々な方面からお力添えを頂いてきた。共同研究と国際研究集会にご協力くださった方々、国際日本文化研究センターの教員や事務の方々、英語論文の翻訳掲載をご許可いただいた原著者と出版社、執筆者、翻訳者等々、あまりに多いので、一々お名前を挙げることは控えさせていただくが、心から感謝の意を表したい。法藏館には困難な出版をお引き受けいただき、直接の編集は戸城三千代氏が担当してくださった。また、日文研には、日文研叢書として出版することをお認めいただいた。あわせてお礼申し上げたい。

なお、共同研究において、近代仏教とセットにして進めてきた『妙貞問答』に関する研究の成果は、『妙貞問答を読む――ハビアンの仏教批判』として、法藏館から本書と同時に出版される。あわせてご覧いただければ幸いである。

二〇一四年一月

末木文美士

ブッダの変貌——交錯する近代仏教＊目次

第4部 伝統と近代

ブッダの変貌——交錯する近代仏教

第1部

近代仏教の語り方

総論

近代仏教と学知

林　淳

はじめに――ヨーロッパ仏教学の成立

ドナルド・ロペスは、近年、フランスのインド学者で十九世紀前期を生きたウジェーヌ・ビュルヌフの『インド仏教史序説』こそが、ヨーロッパ仏教学の出発点だったという説を唱えている(1)。その根拠として、ロペスが挙げるのは、インド化、サンスクリット化、テクスト化、人間化という四つの指標である。ビュルヌフは、仏教の起源をインドとし（当時、エジプト起源説もあった）、独自の言語としてサンスクリット語を定め、仏教に正典を与え、ブッダを神々ではなく、英知を身につけた慈悲深い人間として描いた。つまりビュルヌフは、一人で四つの指標のいずれをも満たす研究を打ち出した。ここでビュルヌフが描いた仏教像は、その後ヨーロッパ、アメリカ、そしてアジアに大きな影響を及ぼすことになる。仏教学の成立に関しては、十九世紀後半に活躍したマックス・ミュラー、リス＝デイヴィズ、オルテンベルグの名前がよく挙げられるが、ロペスとしては、彼らよりも一世代前のビュルヌフに着眼し、再評価し、ヨーロッパ仏教学樹立の栄誉を彼に与えようとした。

仏教学の本当の創始者は誰であったかという議論を、私はここで展開したいわけではない。仏教学者ではない私には、そのような議論を行う知識もなく、また論じる資格もない。ただロペスが挙げた四つの指標が、仏教学の形成を考える上で、的確で重要な指摘であると考えている。なかでもテクスト化と人間化は、従来の仏教観を転換させるほどの影響力をもっていた。テクスト化についていうならば、正典が仏教に与えられた点もあろうが、テクストの中にこそ仏教の真髄が隠されていて、それを明らかにできるのはパーリ語、サンスクリット語を学び、文献学的な手法を身につけたヨーロッパの学者だという認識があったことを指摘しておきたい。これは、テクスト化というよりもテクスト優越主義というべき態度である。これによって、ヨーロッパの学者は、アジアに生きている僧侶よりも、真の仏教について熟知していると自ら信じることができた。さらにこの態度を押し進めると、アジアの僧侶は無知であって、アジアの仏教は堕落しているのだから、ヨーロッパ人が仏教を救出せねばならないという使命感につながる。パーリ仏教研究の先駆者であったリス＝デイヴィズにも、テクスト優越主義の態度はうかがえた。ロペスの『シャングリアの囚人』を引用してみよう。

注目すべき点は、リス＝デイヴィズは、自分の本の中でチベット仏教の見出しで、すべての大乗仏教、つまり中国、日本、チベットの仏教をまとめている。「後から派生した」仏教はすべて、こうして「ラマ教」のカテゴリーに入れられた。ワデルは「ラマ教」を寄生虫と同じだと考えて、ヨーロッパの図書館にテクストとして保存されたもの以外の仏教、つまりはヨーロッパ人によって管理されない仏教のすべてに、寄生虫の感染は及んだと考えていた(2)

リス＝デイヴィズたちが「ラマ教」を汚らしいものとして排斥したのは、「ラマ教」がブッダの教説とは似ても似つかない教えと化していたからであった。ヨーロッパの学者には、アジアの現実にいる僧侶や仏教への軽蔑の裏側に、ブッダに対する極端に高められた憧憬があった。ヨーロッパの仏教学者は、歴史的に存在したブッダにのみ関心を集中させた。それがブッダの人間化である。十九世紀にヨーロッパで生まれたブッダの人間化は、従来のアジアの仏教にはなかった、全く新しいイメージの創出であった。ヨーロッパ仏教学が生み出したブッダ像は、以下のようにまとめることができる。

この仏教は、何よりも理性の宗教としてみなされ、苦を消滅させることを目的としていた。強い倫理性をもって、非暴力を重視し、社会改革のための器であった。ブッダその人は、カスト制度や動物犠牲の慣習に対して反対の声をあげ、こうした徳の模範として表象された。とはいえ全能の神の存在を否定しているので、仏教は無神論の宗教である。また仏教は、合理的な分析を強調することによって、他のいかなる宗教と比較しても近代科学と共存できるものである(3)

十九世紀後半のヨーロッパの仏教学者、さらに仏教信奉者は、ブッダを憧憬して、人生の師として、生きる模範として仰いだ。十九世紀には史的イエスが、歴史家の間で議論されていた時代であったから、史的ブッダも同様に論じられるようになったとしても自然の成り行きであった。ブッダのイメージも、当時のヨーロッパの知識人が理想とする人間像を反映していた。人びとは、ブッダをイエスのような人、ルターのような改革者、詩人、革命家と、さまざまな理想的なイメージをつぎつぎに投影し、自由に語った(4)。それに従って仏教は、理性、倫理性を特徴とし、社会改革をすすめる理想の宗教、あるいは科学とも共存できる宗教と見られた。さらに仏教は、キリスト教に代わりうる宗教だと見なされることも、宗教そのものに代わる新思想だと高い評価を受けることもあった。要するに、ヨーロッパ人の仏教観の中心には、歴史上に生きた人間ブッダがいた。

大乗仏教圏でも上座仏教圏でも、ブッダは通常の人間ではない。多種多様な仏像が、そのことをよく証明している。諸仏諸菩薩をもたない上座仏教の寺院に祀られているブッダさえ、頭上が尖がっていて普通人ではない異常な存在であることは、すぐに目につく。本書に所収のロペス論文は、それにまつわる数多くの寓話や解釈を紹介している。また仏足の跡は、やはり通常の人間を超えた、特別な存在として信仰の対象になってきた。アジアでは、ブッダは長く信仰の対象であって、超人間的な容貌の像に形象化されることは、ごく自然なことであった。ところが、十九世紀後半のヨーロッパ仏教学者が語りだしたブッダは、信仰対象から離れて、歴史的に存在した理想的な人間ブッダであり、このブッダのイメージが、今度はアジアの仏教圏に広がっていく。

一　ヨーロッパ仏教学と日本人の出会い

一八七六年に南条文雄、笠原研寿が、真宗大谷派の新法主の現如に命じられ、イギリスに留学した時に、ロンドンでリス＝デイヴィズに会った。リス＝デイヴィズは、二人の若い日本人に対して、パーリ語を学習するように勧める。彼らは、その助言に従わずに、オクスフォード大学に行き、マックス・ミュラーのもとでサンスクリット語と文献学を習いはじめた。これが、ヨーロッパ仏教学者と日本の仏教徒との最初の出会いであった(5)。

十九世紀のヨーロッパ仏教学者の世界では、パーリ経典こそがブッダの言葉を伝えていると考えられた。したがって大乗仏教の経典は、後代に成立した価値の低いものと判断された。その観点から見て、パーリ語がもっとも重要であり、その次にサンスクリット語、さらにその次に漢文という優先順位ができあがった。南条たちの留学の目的は、浄土教のサンスクリット経典を学ぶためであったから、リス＝デイヴィズの助言に従うことはなかった。最初の面会の時にミュラーが、二人に留学の目的を尋ねたが、二人は、それに答えられなかったというエピソードがのこっているが、本当の話であろう。南条、笠原も、個人の意志で留学したのではなく。真宗大谷派の期待をずっしりと肩に背負った留学であったから、ミュラーの質問にどう答えたらよいかと困惑したと思われる。

ミュラーは、当初、日本からの留学生の学力にはあまり期待していなかったようだが、二人の真摯な態度と優秀さに打たれて、この二人の弟子をあつく信頼するようになった。ある時、ミュラーは、南条に頼んで日本にある梵語の阿弥陀経を送ってもらったことがあった。彼は、その文献学的な研究を行い、「日本で見つかった梵語経典」という論文を書きあげたが、阿弥陀経の教説には納得できなかった。ミュラーはつぎのように語る。

この経典は、元来釈迦が説いた教えとはことごとく異なることは、疑いもない。にもかかわらず日本ではもっとも人気があって広く読まれている経典なのである。国民の大多数の宗教は、この経典に基づいているといわれている。「できるだけ多く阿弥陀仏の名前を唱えよ。そうすればすぐに浄土へ行き安らぎが得られる」。日本人が信仰させられているのは、こういう教えである。これが釈迦の説いたことだと教えられる。この経典の一文は、もともとの釈迦の教えとは全く反しているように見える……「東洋のイングランド」になるといわれてきた東洋の島国〔日本のこと〕には、偉大な未来が待ち受けている。宗教を純粋化して改革すること——すなわち元来の釈迦の教えに戻ること——が、何よりも先に為されなくてはならない(6)

ミュラーは阿弥陀経を読み、仏説ではないという結論を出し、日本人の仏教徒にむけて浄土信仰を捨てて早くブッダの本来の教えに戻ることを勧めている。そのことが、日本が文明化して東洋のイングランドになるためには必要なことだといわんばかりの口吻である。ミュラーにとっては、阿弥陀経は不愉快で、仏説から逸脱した内容であった。しかしこれは、ミュラーだけの認識ではなく、当時のヨーロッパの仏教学者に共有されていた認識であった。ヨーロッパの仏教学者の生活圏には、当たり前のことであるが、寺院も僧侶もなく、テクストの知識によって想像力のおもむくままにブッダの教説の理想を語ることができた。

おそらく南条、笠原も、ミュラーから阿弥陀経は仏説ではないという話を何度も聞かされたことであろう。真宗大谷派の僧侶であった彼らが、心の中でどう思っていたかは知る由もない。帰国後に南条は、講演会に呼ばれて話をする機会があったが、それを聞いた匿名の人物から葉書が来て、大乗非仏説をどう考えるのかと詰問されたことがあった。匿名の人物は、南条がミュラーの弟子であったことを知った上で質問をしてきたのであった。南条は、つぎのように回答している。

此事の起りは明治十二年の末に日本より英国へ向け梵漢阿弥陀経を送られたれは早速マクスムユーラル氏に呈せり、博士は夫を読で中程に至り極楽に往生すべき法を説く所に至り少善根少福徳の者は往かれぬとあり、然るに馬博士は小乗経のみを学び居り、一善因あれば一善果を感じ一悪因あれは一悪果を感ずる因果必然なることを信じ居る所へ、少善根少福徳にては往かれず名号の所由を聞きて信ずる者はみな往くとあるは、是れ釈迦の説に違ふものと感じたりと見え、顔赤らめて是を仏説なりと思へるか言はれたることあり、其事日本に聞え日本にては某などが之を喋々して雑誌に載せ英国へ送りし者もありし程なり、博士も予の一言よりして大事を引起しては気の毒なりと言れたれとも、支那日本の仏教豈に博士の一言により混乱を生ぜんや、況や大乗非仏説の論の如きは古来珍らしからぬ事なれは予と笠原とは別に驚きもせず宗旨上に於ては毫も信を動かすことなかりし、然るも馬博士は文学上の師にして宗教上の師にあらざる事は勿論なれは、毫も其の懸念はなきことなり[7]

文中にある「日本にては某などが」とあるが、これはアメリカから来た宣教師ゴードンのことであろう。ゴードンは、日本に来て、真宗の僧侶が排耶論の先頭に立っていた時代に、仏教の批判を行った。[8] ゴードンは、京都での演説会において「阿弥陀仏は造物主であらず、全知全能ではあらず、人を救う力をもたない」と述べた後に、「阿弥陀仏は釈迦の教えにはない」とも話した。この仏教批判は、ミュラーの論文を参照して、真宗をたたくものであった。「阿弥陀仏が造物主にはあらず」といういい方は、十六世紀のフロイスの時代から宣教師が、仏教を批判する時に使う常套句である。しかし仏教徒は、このように批判されても、「造物主のような存在は認めない」といい返せばよかった。ところが宣教師から「浄土教は釈迦の教えではない」といわれると、僧侶としては無視できなかったはずである。

大乗経典のサンスクリット語文献を研究するために、イギリスへヨーロッパ仏教学を学びに行った南条、笠原であったが、ミュラーからは大乗仏教、浄土教は仏説ではないといわれたのである。ミュラーの一言で、日本、中国の仏教徒に混乱を生じることはないと南条はいっているが、反響の大きさから見て、混乱、反発、怒りを招いたことは疑いえない。南条は、ミュラーを称して「文学上の師にして宗教上の師」ではないと断言している。彼は、「文学」（学問のこと）と「宗教」を分割し、学問では大乗経典は仏説ではないという説に従うが、仏説だという立場もありうると留保している。宗教上では南条は、大乗仏教を仏説だと固く信じ、揺らぐことはなかったと弁明した。南条の弁明にもかかわらず、ミュラーの大乗非仏説は、日本の仏教界に戸惑い、混乱、怒りをもたらしたと見るべきである。

ここで起こった問題は、南条、笠原の個人的なエピソードではなく、成立しつつあるヨーロッパ仏教学と、アジアから来た仏教徒が出会ったことから生じた出来事であった。テクスト優越主義のヨーロッパ仏教学が、アジアで生きている僧侶に対し、仏教の教説の正否を教授するという捩れた関係が生じた。その捩れから来る抑圧は、アジアから来たエリート学僧の方が引き受けなくてはならなかった。南条、笠原の体験は、広く見るとヨーロッパの学術を受容して近代化をめざした日本人エリートが、ヨーロッパに行くことによって、ヨーロッパ人の価値尺度によって自らが計られて、蔑視されて戻ってくるという一例として考えることもできる。ヨーロッパ仏教学者が説いた大乗非仏説を、ヨーロッパの近代学術の成果として嫌々認めつつも、意味するところを換骨奪胎し、いかに乗り越えるかが、日本の仏教学者の共通の課題になった。日本の仏教学者の近代への船出は、順風満帆なものではなく、憂鬱な悩ましさをいつも伴っていた。

二　大乗非仏説に対する批判

哲学館を創設した井上円了は、哲学を重視する立場から、大乗仏教を擁護した人物である。(9) 井上からすると、仏教を信じるのは、三千年前に釈迦が説いたからではなく、それが哲学として優れているからだと論じる。キリスト教、儒教を比べても、仏教の方がもっとも哲学に合致し優れている。このような井上の問題の立て方に従えば、大乗仏教が仏説か非仏説かという問題は、じつに些末なことに過ぎなくなる。井上は、ヨーロッパの仏教学者には小乗仏教の情報のみが伝わり、本来の仏教のことが知られていないとしきりに嘆いていた。井上の結論では、ヨーロッパの仏教学者が説く大乗非仏説などは気にする必要はなく、無視すればよいことになる。しかし井上のような達観した見方では、ヨーロッパ仏教学の脅威を打ち消したことにはならない。

東京大学で仏教学の教鞭をとった村上専精は、留学経験はなくサンスクリット語、パーリ語も読むことはなかったが、漢訳経典に造詣が深かった。一九〇一年に出た村上の『仏教統一論　第一編大綱論』は、その書名からもわかるように、各宗派に分かれた仏教界が統一され、キリスト教や西洋思想に対抗しうる統合的な仏教教理の構築がめざされた。このなかで、村上は大乗非仏説にも言及する。歴史的な立場からブッダを人間として見るならば、大乗仏教は非仏説であることはまちがいない。しかし教理面、信仰面で見るならば、大乗仏説であることもまちがいないという。『仏教統一論　第一編大綱論』刊行後に、真宗大谷派では大乗非仏説が話題になり、村上への批判が噴出した。のちに村上は、つぎのように自分の見解を述べている。

歴史問題としては大乗非仏説なりと断定せさるを得すてふ結論なり。凡そ大乗を以て仏説となすは教理問題として起れる議論にして歴史問題として成立する議論に非さるなり(10)

村上は、歴史問題と教理問題を切り離して、問題を論じようとする。さらに村上は大乗仏教を、発達した「開発的仏教」だと打ち出し、小乗仏教を優位とするヨーロッパの仏教学の相対化を行った。歴史的なブッダという原点に戻るべきだとするヨーロッパ仏教学者の見解に対して、村上は、時代とともに仏教は発展、進化するものだという見解をもって対峙した。

一八九三年にシカゴで万国宗教会議が開かれ、日本からも僧侶、神道家、キリスト教者が参加して発表を行った。万国宗教会議の実行委員長のジョン・バロースは、島地黙雷、南条文雄に参加の打診をしたが、島地は自ら行かずに、代わりに参加者を探した。島地は、欧米に伝わった仏教は小乗仏教であるが、理性的で理論的な欧米人を満足させるのは大乗仏教をおいては他になく、万国宗教会議を大乗仏教の教えを広める絶好の機会だと力説した(11)。仏教界からは、臨済宗の釈宗演、真言宗の土宜法龍、天台宗の芦津実全、浄土真宗本願寺派の八淵蟠龍が発表を行った。釈宗演の発表のなかでは、以下のように大乗非仏説の打破を訴えている。

特に吾等が今回の大会に於て。少くとも内外人の注意を惹き起こせしものは。日本帝国民か尊皇愛国の精気に富めること。仏教か如何なる程度まて日本国民の精神を支配して古今の国主に関係を及ほしたること。仏教は世界的宗教にして而も現在の科学哲学と密合せること。大乗仏教は非仏説なりと云ふの妄想を打破せしこと(12)

芦津実全もまた、欧米の仏教学者による大乗非仏説は、大乗仏教に対する無知に由来することを述べて、批判した。

仏陀ノ本意ハ大乗ヲ説テ人々具有ノ仏性ヲ開発シテ、斉シク円頓法華ノ一仏乗ヲ悟リ大涅槃ノ妙果ニ入ラシムルニアリ之ヲ仏陀ノ教義ト名ク然ルニ欧米人ハ小乗ヲ以テ仏陀ノ本意ト為シ、大乗非仏説ヲ唱フル者多ク大乗教ヲ以テ哲学ナリト思惟スルガ如キハ、未ダ仏陀ノ本懐ト一代説教ノ次第ヲ知ラザルノ致ス所ナルベシ(13)

シカゴ万国宗教会議に参加した学僧は、欧米の仏教学にある大乗非仏説をあらかじめ意識して、それを批判するため大乗仏教の真価を訴えようとした。しかし聴衆は、キリスト教徒をはじめさまざまな宗教を持った人たちであったから、日本の学僧たちがいうところの大乗と小乗との違いという話がアピールできたとは想像しがたい。

大乗非仏説への異論は、真宗大谷派の僧侶でチベットへ行った能海寛《のうみゆたか》にもあったことが明らかにされている。能海のチベット行きの目的は、チベットで大乗経典のサンスクリット語原典を見出すことであった。能海の主張を引用してみよう。

北西蔵国に至りては其教が大乗仏教なるにも拘はらず、之に向て未た探検を遂けす留学生の派遣なし是日本仏教徒の不面目と云はざるべからず、又今日は宇内教の大形勢が仏教徒を喚起して唯日本支那の一国内一地方の仏教に止まらず、広く世界に於ける仏教徒の新運動を促がし将来に於ける宇内一統宗教は仏教たらざるべからざるの気運に際して、之に対して一大準備をなすべきの時期なり、其準備とは如何哲学上宗教学上種々あるべしと雖とも其最も要々なるものは或は神聖なる経典の梵本を探り、或は釈尊の正伝を求め其真説を発揮するにあり、然れば印度よりして直伝せる西蔵の仏教の研究、原本の探索其必要なること論を俟たず(14)

チベットへ行った日本人を研究している高本康子は、能海の認識の「背景には「大乗非仏説」があると思われる。大乗仏教の正統性を証明する足がかりが、チベットの未知の諸文献の中に存在する可能性に注目していたのは、能海に限らない(15)」と述べている。本願寺派の青年たちが組織した反省会というグループに能海は入っていたが、『反省会雑誌』（のちに『反省雑誌』と改称）ではミュラーの大乗非仏説が繰り返し報じられていた。能海は、大乗非仏説に非常に関心を寄せて、それを打破するためにチベットへサンスクリット語の経典を探しに行った。

日本の仏教知識人の大乗非仏説に対する対応と反発を見ていくと、二つの対応法があったことに気づかざるをえない。一つは、南条による「文学」／「宗教」、村上による「歴史」／「教理」・「信仰」という二次元を設けて、両者の次元を分けることで両立させようとする行き方である。これは、彼らが学者でありながら僧侶であるという二重性を身をもって実践し、学問の世界で成果を出しながら、他方で宗派の僧侶として生きるという事実から来る行き方であった。今でも、僧籍を持つ仏教学者には、ある程度あてはまることであろう。もう一つは、大乗仏教のサンスクリット語経典を探し、研究して、大乗仏教の教説がインド以来のものであることを論証しようとする試みである。すでに南条たちの留学は、この目的によるものであったし、能海のチベット行きは、初期のサンスクリット語の文献を発見することにあった。

大乗仏教の再評価は、さまざまな形で行われた。高楠順次郎たちによる『大正新脩大蔵経』の編纂事業は、漢訳経律論、中国・日本撰述書を集めたものであったが、漢訳仏典の学術的評価を高めるのに、決定的な役割を演じた。また鈴木大拙の「東方仏教」の提唱は、北方仏教とも南方仏教とも違った「東方仏教」のカテゴリーを使い、大乗仏教、日本仏教の価値を復権するものであった。重要なことは、大乗仏教の再評価は、ヨーロッパの仏教学者の大乗非仏説へのリアクションであったことから、国際的な舞台で遂行されてはじめて意味を帯びる点である。

ヨーロッパの学術をあまねく学び、それに基づいて文明社会を生きる人材を養成しようとした当時の日本において、仏教学もまた他の学術同様にヨーロッパ産であるという理由で急いで受容、摂取されたのである。しかし仏教の場合、日本にすでに寺院、僧侶、信仰者がいて、長い間日本文化を担ってきた歴史がある以上、ヨーロッパの仏教学者の大乗非仏説に同調するわけにはいかなかった。大乗非仏説の内容を、いかに換骨奪胎し、いかに部分的には肯定し部分的には否定していくかが、宗派の垣根をこえて当時の仏教知識人に問われた課題であった。

三　所収論文の紹介

ロペスの「「ブッダ」の誕生」（原題は、「ブッダ」）は、『仏教学の重要用語』[16]（二〇〇五年）所収の論文を翻訳したものである。ロペスは、チベット仏教の専門家であり、アメリカを代表する仏教学者でもある。多くの著書、編著を持っているが、彼が編集した『ブッダの学芸員——植民地主義下の仏教学』[17]は、サイードの『オリエンタリズム』の影響を受け、欧米の仏教学の成立に植民地主義が影を落としていることを、仏教学者の立場から反省的に捉えている[18]。それは、テクスト中心に仏教を理解して、そこから理想的で観念的な仏教像を創作し、アジアの現地にある生きた仏教には目を向けないという欧米の仏教学者に特有な態度に反省を迫ったものであった。そうした欧米の仏教学者の心性に、ある種のオリエンタリズムがあることを喝破し、植民地主義をめぐる議論を仏教学に引き寄せて展開させたところに、ロペスの貢献があったと見ることができよう。これによってロペスは、現代の仏教学の最前線に立つ研究者の一人と目されるようになる。

この論文が載っている『仏教学の重要用語』について一言しておきたい。これには、十五の用語が挙がっているが、「ダルマ」「輪廻」「涅槃」「悟り」「解脱」「曼荼羅」という通常の仏教辞典に出てきそうな用語は全く出ていない。ここで挙がっているのは、「芸術」「死」「経済」「贈り物」「歴史」「制度」「教育」「権力」「プラクティス」「近代」などという用語である。それらは、文献学者である仏教学者があまり得意とはしない、むしろ哲学、社会学、歴史学で使われている用語である。読み手を仏教学の専門家や仏教ファンに限定せずに、ひろく現代の哲学、社会、歴史に興味をもっている人たちに仏教の可能性を開いていく戦略が、編者にあるような気がする。
ロペス「「ブッダ」の誕生」は、ブッダの像に見られる肉髻《にくけい》（頭部の突き出た部分のこと）をめぐる欧米の仏教学者による多様な解釈を紹介している。ブッダの三十二相は、ブッダに表れた三十二の優れた身体的な特徴であって、いかに普通の人間とは異なる完全無欠の容姿であったかを物語っている。しかし欧米の仏教学者は、ブッダを歴史的な人物と考えるため、肉髻についても何とか合理的な解釈を施そうと苦慮する。それは、裏をかえすと欧米の仏教学者が提示してきた人間ブッダの像が、いかにアジアの僧侶や信奉者が信仰しているブッダ像からかけ離れているかを如実に示している。欧米の仏教学者が描いた人間ブッダは、ブッダにまつわる奇跡や超人的な容姿をそぎ落とし、むしろ捨て去ることで誕生した、新しいブッダ像であった。ロペスは、つぎのように語る。

肉髻は、それが何であれ、アジアにおいても、また西洋においても、ブッダについての変わりゆくヴィジョンを表す換喩語となっている。不確かな状況下で現れた瘤に対して、アジア中の仏教の諸伝統は、すぐさま偉大な力と重要性を付与し、そこにおいてその瘤は、ブッダの超人性のしるしと見なされた。しかしヨーロッパの学者たちは、その存在そのものをもみ消そうとした。彼らは自分たちの科学的手法を用いてその瘤を小さくし、ブッダをより人間的にするために、彼の髪型を変えた。（「「ブッダ」の誕生」本書六一—六二頁）

同じブッダとはいえ、欧米の学者とアジアの仏教徒は異なる姿を思い描いていたことに、ロペスはあらためて読者の注意を喚起する。ここで読者として想定されているのは、まずは英語圏にいる仏教に関心を寄せる人たちである。もし彼らが、欧米の仏教学者が作りだした歴史的な人物としてのブッダに親しみを感じるのであれば、アジアで信仰されてきた、三十二相をもった超人的なブッダ像に違和感を覚えるにちがいない。肉髻をはじめとする三十二相は、無用なものであるばかりか、歴史的な事実を覆い隠す邪魔な存在だと考えられるはずである。ロペスは、欧米人の読者にむけ、人間ブッダというイメージがいかに近代ヨーロッパの特殊な歴史的な産物であったかに気づかせようとする。

しかしアジアの仏教徒にとっては、ブッダは歴史的な一個人を越えた存在として、三世十方の諸仏、法身・応身・報身の三身説などと思念されて、仏舎利、仏足石も重要な信仰対象物として機能する。仏像の肉髻の話を聞いても、アジアの仏教徒は当然のこととして受け取り、むしろ歴史的一個人から仏教のすべてが流出して、諸地域の仏教ができあがったという欧米の仏教学者の説明に戸惑い、疑いを差し挟むであろう。そこにある埋めがたい溝があるが、ロペスはその溝の存在を示唆して、論文を終える。私が議論を補うとすると、ロペスは、欧米の仏教学者の人間ブッダ像を、アジアの仏教徒の超人・奇跡崇拝で相対化してみせることに成功したが、その後の展望を語ることはなかった。つまり、どのようにして人間ブッダが超人的なブッダに変貌したのかという問いは、放置されたままである。超人・奇跡を支えるアジアの仏教徒の信仰共同体の集合的な意識を対象化することは、仏教学の方法では難しいかもしれないが、他の学術的な方法や視角を駆使すれば可能になるかもしれない。しかしそうした議論に移る気配は、ロペスにはない。ロペスのとる方略は、豊穣な博識の迷宮に読者を誘いつづけることである。

オリオン・クラウタウは、彗星のように現れた学者である。ブラジルのサンパウロ大学で歴史学を学び、日本で宗教学を専攻したクラウタウは、辻善之助の近世仏教堕落論を対象にした地味な研究をはじめたが、そこから新たな分野を開拓し、ついには近代仏教史学の全過程の語りを解き明かすという大きな課題に取り組んでいる。クラウタウの仕事は、歴史学の歴史学というメタ・ヒストリーの性格を帯びており、仏教を対象にした歴史学である仏教史学を、同時代の社会、思想、制度との関連から捉えようとしている点に特徴がある。史学史という固定分野とは違って、歴史学をも諸学の一つとして位置づけ、言説論、学問史、宗教概念論、植民地主義を踏まえての研究は、『近代日本思想としての仏教史学』（法藏館、二〇一二年）として上梓されている。

「近代日本の仏教学における〝仏教 Buddhism〟の語り方」は、初期のアカデミズムの学者が、仏教をいかに語ろうとしたかを検討している。江戸時代の「仏教」は「仏法」の下位概念であったが、一八七六年に Buddhism は「仏教」と訳された。クラウタウは、原坦山、吉谷覚寿、村上専精をとりあげて、仏教学のめざすところが各人で違っていたことを明らかにする。原は、生理学的な理論から技法を強調し、文献学的研究を重視しなかった。それに対して吉谷は、宗派の僧侶養成に取り組んでいたこともあって、各宗の教理の総合的な理解を試みた。吉谷、村上は、文明開化の時代に「科学」「宗教」「哲学」のうちのどこに仏教があるのかを説明しなくてはならなかった。彼らは、仏教を「宗教」と「哲学」の面をもつことを強調し、宗門の枠のなかでの仏教改良論を提言した。この点で宗門との関係がなかった井上円了が、国家を第一に考えていたのとは対照的であった。村上は、学問も布教の基本になるものであって、青年僧侶個人の養成を改良する仏教改良論を展開した。吉谷、村上の教理の統合をめざす仏教学は、大乗非仏説と闘うものであった。吉谷によれば、大乗仏教は「文字」の上では非仏説であったが、「社会」の次元では仏説であるという。ふたりとも文献学的な方法を駆使し、教理の統合をめざして、宗門の枠のなかで改良、教育法を念頭においていた。官学アカデミズムにおける仏教の語り方のはじまりは、吉谷、村上の営為によって形成されたことが指摘されている。

『近代日本思想としての仏教史学』では、原、村上を論じながらも、戦中期までの仏教学者の語りを通史的に追跡している。クラウタウの本は、ジェームス・ケテラー『邪教／殉教の明治』（ぺりかん社、二〇〇六年）と比較し、位置づけることができると私は考えている。ケテラーの面白さは、廃仏毀釈、大浜騒動、シカゴ万国宗教会議という画期的事件の点と点をつないでいき、邪教→殉教→コスモポリタンという仏教徒による自己認識の変化を追った点にある。しかしケテラーの研究には、事件と自己認識の性格づけの間に飛躍があって、実証的な反証がしにくいところが多い。また明治仏教史の到達点をコスモポリタンだと評価したところで、近代仏教とナショナリズムとの結びつきという急所を見失っている。クラウタウは、仏教学者の語り方に注目して、そのなかに思想的系譜、社会的な影響、政治的な意味合いのせめぎ合いを見出し、語りの変化に注目する研究を遂行している。クラウタウのおかげで、言説論的な仏教史研究が、実証的な歴史研究と対話可能になったことは評価できるであろう。

エリック・シッケタンツ「近代中国仏教における宗派概念とそのポリティクス」は、清末の仏教界が日本から宗派中心的な仏教史観を導入し、それを利用して仏教復興をなしとげる経緯を議論している。中国の仏教界が、日本仏教界と交渉し、利用できるものを取り込み、近代ナショナリズムのアイデンティティの形成につとめていたことになる。日本では仏教宗派を統一するために『八宗綱要』が利用されたが、井上円了、島地黙雷たちは、宗派がそろっている日本仏教こそが完全であると優越を誇った。そこにはアジアにおいて長く優位であった中国仏教に代わって、日本仏教が優位に立つべきだとする主張があった。中国では、もともと中国にあったはずの各宗派をすべて復興することで、近代における仏教復興が可能になると考え、日本の宗派概念を導入した宗派中心的な中国仏教史観が、支配的なパラダイムになる。梁啓超は、仏教宗派十三宗派はもともと中国が独自に生み出したもので、インド仏教は消滅し、朝鮮、日本はその中国仏教を輸入しただけであって、中国が仏教の中心にあると論じる。シッケタンツは、日中交流における逆転について、清末の中国にとって日本は模範国であったことを指摘する。

シッケタンツの論文は、いろいろな意味で刺激的である。宗派概念が日本から中国へ輸出されて、中国の仏教界のパラダイムを形成し、仏教復興の一翼を担ったという趣旨は、誰にとってもはじめて聞く新鮮な話ではなかろうか。近代仏教は、日本でも中国でも近代に形成されるものであって、その過程でトランスナショナルな異文化の情報交換があって、しかも近代のナショナリズムに寄与するものであったという逆説的な事実に、近代と仏教をめぐる論点の核心がこめられている。

シッケタンツ論文に刺激されて、私は二つの点を加えておきたい。一つは、宗派概念について。日本では、宗派組織の分立があって、近世の本末制度は、それを前提にした制度であった。日本の近代では、宗派組織の分立を乗り越え連合協力を求めて、宗派の教理を対象にして統合的な研究が、クラウタウ論文にあるとおり、吉谷、村上によって進められた。教理上の統合が、いつかは組織上の統一にまでいたることが、当初は期待されていたが、そうはならなかった。楊文会、梁啓超による宗派中心の仏教史は、隋唐時代に誕生したはずの諸宗派の教理を復興させようとし、日本で行われていた各宗派の教理の研究を摂取した。中国の場合、各宗派の教理を統合した総合性のある仏教の構築がめざされた。日本の場合は、組織としての宗派が現実に機能している以上、教理の次元でしか統合を語ることはできずにいた。同じ宗派概念とはいえ、組織があるかないかという違いがあった。太虚は、日本の「宗派的分裂」の現状に対して痛烈に批判を放った。太虚は、日本仏教の教育制度、社会事業を高く評価して、妻帯、宗派的分裂を批判したことは、よく知られている。その点でいうと、梁、太虚をはじめ中国仏教徒は、冷静に日本仏教の特質を見ており、自分たちに使えるところを取捨選択していた。ここで使えるものの一つは、宗派概念ではあったが、教育制度、社会事業の面についても、中国仏教徒は日本から学ぼうとしていた[19]。

もう一つの点は、シッケタンツは、山室信一の「清朝中国において日本が模範国として選択されたことは、……諸政治社会政府が日本に注目する契機となった」を引用して、日清戦争後の日中交流の逆転のなかで、中国仏教のパラダイムが生まれたことを説いている。これは、重要な指摘であって、清朝政府による日本選択の意志があったことを示している。清朝政府は、近代化を担う青年エリートをヨーロッパではなく、どんどん日本に送りこみ、学ばせる政策をとった。その流れのなかで太虚や彼の弟子も、日本に留学した。彼らは日本の宗派仏教から、中国仏教の復興・近代化に有用なところを選択的に摂取し利用しようとした。裏をかえせば、太虚たちによる選択的な拒否もあったはずである。

左記の表は、日本に来た中国留学生の数であるが、異常な増え方であったことがわかる。[20] ただし留学生の目的は、日本の文化を学ぶことではなく、日本でヨーロッパの文物、科学を修得するためであった。急激な増加は、繰り返しになるが清朝政府の方針による。つまり政府は、留学生をヨーロッパへ留学させるのではなく、日本に留学させる方針に転換した。なぜならば、日本にはヨーロッパの学術の訳書が多くあり、中国留学生は、日本において容易にヨーロッパの教育・文化を学ぶことができたし、西洋への留学と比較して経費・時間が大幅に節約になったからであった。

年	留学生数
1896	13
1902	500
1903	1,300
1905-06	10,000

私は、日清戦争後、日本はアジアにおける「もう一つの西洋」の役割をはたすようになったと考えている。[21] アジアの中心にあった清朝が、日本へ未来のエリートを送るようになって、日本が中国に代わってアジアの中心の役割を演じるようになった。しかし本当にそうか。中国のエリートは、日本にヨーロッパを学びに来たのであって、日本を学びに来たのではない。中国仏教の留学僧も、日本仏教を学ぶのではなく、日本に伝わり残存した中国仏教の諸宗派の記憶を取り返しに来たのであった。もしそうだとすれば、日中のトランスナショナルな交流は手放しで評価できるものではなくなる。シッケタンツ論文が示唆したように、相互交流が近代ナショナリズムのアイデ

ンティティ形成に利用される仕組みを見るべきである。

おわりに——仏教学と仏教史学

十九世紀後半にヨーロッパで成立した仏教学という学術は、ヨーロッパが、アジアの仏教圏を植民地として支配していたことから、仏教テクストがヨーロッパに渡って、研究されたことからはじまった。そのように考えてみれば、仏教学とはもともと植民地主義の産物であったと見るべきだが、植民地の支配に直接に貢献したというより、インドや仏教へ憧憬の念をもった知識人が、アジアの僧侶に代わって仏教を表徴しはじめたところから仏教学ははじまった。インドやブッダに興味をよせる人の出現は、すでにヨーロッパで知的な地殻変動がおこっていたことを暗示する。しかしサンスクリット語、パーリ語で書かれたテクストを読む静謐な仏教学者の行為に、あえて政治的な含意があるとは、人々は考えることはなかった。欧米の仏教学に植民地主義の影がつきまとっていることに気がつき、正面から主題化したのは、ロペスの世代が初めではなかろうか。しかしそれによって仏教学が、植民地主義を語る時代を迎えて、中身を一新させたわけではなかった。仏教学者のなかから、遅まきながら植民地主義やオリエンタリズムを語ることのできる、ロペスのような研究者が現れたと理解すべきであろう。

非ヨーロッパの地域で、もっとも早くヨーロッパ仏教学の感化を受けたのは、日本であった。南条文雄、笠原研寿の留学が、その最初の例であった。彼らを介してヨーロッパ仏教学とその副産物として大乗非仏説は、日本の仏教界に伝わり、混乱と怒りと反発をまねいた。ヨーロッパ仏教学者が、大乗経典はブッダの教えではなく、価値がないものだと認識していたことが日本に伝わった。日本の仏教界は、それを理由にしてヨーロッパ仏教学を拒否する決断をしてもよかったが、そうはならなかった。日本の仏教学者は、大乗非仏説に直面しつつも、そこからできるだけ危険要素を減らして、大乗仏教の価値を高めることに使命感を感じるようになる。そこから派生したのが、村上専精たちによる国別の仏教史理解である、「日本仏教」という概念であって、仏教史学という分野であった。このことについては、クラウタウの著作が村上の「日本仏教」概念成立の過程について詳細な検討を行っている。さしあたり村上が念頭に置くのは、「印度仏教」「支那仏教」「日本仏教」である。それぞれの文化背景が異なっており、固有の特徴をもっている。「印度仏教」は、規律的制度と哲学的教理が発展していて、「支那仏教」は、哲学教理の発展のみであり、「日本仏教」は、宗教的信仰が発展しているという。今から見ると村上の発言は、単純な図式的な発想によるように見えるが、大乗・小乗、北方・南方という概念を使わずに、国別によって仏教史を描いた点に画期的な意味があった。

村上の「日本仏教」史は、各宗の教理と高僧伝をあわせもったものである。それまであった各宗綱要と高僧伝という伝統的な表現形式を継承し、各宗綱要の語りは、「各々の宗門はその個性を失わずに「仏教」という近代的なカテゴリーの下に自らを再編成する道具として利用された[22]」という。私が注目したいのは、村上の「日本仏教」、仏教史学が、国別であることとともに、複数の宗派の教理、祖師の伝記をそのままに包括している点にある。日本では、大正年間以降は三つの仏教学が併存していた。

A各宗派の宗乗——各宗派の教理、祖師伝
Bヨーロッパ仏教学——人間ブッダによる「普遍」的な教説
C仏教史学、「日本仏教」史——Aを包み込んだ国別レベルの仏教史。日本仏教はインド仏教、中国仏教と並列

的な位置と対等の価値を有する

歴史的には、A、B、Cの順に成立する。江戸時代以来、宗派で教えられたAの宗乗は、近代になると「宗学」といいなおされ、「真宗学」「禅学」「日蓮教学」という特定の宗派の用語に置き換えることもあった。宗門大学が設立し、講義課目になると宗学も「仏教学」と呼ばれるようになる。

村上たちが提唱したCの仏教史学、「日本仏教」は、AとBとをつなぐ媒介項の役割を演じた。それは、Aの各宗派の次元と、Bの「普遍的」な次元とでは、あまりに格差がはなはだしく、同じく仏教を語りながらも、対話することもできない関係にあった。Aを包み込んだ国別の仏教史Cができることで、Bの「普遍」的な価値に呑みこまれず、日本には日本仏教独自の立場があることを主張することができるようになった。

シッケタンツの研究を参照するかぎり、近代の中国学僧が、大乗非仏説に思い悩んだ様子はなかったようである。そもそも中国学僧が、ヨーロッパ仏教学を習おうとした形跡はないのではないか。そこに日中の仏教界の志向の違いが、当初からあったと私は考える。村上の弟子であった境野黄洋の中国仏教史の研究が、中国仏教界に影響を与えたように、中国の仏教学は、日本におけるCの仏教史学の次元に相応したものであった。梁啓超、太虚は、日本でA、Cを学びながら、それを総合化してCのレベルの「中国仏教」を復興しようとした。

元来は、出自や内実が異なる三つの仏教学が、違和感や居心地の悪さはなかったわけではなかろうが、共存できたところに、日本の仏教学の奇跡があったように思われる。すなわち、Aで、伝統的な宗乗に対応し、Bで、ヨーロッパ仏教学に対応し、Cで、インド仏教、中国仏教という国別の仏教史を設けてアジアに対応するという三つのチャンネルの併存が、「アジアのなかのもう一つの西洋」という、日清戦争後の近代日本のアイデンティティの重層性に見合ったものであったことを、私は指摘しておきたい。

注

（1）ドナルド・ロペス「ビュルヌフと仏教研究の現在」（末木文美士編『近代と仏教』国際日本文化研究センター、二〇一二年）。

（2）Donald S. Lopez Jr., *Prisoners of Shangri-La*, Chicago: The University of Chicago Press, 1998, p.37.

（3）Donald S. Lopez Jr., "Introduction." In *Critical Terms for the Study of Buddhism*, edited by Donald S. Lopez Jr. Chicago: The University of Chicago Press, 2005, p.2

（4）Philip C. Almond, *The British discovery of Buddhism*, Cambridge: Cambridge University Press, 1988, pp.60–79.

（5）林淳「仏教学・仏教史学・宗学」（『春秋』五二八号、二〇一一年）。

（6）Max Müller, *Secreted Essays on Language, Mythology and Religion* vol.2, London: Longman, Green and Co.,1882, pp.363–366.

（7）『明教新誌』二一〇九号、一八八六年十一月十一日。引用文の読点は、林が適宜つけた。本稿では、引用文にあった旧字は新字に改めた。

（8）エム・エル・ゴードン「博士マクス、ミューロル氏阿弥陀教之説」（『六合雑誌』二巻一二号、一八八二年）。ゴードンの活動については、Thelle, Notto R.*Buddhism and Christianity in Japan: From Conflict to Dialogue 1854–1899*. Honolulu: University of Hawai'i Press, 1987, pp.66–71、竹中正夫「排耶論にこたえた宣教師たり」（『排耶論の研究』教文館、一九八九年）、本井康博「同志社演説会」（『キリスト教社会問題研究』三九号、一九九一年）、同「同志社基督教演説会」（『同志社談叢』一一号、一九九一年）、指方伊織「M・L・ゴードンの大乗非仏説」（『近代仏教』一五号、二〇〇八年）を参照。

（9）林淳「普通教育と日本仏教の近代化」（末木文美士編『近代と仏教』国際日本文化研究センター、二〇一二年）

でも、すでに同じテーマを論じている。

（10）村上専精『大乗仏説批判』（光融館、一九〇三年、一四五頁）。

（11）嵩満也「シカゴ万国宗教会議と明治初期の日本仏教界」（『国際社会文化研究所紀要』一三号、二〇一一年）。

（12）釈宗演『万国宗教大会一覧』（鴻明社、一八九三年、五―六頁）。

（13）芦津実全「仏陀」（『万国宗教大会演説集続編』金川書店、一八九四年、七二頁）。

（14）能海寛「西蔵国探検の必要」（初出は『反省雑誌』第八年第七号、一八九三年七月三十一日。後に『反省（會）雑誌Ⅱ』永田文昌堂、二〇〇六年、一五五頁）。

（15）高本康子『近代日本におけるチベット像の形成と展開』（芙蓉書房出版、二〇一〇年、六二頁）。

（16）注（3）前掲書。

（17）Donald S. Lopez Jr. ed. *Curators of the Buddha : The Study of Buddhism under Collonialism*. Chicago : University of Chicago Press, 1995.

（18）マイカ・アワーバック「ドナルド・S・ロペス著作研究」（共同研究「仏教からみた前近代と近代」二〇一一年七月二日）の配布資料。

（19）梁明霞「近代中国仏教者からみた日本近代仏教」（『近代仏教』第一八号、二〇一一年）。

（20）銭曼倩・金林祥『中国近代学制比較研究』（広東教育出版社、一九九六年、六〇頁）。

（21）注（9）前掲論文。

（22）オリオン・クラウタウ『近代日本思想としての仏教史学』（法藏館、二〇一二年、九一頁）。

「ブッダ」の誕生

ドナルド・ロペス
（抄訳・新田智通）

はじめに——ヨーロッパ人とブッダの出会い

ヘルマン・ヘッセの小説『シッダールタ』を原作とするコンラッド・ルークスの一九七二年の映画には、主人公が探し求めた末、ブッダに出会うシーンがある。[1] 映画制作者はジレンマに直面する。それは、どうやって宗教における象徴的存在を人間の姿で描くかというものである。ブッダについての映画というジャンルはないので、そこから引き出せるような伝統がルークスにはなかった。[2] シッダールタがブッダに近づくと、カメラはブッダの視点を取り、シッダールタの顔と、ブッダの足元に座っている一群の僧たちに焦点が合わせられる。その後、シッダールタの仲間、ゴーヴィンダがブッダに花を捧げるが、現れるのはブッダの伸びた手だけであり、彼の体は樹の幹で隠されている。すると、シッダールタはブッダに対して、なぜ自分が彼の僧団に加わろうとしないのかについて説明する。そのシーンはまたしてもブッダの視点から撮影されており、シッダールタに花を与えようと伸びるブッダの手がふたたび映っている。こうしてルークスは、映画におけるある種の非偶像化の手法を取っている。それはあたかも、ブッダが描写を超えているかのようである。ブッダの登場するシーンの混乱ぶりに付け加えていうべきは、僧たちが、インド人の俳優によってではなく、映画が作られた頃に難民としてインドで暮らしていたチベット人の僧によって演じられていることである。さらにブッダは、上流階級のインドなまりの英語を用い、しかも若干エコーのかかった、電気的に増幅された声で話している。

ルークスが知っていたか否かは別として、ブッダの人格を描写することに対する彼のためらいは、大昔の前例にならったものである。美術史家たちは、ブッダの死後数世紀の間、ブッダを描くことは禁じられていたと、この数十年にわたり主張してきた。彼らが指摘するには、ブッダは紀元前五世紀初頭に亡くなったが（もっとも、最近の研究は、彼の八十年の生涯がそれよりも一世紀も後のことであった可能性を示唆しているのだが）、彼が涅槃に入ってから約五百年後にあたる、紀元後一、二世紀よりも前に仏像が現れることはなかった。その代わり、最初期の仏教遺跡では、ブッダの存在は彼の不在、すなわち足跡や空いている王座、騎手のいない馬などによって表されているように見える。また別のところでは、ブッダは象徴によって、つまり誕生の場面では蓮によって、成道の場面では木によって、教えを説く場面では輪（すなわち「法輪を転じること」）によって、死の場面では仏塔によって表現されているようである。美術史家たちは、このブッダの不在から、ブッダか彼の直弟子たちが、彼の像の制作、もしくは崇拝を禁じたと仮定した。さらに彼らは、ブッダを人間の形で表現するという風習は、実際には他国、特にガンダーラ地方（現在のパキスタンとアフガニスタン）のギリシア人たちによってもたらされたのだと推測した。

この話は、ここで語るにはあまりにも長い。しかし、ブッダが彼の姿の崇拝を禁じたという考えは、偶像崇拝を決して許容しなかったであろう合理主義者としてのブッダという、十九世紀の終わりから二十世紀初頭にかけての見解と辻褄が合うということはいえるかもしれない。だとすると、偶像崇拝は、ブッダが涅槃に入った後、数世紀たって、大衆に対する譲歩として仏教の伝統のなかに入っただけのことであったのかもしれない。ただ、偶像化は禁止されたという理論が提唱されてから一世紀たっても、初期仏教文献のなかに、仏像の制作を禁じる文言が発見されることもなければ、ブッダを表現することに関する何らかの規定が見出されることもなかったという人もいるかもしれない。だが議論は継続しており、一人の美術史家は、実際、そうした禁制は全くなかったのだと主張する。それによると、彫刻は、ブッダの生涯における出来事を描いているのではなく、その代わり、菩提樹などといった、彼の生涯における重要な旧跡への巡礼や、それへの崇拝を描写しているのだという。あるいは彫刻は、彼の伝記において鍵となる瞬間を祝う祝祭を描写しているのであり、その祝祭では、ブッダが王宮から王家の駿馬、カンタカに乗って出発したことを祝うために、騎手のいない馬が街から曳かれたであろうという。しかし、やがて仏像の制作がはじまり、ヨーロッパ人はそれをとおしてブッダと出会うこととなったのである。

マルコ・ポーロは、ヴェネチアへの帰還航海中の一二九二年頃にスリランカに到着した時、アダムスピーク[3]について次のように記している。

> そしてこの山には、我々の最初の祖先であるアダムの埋葬地があるといわれていることを伝えておこう。少なくとも、サラセン人たちはそのようにいっている。しかし偶像崇拝者たちは、あれはサガモニ・ボルカン[4]の埋葬地であり、彼の時代よりも前には、偶像は一つもなかったという。彼らはサガモニ・ボルカンのことを最上の人、あるいは彼らの流儀に従っていえば、偉大な聖者であったと見なしており、自分の名が冠せられる形で偶像が作られた最初の者であったと考えている。（Yule［1926］1986, 2: pp.316-317）

マルコ・ポーロは、彼以前や以降の旅行家たちと同様、自分が出会った宗教を「仏教」という名で確認することは決してなく、彼が出会った僧たちのことも単に「偶像崇拝者」と呼んだ。

ダニエル・デフォーは、その著『全宗教辞典』（*Dictionarium Sacrum Seu Religiosum: A Dictionary of All Religions, Ancient and Modern, Whether Jewish, Pagan, Christian, or Mahometan*）の「孔子」の項目において、漢文資料によりながら、ブッダは明らかに中東のどこかからやって来て、中国に偶像崇拝をもたらしたと述べている。

（孔子は）はっきりと、自分はこの（儒教の）教義の発案者ではなく、ただ自分の先人たちの書からそれを集めたに過ぎない、と断言した。孔子は、西方の地にZeuximgimと呼ばれた優れた聖人がいたことをよく語ったが、彼についてそれ以上のことは話さなかった。明帝は、六十六年に、人々の聖なる救い主が夢のなかに現れたのを受けて、その聖人を探すため、使者を西方に送った。しかし彼らは、孔子よりも五百年前に生きた一人の哲学者を表した、「仏」と名づけられた有名な偶像を眺めるために、紅海の近くの島に立ち寄った。彼らはその偶像を、それに対してなす礼拝についての知識とともに、自ら持ち帰った。そうして偶像崇拝が伝えられ、無神論と偶像崇拝をつねに批判した孔子の格言は、いくつかの点で放棄されたのである。（Defoe 1704, s.v. Confucius）

ビルマ、シャム、スリランカ、韃靼、日本、そして中国で認められた諸宗教が、ともかくも同じものであり、旅行家たちが遭遇した偶像——ビルマのゴーダマであれ、シャムのソンモナ・コドム、中国の仏、バリのコドム、あるいはインドのボードーであれ——は、ともかくも同じ人物であったという結論が引き出されはじめたのは、ようやく十八世紀の終わりになってからのことであった。

仏教は、十四世紀までにはインドから事実上姿を消したため、英国人はそこにおいて仏教徒や、活動している仏教僧院、寺院に遭遇することはなかった（とはいえ、それらのものは、北方ではネパールにおいてブライアン・ホートン・ホッジソンによって、また南方ではスリランカにおいてジョージ・ターナーによって発見されてはいる）。東インド会社の学者たちが読んだヒンドゥー教の聖典では、ブッダは単純に（クリシュナやラーマと並んで）ヴィシュヌ神の化身の一つとして列挙されていた。その結果、その会社のもっとも著名なインド学者、サー・ウィリアム・ジョーンズ（一七四六－九四）は、まさにそのような仕方で、彼の出会ったブッダについての記述やその像を受け止めた。当時のほとんどの学者たちと同じく、ジョーンズも、世界や人類の源に関する聖書の記述を受け入れ、モーセの年代記の確証を、ヒンドゥー教の文献のなかに探し求めた。ヒンドゥー教の叙事詩のなかに大洪水の物語を見つけると、彼はそれを創世記の記述の確証と見なし、そこからヴィシュヌ神の九つの化身は歴史的な人物であると仮定した。そして彼は、それら九つの年代を特定しようとした。カルカッタのベンガルアジア協会に向けてなされた一七八六年二月二日の講演で、彼は「我々はブッダ、すなわちヴィシュヌ神の九番目の偉大な化身の年代を、キリストの生誕の一〇一四年前と確定してよいであろう」と述べている（Jones 1801a, p. 425）。しかしジョーンズは、彼に情報を提供してくれるヒンドゥー教徒たちのブッダに対する態度に混乱させられた。もっとも敬虔な者たちは、ブッダをヴィシュヌ神の化身として受け止め、ヴェーダが課したような、牛をいけにえとして捧げることを非難したという理由で彼を敬った。だが他の者たちはブッダについて、異端者であり、その信者はインドから追い払われたと評した。ジョーンズはこの矛盾を、二つのブッダを仮定することで解決しようとした。つまり一方はキリストよりも一〇一四年（あるいは一〇二七年）前に生きた、ヴィシュヌ神の九番目の化身であり、もう一方は、その数千年後を生き、前者の名前を語り、自分の教えのなかでバラモンたちを公然と批判したというわけである（Jones 1801b, pp. 123-126, 145）。

ジョーンズは、前者のブッダと彼の教えについて、インドに由来するものではなく、他国からもたらされたものだと感じていた。ジョーンズは一時期、ブッダはオーディン[5]と同一であり、ある他国の人種がそれらの神々の儀礼をスカンジナビアとインドにもたらしたのだと推測したが（Jones 1801a, p. 425）、その後に別の仮説を選び、先ほどの説を放棄しようとした。「ヴィヤーサ[6]の後、約二百年経ったころ、サチュヤ、あるいはシサク（ブッダ）は、自分自身で、あるいはエジプトからの移民グループをとおして、古代のブッダたちのおだやかな異説をこの国にもたらした」（Jones 1801c, p.401）。実際、ジョーンズは、エチオピアとインド（彼の呼び方に従えば「ヒンドゥスタン」）は同じ人種によって入植されたと信じていた。彼は、インドのベンガル州とビハール州の山間部に住む人々の鼻と唇は、アビシニア人[7]のものとほとんど見分けることができないと述べている。彼らは髪の毛が異なるだけであるが、それはおそらく気候のせいであると考えられた。アフリカ人の「細かくカールして羊毛に似た」髪の毛が、本来の状態のものであったのである。彼はその論拠として、仏像に言及している。

> 巻き毛の仏像がしばしば見受けられるが、それは明らかにブッダを、その本来の状態で表現するためにデザインされたのである。（Jones 1801a, p. 428）

ジョーンズの研究は複雑になっていったが、彼のもとには読みうる仏教文献がなかった。彼のところには、バラモンのパンディットから与えられたヒンドゥー教のテキストがあるだけだった。また彼は、それらの原典の年代記が、宇宙のサイクルに関して非常に風変わりであり、モーセの年代記と非常に食い違っていることに気づいたため、それらの書物を懐疑の眼差しで見た。彼は、自分に提供されたテキストで、ブッダについて述べたものから、次のように引用している。「カリの時代の一〇〇二年が過ぎた時に、彼は目に見えるものとなった。体の色は白く赤みを帯びており、二つの腕があって、頭には髪の毛がなかった」(Jones 1801b, p. 122)。ジョーンズはこの年代記に悩まされていただけではない。このブッダについての記述は、彼が自分自身で見たものに反するものであった。彼はある場所を訪れていた。その場所は「ガヤーの近くの森で、そこには古代の神格の巨大な像がいまだに残っている。それは私には黒い石でできているように思われた。しかし私はそれを松明の灯りで見たので、その色については確信が持てない。それは時とともに変化してしまったのかもしれない」(前掲書 p.123)。[8]

その後数十年にわたって、ブッダのアフリカ起源説は学者らによって議論された。その仮説に賛成する者たちは、仏像の平らな鼻と厚い唇、そしてとりわけ、彼らが「羊毛に似た」「縮れた」「細かくカールした」と描写した髪の毛に注目した。有名なフランス人の中国学者、ジャン・ピエール・アベル＝レミュザ(一七八八―一八三二)は、「ブッダが黒人種に属していなかったことを示す、いくつかの描写的なブッダの添え名について」(一八二五年)と題された論文を発表した。しかしアフリカ人であったという仮説は非常に根強かったため、ジェームズ・コウルズ・プリチャードやウジェーヌ・ビュルヌフといった、十九世紀における偉大な研究者たちもその問題に取り組んだ。プリチャードは、『人類の身体史についての研究』(一八四四年)という彼の五巻本のなかで、「インドとヒマラヤの原住民は黒人種であったという仮説」に六ページを割き、その仮説は誤りであると結論づけている。そして仏像について、「それらの像において模倣されている容貌は、シャム人や他のインドシナの民族に見られる幅広の顔であり、アフリカ人の顔つきではない」(Prichard 1844, p. 233)と述べている。ビュルヌフは、死後の一八五二年に出版された彼の『法華経』の翻訳の付録において、ブッダはアフリカ人であったという見解を伝えたうえで、アベル＝レミュザとプリチャードを根拠として引用しながら、その見解を退けている。そしてブッダの髪の毛は縮れ毛ではなく巻き毛であったと説明している（Burnouf 1852, p.560）。しかしこれらの学者たちの結論は、ブッダの髪の毛と頭部、とりわけ頭部の上に位置する「もの」（後に明らかになるであろうが、この語はここでは熟慮のうえで使われている）に対する東洋学者たちの注視をそらすことはなかった。本稿の残りの部分では、ブッダの頭部、とりわけ頭頂部に焦点が当てられることになるであろう。それは、表面上は重要でない（一部の人々にとっては目につかないほどの）些細なものであるが、それにもかかわらず、そこからブッダについての変わりゆく理解を観察するための、高みをもたらしてくれるのである。

サー・ウィリアム・ジョーンズらによる、ブッダの巻き毛についての描写は、彼らが古代の仏像を元来の場所やリトグラフで見たことに由来するものである。アジアの様々な土地に赴いたヨーロッパの旅行家たちは、仏教僧らの剃髪した頭について長々と書き記してきた。それゆえ、ブッダは仏教僧のようには見えなかったのである。学者たちは、解決を探るため仏像から文献へと目を移したが、そこでさらに困惑させられる問題に直面した。

一　ブッダの巻き毛

ブッダの描写と彼の生涯についての記述は、多様な形で現れる。彼の誕生から入滅までの出来事を網羅する伝記は、紀元二世紀になるまで、すなわち彼の死後五百年が経過するまで出現することはなかった。おそらく、最初期の記述は、経典群、あるいは伝統的にブッダに帰せられた説教のなかに見出されるものである。そのなかでブッダは、彼が自分の父親の宮殿を離れた時からの個人的な出来事や、六年後にさとりを開くまでの王子としての生活について、自伝的に思い起こしている。そこには以下の記述が繰り返し表れる。「その後、まだ若かりし頃、若さという恩恵をそなえた黒髪の青年であった私は、人生の最良の時に、しかも私の母や父が自分と異なる願いを抱き、涙を流して泣いているにもかかわらず、自分の髪とひげを剃り、黄色い衣を身にまとって、在家の生活を離れて出家の身となった」（Ñāṇamoli and Bodhi 1995, p.256）。この一文が、やがて大変長い説話へと作り上げられたのであろう。そのなかには、その王子が最初に老人と出会い、次に病人、死人、出家者と出会い、そして自分も出家して老病死を超えた境地を求めにゆこうと決意したという「四門出遊」の話が含まれる。さらには、世を離れる許しを請う際の父との対話も伝わっている。また他にも、後宮において、夜がふけるにつれ、女の踊り子や演奏者たちが様々なだらしのない姿で眠ってしまい、それを見た王子が、女性は本来的に不浄なものであると断じて、王宮を離れ出家することを決意するという話や、自分の部屋で立ち止まって、寝ている妻と幼い息子の顔を見つめ、もし最後にもう一度子供を抱いたならば、自分の決心が揺らぐのではないかと恐れるという話、そして、自分の駿馬カンタカに乗り、信頼する家臣を従えて、意気揚々と王宮から出発するという話が含まれている。

これらの有名なエピソードは、その前に触れたブッダについての簡潔な記述においては、一つとして言及されていない。しかしそれらはすべて、シンハラに伝わる、パーリ語の仏伝のなかでも最初期の文献——とはいえ、それはおそらく五世紀になってようやく現れたと思われるのだが——において物語られている。『ニダーナカター』、すなわち「由来の記述」と名づけられたその説話は、ブッダの前生についての物語集の序章である。ヘンリー・クラーク・ワーレンの一八九六年の翻訳によると、王子が髪とひげを切り落とす際、以下のようなことが起こったという。

次に彼は、「この私の頭髪は、出家僧にふさわしいものではない。しかし将来ブッダとなる者の髪を切るにふさわしい者は誰もいない。だから私は、自分の剣でそれを切り落とそう」と考えた。そして右手で三日月刀を取ると、左手で髷《まげ》をつかみ、髪飾りごとそれを切り落とした。すると彼の髪は指二本分の幅の長さとなり、右方向にカールして、頭に密着した。彼の存命中、髪はその長さのままであり、あごひげもそれと釣り合った長さであった。そして彼が髪やあごひげを切らなくてはならないことは一度もなかったのである。

さて、未来のブッダは髷と髪飾りをつかむと、それらを空中に放り投げて言った。

「もし私がブッダとなるのであれば、これらは空中に止まれ。しかし、もしそうでないのならば、これらは大地に落ちるがよい。」

すると、髷と宝石で飾られたターバンとは、一リーグの高さまで宙を登り、そこに止まった。そして神々の王であるサッカが天の眼でそれらを見、宝石で飾られたふさわしい小箱でそれらを受け止めると、三十三天に「髪飾りの厨子」として安置した。（Warren 1953, p. 66）

この記述は、なぜブッダが頭髪を生やしたものとして描写され、なぜその髪の毛が巻き毛であるのかについて説明している。初めて一冊の本として英語で出版されたブッダの伝記は、ローマ・カトリックの司祭、ポール・アンブロワーズ・ビガンデによる『ビルマに伝わるブッダ、ガウダマの生涯、あるいは伝説について』（*The Life, or Legend of Gaudama, the Buddha of the Burmese*〔first edition, 1859〕）であった（ブッダの生涯についての広範な記述は、一八五二年の *Journal of the American Oriental Society* において発表されたチェスター・ベネットの「ガウダマの生涯」や、スリランカに送られたメソジストの宣教師、ロバート・スペンス・ハーディーによる『仏教の手引書』〔*A Manual of Buddhism, in its Modern Development*,1853〕のなかで世に紹介されていた）。伝記それ自体は、十八世紀におけるビルマ語の作品の翻訳から取られていたのだが、ビガンデ神父は、多くの注釈を付け加えた。髪を切る話もそのなかに出てきており、ビガンデはそれについて次のようにコメントしている。

この状況は、ブッダを表現したすべての像に認められる一つの特異性を説明している。その頭はいつも決まって尖った先端で覆われている。それらの棘状のものは、ドリアンの実の厚い外皮を覆っているものに似ている。私はしばしば、現地の彫刻家たちが、すべての像の頭にそれらの逆立った釘状のものを残した動機について問うたが、何らかの満足のゆく答えが得られることは一度もなかった。私は、ブッダの生涯についてのこの一文を読み終えて初めて、この一見したところ風変わりな習慣を説明できるようになった。つまりそれは、ブッダが髪を自分の刀で切った日以来、ブッダの頭に残った髪の毛が決して伸びることがなかったという、そのつねに続いた奇跡をすべての仏教徒に対して思い起こさせるためにデザインされているのである。

(Bigandet 1866, p.60, n. 42)

このように、ブッダの巻いた頭髪の謎は、文献に頼ることで、十九世紀の中ごろまでには解決していたかのように思われた。しかし、文献では、ブッダの頭に関する別のことにも触れられていた。それは肉髻《にくけい》(uṣṇīṣa) と呼ばれ、ブッダの身体を飾るといわれている三十二の大人相《だいにんそう》の一般的なリストのなかに現れるものである。パーリ聖典のいくつかの箇所に(そして仏教文献の別のところでは頻繁に)見出される三十二相のリストは、テキストによって、とりわけその順番が変化する。パーリのリストは一般的に足元から頭の方へと進んでゆく一方、(『ラリタヴィスタラ』[*Lalitavistara*] においてそうであるように)サンスクリットのリストでは、頭から足元へと進んでゆく。『相好経』(*Lakkhana Sutta*)によるならば、三十二相は以下のとおりである。(1)平らな足の裏、(2)足裏に現れた千の輻のある輪のしるし、(3)張り出したかかと、(4)長い手足の指、(5)柔らかくしなやかな手足、(6)網目のような手足、(7)突起したくるぶし、(8)レイヨウのような脚、(9)立ったまま、前屈することなく両手でひざを触ったり擦ったりすることができること、(10)体内に包み隠された男根、(11)黄金のような肌の色つや、(12)繊細でなめらかな肌、(13)それぞれの毛穴に一本の毛が生えること、(14)上向きに生える体毛、(15)完全に真っ直ぐな身体、(16)(両腕、両脚、両肩、体幹という)七か所の表面に隆起をともなった身体、(17)ライオンのような胸、(18)両肩の間にくぼみがないこと、(19)バランスのとれた身体で、指極と身長が同じであること、(20)均等に丸みを帯びた胸、(21)完全な味覚、(22)ライオンのようなあご、(23)四十本の歯、(24)均等な歯、(25)歯の間に隙間がないこと、(26)真っ白な犬歯、(27)非常に長い舌、(28)梵天のような声、(29)青い目、(30)牛のようなまつ毛、(31)眉間の白くて柔らかい毛、(32)肉髻のある頭。

『大譬喩経』(*Mahāpadāna Sutta*)と『相好経』においては、占星術師たちが一人の幼児の身体にこれら三十二の相を観察している。それらの相は、その子供が転輪聖王(cakkavattin)か仏となるよう運命づけられていることを示しているのである。後代のテキストは、過去におこなわれた倫理的な行為が、結果として現在の身体的なしるしとなって生じていると説明する。三十二相のリストが三度目に現れるのは『セーラ経』(*Sela Sutta*)というテキストにおいてであるが、そこではセーラというバラモンが、ブッダが三十二相すべてをそなえているかどうかを確認しようとする(類似の物語は『ブラフマーユ経』[*Brahmāyu Sutta*]や『アンバッタ経』[*Ambaṭṭha Sutta*]においても語られている)。彼は、体内に包み隠された男根と、長い舌という二つを除き、すべての相を確認することができた(彼がどのようにして、完全な味覚と、四十本の歯と、それぞれの毛穴に一本の体毛しか生えていないことを確認することができたのかについては、テキストでは述べられていない)。「そこで世尊は、神通力を示し、セーラというバラモンが世尊の体内に包み隠された男根を見られるようにした。それから世尊は、舌を出すと、前後から両耳の穴を舐め、(さらに)自分の舌で自分の額全体を覆った」(Norman 1992, p. 64)。

ともかくも、三十二相に関する目立った混乱は仏教文献のなかには存在しない。しかし仏教学者の間では、網目のような手足よりも、腕の長さよりも(この相について、シャムの英国総領事館の通訳であったヘンリー・アラバスターは、彼の著書『法輪』[*The Wheel of the Law*, 1871] のなかで、「ゴリラやオランウータンといった我々の祖先を全く否応なく想起させる、不恰好な特徴と見なさざるをえない」と述べている [p. 247])、また足裏に現れた千の輻のある輪のしるしよりも、何よりも厄介な相は肉髻であった。

二 肉髻のミステリー

一八三二年に出版された、ホレス・ヘイマン・ウィルソンの梵英辞典の第二版は、uṣṇīṣa を四通りに定義している。(1)ターバン、(2)王冠、(3)血族の特徴的なしるし、(4)ブッダが生まれつきそうであった巻き毛のことで、彼の未来の聖性を示している(Wilson 1832, s.v. uṣṇīṣa)。この用語について、ヨーロッパの言語でなされた最初の広範な議論は、ウジェーヌ・ビュルヌフのものである。彼は、一八五二年に出版された彼の『法華経』の翻訳の付録において、一一四ページを三十二相に割いている。彼はウィルソンの定義について、次のように記している。「最初の解釈が捨て去られるべきであろうことには、疑問の余地がない。なぜならば、私の知る限り、何らかの頭にかぶる類のものを身に付けたように見えるシャーキャムニ・ブッダの彫像や図像は一つとしてないからである」（Burnouf 1852, p. 558）。ビュルヌフは、フィリップ・エドゥアール・フーコーが、彼のおこなった『ラリタヴィスタラ』のチベット語からの翻訳（一八四七―四八年）のなかで、uṣṇīṣaを「頭上にある瘤《こぶ》状のもの」と訳していることや、アベル＝レミュザが「頭頂部にある肉の隆起物」と述べていることに言及している（同前掲）。そしてこの問題に数ページをかけて考察したうえで、ビュルヌフはuṣṇīṣaśiraskatāを「ブッダの頭頂部には頭蓋骨の突起がある」と訳している（前掲書 p. 560）。ウィルソンが「ターバン」と翻訳したその言葉が、どうしたら「異常な頭蓋骨の隆起」という含意を持つようになるのだろうか。

　サンスクリットやパーリ語の標準的な辞書には、uṣṇīṣa（パーリ語ではuṇhīsa）の最初の意味として「ターバン」と記載されており、仏教文献でも、「ビンビサーラ王は、ブッダと会う前に、自分の刀と傘、履物、ターバン（uṣṇīsa）をわきに置いた」というように、その言葉は「ターバン」の意味で用いられている。それは語源的には、熱から防御してくれる何かを意味する。しかし古代インドにおけるターバンは、王家のしるしでもある。したがって、もし一人の幼児の身体に現れた三十二相が、その子の転輪聖王か仏としての未来を予言しているのであれば、三十二相のリストの一つに頭上のターバンが含まれているのは、もっともなことのように思われる。実際、『ニダーナカター』のなかには、王子シッダールタが出家した夜に、ある神が彼の頭の周りに一万層のターバンを巻くという大げさな記述がある（Jayawickrama 1990, p. 80）。しかし、一人の子供が、頭にターバンをし、四十本の歯が生えた状態で生まれてくるとは誰も思わないだろう。したがって、美術史家のアーナンダ・クーマラスワーミーはその言葉を、その子供は頭にターバンをすることを運命づけられているという意味であると解釈した（Coomaraswamy 1928, p. 831）。だが幼児期のブッダは普通の子供ではなく、実際彼がそうしたように、母親の右脇から生まれ、その直後に歩き、歩むたびに足元から蓮の花が現れた。また少なくとも『ラリタヴィスタラ』では、アーナンダに対して長い説教をし、そのなかで、彼の誕生にともなう奇跡を信じず（そして『ラリタヴィスタラ経』を拒絶し）、その結果として阿鼻地獄に再生する愚かな者たちが現れるであろうと予言している（*Voice of the Buddha*, 1983, I, pp. 134-138）。そうであるならば、その子供が頭にターバンをし、隙間のない四十本の歯をともなって生まれてきたということもありうることのように思われる。

五世紀の偉大な注釈家、ブッダゴーサは、uṣṇīṣa という語について長い説明を施しているが、そのなかで、それは「ターバン」ではなく、むしろターバンのような形をした頭を意味するのだと述べている。彼は、よく発達した額――そこでは、肉の塊が右耳から額全体を覆って左耳に達している――が、あたかもターバンを巻いているかのようであったと記している（ロバート・スペンス・ハーディーが彼の著書『仏教の手引書』のなかで、uṣṇīṣa という語を、frontlet という、「額」と「額に取り付けるもの」の両方を意味しうる言葉を選んで訳しているのは、おそらくこの解釈に基づいてのことであろう）。ブッダゴーサは引き続き、王家のターバンは、偉大な人々のこの突き出した額を模倣してデザインされたのであると説明している。そして古代の骨相学に話を向け、猿型、果実型、傾斜型といった、多くの頭蓋骨の型を列挙している。それらはいずれも、左右対称で水泡のようである偉大な人の頭蓋骨よりも劣っているのである（Banerjea 1931, pp. 500-501）。しかもインド人の美術史家、ジテンドラ・ナト・バネルジェアが、この論題に関する彼の一九三一年の論文のなかで触れているように、ブッダゴーサは頭蓋骨の突起には全く言及していない。

しかしブッダゴーサがスリランカでこの記述をまとめていたのと同じ世紀に、中国の僧、法顕は、インドへの巡礼の旅路にあった。そしてその途中、ハッダ（現在のアフガニスタン）において、彼はブッダの「肉髻の骨」が遺物として祀られた廟を訪れている。彼の記すところによると、それは直径四インチで、スズメバチの巣か、あるいは弓なりに曲げられた手のような形をしていたという（Watters［1904］1971, I, p. 198）。その約二世紀後には、玄奘が同じ場所を訪れ、その一周りの大きさは十二インチであったと記している（Beal 1884, xxxiv, pp. 96–97）。サンスクリット語の uṣṇīṣa の漢訳としては、「頂相」「肉髻」「頂骨」「頂肉髻」「肉髻骨」などがある。そのなかには、ターバンや突き出した額をほのめかすものは何もない。どうやら話は頭蓋骨の瘤状のものに戻ってきたようである。諸文献を読み終えたいま、おそらくはしばらくの間、目線を仏像に戻すべきであろう。

最初に述べたように、ブッダの姿を肉体的な仕方で表現することは、インドでは紀元一、二世紀になるまでなされることはなかった。仏像の発達を研究するなかで、美術史家たちは、ブッダの頭の表現に三つの異なる様式があることを確認した。それぞれの様式は、その像が由来すると思われる場所にちなんで名づけられている。最初のものは、クシャナ朝のマトゥラー像として時折言及される。それは、一種の髷のようなものを、あるいは、より合わされた髪の房を、なめらかな頭の上にのせたブッダを描いている。そのなめらかな頭を、剃髪したものとして解釈すべきかどうかについてはいくつかの議論があるが、明らかに生え際が表現されていて、頭皮が額の上のところでわずかに盛り上がっているため、彫刻家はブッダの（剃髪されたというよりは）短く刈られた頭を描こうとしていたのだ、というのが大多数の意見のようである。ブッダの頭が完全に剃られていなかったことは、さらに髷の存在からも確認された（Coomaraswamy 1928; Banerjea 1930, 1931）。第二の型は、ガンダーラのものである。その土地は明らかにギリシアの影響下にあり、ブッダは頭全体にウェーブのかかった髪を生やしたものとして描かれた。その髪は十分に長く、王冠のところで糸により結ばれてまとめられており、頭頂部で髷を形作っている。第三の型では、ブッダの頭は、時として巻貝にも似た、細かく一本一本がはっきりした巻き毛で覆われている。また、やはり髪の毛に覆われた、はっきりと定まった形の突起が頭頂部に認められる。この型は、広く受け入れられたようであり、次第に最初の二つの型に取って代わるようになると、インド亜大陸、さらには他のアジア地域の広範囲に広まった。それからというもの、ブッダは頭に隆起のある形で描かれるようになったようである。

しかしその隆起は何であり、何を意味したのであろうか。これについて知るには、ふたたび文献に立ち返る必要がある。『相好経』においては次のようにいわれている。「過去のいずれの生においても、如来（すなわちブッダ）は……巧みなふるまいにおいて第一人者となり、身口意の業が正しいことにおいても、また寛容さ、有徳な行為、断食の遵守においても先導者となり、父母や出家修行者、バラモン、一族の長を敬うことにおいても、また他の様々な適切なおこないにおいても先導者となった。……そしてこの地上に戻って来るに際して、彼は頭の肉髻という、その大人相を得たのである」（Walshe 1987, p.455より抜粋）。これほど具体的ではないが同様の記述は、『ラリタヴィスタラ』や龍樹の『ラトナーヴァリー』（*Ratnāvalī*）のなかにもある。だが三十二相が過去になされた様々な有徳な行為と連関しているということは、概して定型句としていわれているようであり、肉髻の起源や意義についてほとんど何も明らかにしてはくれない。文献と仏像とについて検証し終わったのだから、次は当然、両者の関係について考察しなくてはならない。

三十二の大人相のうちには、さらにもう一つ、「水かきのある手足の指」というものがある。文献においては、二つの言葉が使われている。一つは jālāṅgulihastapādaḥ（パーリ語では jālahatthapāda）で、文字通りには「網目（水かき）、指、手、足」を意味する。[9] もう一つは jālāvanaddhahastapādaḥ で、これは「水かきでつながった手足」と「網目に覆われた手足」の両方の意味を持ちうる。伝統的には、この言葉はブッダの手足の指に水かきがあることを意味すると受け取られてきた。いくつかの文献では、その水かきは第一関節のところまで広がっているだけであると明記されてもいる（いくつかの注釈家たちは、両生類とのいかなる関連性をも避けるため、その水かきは肉ではなく光によってできていると説明している)。水かきをそなえたブッダの指は、通常はインドの仏像においても表現され、とりわけグプタ朝のものは、そうであった。

だがバネルジェアは、これらの解釈のいずれをも認めず、*Indian Historical Quarterly* における一九三〇年の論文で、この言葉の別の読み方を提案した。サンスクリットの jāla という語は、水かきや網、格子を意味しうる。そしてバネルジェアは、ブッダの身体の相好の場合、その言葉は、手のひらや足裏における、格子窓に似た模様を形作る直角に交わる線を表しているのだと主張した。その一世紀前にはビュルヌフも、ブッダを「足に水かきのあるものの類」に追いやることを拒んで、同様の主張をしている（Burnouf 1852, p. 574）。

さて、問題の言葉は、確かにその複合語の一つの形や多くの説明においては、明らかに、ブッダの手足の指が肉の薄膜でつながっているという意味で用いられているのだが、どうしてその言葉はそのような意味で解釈されたのであろうか。バネルジェアは多くのグプタ朝の仏像、とりわけ、ブッダの右手が施無畏印──畏れからの保護を施す手ぶりで、五本の指の間が若干広がっている──の形で挙げられているものを調査した。砂岩から彫られた像には、実際、しばしばそれぞれの指の間に薄い石の層があった。金属から鋳造された像の場合には、水かきがないか、あるいは（『ラリタヴィスタラ』でいわれているように）おおよそ第一関節のところまでの比較的小さな水かきがあった。このことから、バネルジェアは、水かきのある指を作る際、芸術家たちはブッダの三十二の主要な相の一つを描こうとしていたのではなく、むしろデリケートな指の部分が壊れにくくなるような丈夫な像を作ろうとしていたのだと結論づけた。

事実としては、これらの金属の像の鋳物師たちは、彼らが用いていた金属の丈夫さを信頼していたため、安全のためにいわゆる「水かき」によって彼らの像の指を完全につなぐ必要はなかったようである。だが、グプタ朝の石材彫刻家たちが用いた、チュナル[10]のグレーがかった砂岩は、丈夫さという観点から見て金属よりもはるかに劣っていた。そして彼らがそうした素材を選んだため、その一風変わった工夫が採用されたのである。

(Banerjea 1930, p. 719)

バネルジェアは、仏教文献を誤って読んでいるとして現代の美術史家たちを批判し、そうした誤読を、いくつかの選んだ像を使って確証している。しかし彼は、サンスクリットの言葉の意味が、必ずしも曖昧ではないことを見落としてしまった。つまりブッダに固有のこの相について、手足の指に水かきがあることだとはっきりと述べている注釈は数多く存在するのである（それらの手足の指を、王家の白鳥の足と比較している場合さえある）。(Lamotte 1966, I, pp. 273–274, n1. を参照)

ベルギー人の仏教学者、エティエンヌ・ラモットはさらに踏み込んで、この相を「水かき」であるとする、僧院が伝えてきた解釈は、文献の読解からではなく、仏像を眺め、そして観察したことを表現することから生まれたと主張した。彫刻家たちが仏像の制作に着手した時に、仏の三十二相のリストをすぐに参照できるように脇において いたというよりも、むしろ彫刻家の技量が、この相についてのそうした解釈につながっていったのだという考えをラモットは示している。言い換えるならば、文献が仏像に先行し、それを生み出したのではなく、仏像が文献に先行し、それを生み出したのである。ラモットは次のように記している。「手が胴体部から分かれて伸びているような、そのような像の指を溶接する技術的な過程のなかで、ただそれらの指をより頑丈なものとしようとする意図だけから、仏像の手足には水かきが付けられたのである。そして文献は、結局のところ、その奇抜にみえる思い付きを後づけたのである」(Lamotte 1988, p. 667)。

同じような議論は、肉髻についても可能であろうか。肉髻という身体的特徴は、手足の水かきよりもはるかに異常なものであるが、もしそうした議論が成り立つならば、ブッダの頭頂部にあるよく知られた突起も、仏教における奇抜な思い付きの単なるもう一つの例ということになる。この問いについて考察するには、いま一度文献と仏像とに立ち返る必要がある。

学者たちは偉大な人物の三十二相について、古代インドの伝統から、仏教徒が自分たちの目的に合わせる形で取り入れた、多くの要素の一つであると一貫して述べてきた。仏教文献それ自体も、そのことを示唆している。『ブラフマーユ経』においては、ブラフマーユというバラモンが、三十二相について「我々の讃歌に語り継がれて」きたように、と述べている(Ñāṇamoli and Bodhi 1995, p. 744)。この記述は、空想的と思われる諸要素を数多の民間伝承として捨て去り、それ以外のものを、ブッダの人格の偉大さの証拠として保持することを可能にしたという点で、現代の仏教徒にとっても、また現代の仏教学者にとっても、非常に有用なものであった。

パーリ学者のG・P・マララセーケーラは、三十二相について次のように記している。「このように、相は単なる付随的なものである。それらのほとんどは、人間の特徴として考えると非常に不条理なものであるから、おそらく神話にその起源があるのであろう。そしてそれらのうちのいくつかは、太陽神話に属していたものが人間に合わせて改作されたか、あるいは、太陽に対して、さらには人身犠牲の権化に対して適用された詩的な異名であると思われる。またいくつかのものは、人間の美しさの特徴であり、一つか二つは、ゴータマ自身のような偉大な人物が有していた、個人的な身体の特異性を回想することから生まれたのであろう」(Malalasekera [1937] 1998, s.v. mahāpurisa)。マララセーケーラのこの言葉は、ヴィクトリア朝時代における、仏教の一流の翻訳家であった英国人、トーマス・リス＝デイヴィズの言葉を言い換えたものであるが、リス＝デイヴィズは、彼の『相好経』の翻訳の序文のなかで、「大人（mahāpuruṣa）」の理論を、『リグ・ヴェーダ』の有名な「原人の歌（Puruṣasūkta）」と結び付けている。そこでは「原初の人」の身体が、神々によって犠牲にされている。そして、その原人の身体の諸部分が、宇宙の構成要素――そのうちもっとも有名なものとしては、四カーストがある――となるのである（Rhys Davids and Rhys David 1957, pp. 132-136）。しかしそうした関連性の証拠はほとんどない。また、三十二相について論じるなかで、リス＝デイヴィズは「実際のところ、仏教がインドや中国、スリランカ、日本において発展してゆく数世紀全体をとおして、膨大な仏教文献のどこかで、三十二相がふたたび問題として真剣に取り上げられているのを聞いたことがない」（前掲書 p. 135）と主張しているが、それは明らかに間違っている。ついでに触れておくと、リス＝デイヴィズは肉髻に関連する句を、「彼の頭は王家のターバンのようである」と訳している。

三十二相は仏教がバラモン教の伝説を転用した一例であるとして片づけるのが困難である理由の一つは、uṣṇīṣa という語が（それが何を意味するかに関係なく）インドの神話において用いられた先例があるとは思えないことにある。その語はまた、仏教以前における、神々や王族の頭飾り（śirolakṣana）の一覧のなかにも現れない。他の多くの語が列挙されているにもかかわらずである。そこでは、転輪聖王の頭は開いた傘や若い女性の胸の形に似ているといわれている。そして半月に似た高くて広い額は、吉兆であるとも評されている（Banerjea 1931, pp. 502-503）。さらに事態を複雑にしているのは、八十の「付随的な（anuvyañjana）」しるしという、仏教における二次的なしるしの一覧であり、英語ではしばしば、ブッダの「副次的な相」として言及される（訳注――これ以降は「八十種好」という漢訳語を用いる）。そこでは、ブッダの指爪、へそ、足どり、門歯、鼻、頭髪、眉毛、そしてとりわけ額の特徴に触れられており、額については、「形が良い（suparinata）」と「広い（pṛthu）」という二つのしるしが記されている。

もし三十二相と八十種好とが、（そう見えるとおり）同時に知られていたとするならば、肉髻を広くて丸みのある額としたブッダゴーサの解釈は、全く余分のことと思われたであろう。ブッダの髪は、彼の属性のなかでももっとも注意深く記述されているものの一つである。いくつかの仏典の記述によるならば、それは三十二相のうちの一つ、そして八十種好のうちの六つを占めている。もし、肉髻が実際のところ単なる髷であったとしたならば、おそらくブッダの髪は髷だと表現されたことであろう。なぜ彼の髪型は、「ターバン」を表すのによく用いられる単語で呼ばれるのだろうか。パーリ語のものであれ、サンスクリット語のものであれ、肉髻を含めた三十二相に触れている文献は数多くある。そして学者が同意するところでは、それらの文献は最初に仏像が作られた時よりも以前から存在するのである。

肉髻の問題は、とりわけフランスの美術史家、アルフレッド・フーシェ（一八六五—一九五二）を悩ませた。彼は、自身の代表作、『ガンダーラのギリシア的な仏教美術』（*L'Art Greco-Bouddhique du Gandhara: Etude sur les origines de l'influence classique dans l'art Bouddhique de l'Inde et de l'Extreme-Orient.* 1918）のなかで、それなりの分量を割いて肉髻について論じた。フーシェは肉髻を「そのグロテスクな奇形」と呼んでいるが、彼にとって肉髻は、ある残念な選択の結果であった。ガンダーラの彫刻家たちはギリシアの美学の影響を受けており、ブッダの髪を、頭頂部で束髪や髷にまとめた形で描いた。彼らの関心は、正統性にではなく美にあったのである。「芸術家たちは、学者たちから離れて仕事をしていた。文献と彫像とは、いまだお互いに隔たっているのである」（Foucher 1918, p. 295）。ガンダーラの仏像について述べるなかで、彼はその後に起こったことについて次のように説明している。

上品で古典的な、豊かな髪のうねりはすぐに途絶え、右方向にカールした一連の巻き髪が取って代わることとなる。何が起こったのだろうか。この点に関して助けとなるのが、（三十二相の）一覧である。結局のところ、忠実な信者たちは、宗教的な有り様の師がそなえた華美な髻と、彼の剃髪についての文献の記述との間にある、極めてあからさまな矛盾にショックを受けたのである。……この不一致の結末は、他のあらゆる人間的な事柄と同様、荒削りな妥協であった。聖典に伝えられ、ブッダについての概念に適応しはじめるようになっていた伝統的な三十二相の一覧は、以下の両者が受け入れることのできる基盤によりながら、次のような取引を成立させようとしていた。まず（仏像の）寄進者は、すでにヘレニズム的な嗜好を持っており、仏教の規則に従った坊主頭の師の姿を認めなかった。だが彫刻家は、すでに非常にインド化されており、三十二相のうちの二番目の「すべて右方向に巻いた巻き毛[11]」で師を表現することに同意した。実際には、この同意はいくぶん不条理なものである。なぜなら、それは完全な剃髪を求める教団の規則を満たすこともない。またその一方で、新生児の頃は自然であった巻き髪は、大人になると、黒人と受け止められる危険をはらんでいたし、その危険は現実のものともなった。審美家たちが失ったものは明らかであるのだが、正統派が勝ち得たものは全く見えないのである。（前掲書 pp. 295–296）

フーシェは、もし黒人のブッダという「アフリカ人仮説」に回帰したいと思わないならば、これが実際に起ったことについての唯一可能な説明であると述べている。

フーシェにしてみると、この妥協がおこなわれた時点で、もう手遅れとなっていたのである。髪の毛の塊が頭上にのったブッダの頭のシルエットは、すでによく知られていた。しかしガンダーラの様式を模倣したインド人の彫刻家たちは、ブッダの頭を右回りの巻き毛で覆うだけでは満たされなかった。彼らは、頭頂部の髷をもそうした巻き毛で余分に覆い、それが頭蓋骨の隆起に見えるようにしたのである。この時点から、他のインド人の彫刻家たちは、単にその隆起をコピーした。それは、「その奇形が生み出されて以降、インドや極東の後継者たちがそれを模造していった時と同じ卑屈さから」なされた（Foucher 1918, p. 296）。こうして、肉髻は隆起として表現され、正しくは「ターバン」を意味したその言葉は、新しい意味を帯びたのである。フーシェは、「（ガンダーラの彫刻家たちを真似た）活気のない模造者たちの悪事により、他のものたちと同じ仕方で束ねられていた師の頭上の髷のところに、異常な性質の隆起が生み出された」（前掲書 p. 297）と、その時点への嘆きでもって締めくくっている。

だがこの問題に対してフーシェが確信を抱いているにもかかわらず、一八五二年に書かれたビュルヌフの、いっそう暫定的な結論のほうが、おそらくより適切である。髪型か頭蓋骨の隆起かという問題に関連して、彼は「他の解釈よりも、ある一つの解釈を支持したうえで、その証拠を仏像から自信を持って引き出すことは、必ずしも容易なことではない」（Burnouf 1852, p. 558）と、仏像について記している。肉髻の正確な起源というのは、このように、文献学者にとっても、また美術史家にとっても、ある種のミステリーに包まれているのである。文献が意味することや、彫刻家が意図したことに関係なく、肉髻はターバンや突出した額としてではなく、頭蓋骨の隆起として描かれた。そして一度そのように描かれるようになってからは、その形が保たれたのである。

三　仏教徒にとってのブッダ

ブッダの死後数世紀の間、仏像が作られたという歴史的な証拠は見当たらない。しかし仏教の世界における、ブッダに関するもっとも有名な描写のいくつかは、その聖性の由来を、ブッダ自身がそれらのポーズを取ったか、あるいは、個人的にそれらをほめたたえたということへの信仰に置いている。それらのなかには、ビルマの大牟尼像や、ラサにあるジョカン寺やラモチェ寺の仏像も含まれる。また、ブッダが肖像画のためにポーズを取ったという説話も伝えられている。もっとも、ブッダの容貌は直接見るにはあまりにもまばゆいため、画家たちは彼の影を見て描かなくてはならなかったのであるが（Dagyab 1977, pp. 20-24を見よ）。

東アジアの伝統において重要なのは、カウシャーンビーのウダヤナ王のために作られた像である。[12]ブッダの母は、彼が生まれた七日後に亡くなったため、生きて法を聞くことがなかった。そこでブッダは、さとりをひらいてから七年後に、神通力を使って、須弥山の頂上にある三十三天という、彼の母が（男性の）神として生まれ変わっていたところに昇った。ブッダは夏の安居の三か月間を、そこで神々の集まりに対して法を説いて過ごしたのだが、毎日わずかの間、托鉢のため地上に戻り、さらに足を止めて弟子のシャーリプトラに対して、神々に教えたことの要約を伝えた。ウダヤナ王は、三か月間ブッダを見ることができないと知った時、落胆し、神通力に誰よりも長けていた僧、マウドゥガリヤーヤナを訪ね、頼みごとをした。マウドゥガリヤーヤナは王の願いを聞き入れて、神通力により、五フィートの大きさの白檀の材木と三十二人の彫刻家を三十三天に送った。彼らはそこで、おのおのがブッダの身体を飾る三十二の大人相のうち一つを描くことに責任を持つという仕方で、一緒に仏像を彫った。彫刻家たちが仕事を終えると、白檀の像は地上に戻された。そしてブッダが天界から意気揚々と降りて来ると、その像は立ち上がって彼を迎えたため、その仏像は立った姿をしているのである（Carter 1990, p. 7）。

この説話やその他の説話が示唆しているのは、これまで考察してきたような文献と仏像の関係をめぐる問題は、どれ一つとして、数世紀にわたり仏教徒にとって特別な重要性を持っていたようには思えないということである。

先に触れたように、肉髻も、ブッダ自身がいる前で、彫刻家が実物をモデルとして彫った諸々の相の一つであったわけである。ウダヤナの仏像は、京都の清凉寺に現在でも立っている像と同じものであるといわれているのだが、そのウダヤナの仏像の頭頂部にも隆起がある。

仏教徒にとって問題であるのは、いつ肉髻が彫刻においてはじめて表されたかではない。それは、ブッダが生まれた瞬間からつねにあり続けてきたのである。（いくつかの伝承によるならば）それは、菩薩のころ極端な苦行をおこなっていた間に、他の三十一の相とともに、ただ一時的に姿を消したことはあったが、彼がふたたび食事を摂るようになった時には、十全な形で姿を現した。そしてひとたび顕《あらわ》になると、肉髻はあらゆる種類の意味を創造した。例えば、ブッダが笑うと、色とりどりの光線が彼の口から発せられた。それらの光は、戻って来ると彼の身体の様々な部分に吸収されたのだが、それらが戻って来る個々の場所というのが、重要な意味を持っていた。もしブッダが笑いかけた人が、神として生まれ変わるのであれば、その光はブッダのへそに入り、人間として生まれ変わるのであれば、ブッダのひざに入った。しかしその人がさとりの境地を成就する運命にあるのならば、光は肉髻に吸収されるとされた（Strong 1983, pp. 59–60）。

その他にも、肉髻は、ウシュニーシャヴィジャヤ（「勝ち誇った肉髻」の意）と、タターガトーシュニーシャシタータパトラ（「如来の肉髻（から生じた）白い傘の女」の意）という、二つの重要な女神を生み出した。あるインド仏教のタントラ文献は、後者の女神について次のように記している。「太陽に照らされた雪のように白い女神で、千の腕と（その手に付いた）千の目を持っており、天の衣によって立派に飾られている。彼女の本性は、あらゆる善のいしずえである征服者の肉髻から生じる発散である」（Girivata, Tohoku 3111, Derge ed., Rgyud *pu* 206a2）。この女神の人気が高かったことは、チベット語の聖典に、彼女に対して捧げられた十二以上のサーダナ（儀礼の手引書）

や祈りの言葉が伝わっていること、さらに、そうした文献や、彼女への信仰に関連したそれ以外の文献の写本が敦煌の石窟群で発見されていることからも立証される。ある典拠には、二本の腕をそなえたこの女神の姿が記されている。それによると、彼女は左手に壺を、そして右手には肉髻を持っているのである（Vimalamitra, Tohoku 3112. Derge ed. Rgyud *pu* 208b2）。また、チベット語の聖典には、『偉大な肉髻』（*Gtsug gtor chen po*）と呼ばれる二つの経典があり、複数の章からなっているのだが、そのうちの一つの経典は、一見したところ一万の章から構成されている（Tohoku 236）。

肉髻の力は中国においても知られていた。中国人の僧、道安（三一二―三八五）は、海外で作られた未来の仏、弥勒の像を受け取った。だが彼は、肉髻の見た目が気に入らなかったため、一人の弟子に、それを取り除き、形を整えたうえで青銅の像の頭上にふたたび置くよう命じた。そこで肉髻が取り除かれると、頭から炎があがり、部屋を照らした。その後、肉髻の中に仏舎利があるのが発見された（Carter 1990, pp. 11–12）。

またチベット人の僧たちは、ブッダの肉髻は、その外周を測ることはできないけれども、彼の頭の大きさと完璧に均整がとれていると報告している。彼らはまた、その力についても触れている。五十五歳の時、ブッダは一人の僧を自分の付き人として選ぼうと決めた。それまで、その役回りは多くの僧によって果たされてきたのだが、彼は結局、自分の従兄弟であるアーナンダをその役目に選出した。アーナンダは受け入れたが、いくつかの条件を出した。彼はブッダに、自分がブッダの近くに仕えることで私腹を肥やしていると誰一人として言い張ることのないよう、ブッダが受けたどんな衣や寄進物をも自分にゆずることのないようにと頼んだ。彼はまた、ブッダに対してなされた招待を、ブッダの代理として受ける許可を求めた。さらに（この話のいくつかのバージョンでは）、彼はブッダに、自分はブッダが教えたことをすべて記憶する役割を担っているため、自分がいないところでは説法をしないようにと頼んだ。ブッダが自分の母に説法するために三十三天に昇った時、アーナンダはそこにいなかった。あるチベット人の僧は、この物語を語るなかで、ブッダはアーナンダとの約束を破らないようにするために、三十三天では、口からではなく肉髻から声を発したのであると私に説明した。

インドでは、ブッダの人格は次第に定型化され、型にはまったようになったが、彼は超人的であると同時に人間的であるように思われる。彼はたまに空中を歩くが、しかし時には空っぽの鉢を持って托鉢から帰って来ることもある。彼は身体から火と水を同時に放つが、しかし時には背中の痛みに悩まされる（これは彼が過去世にプロの格闘家であった時に、相手をリングで死なせてしまったせいであるとされている）。また彼は三十二の大人相をそなえており、あまり人間的とはいえないのだが、しかしその代わりに、動物的な性質も有している。牛のようなまつ毛、ガゼルのようなふくらはぎ、ライオンのようなあご、猿のよう（に見える）腕、トカゲのような舌、馬のような大きな男根、などである。そして動物も人間も持っていない、肉髻というものが頭上にある。これらは単なるシャカムニ仏の特異性なのではなく、むしろ彼が、彼よりも前に現れたあらゆる仏と同様の存在であることを示すしるしなのである。

ブッダの「伝記」のなかに見出される題材のかなりの部分は、「この仏」や「我々の仏」についてのものではなく、ヴィパシュインなど、過去の時代の仏たちの生涯をも物語るものである。実際、過去や未来のすべての仏は、同じ事跡を大変多くたどる。彼らはみな、母親の胎内で足を組んで座る。また彼らはみな、閻浮提という私たちのいる大陸の「中央の地方（madhyadeśa）」に生まれる。彼らはみな、生まれた直後に北に向かって七歩歩む。彼らはみな、四つのしるし（老人、病人、死人、托鉢の修行者）を見て、さらに息子が生まれた後に出家する。彼らはみな、草の敷物の上に座ってさとりを開く。彼らは歩く時、右足から先に踏み出す。彼らは戸口をとおる際、決して身をかがめることがない。彼らはみな僧団を形成する。彼らはみな一劫の間、生きることができる。彼らは、自分の教えが完成される前に死ぬことは決してない。彼らはみな、肉を食べた後に死ぬ。すべての仏にとって、さとりの場所、初転法輪の場所、三十三天から降りて来る場所、ジェータ林の精舎における寝台の場所、という地上の四つの場所は同一である。実際のところ、諸仏は、（1）寿命、（2）身長、（3）カースト（バラモンかクシャトリヤか）、（4）出家する際の乗り物、（5）さとりを開く前に苦行をおこなう期間、（6）さとりを開く夜に、彼らが根本に座るところの木の種類、（7）そこにおける彼らの座の大きさ、（8）彼らの発する後光の広がり、というたった八つの点で相互に異なっているだけである（Malalasekera［1937］1998, pp. 294-305）。ちょうどブッダの身体が、諸仏といっそう統一化されていったのと同様に、彼の生涯の物語もまた諸仏といっそう統一化されていったのである。

このように、伝統が発展するにつれ、諸教義はますますブッダに帰せられるようになっていき、彼の人格はますます個別性がなくなっていった。ある経典によると、ブッダは、さとりを開いた夜から涅槃に入る夜までの間、絶えず法を説いていたという。だが別の経典によると、ブッダは、さとりを開いた夜から涅槃に入る夜までの間、一言たりとも発することはなかったという（Lopez 1988, p.48）。ブッダの教義の本体がいっそう混沌としてくる一方で、彼の身体の形はいっそうはっきりと規定され、過去のあらゆる諸仏と全く同じ姿となった。

おわりに――ブッダの変貌

しかしヨーロッパでは、ブッダはなぜか次第に特定の人格となっていった。彼の出生地はついに特定され、誕生、成道、初転法輪、入滅という、彼の生涯における決定的な瞬間を迎えた場所を特定するため、考古学的な発掘がなされた。彼は、さとりを開いた者たちの系譜に属するさらなる一人としてではなく、祭官たちとカースト制度による圧制と闘うため、インドの歴史における特定の時に現れた一人の人間として描かれた。彼は社会の改革者であり、哲学者であって、その生涯と教えは、それらを覆っている神話から抽出されるべきとされた。これらのことはみな、アメリカでなされた仏教についての最初の学術講演らしきもののなかで、非常にはっきりと示されている。それは、イェール大学のサンスクリットの教官で、パリでのビュルヌフとの研究から戻ったばかりであった、エドワード・エルドリッジ・サリスバリによるものであり、一八四四年五月二十八日に開かれた、アメリカ東洋学会（American Oriental Society）の最初の年次会合においておこなわれた。ブッダの歴史性の問題を取り上げつつ、彼は次のように述べている。

しかしいま説明されたような、仏教の体系におけるブッダの超人的な性格は、ある疑いを抱かせたかもしれない。それは、ブッダが、全くの哲学的神話の産物であるというわけではないのかどうか、そして、仏教の体系を生み出した歴史的人物などでは全くないのかどうか、という疑いである。それゆえ私は、ここで勝手ながら、いくつかの所見を示してみたい。それは、その根本的な疑いを晴らすことになるであろう。（1）（ブッダという）個人が実在したという信憑性のある根拠は、ブッダへの崇拝によって生み出された途方もない神話のなかにさえも見出しうる。そして、それらの神話のなかのもっとも大げさなものでさえも、インドに由来しており、それらのほとんどすべてが、インドをブッダの出生地であるとする点で一致している。（2）仏像は奇怪なものではなく、実際の人間を描こうとしたものと思われる。しかし仏教寺院にみられる古いヒンドゥー教の神々の像——古代のサンスクリット古典では、寺院にも像にも触れられていないため、それらの像のデザインは仏教的なものと考えられる。——は、全くもって人間の姿をしていない。（3）仏教徒たちは、政治的な配慮から、自分たちの特殊性を隠し、古代の権威から引き出されたものとしての外観を装うようになっていったと思われる。彼らは、伝統的な啓示を無視して新たな時代を生み出した新たな師に自分たちの体系を委ねることで、それが新奇なものであると見なされることを好まなかったのであろう。その体系がある特定の個人によって流布されたという事実はさほど知られていなかったため、そのように隠すことができたのである。

（Salisbury 1849, pp. 87–88）

こうして、ヨーロッパやアメリカにとってもっとも重要となったのは、ブッダの人間性のようであった。かつては別の偶像の伝説のように思われたものが、実際に、個人の描写と見なされるようになった。その個人の人間性は、古代インドの境界を超え、アジア大陸を人間味のあるものにし、そして、神ではない一人の人間がなしうることを示すことにより世界を啓発したというわけである。しかしアジアの仏教の諸伝統にとっては、五、ないし七、あるいは千の過去の諸仏との同一性こそが、彼の本質なのであった。しかし、古代アジアの視点に立つにせよ、近代ヨーロッパの視点に立つにせよ、ブッダはともかくもつねに外来のものと考えられていたようである。彼は、中国やチベット、日本においては、異国の神として、歴史のなかで様々な点で非難された。またウィリアム・ジョーンズをはじめとするいく人かの論者は、ブッダはインドにおいても異国の存在であったに違いなく、おそらくはエチオピア人であったのだろうと考えた。ブッダの教えや、あるいは少なくとも、それを保持してきた教団が、その生まれ故郷から消えてしまったのであるから、結局、インドにおいてさえも、ブッダは異国の存在であったのかもしれない。おそらく、ブッダは「そこから」生まれた存在ではなかったからこそ、あらゆるところに伝播していったのであろう。

ブッダの伝記のなかでもっとも有名なものの一つは、『ラリタヴィスタラ』である。それはヨーロッパ語に翻訳された最初の仏典の一つで、チベット語版のものは、フィリップ・エドゥアール・フーコーによってフランス語に翻訳され、一八四七年から一八四八年にかけて『遊戯の展開』(*Développement des Jeux*)として出版された。早ければ紀元一世紀にサンスクリット語でまとめられていたこの文献は、華美な文体と、ブッダの人格への称賛とで有名である。日本人の学者、中村元は『ラリタヴィスタラ』について、「横溢する宗教的感情に満ちている」と述べている(Nakamura 1987, p. 131)。だが『ラリタヴィスタラ』は、ブッダの伝記に特化した最初のものの一つであるとはいえ、他の非常に多くの物語と同様、ブッダの生涯の出来事について、誕生にはじまり入滅で終わるというように順を追って物語ってはいない。『ラリタヴィスタラ』においては、ブッダが一万二千人の比丘たちと三万二千人の菩薩たちとともにジェータ林に滞在しているところから話がはじまっている。ブッダが真夜中に三昧(深い瞑想状態)に入ると、肉髻から一筋の光が放たれ諸天を照らす。その一筋の光からは詩が流れ、神々に対して、ブッダのもとにやって来るよう説く。神々はジェータ林にやって来ると、彼の足元に礼拝してから、『ラリタヴィスタラ』と呼ばれる経を説くよう彼に懇願する。その威風堂々とした集団の願いに対して、ブッダは沈黙をもって同意すると、自分が前世で菩薩として兜率天に住んでいたころの話を語る。彼はそこで自分の出生の地を選んだことや、彼の母の子宮——それは豪華な王宮として描かれている——に入る時のことを物語る。

『ラリタヴィスタラ』の残りの章では、ブッダが王子のころの生活や、出家や成道について述べられている。また、サルナートの鹿野園での最初の説法により物語が締めくくられる前には、ブッダの前生譚や、彼の今生や前世における重大なおこないがなされたインドの様々な土地についての記述が繰り返し挿入されている。現にエティエンヌ・ラモットは、仏伝の果たしている多くの役割の一つについて言及するなかで、仏伝のことを「無造作に集められたいくつかの巡礼ガイドの増補版」と呼んでいる（Lamotte 1988, p. 665）。

三十二の大人相の一覧は、『ラリタヴィスタラ』において二度現れる。最初は菩薩の誕生についての章にあり、そこではアシタ仙が王のために、王の生まれたばかりの息子の身体に見られる吉兆を数えあげている。そこでの第一のしるしは、サンスクリット語でいうと、uṣṇīṣaśīrṣa、すなわち「頭に肉髻のある」（Lefmann［1902］1977, p. 105）という、三十二相の最初（もしくは最後）にくる標準的な語である。二度目の一覧は、転法輪について述べた、その経の最後の章に現れる。この文献ではしばしばあることなのだが、その箇所には、ブッダをいま一度賞賛する長い挿話が物語に挟まれている。そしてその次に、ブッダが四聖諦について説いた後には、三十二相それぞれの原因が説明されている。ブッダの頭に特異な性質がある原因については、菩薩が過去に、つねに両親や苦行者、師の足元に対して頭を垂れていたからであり、また、僧侶らの頭を剃り、彼らに香油や色の付いた粉や花輪を捧げていたからであるといわれている。しかしブッダの頭の突起を表す語が、この箇所では先と異なっており、uṣṇīṣa śīrṣānavalokitamūrdha という難しい語が用いられている。これを訳すと、「頭に肉髻という、目に見えない頭頂部がある」となるであろう（前掲書 p. 432. Durt 1972）。このように、この伝承は、ブッダの頭上に本当に何かがあったのかに関する美術史的な議論が現れることを、独自の仕方で予期していたかのように思われる。おそらく、ブッダの頭上には何かがあったのだが、それはすべての者に見えるものではなかったのであろう。たぶんブッダの頭頂部は、ターバンか髷か肉の隆起によって覆われていたため、見えなかっただけのことかもしれない。

このように、肉髻は、それが何であれ、アジアにおいても、また西洋においても、ブッダについての変わりゆくヴィジョンを表す換喩語となっている。不確かな状況下で現れた瘤に対して、アジア中の仏教の諸伝統は、すぐさま偉大な力と重要性を付与し、そこにおいてその瘤は、ブッダの超人性のしるしと見なされた。しかしヨーロッパの学者たちは、その存在そのものをもみ消そうとした。彼らは自分たちの科学的手法を用いてその瘤を小さくし、ブッダをより人間的にするために、彼の髪型を変えた。

だが、法顕や玄奘は、はるか昔にハッダ（現在のアフガニスタン）をとおり過ぎた時、何か卓越したものを見たのである。より詳しい記述が法顕により残されているので、ジェームズ・レッグの一八八六年の翻訳から引用する。

彼らは香りの付いた水で手を洗い、その骨を持ちだすと、精舎の外の高い台の上にそれを置く。そこでは、七つの貴重な物体でできた丸い台座がその骨を支え、瑠璃《るり》でできた鐘状のものがそれを覆っており、両者とも数列の真珠で飾られている。その骨は黄白色で、しかも一周りの大きさは十二インチの不完全な円形であり、中央の部分が上向きに湾曲している。毎日、それが持ちだされると、精舎の番人たちは高い階廊にのぼり、そこで大きな太鼓を叩き、法螺貝を吹き、銅のシンバルを鳴らす。王はそれらの音を聞くと、精舎に行き花と香を捧げる。それが終わると、王（と彼のお供の者たち）は順番に、一人ずつ（その骨を持ち上げ）、自分の頭の上に（しばらくの間）それをのせ、そしてその場を離れると、東の門から入って来た時と同様にして、西の門から出て行くのである。（Legge［1886］1965, p. 37）

ハッダは、かつては有名な修道院のある大きな都市であったが、もはやそれは存在しない。それは現在では、ただの砂漠にある遺跡であり、仏教美術の採掘がおこなわれている（フーシェが必ずや喜んだであろう髷の付いた、美しいブッダの頭部がそこで見つかっている）。肉髻はそこでは見つかっていない。しかし、戦争で荒廃したその土地ならば、子供が砂を掘り、中に円形の骨片の入った、瑠璃でできた鐘状のものを発掘することもありうるのではないだろうか。それは密輸され、ロンドンで売られるかもしれない。そして、そこで美術史家によって、これは法顕が千五百年以上前に見たブッダの肉髻であると特定されるかもしれない。そして、それはオークションにかけられ、世界中の大きな美術館や、裕福な仏教徒——彼らは、新たな修道院のためか、あるいは市民戦争によって誕生した国家の新しい指導者たちを正当化するために、仏舎利を探しているといったところだろう——が入札するかもしれない。

このように、現実には何でもないようなものが、富や政治力、カリスマ、様々な意味の形態を生み出すのである。もちろん、この事態は肉髻の問題に限られたものではない。実際、これこそが仏舎利——それが本物であるか否かにかかわらず——の持つ機能なのである。マーク・トウェーンは、『無邪気な外遊記』（*Innocent Abroad*）のなかで、彼がヨーロッパや聖地を訪れている間に、小さい樽をいっぱいにするほどの、本物の十字架の、本物の[13]釘を見たと記している。肉髻が受けたであろう崇拝と、それが生み出したであろう意味とは、それが本物であることを証明するものではないであろう。肉髻が頭蓋骨の隆起であったのか、それともただの髪型であったのかを知ることは、どうして可能であろうか。

参考文献

Abel-Rémusat, Jean Pierre, "Sur quelques épithèthes descriptives de Bouddha qui font voir que Bouddha n'appartenait pas a la race nègre." In *Mélanges Asiatiques, ou choix de morceaux critiques et de mémoires relatifs aux religions, aux science, aux coutomes, a l'histoire et la géographie des nations orientales*, ed. Jean Pierre Abel-Rémusat, I , pp. 100-128. Paris: Librarie Orientale de Dondey-Dupré Père et Fils, 1825.

Alabaster, Henry, *The Wheel of the Law*. London: Trübner &Co, 1871.

Banerjea, Jitendra Nath,"The 'Webbed Fingers' of Buddha." *Indian Historical Quarterly* 6, no. 4 (December), pp. 717-727, 1930.

—. "*Uṣṇīṣa-śiraskatā* (*a mahāpuruṣa-lakṣaṇa*) in the Early Buddha Images of India." *Indian Historical Quarterly* 7, no. 3 (September) pp.499-515, 1931.

Beal, Samuel, *Si-Yu-Ki: Buddhist Records of the Western World*. London: Triibner & Co, 1884.

Bigandet, Paul Ambrose, *The Life, or Legend of Gaudama, the Budha of the Burmese*. Rangoon: American Mission Press, 1866.

Burnouf, Eugène, *Le Lotus de la bonne loi*. Paris: L'Imprimerie Nationale,1852.

Carter, Martha L., *The Mystery of the Udayana Buddha*. Napoli: Istituto Universitario Orientale,1990.

Coomaraswamy, Ananda K., "TheBuddha's *cūḍa*, Hair, *uṣṇīṣa*, and Crown." *Royal Asiatic Society's Journal* (October), pp. 815-841,1928.

Dagyab, Loden Sherap, *Tibetan Religious Art*. 2 vols. Wiesbaden: O. Harrassowitz, 1977.

Defoe, Daniel, *Dictionarium Sacrum Seu Religiosum: A Dictionary of All Religions, Ancient and Modern, Whether Jewish, Pagan, Christian, or Mahometan*. London: J. Knapton,1704.

Durt, Hubert, "Note sur l'origine de l'*anavalokitamūrdhatā*." *Samadhi* 6, pp.23-30, 1972.

Foucher, Alfred, *L'Art Gréco-Bouddhique du Gandhâra: Étude sur les origins de l'influence classique dans l'art Bouddhique de l'Inde et de l'Extreme-Orient*. Tome 2. Paris: Imprimerie Nationale, 1918.

Girivata, *Sitātapatre aparājita nāma maṇḍala sādbanaṃ*. Tohoku 3111. Derge edition. Rgyud *pu* 206a1-207a5.

Hardy, Robert Spence, *A Manual of Buddhism, in Its Modern Development*. London: Williams and Norgate, 1860.

Jayawickrama, N. A., trans., *The Story of Gotama Buddha: The "Nidānakathā" of the "Jātakaṭṭhakathā."* Oxford: Pāli Text Society, 1990.

Jones, J.J., trans., *The Mahāvastu*, vol. 2. Sacred Books of the Buddhists, vol. 18. London: Luzac & Company, Ltd, 1952.

Jones, William,"Third Anniversary Discourse (Third Discourse on the Hindus)." *Asiatick Researches* 1, pp.415–431, 1801a.

—. "On the Chronology of the Hindus." *Asiatick Researches* 2, pp.111–147, 1801b.

—."A Supplement to the Essay on Indian Chronology." *Asiatick Researches* 2, pp.389–403, 1801c.

Lamotte, Étienne, *History of Indian Buddhism from the Origins to the Śaka Era.* Louvain: Peeters Press, 1988.

— , trans., *La traité de lagrande vertu de sagesse de Nāgārjuna.* Tome I. Louvain: Institut Orientaliste, 1966.

Lefmann,S., ed.,*"Lalita Vistara" : Leben und Lehre des Çâkya-Buddha.* Tokyo: Meicho-Fukyū-Kai, [1902] 1977.

Legge, James, trans., *A Record of Buddhistic Kingdoms.* New York: Paragon Book Reprint Corp, [1886] 1965.

Lopez Jr., Donald S., "On the Interpretation of the Mahāyāna Sutras." In *Buddhist Hermeneutics*, ed. Donald S. Lopez Jr., 47–70. Honolulu: University of Hawai'i Press, 1988.

Malalasekera, G. P., *Dictionary of Pāli Proper Names.* 2 vols. Delhi: Munshiram Manoharlal, [1937] 1998.

Nakamura, Hajime, *Indian Buddhism: A Survey with Bibliographical Notes.* Delhi: Motilal Banarsidass, 1987.

Ñāṇamoli, Bhikkhu, and Bhikku Bodhi, trans., *The Middle Length Discourses of the Buddha: A New Translation of the "Majjhima Nikāya."* Boston: Wisdom Publications, 1995.

Norman, Kenneth Roy, trans., *The Group of Discourses* (*Sutta-nipāta*). 2 vols. Pali Text Society Translation Series no. 45. Oxford: The Pali Text Society, 1992.

Prichard, James Cowles, *Researches into the Physical History of Mankind.* 3rd ed. Vol. 4. London: Sherwood, Gilbert, and Piper, 1844.

Rhys Davids, Thomas W., and Caroline A. F. Rhys Davids, *Dialogues of the Buddha*, pt. 3. Sacred Books of the Buddhists, vol. 4. London: Luzac & Company, Ltd, 1957.

Salisbury, Edward Eldridge, "Memoir on the History of Buddhism, Read before the American Oriental Society, at Their Annual Meeting, in Boston, May 28, 1844." *Journal of the American Oriental Society* I, pp.79–135, 1849.

Snellgrove, David L., ed., *The Image of the Buddha*. Tokyo and Paris: Kōdansha International/UNESCO, 1978.

Strong, John S. *The Legend of King Aśoka*. Princeton, NJ: Princeton University Press, 1983.

Vimalamitra, *Ārya sarvatathāgatoṣṇīṣasitātapatre*. Tohoku 3112. Derge edition. Rgyud *pu* 207a5–212a3.

Voice of the Buddha, The Beauty of Compassion: The "Lalitavistara Sutra." Berkeley, CA: Dharma Publishing, 1983.

Walshe, Maurice, trans., *Thus Have I Heard: The Long Discourses of the Buddha*. London: Wisdom, 1987.

Warren, Henry Clarke, *Buddhism in Translations*. Cambridge, MA: Harvard University Press, 1953.

Watters, Thomas, *On Yuan Chwang's Travels in India, 629-645 A. D.* 2 vols. New York: AMS Press, [1904] 1971.

Wilson, Horace Hayman, *A dictionary, Sanskrit and English; translated, amended and enlarged from an original compilation prepared by learned natives for the College of Fort William*. 2nd ed. London: Parbury, Allen & Co, 1832.

Yule, Henry, trans. and ed., *The Book of Ser Marco Polo the Venetian Concerning the Kingdoms and Marvels of the East*. 3rd ed. 2 vols. Rev. by Henri Cordier. New York: AMS, [1926] 1986.

訳注

（1）　筆者は原文において、シャーキャムニに言及する場合には the Buddha、仏全般を指す普通名詞としては buddha と表記して区別している。そこで本翻訳においては、原則として、前者の場合には「ブッダ」、後者の場合には「仏」と訳すこととした。

（2）　ここにおける「シッダールタ」は、ヘッセの小説の主人公であり、シャーキャムニ仏のことではない。

（3）　スリランカの南西部に位置する山。「スリー・パーダ」などとも呼ばれる。

（4）　Sagamoni Borcan. シャーキャムニ仏のこと。

（5）　北欧神話の最高神。

（6）ヴィシュヌ神の化身の一つとされている聖仙の名。

（7）エチオピアの旧称。

（8）カリ・ユガのこと。ヒンドゥー教においては、循環する四つの「ユガ」と呼ばれる時代区分が説かれるが、「カリ・ユガ」はそのうちの四番目に当たる。世界の秩序が乱れ、悪がはびこり、人々が堕落する時代であるとされている。

（9）この相好は、先に列挙されたリストのなかの六番目に相当する。なお、ここでは「網目」と「水かき」とを文脈に応じて訳し分けたが、原語は共にwebである（サンスクリット語やパーリ語の原語jalaと同様、英語のwebという語も、「網目」と「水かき」の両方の意味を持ちうる）。

（10）ワーラーナシーの近くにある古くからの町。

（11）これは「螺髪」と呼ばれるものであるが、先に列挙されているパーリ経典における三十二相の一覧のなかには含まれていない。しかし『方広大荘厳経』においては、三十二相のなかの二番目の相好として数えられている。

（12）カウシャーンビー（パーリ語では「コーサーンビー」）は、コーサラ国の南、マガダ国の西に位置していた「ヴァッサ国」（Vatsa）の首都。

（13）イエスの処刑に実際に使われた釘ということ。

＊

Donald S. Lopez Jr., "Buddha" in *Critical Terms for the Study of Buddhism*, ed. Donald S. Lopez Jr., The University of Chicago Press, 2005, pp.13-36 の抄訳。

近代日本の仏教学における〝仏教Buddhism〟の語り方

オリオン・クラウタウ

はじめに

「仏教とは、歴史上の人物である釈迦の教えである」。こういった発想は恐らく、程度の差はあれ、研究者および一般人ともに通じるものであろう。このことは、教義体系として「仏教」を捉え、かつそれを歴史的存在としてのブッダに還元するという理解が、ひとつの社会的な常識となっていることを意味する。しかしその「仏教」の内容となると、一般人はともあれ、仏教研究者の見解が完全に一致するかは、疑わしい限りである。むしろその「内容」の確定こそが、多くの仏教学者にとっての主要な学問的命題であるといってもよいであろう。すなわちそれは、「仏教」の内容を探究する「仏教学」[1]にほかならない。もとより学問をとおして仏教者としての己が実践を思想的に位置づけることを試みた僧侶たちは、釈迦以来のいずれの時代にも存在したことは確かであるが、かかる営みが、どこまで今日の我々が「仏教学」と呼ぶそれと連続しているのかは、検討の余地がある。

例えば「人」という次元から考えれば、前近代における「仏教学」の担い手は僧侶であったのに対して、日本史的な時代区分としての「近代」においては、必ずしもそうではない。「場」の次元から考えれば、近代的な「仏教学」の研究空間は、学林や檀林が、新たな教育制度の枠組で再編成された点では連続性を認めることができるものの、これらとは質的に異なる領域に成立した帝国大学が学問的権威の中心となっていく。本稿は、こうした「人」や「場」の連続と断絶を念頭に置きつつ、「仏教」やこれを対象とする「仏教学」という用語の創造と、近代におけるその内容の思想的な変化を主な課題とするものである。

詳細な検討はさらに必要であろうが、近代以前の日本列島において「仏教」という言葉は一般的なものではなかったという指摘は、多くの研究者によってなされてきたとおりである。(2) 大隅和雄が『愚管抄』(承久二年〈一二二〇〉成立)の検討をとおして明らかにしたように、(3) 中世において「仏教」とはその字義通り「仏の教え」を意味し、「仏法」の下位概念であった。かかる理解はイエズス会が編集した『日葡辞書』(*Vocabulario da Lingoa de Iapam.* 一六〇三年刊)に窺えるように近世へと連続し、(4) 近代日本初の国語辞典である『言海』(一八八二年成立)にもほとんど変化なくみられる。(5)

もちろん、今に近い用法での「仏教」という言葉は——殊に「耶蘇教」に対する文脈で——一八七〇年代の前半からみられるが、それが定着するのはおよそ一八八〇年代の後半である。明治期に、概念化された信念体系(belief ビリーフ)を中心とするような、(6) プロテスタント系の「religion 宗教」言説が日本に導入されると、日本列島の宗門もまた、その枠組で自己を語りなおすプロセスを展開する。一八七六年に「仏教」が Buddhism の訳語として用いられる明らかな事例はすでに見られるものの、(7) 一八八四年の段階にはその用法はまだ「仏法」と混同されており、(8) 定着しているとはいえない。そういった意味で、「仏教」という言葉の定着プロセス、または「仏教」が「宗教」として理解されていく過程を、〝仏教が Buddhism になる〟という物語として捉えることも、あるいは可能である。例えば仏教研究者のミシェル・モールは、本稿でも取り上げる村上専精のテキストにおける「仏教」という言葉を英訳する際に特別な配慮が必要であると、以下のように指摘している。

ここで我々は、「仏教」という漢字を具体化(reify)しがちな英訳に注意しなければならない。それは字義通り、「仏陀の教え」("teachings [of the] Buddha," or "Buddhist teachings.")を意味しており、それが「仏教 Buddhism」と同一化されるには、さらなる一歩を踏み出す必要がある。西洋的な概念を訳すべく一九世紀末に出現した「宗教 religion」概念と同様、(仏陀の教えとしての)「仏教」と、その言葉がのちに意味していく Buddhism との間に、微妙な変化が存在するのである(9)。

なお、それまでの宗学とは異なる分野としての「仏教学」の成立も、この言説の展開と密接に関係しているといえよう。以下、研究蓄積が比較的に少ない一八八〇年代を中心として、近代日本における初期の仏教学での「仏教」の語り方とその思想史的意義を検討したい。近代国家が成立するにあたって、それまでの「仏法」は新たな学問的枠組でいかに語りなおされていったのか、そしてそのプロセスは後に「仏教学」として知られるようになったディシプリンをいかに形作ったのか、などを考える。本稿は明治期において、普遍性を帯びる――と認識された――「西洋的」な諸言説と仏教(研究)者との遭遇を題材として、仏教学をとおしてのもうひとつの「近代史」描写への貢献を試みるものである。

一　初期アカデミズム仏教学の成立

一八七九年十一月、二年ほど前に創立された東京大学の総理であった加藤弘之(一八三六―一九一六)は、文科大学の和漢文学科において「仏書」を講じるために原坦山を招聘した(10)。坦山は当時、曹洞宗の僧籍を離れており、築地本願寺で講師を務めていたが[11]、島地黙雷の推薦で東京大学の教員となったと伝えられている[12]。一八八一年に、学科組織の改変にともなって真宗大谷派の吉谷覚寿（一八四三―一九一四）も講師として招かれ、二人によって『輔教編』『八宗綱要』『維摩経』『大乗起信論』などが講じられた[13]。両者の間には共通の問題意識も存在したにせよ、根本的な関心の方向性は異なっていた。坦山は心身相関に関する生理学的理論に基づいた技法を強調して、仏教における「実験」をキーワードとし、経典の文献学的研究に重点を置くことはなかった。これに対して、以前から宗派内での僧侶養成に取り組んでいた覚寿は教育者の立場から、諸宗の教理をいかに明確かつ総合的に伝えられるのか、ということを主な課題としていたのである（後述）。

一八八二年に「哲学科」に設置された「東洋哲学」という科目の枠組に、「印度哲学」が加わり、坦山と覚寿は引き続き、これを担当した[14]。かかる呼称の起源については、末木文美士は「支那哲学」との併称をその理由に挙げるが[15]、林淳は哲学科設置に深く関わったであろう井上哲次郎の思想の検討をとおし、官立大学における「宗教」研究に対する懸念への配慮とともに、「西洋哲学」に対抗しうる「東洋哲学」として、仏教や儒教を再構築することを企図していた可能性を指摘している[16]。いずれにせよ、当時、少なくとも官学の枠組では、「仏教」を「哲学」として評価する傾向は確かに存在していた。一八八七年、初代講師の原坦山が、神智学の影響もあってか、仏教を「宗教」ではなく「心性哲学」として主張した事実はよく知られており[17]、初期アカデミズム仏教学の一特徴を表しているといえよう。

こうした思想的動向は、「文明開化」のもとで導入された概念としての「science 科学」「religion 宗教」「philosophy 哲学」のうちのどこに「Buddhism 仏教」を位置づけるのか、というこの時期のより大きな思想的コンテキストを表現している。Buddhism を示す言葉としては「仏学」――一八八〇年代の文脈で、この用語が登場することもあった[18]——ではなく「仏教」が用いられ、その本質が「教」という語のうちに見出されるようになっていた状況を鑑みれば、もはやこのBuddhismなるものは、明治期に受容されたプロテスタント的な宗教言説の枠組で捉えられていたといえよう。この意味で、「仏教」を「宗教」以外のもの——すなわち「科学」や「哲学」——として主張しようとする語りは、むしろ、これを「宗教」とする同時代の言説への抵抗として理解することも可能である。

近代初期アカデミズムの枠組で、仏教の「宗教」としての性格を軽視する態度に異議を唱えたのは、坦山の元同僚である覚寿や、その後継者たる村上専精である。以下に確認するように、専精は諸宗の教学の基礎を伝えようとする点において覚寿に極めて近い方法を確立しつつあり、この二人の影響で、以後のアカデミズム仏教学の趨勢が定まったといっても過言ではない。坦山の段階で顕著であった身体技法という要素は閑却視され、文献学的な方法（無論、伝統的なそれではあるが）および「信仰」を掲げるような態度が次第に強まっていった。例えば、すでに東京大学を離れていた吉谷覚寿は一八九一年、『哲学会雑誌』の論説において、仏教は学理的な要素を有する以上「哲学」と呼びうるが、主に「宗教」であると、次のように説明している。

去ル明治十四年仏教ヲ以テ東京大学文学部ノ課業ニ加ヘ印度哲学ト称セシヨリ以来世人動モスレハ貴重ノ称号ヲ得タリト思ヒ甚シキニ至リテハ仏教ハ一種ノ学術ニシテ宗教界ヲ透〔逸〕脱セリトノ感想ヲ発セシ者ナキニシモ非サルヤニ見及ヘリ。是甚シキ誤謬ナリ今断言シテ云ク仏教ハ宗教ニシテ学問ニハ非サルナリ。若シ然ラハ宗教ハ毫モ学問ニ関係ナキヤ果シテ学問ニ関セストセハ何故仏教ヲ印度哲学ト称スルヤ云ク宗教ノ中ニ種類差別アリ或ル宗教ノ如キハ単ニ宗教ニシテ学問ニハ非ス。仏教ノ如キハ宗教ニシテ亦学理ノ性質ヲ有セリ故ニ仏教ハ宗教ナレトモ其仏教部内ヲ精究スレハ学理ニ順スル所アルヲ以テ哲学ト称スルモ更ニ妨ケナキナリ[19]。

覚寿は、東京大学の〝科学的研究〟を離れることではじめて、そこでの仏教研究のあり方について批判する自由を手に入れたように感じたかもしれない。村上専精も、東京大学での着任の数か月前に刊行した『仏教一貫論』において、仏教の「哲学的」および「宗教的」な性格の双方を強調している。[20] 覚寿や専精はさらに、当時の仏教界に流行していた「仏教改良論」をめぐる発言も展開しており、その具体的な内容は、以下に検討してみたい。

二　改良論と仏教教育

一八七三年、キリスト教の禁止を掲げた「高札」は完全に廃止されたものの、その信仰自体が法的に承認されたわけではなかった。一八八三年に憲法取調局が設置されると、近く発布されるはずの憲法の枠組で「宗教」はいかに位置づけされるのか、などの問題が浮上し、これが一八八〇年代における、「日本将来の宗教如何」という議論へと展開していった。「国教」の採用も想定されたこの時期に、仏教者は長らく「国家」と密接な関係を有してきた自らの「宗教」こそ、こうした特権を与えられるべきであると主張した。[21] しかし宗門の知識層は、眼前の「仏教」に多くの「弊害」も存在しているという認識のもとで、その「改良」を唱えはじめた。このコンテキストにおける井上円了の思想的営為は比較的によく知られているが、当時、東京大学で「印度哲学」を講じていた吉谷覚寿や、その後継者となった村上専精も、自身の改良論を展開していた。

一八八〇年代に、必ずしも教団仏教の枠組でもはや動いていなかった円了は、「国家」を第一にしつつ仏教の再構築に尽力していた。これに対して、教団との深い関係を有していた覚寿や専精は、むしろ、まず宗門の枠内での「改良」を目指した。一八八〇年代末期における『令知会雑誌』において、両者とも円了の改良論に代案を呈するかのごとく、自らの「仏教改良論」を示している。[22] 覚寿は一八八八年に発表した論説において、「改良」の「基本ハ精神思想」にあると主張し、[23] さらに、次のように述べている。「精神思想改良ノ方法ハ……如実ノ宗教心ヲ養成スルニアリ……精神思想清浄ナリニ至ラハ形体上ニ発動スル言行ニ於テモ自ラ淳良ナルヘキハ論ヲ竢タサルナリ」。[24] つまり覚寿は必ずしも「護国」などの枠組ではなく、個人修養の次元ではじまるべきものだとして「仏教改良」を唱えて次のようにいう。「仏語ニ随順シテ如実ニ信行シ道徳ヲ脩ムルヲ以テ改良ノ基本トスルナリ」。[25]

一方、専精も一八八八年四月の『令知会雑誌』掲載の論説で当時の一部の「改良論者」の思想を批判し、彼らのいうような「改良」が本来、仏教の不易であるはずの「性質」の「改良」を目指すものである以上、結局のところ、既存仏教の「改良」というよりも「別宗の開闢」を意味するものであったと指摘した。[26] 覚寿と同様、既成教団の枠内での「改良」を構想した専精は、教育に重点を置いていた。彼は、「青年僧侶ノ仏教ヲ研究スル教育法ヲ改良セサルヘカラス、夫レ旧来仏教学ノ教授法タル倶舎三年唯識八年トカ言ヒ伝ヘテ、数十年ノ時間ヲ消費セサレハ仏教各宗要領ヲ学ヒ得ルコト能ハサル教育法ナリ」と述べ、[27] 現状を嘆いた。彼はさらに「学問ハ布教ノ基本ナリ、布教ハ修学ノ結果ナリ」として、[28] 僧侶個人の養成を起点とする「仏教改良」を主張している。以上のように、それまでの宗門の存在を前提とした「改良」を唱えた覚寿や専精は、その具体的なアプローチとして、一派にとらわれない「仏教」の内容を伝える新たな教育方法の構築を構想したのである。以下この構想が、二人による仏教の総合的な描写という営為といかに関係していたのかを中心に検討しておきたい。

「仏語ニ随順シテ如実ニ信行シ道徳ヲ脩ムル」ことを「改良ノ基本」とした覚寿は、一方、仏教全体の理解、換言すれば諸宗派の根底にある本質の叙述とその普及をその学問体系の内に促進しようとした。覚寿は自らの真宗へのコミットメントを示しつつ、仏教の統一性を信奉し、主張した人物であった。例えば一八八六年に刊行した『仏教大旨』において彼は、キリスト教の「宗派」とは異なり、衝突を惹起させるほどの「宗派」間の対立が存在しなかった仏教は、本質的に超宗派的統一性を有しているとし、次のように主張している。

基督教ノ宗派タル〔モノ〕、仏法ノ宗派ナルモノトハ品性組織自カラ霄壌ノ懸隔アリ。彼カ所謂宗派ハ予カ所謂宗派ニ非ス、予カ所謂宗派ハ素ヨリ宗派ナレトモ、其主義大本ハ決シテ二途ニハ非スナリ。其故ハ天主教・希臘教ノ如キモ素ト予輩ノ尊信スル一箇ノ聖教ヲ真神ノ黙示ナリトシテ信仰ノ基本トスレトモ、或ハ且ク彼聖経ノ蛇足ヲ書キテ僅少ノ文句ヲ附加シ或ハ一般普通ノ聖経ヲ誤解倒置セシヨリ宗派ヲ異ニスルニ至レルナリト云々。今云ク彼カ宗派ト余ノ宗派トハ亦大ニ各別ナルコトハ水火氷炭モ啻ナラサルナリ。ソノ故仏教ノ宗派ハ後人ノ誤解倒置セシヨリ差異ヲ生セシニハ非ス、随器開導授与経法ニテ固ヨリ一仏ノ説法ノ上ニ差別アリ。故ニ其諸教ノ中、各自ノ尊信スル有縁ノ教法ヲ根拠トシテ開宗スルカユヘニ理トシテ宗派ノ別ヲ生セラルヲ得サルナリ。(29)

「聖経」への不要な書き足しや、その文意の「誤解」によって生まれたキリスト教の諸宗派に対して、仏教のそれは、あくまで「一仏ノ説法ノ上ニ差別」があったために成立した、とのことである。こうした理解のもとでは、「三国」にわたって空間的・歴史的に展開した諸宗においても、その統一性の存在が承認されることとなる。(30)覚寿にとって、「宗派」なるものはどこまでも方法論的な相違によるものであり、その究極的な目的は、最終的には一致するものだったのである。

三　吉谷覚寿と大乗非仏説

仏教の教理を統一的に描写しようとした覚寿の学問的営為は、欧州における仏教研究の成果の導入によって、また新たな勢力により俎上にあげられた大乗非仏説論への反駁としても展開された。井上円了の『大乗哲学』、姉崎正治の『仏教聖典史論』、村上専精の『仏教統一論　第一編大綱論』が刊行される十数年前、覚寿は「大乗教」が文字の上での「仏説」でないという主張を明確に否定せずに、「社会」の次元で「仏説」であるという論を展開している。やや長いが、「因弁大乗非仏説難」をめぐる吉谷覚寿の発言は以下のとおりである。

此大小二乗ニ付キ因ミニ論スヘキコトアリ。其趣キハ此小乗法ノ仏説ナルコトハ異論ナケレトモ、大乗法ハ後人ノ作為スルトコロニシテ、真正ノ仏説ニハ非スト云者古今少ナカラストス。吾邦ニ在リテハ富永仲基ノ出定後語、平田篤胤ノ出定笑語等、何レモ大乗非仏説ノ破ヲ立テタリ。輓近欧洲ニテハ小乗教ヲ以テ仏教ト単称シ、別ニ大乗教ヲ以テ菩提教ト名ケテ真正ノ仏説ニハ非ストスレトモ、学理研究ノ材料ノ為ニハ之ヲ用フルコト、見ヘタリ。然ルニ此大乗非仏説ノ破ハ珍ラシカラサルコトニテ、既ニ印度ニ於テハ仏滅後九百年間ニ当リ大乗非仏説ノ破盛リニ行ナハレタリ。故ニ唯識論ノ中ニ大乗経ハ真正ノ仏説ナルコトヲ成立シテアリ。然ルニ現時ノ論者ハ現今錫蘭〔Ceylon〕ニ唯小乗教ノミアリテ大乗教ナキカ故ニ大乗法ハ後人ノ偽作ナリト謂ヘトモ一概スヘカラス。是ハ時運ノ然ラ令ムル所ナリ、其故ハ昔時ハ錫蘭ニ大乗教モアリシナレトモ時勢ノ変遷ニヨリ漸次ニ散滅シテ、現時ハ唯小乗教ノミ残レルナリ。尚亦印度内地ヲ捜索スルニ、前印度ノ尼泊爾〔Nepal〕（独立ノ小国）ニハ現今大乗教行ナハレ梵文ノ仏経アリテ、英領印度及ヒ英仏ニ伝ハルモノ多種アリ。謂ク八千頌般若波羅密多経象頬荘厳経十地自在経等ナリ。之レニ付キ若シ強イテ大乗法ハ非仏説ナリト云ハ、、且ク一歩ヲ譲リテ設ヒ大乗経ハ仏説ニ非サルニモセヨ。大乗法ト云ハルヘキ理ハ有ルヘキ者カ無カルヘキ者カト云コトヲ思量スヘシ。其大乗法ノ理トハ、二利隻運ニアリ。凡ソ一切ノ有情ハ自利ノ心ノミアリテ、利他ノ心ハナキヤ否ヤ、之ヲ我国社会交際ノ現況ニ徴スルニ或ハ会ヲ設ケテ学術ヲ練磨シ、知識ノ交換ヲ計リ或ハ社ヲ立テ、、有無相通シ貿易互利スルカ如キ一トシテ二利隻運ニ非サルハナシ。彼ノ米国那然〔Charles Northend, 1814-95〕氏ノ教育論ニモ「凡ソ人此世ニ生レテ自己一人無事ニ生活スルヲ得ルヲ以テ足レリトスル者アランヤ必ス世界ノ為ニ幾分カ裨益ヲ為サント欲スルハ万人同一ノ志ナルヘシ」ト云ヘリ。況ンヤ欧洲ニハ人ヲ目シテ交際ノ動物ナリト称スルニ於テヲヤ。是二利隻運ノ心アルコト明カナリ。然ルニ是ハ世間ノ二利ナリ。此世間ノ二利、転進シテ出世間ノ二利トナル。即チ自ノ菩提ヲ志求スルハ自利ナリ、他ノ有情ヲ憐愍スルハ利他ナリ。爾レハ仏説法ノ対機ニ自利々他ノ心アリトセハ之ニ適スルノ法ハ二利円満ノ大乗法ナルヘキハ勿論ナリ。抑仏世尊ハ固有ノ法ヲ説キ示ス者ニシテ、新タニ法ヲ造ル者ニハ非サルナリ。而シテ其仏ノ法ヲ説クハ衆生ノ迷ヒノ病ヲ治センカ為ナリ。然ルニ薬ノ病ニ適セザル時ハ実効ナキカ如ク、仏説ノ法薬モ衆生ノ機根ノ病ニ応セサレハ実益ハナキナリ。故ニ苟クモ二利隻運ノ法ヲ信受スヘキ機縁アリトセハ、仏之カ為ニ大乗法ヲ説カサルヲ得ス、爾レハ大乗教ハ真正ノ仏説ナルコト疑フヘカラス。是ヲ以テ国利民福ヲ計リ、社会ノ実益ヲ為サント欲セハ、二利兼運ノ大乗法ニ拠ラスンハアルヘカラスト云コト学者須ク之ヲ了知スヘシ。[31]

ここで窺える覚寿の見解は、一八八四年十一月に発表された「大乗非仏説ノ論者ニ告ク[32]」にその原型がすでにみられ、欧州の仏教研究に基づくような大乗非仏説論への反発として著されたものである。彼は、大乗仏教の経典がインドやスリランカに現存しないことを根拠にして「大乗教」が「非仏説」であるとする当時の一部の論者への回答を、様々な側面から試みている。そのテキストにみられるように、覚寿が「大乗教」を正統化するにあたって利用するのは、教学的な知識に併せ、一八八〇年代の枠組で導入されつつあった社会・教育論である[33]。

人間は「交際ノ動物」である以上、「自利」のみ——すなわち「小乗教」——の道はそもそも不可能であり、人間的な営みは必ず「利他」——すなわち「大乗教」——でなければならない。大乗仏教は、仏世尊が伝えた真理より成り立っているという意味において「仏説」であり、「社会ノ実益」を考える仏教者にとっての、むしろ、唯一の可能性であるという。覚寿のこのような区別は、専精がこれより十年後の著作において設けたそれを連想させるところもあろうが[34]、まず「社会ノ実益」をもたらすものとしての大乗仏教、という正統化の方法に着目したい。覚寿によれば、大乗仏教は「国利民福」を図りうるものであるからこそ「真正ノ仏説」であり、それが暗示的にも、エゴイズムのように見られがちとなる「小乗教」と対照される結果となる。覚寿は円了や専精ほどネイションの問題に取り組んだわけではないが、それが間接的に彼の総論事業および教育論にいかに現れているのかは、日本における初期のアカデミズム仏教研究を考えるにあたって、さらに検討する必要がある。

おわりに——仏教学と「仏教」の再構築

以上、簡潔ながらも、日本における初期のアカデミズム仏教学での「仏教」の語り方に焦点を当ててきた。この作業をとおして、以下のようなことが確認できた。

官学アカデミズムの世界において、「文明開化」がもたらした新たな学知の枠組で、「仏教」もまた再構築が図られたが、そのプロセスは決して平坦なものではなかった。すなわち今日の目から見れば、「仏教学者」とも呼ばれうる人々の間で、「仏教」をいかに理解すべきか、さらにそれが果たさねばならない社会的役割、かつその具体的方法をめぐって、異なる様々な意見が共存していたのである。仏教は宗教ではなく哲学、哲学であると同時に宗教、哲学というよりもむしろ宗教、という過程を経ながら、「仏教」は官学アカデミズムにおける独自の分野である「印度哲学」の枠組で形作られていった。

覚寿および専精は浄土真宗の出身者であり、この二人は仏教における「信心」の問題を掲げつつ、曹洞宗出身であった——そのなかでも特異な存在ともいえる——原坦山とは異なり、必ずしも合理的ではない仏教的要素をも視野に入れて語らなければならなかった。換言すれば、かかる使命を帯びた二人の学問的営為は、円了のそれともまた異なり、常に宗門を念頭に置いてのものであった。[35] 覚寿は、一八八六年に『仏教大旨』、一八九〇年に『仏教総論』および『明治諸宗綱要』を公刊し、[36] 少なくとも教義のレベルで目前の仏教の全体的描写をまず試みているのである。それに比べて専精は、自らの学問的活動の当初において「道徳」の問題にも関心を寄せており、その課題に取り組んだ成果も挙げているものの、[37] 彼の業績としては人々がより容易に「仏教各宗要領ヲ学ヒ得ル」教育法の探求から生み出された著作の方が知られている。それはいうまでもなく、専精の仏教「統一的」、および「史学的」な事業の延長線として著された『仏教統一論　第一編大綱論』（一九〇一年）および『日本仏教史綱』（上下、一八九八―九九年）である。[38] 彼は東京大学に招かれる数か月前の一八九〇年一月に、のちに三版をも数えるようになった『仏教一貫論』（第二版以降は『日本仏教一貫論』と改題）をすでに公刊しており、仏教を統一的に語ろうとする営為において、形式的には覚寿と極めて近い傾向を示していた。「総論」や「一貫」といった事業の目標は、全宗の教理および実践——もちろん、実際のそれというよりも、あくまでも理想とされたそれ——を平等に「仏教」という枠組に位置づけることであった。自宗のみならず、あらゆる宗派の教えをひとつの「仏教」として正当化するのは、両者が官学アカデミズムの代表者として果たさねばならなかった義務でもあったといえよう。

当然、これは「国家的使命を担った帝国大学」の枠組での問題であり、[39] ネイションの問題もその背景に存在した。しかし、明治期の仏教者による仏教と国家との関係をめぐる語り方そのものには様々な展開がある以上、これを一概に述べることは困難であり、[40] また本稿ではその余裕もないため、次の機会に譲ることにしたい。今後は、公認教論がいっそうの勢力で流行りはじめる一八九〇年代以降の「仏教学」と「仏教」の語り方について検討することを考えている。今回は差し当たり、「仏教」が官学の枠組でひとつの「宗教」として語られるようになった背景をめぐる以上の指摘にとどめ、本稿を締めたい。

注

（1）後に確認するように、官学アカデミズムの枠組で「仏教学」という表現はみられないが、本稿では便宜上、それをも指す言葉として使用した。日本における「仏教学」というディシプリンの範囲をめぐる考察は、末木文美士『日本仏教思想史論考』（大蔵出版、一九九三年、六―八頁）を参照。

（2）例えば、三枝充悳『仏教入門』（岩波書店、一九九〇年、一―二頁）、そしてその成果を踏まえる大谷栄一『近代仏教という視座——戦争・アジア・社会主義』（ぺりかん社、二〇一二年、一六―一七頁）をみよ。川田熊太郎『仏教と哲学』（平楽寺書店、一九五七年、八―九一頁）も示唆的である。

（3）大隅和雄『愚管抄を読む——中世日本の歴史観』（平凡社、一九八六年、一三七―一四二頁）を参照。島薗進「近代日本における〈宗教〉概念の受容」（同・鶴岡賀雄編『宗教〈再考〉』ぺりかん社、二〇〇四年）はその成果を踏まえ、近代に連なる問題としての「仏教／仏法」という用語の歴史的変遷を考察している。

（4）次の項目をみよ――「Bucqeô〔仏教〕. Fotoqeno voxiye. *Doutrina do* fotoqe」（f.25）、「Buppô〔仏法〕. Fotoqe nori. *Leis, ou doutrina dos* Fotoqes」（f.26）、「Butdô〔仏道〕. Fotoqeno michi. *Lei, ou çeita do* Fotoqe」（f.27）（『パリ本日葡辞書 *Vocabulario da Lingoa de Iapam*』勉誠社、一九七六年）。「仏教」は doutrina のみを指すのに対し、「仏法」はそれに加え、leis をも意味している。ここでさらに検討に値すべき点は、「仏法」における「仏」は唯一、複数形（Fotoqes）で表されていることである。

（5）大槻文彦（一八四七―一九二八）が編集した『言海』の第四冊（大槻文彦、一八九一年）では、「仏教」は「ホトケノヲシエ。仏法」（八九八頁）と定義されているのに対し、「仏法」の項目には「ホトケノノリ。仏ノ教へ。仏道。仏教」（八九九頁）とあり、明治中期の段階に、日本語として「仏法」は「仏教」より広義の言葉であり続けたことの証左となりうる。

（6）磯前順一『近代日本の宗教言説とその系譜――宗教・国家・神道』（岩波書店、二〇〇三年）、とりわけ第一部・第一章（二九―六六頁）をみよ。「ビリーフ中心主義」と「近代仏教」との関連については、前掲の大谷『近代仏教という視座』（とくに一六―二〇頁）を参照されたい。

（7）例えば一八七六年に、米国のユニテリアン神学者であるジェームス・F・クラーク（James Freeman Clarke, 1810-88）の『仏教論評』（全二巻）が刊行される。本書はクラークによる *Ten Great Religions: An Essay in Comparative Theology* (Boston: J.R. Osgood and Co., 1871) の Chapter IV ("Buddhism, or the Protestantism of the East") の日本語訳（一巻は山崎久太郎、二巻は船橋振による）および、それに対して真宗大谷派の石川舜台（一八四二―一九三一）が論評を施したものである（なお本章は以前、同タイトルで *The Atlantic Monthly* [v. 23, 1869, pp.713-728] に発表されていたようで、日本語訳にどのバージョンが用いられたのかについては、さらなる検討が必要である）。当然のことながら、クラークはキリスト教の優越性の論証を目的とするのだが、欧米の仏教研究の最新の成果を踏まえ、キリスト教との相違よりもその共通点を強調する点において、仏教に対していくぶんか好意的であったといえる。元来「排耶論者」であった舜台は、クラークの仏教理解に厳しい態度を取っていたと考えられるが、『仏教論評』の学術的な価値を認めている箇所もある。『仏教論評』は『明治仏教思想資料集成　第四巻』（明治仏教思想資料集成編集委員会編、同朋舎出版、一九八〇年）にも所収されており、筆者は今後、詳細な検討を予定している。

(8)　週刊誌『団団珍聞』の記者であった田島象二（一八五二—一九〇九）は例えば一八八四年に、イギリス外交官のアーネスト・サトウ（Ernest M. Satow, 1843-1929）への贈物として『日本仏法史』なる書物を刊行している。この時期における「日本仏教」の歴史的叙述をめぐる考察は、拙著『近代日本思想としての仏教史学』（法藏館、二〇一二年）とくに八四—九五頁を参照。

(9)　Michel Mohr, "Murakami Senshō: In Search for the Fundamental Unity of Buddhism," *The Eastern Buddhist*, New Series, v. 37, n. 1-2, 2005, p.86, fn.38.

(10)　坦山をめぐっては前掲拙著『近代日本思想としての仏教史学』五五—八一頁を参照されたい。

(11)　大内青巒「坦山老子の事歴」（秋山悟庵編『坦山和尚全集』光融館、一九〇九年、三七頁）。

(12)　古田紹欽「東京大学に於ける印度哲学講座」（大倉邦彦先生献呈論文集編纂委員会『国史論纂——大倉邦彦先生献呈論文集』躬行会、一九四二年、四九四頁）。

(13)　『明教新誌』「雑報」（一二三五号、一八八一年十一月二日）。

(14)　東京大学百年史編集委員会『東京大学百年史　部局史　一』（東京大学出版会、一九八六年、五一四—五一五頁）。

(15)　末木文美士「アカデミズム仏教学の展開と問題点——東京（帝国）大学の場合を中心に」（『近代日本と仏教』トランスビュー、二〇〇四年、二一八頁）。

(16)　林淳は次のように説明している。「……「東洋哲学」の提唱の背景には、キリスト教の社会的な影響力拡大にたいする危機意識と、西洋の学術摂取に対する反省から和漢の学問の見直しを図ろうとする意識が働いていた。政府が主管する大学で、宗教が研究されることへの懸念もあったと思われるが、「東洋哲学」という分野名によって捉え返されることによって仏教、儒教は、大学制度内で研究されうる対象となった。そこでは仏教、儒教は、宗教であるより、哲学であることが証明されねばならなかった。「印度哲学」、「支那哲学」は、こうした過程のなかで成立したが、これらの分野の研究者は、仏教、儒教の通俗道徳的、日常習俗的な局面ではなく、西洋哲学に比肩するほどの哲学的な深遠さ、論理性、難解さを好んで語るようになった」（「近代日本における仏教学と宗教学」『宗教研究』第三三三号、二〇〇二年、三四―三五頁）。

(17) 坦山の最も知られているであろう言葉にも、そういった立場が明確に窺える。「……仏教は他の宗教の如く幽冥荒茫信を目的とするにあらず、ヲルコット氏〔Henry S. Olcott, 1832-1907〕曰く「レリジョン」（宗教）と云語は仏教に用ゆること妥当ならず、仏教は寧ろ道義哲学と称すべきなりと、余は直ちに心性哲学といふを適当とす、本校〔東京大学〕に於て印度哲学と改むるは尤も当れり……」（前掲『坦山和尚全集』「印度哲学の要領」〈初出一八八七年〉、五四―五五頁）。坦山による「仏教」や「宗教」の捉え方とその問題については、前掲拙著『近代日本思想としての仏教史学』（とくに六七―七二頁）において考察した。

(18) 一八八五年に行われた「学教の異同仏教諸教の異同」という講義において、原坦山は「仏教」「仏道」「仏学」を列挙し、仏教とキリスト教の本質的な相違を説明しようとしている（『坦山和尚全集』、五二頁）。

(19) 吉谷覚寿「学問ト宗教トノ関係ヲ論ス」（『哲学会雑誌』第五冊・第五二号、一八九一年六月、九三一―九三二頁）。

(20) 例えば、次のような言葉に注目したい。「人あり若し仏教は哲学なる乎又宗教なる乎と問へは我曹は之に一往の答弁を為して仏教は哲学にして又宗教なりと云はんとす」（村上専精『仏教一貫論』哲学書院、一八九〇年一月、一頁）。専精による「宗教」と「哲学」といったカテゴリーの捉え方については、同著「第一章 総論」（一―一六頁）を参照。

(21) 山口輝臣『明治国家と宗教』（東京大学出版会、一九九九年、二九―五五頁）を参照。

(22) 吉谷覚寿「改良ノ基本如何」（『令知会雑誌』第四八号、一八八八年三月、一二九―一三五頁）および村上専精「仏教ハ如何カ改良スヘキ乎」（『令知会雑誌』第四九号、一八八八年四月、一九三―二〇三頁）。なお前者は『日本之教学』第八号、（一八八八年四月、一二―一四頁）、後者は『日本之教学』第九号、（一八八八年五月、二六―三〇頁）にも掲載されている。

(23) 吉谷「改良ノ基本如何」、一三三頁。
(24) 吉谷「改良ノ基本如何」、一三四—一三五頁。
(25) 吉谷「改良ノ基本如何」、一三一頁。
(26) 「抑改良論者ヨ爾カ言ヘル改良トハ宗教ノ性質ヲ改良スルニアル乎、又之ヲ維持シ之ヲ拡張スルノ方法ヲ改良スルニアル乎、余輩ハ宗教ノ性質ハ改良スヘカラサル者トス。若シ之ヲ改良スル者アレハ即チ改良ニハアラスシテ別宗ヲ開闢スト云者ナリ。豈改良ト名ツクヘケンヤ」（前掲の村上「仏教ハ如何カ改良スヘキ乎」、一九四—一九五頁）。句点・読点は適宜あらためた。以下同。
(27) 村上「仏教ハ如何カ改良スヘキ乎」、一九九頁。
(28) 村上「仏教ハ如何カ改良スヘキ乎」、二〇〇—二〇一頁。
(29) 吉谷覚寿『仏教大旨』（仏書出版会、一八八六年）、四三—四四頁。
(30) 「三国ニ亘リ仏教内ニ於テ宗派ノ種類数多アリトイヘトモ所謂金杖ヲ分析スルに段々皆真金ナルカ如ク何レノ宗教モ一仏所説ノ金言ナレハ如法ニ修行スレハ天迷開悟ノ益虚シカラス」（吉谷『仏教大旨』、四六頁）。
(31) 吉谷覚寿『仏教総論』（吉谷覚寿〈大取次所・西村七兵衛〉、一八九〇年、七八—八二頁）。
(32) 『令知会雑誌』第八号、二八—三九頁。後に『教学論集』第三四編（一八八六年十月、一二一—一二六頁）にも掲載。
(33) 覚寿が人間の社会性を主張するために用いているのは、文部省が一八七七年に刊行したチャーレス・ノルゼントの『小学教育論』である。それは福沢諭吉門下の小泉信吉（一八五三—九四）および四家純三郎（一八五四—八四）の慶應義塾関係者による *The Teacher and the Parent: A Treatise upon Common-School Education; Containing Practical Suggestions to Teachers and Parents* (Boston: Jenks, Hickling, & Swan, 1853) の日本語訳であり、本書の詳細を検討した教育史学者の石附実は、以下のように指摘している。

明治初年にあって、society という言葉のおよその意味は理解されていたにしても、個人・社会・国家という重層的な構造概念での「社会」の把握はいまだ弱く、なによりも、むしろ実体としての「社会」の欠如は、いとも容易に、個人と国家を直結的に関連させ、教育もまた、「国家」と「功利」ないし「有用性」という二つの枠組みからの把握となったのである（『翻訳教育書『那然小学教育論』の一考察」〈『キリスト教社会問題研究』三七号、一九八九年、七〇二頁〉）。

なお覚寿が引用する箇所は第十三節「教師自ラ其業ヲ脩スルノ方法ヲ論ス」（Chapter 13. "Means of Self-Improvement）（訳書・九四頁）からである。訳語としての「社会」の成立については、齊藤毅『明治のことば——文明開化と日本語』（講談社、二〇〇五〈一九七七〉年、一八四—二三四頁）を参照されたい。

（34）例えば岡田正彦「宗教研究のヴィジョンと近代仏教論」（『季刊日本思想史』七五号、二〇〇九年）を参照。

（35）覚寿は、「情感のみの宗教」であるとされたキリスト教に対して、仏教を「智力情感両全の宗教」と主張した円了の理解に不満を抱いていたようである。覚寿は同一八八八年に「仏教ノ宗旨ニ智力情感ノ名称ヲ付スルノ理由無キヲ弁ス」を発表し（吉谷覚寿「仏教ノ宗旨ニ智力情感ノ名称ヲ付スルノ理由無キヲ弁ス」〈『令知会雑誌』第五〇号、一八八八年五月、二九一—二九八頁〉。後に『日本之教学』〈第一〇号、一八八八年六月〉にも掲載）、その前年に公刊された円了の『真理金針』で提示された「智力の宗教」「情感の宗教」という区分を批判している。「易行」と「難行」などの既存の名目で十分であると主張し（二九五頁）、「情感」と「智力」という新たな「判別」はむしろ仏教に対する門外からの誤解を招いてしまう、という主旨の語りを展開している（二九七—二九八頁）。

（36）前掲の『仏教大旨』（一八八六年）や『仏教総論』（一八九〇年）に加え、『明治諸宗綱要』（是真会、一八九〇年〈後に法藏館より再版〉）も挙げられる。なお『仏教大旨』は『令知会雑誌』、『明治諸宗綱要』は『教学論集』に連載された内容を訂正などの上で刊行したものである。

（37）例えば、『仏教道徳新論』（哲学書院、一八八八年五月、その原型は『令知会雑誌』第四七号および第四八号〈同年二月・三月〉に発表）、『仏教忠孝編』（哲学書院、一八九三年）や『道徳の要領』（村上専精述・佐藤学励記、仏教婦人会、一九〇〇年）がある。筆者は道徳論を含み、東京大学の講師となる前の時期を中心とする専精の思想に関して検討しており、近日その成果を報告する予定である。なお明治期における「道徳」や「倫理」の問題に関して、筆者は Richard M. Reitan, *Making a Moral Society: Ethics and the State in Meiji Japan*（Honolulu: University of Hawai'i Press, 2010）を参照した。

（38）　このふたつの事業の間に断絶をみる論者もいるであろうが、筆者はこれらに一貫性をみている。例えば拙著『近代日本思想としての仏教史学』、九六―一〇七頁を参照。
（39）　末木「アカデミズム仏教学の展開と問題点」（注（15）前掲書、一一七頁）。
（40）　この問題に関して筆者は考察中であるが、仮に拙稿「明治中期における日本仏教の言説的位相――仏教公認運動を中心に」（『宗教研究』三七一号、二〇一二年三月、一五四―一五五頁）を参照されたい。

近代中国仏教における宗派概念とそのポリティクス

エリック・シッケタンツ

はじめに

中国仏教の歴史は一般に、隋唐両朝における仏教の隆盛とその後の漸次的な衰退として語られる。そして、長期の衰退過程の後、近代に入って以降、仏教は復興しつつあるとされることが多い。こうした語りにおいては、「宗派」の概念が中国仏教史を読み解くキー・タームとなっている。つまり、隋唐における諸宗派の誕生が中国仏教の隆盛を示し、その後の時代における多くの宗派の喪失は中国仏教の衰退を意味するとされる。宗派概念が中国仏教の諸時代を評価する基準となっているのである。

しかし近年、こうした宗派を中心とする歴史の語りに対して、反論が行われるようになってきている。たとえばロバート・シャーフは、宗派概念による歴史観では、独立した仏教宗派が唐代に存在していたと想定されているが、それは独立した宗派の存在を前提とする日本の近代仏教学、特に各宗派内で行われた研究によって生まれた中国仏教史観にすぎないと批判している。シャーフによると、中国仏教史上、独立した教団としての「浄土宗」や「真言宗」の歴史的な存在は非常に疑わしいものであり、仏教の思想的・実践的なさまざまな流れは互いを排除するものではなかった。(1) 牧田諦亮も、日本とは異なり、諸宗をはっきり区別しない、通仏教的な形態が中国仏教の現実であったと指摘している[2]。牧田は、日本人仏教者が中国の経典を整理する際、「日本の各宗宗義の編成という現実を意識して、中国にも日本と同じような宗団組織の厳存を思い、中国仏教各宗の存在を誤認する。このような教団観が私たち日本の仏教者の中に支配的ではないのであろうか」と述べている[3]。したがって、中国仏教における天台宗や真言宗の「成立」という発想は、あくまでも宗派的な仏教観を持つ日本の側からのとらえ方だと主張している[4]。

以上の主張は中国仏教史上で「宗」という言葉自体が全く使用されていなかったことを意味するのではない。中国の文献上に「宗」が使用される際、何を指していたかを問題としているのである。この点に関して、シャーフは中世中国の仏教における「宗」概念は組織性を持った教団を指すのではなく、「大意」という意味で使われていたことを指摘しており[5]、吉村誠も中国仏教における「宗」概念は「学統」として理解すべきだとする[6]。

つまり、宗派概念による多くの中国仏教史研究が表現する歴史観は中国の歴史的現実を反映しておらず、日本的な「バイアス」を持つものなのである。しかし、清末と中華民国期の中国人仏教者自身もしばしば中国仏教を「十宗」や「十三宗」などのはっきりした宗派のセットに分類し、宗派中心的な中国仏教史観を唱えていた。シャーフや牧田などの指摘からすると、このような歴史観は中国仏教史の現実を反映していないわけだが、にもかかわらずこうした歴史観が中国仏教界に広がっていたのである。本稿では、以上のような宗派概念による歴史認識の形成を分析し、近代中国仏教がどのように日本的な宗派概念を受容したかを描写し、その思想的役割を検討したい。だが、まずは近代日本における仏教学と中国仏教史研究に注目する必要がある。

一　近代日本仏教における宗派概念の位相と役割

近代日本において、「宗派」を中心とした中国仏教史観はどのように成立したのであろうか。宗派概念は近代日本の仏教者にとって、仏教を表象するための重要なレンズとしての役割を果たしていた。明治以降、近代的な仏教研究が成立する上で、西欧の近代的な方法論が導入されたとはいえ、近代日本仏教は多くの場合、その前身であるそれぞれの宗派を支える教学の枠組みを完全に脱することができなかった。つまり、宗派を超えた分野を確立しようとした東京帝国大学の一部の研究者を除けば、多くの仏教史研究者は新しい方法を駆使しながらも、伝統的な宗派を中心とする教学を続けたということになる。(7)これと同時に、明治期の日本人仏教者は仏教を一般社会に向けてアピールする必要性にも直面しており、そのために仏教の統一的な表象を作り上げねばならなかった。この目的を達するために使用された一つの方法が各宗の紹介という方式であった。一八九六年の『仏教各宗綱要』をはじめ、各宗の紹介を重視した、当時の『綱要』ものはこの試みの産物である。(8)また、日本仏教とその歴史を描写する上でも各宗の誕生と発展を中心とした語りが選択された。(9)このように近代日本において、「宗派」は「仏教」や「日本仏教」を映し出すレンズとなるとともに、「仏教」「日本仏教」という大きな枠組みを構成する具体的な単位として重要な役割を果たしていた。

これと関連して、近代仏教界に対して大きな影響を与えた書籍が鎌倉時代の華厳宗僧侶凝然（一二四〇—一三二一）が著した『八宗綱要』（一二六八年）である。この書は「八宗」と題してはいるが、実際には仏教を十宗に分類したものである。(10)ジェームス・ケテラーによると、各宗の伝統に注目しながら、統一的な仏教の表象を提供する点で『八宗綱要』は明治期の日本人仏教者に評価され、使用された[11]。明治期、『八宗綱要』はたびたび出版され、仏教の教育機関で教科書として使われ、「仏教」や「日本仏教」という概念を提示する上で、大きな影響力を持っていた。しかし、『八宗綱要』における宗派モデルは明治期に現存する仏教を正確に反映していなかったことに留意すべきである。当時、凝然が紹介した宗派の内、倶舎宗や三論宗などの宗派は、独立した形では存在していなかった[12]。

凝然にはほかに、『三国仏法伝通縁起』（一三一一年）があり、インドにおける仏教の誕生、仏教の中国への伝達、そして日本における発展を概観し、中国仏教を「十三宗」に分類している[13]。『八宗綱要』の十宗モデルとこの『三国仏法伝通縁起』の十三宗モデルは近代日本の多くの仏教史研究の基盤をなしており、特に後者は日本人が中国仏教の歴史を語る上での大きな枠組みを与えた。凝然の近代日本人仏教者に対する影響の顕著な一例は、在家仏教徒境野黄洋の中国仏教史研究である。境野は凝然の宗派モデルを批判する一方で、凝然が提供するモデルの便利さを指摘し、凝然の宗派モデルを研究上の大きな枠組みとして使用した[14]。境野の『印度支那仏教史要』（一九〇六年）、『支那仏教史綱』（一九〇七年）と『支那の仏教』（一九一八年）のいずれも、隋唐両朝における各宗の成立と発展についての語りが中国仏教史の大筋となっている。各宗を誕生させたことで、「仏教の隆盛は此の時に於て殆んど頂点に達したりし」とみなし、境野は両朝を中国仏教の黄金時代とした[15]。

日本仏教史や中国仏教史を理解するキー・タームとなった宗派概念は、各地域の仏教を比較評価する手段にもなっていた。たとえば、日本仏教の改革を目指した井上円了は、一八八七年に記した『仏教活論序論』において、アジアにおける日本仏教の優位性を主張した。この書で井上は、インドと中国の仏教は衰頽したため、唯一日本仏教のみが仏教を代表する力を持ち、仏教を全世界に広げる任務を持つと主張している。インドでは仏法がすでに衰退してしまったと指摘した後、井上は中国と日本の仏教について次のように言及する。

支那ニ至テハ大乗ノ宗書共ニ今日纔カニ存スト雖ドモ其宗ハ大抵禅家ニシテ経論ヲ用ヒス其僧ハ大抵暗愚ニシテ仏教ヲ知ラス其勢実ニ衰頽ヲ極メタリト云フ而シテ其宗其書其人共ニ存シテ大乗ノ深理ヲ知リ一乗ノ妙味ヲ知ルヘキモノ独リ我カ日本アルノミ。(16)

ここで井上は、宗派、仏書、人材のすべてを備えている日本仏教の、いわば完全性を主張し、そうした完全性を失ったインドや中国ではなく、日本の仏教にこそ、大乗の「深理」が保たれているとする。そして、この完全性を保証する主要な要素の一つとして宗派としての「宗」が重視されている。

また、一八九〇年、浄土真宗の島地黙雷と織田得能（一八六〇―一九一一）は『三国仏教略史』を著し、インドから中国と朝鮮半島を経て日本にいたる仏教史を概観的に紹介した。島地と織田もインド、中国、日本の三国をわたる仏教史の結論として、日本仏教のみが東アジアの仏教を代表できると主張した。両者は仏教を南部、北部と東部の仏教に分類し、東部仏教こそが完全だと主張している。

可謂南部仏教ハ。唯小乗ニシテ。嘗テ大乗ヲ雑ヘス。錫蘭六方ノ僧徒ハ。唯四諦ヲ観シテ。涅槃那ヲ希フノミ。可謂北部仏教ハ。喇嘛宗ニシテ。即チ密教ノ一部。唯呪禁祈禱ヲ事トスルノミ。可謂東部仏教ハ。金甌欠クル可ナク。教徒ヲ以テ之ヲ分タハ。小乗ノ行人一モ無シト雖モ教理ヲ以テ之ヲ挙クレハ。大小顕密一モ備ハラサルナシ。(17)

そして、東部仏教の代表者は日本仏教にほかならず、中国と朝鮮半島の仏教を無視してもよい存在とする。

日東部仏教。即チ日本ナリ。而シテ支那、朝鮮ノ如キハ。僅ニ其声臭ヲ有ツノミ。復タ論フルニ足ラス。[18]

ここにおいて、アジア諸国の仏教に対する日本仏教の優位性が主張されているわけだが、この主張の重要な根拠の一つが、日本仏教が「大小顕密」をすべて備えている完全性である。「大小顕密」が「一モ」欠けていないということは、仏教各宗の完備を根拠として、彼らは日本仏教の完全性を主張できたわけである。このように、宗派概念は近代東アジア各地の仏教の優劣の再定義、さらには日本仏教の優位を主張する際に重要な機能を果たしていたといっても過言ではない。

こうした宗派概念による比較評価の観点は、潜在的な形で中国仏教史研究にも見られる。前述の境野黄洋を見ると、中国仏教の後期、特に明と清の両朝は宗派性が薄れたため、仏教の漸次的な衰頽と見なされる傾向がある。境野は、明朝における華厳宗と念仏宗が天台宗から影響を受けたり、あるいは禅宗と融合したりしたことで「純粋」な姿を喪失したと考え、宗派の純粋性という観点から中国仏教の衰頽を描いた[19]。

宗派を中心とした中国仏教史に対するアプローチはその後、日本の仏教研究界において一般的になったといってよい[20]。宋代以降を中国仏教の漸次的な堕落過程として描く歴史の語りにおいては、各宗派を生み出した中国においてその後、そうした諸宗派が失われたことが、中国仏教のアジアにおける優位の喪失をも意味しているとされた。そして、この歴史の語りには、日本仏教がそれに取って代わるという主張が直接的あるいは間接的に含まれていた[21]。宗派概念は、国内における日本仏教とその歴史の解釈に限らず、世界各地の仏教とその関係性を再構築する上で主要な思想的装置となったのである。

二　清末中国における宗派中心的な仏教史観の導入とその思想的背景

以上で紹介した宗派中心的な仏教史観と、仏教を「十宗」や「十三宗」として数える日本的な宗派分類モデルが中国に導入される背景には、当時の中国における、清末仏教を堕落したものと見なし、その復興が必要であるとする思潮があった。日本的な宗派観が中国思想界に導入されるにあたって深く関わったのが、日本人仏教者の南条文雄と中国人在家信者の楊文会であった。一八七八年から八二年にかけて、官僚としてイギリスに滞在した楊は、留学中の日本人仏教家南条文雄と知り合った。二人は意気投合し、帰国したら互いの国にない仏教典籍を交換することを約束した。こうして、楊は南条を通じて、中国ではすでに散逸してしまったさまざまな仏典を入手し、それを南京で設立した金陵刻経処から出版し、仏教の振興を計った[22]。この仏典交換の際、凝然の『八宗綱要』も楊の手に渡り、その後、楊の仏教思想に『八宗綱要』の影響が現れる。楊は『八宗綱要』の影響下、『十宗略説』（刊行年不明）と『仏教初学課本註』（一九〇六年）という二つの仏教入門書を著した[23]。仏教を十宗に分類することや諸宗の歴史、伝承の描写において、楊は凝然が提示したものを模範として、ほとんどそれに従っている。また、ほぼ同時に日本亡命中の思想家梁啓超は日本の仏教学に接した[24]。その影響を受けて、梁は一九〇二年の『論中国学術思想変遷之大勢』において隋唐の仏教を十三宗に分類して紹介した。この十三宗もまた凝然のそれと同じであり、『論中国学術思想変遷之大勢』の背景には凝然の『三国仏法伝通縁起』の影響を読み取ることもできる[25]。凝然の仏書や近代日本仏教の影響を受ける以前の中国仏教の史料には、仏教を「十宗」や「十三宗」に分類することは見られないので、清末以降、凝然にもとづく宗派モデルが中国で普及したのは日本からの影響によると推測できる[26]。

その後、『八宗綱要』は中国でも出版され、それにもとづいて書かれた楊の著作も仏教系雑誌において何度も刊行された。また、楊と梁のように十宗や十三宗の分類を前提とする中国仏教史観がほかの中国人仏教者の著作において再生産され、中国仏教界の中で大きな影響力を持つようになった[27]。また、清末の実業家であり知識人でもあった劉錦藻も『清朝続文献通考』（一九一二年）の中で、中国仏教を「十宗」に分類している。『清朝続文献通考』は正式な歴史書として広く認知されたものであり、そうした書籍に含まれていることは、凝然の宗派分類様式が当時の中国思想界においてどれほど市民権を得ていたかをうかがわせるものである。

宗派中心的な中国仏教史観は、近代日本の学術的な仏教史研究の影響によっても広がった。中華民国期の仏教者たちは積極的に日本の近代仏教学の成果を求めていた。一九三〇年代までに、境野黄洋の著作をはじめ、日本の仏教学の主な成果が数多く中国語に翻訳されていた[28]。また、中国人自身による仏教史研究も大いに日本の影響を受けていた。そのもっとも著名な例は中国初の中国仏教通史とされる蔣維喬（一八七三―一九五八）の『中国仏教史』（一九二九年）と黄懺華の『中国仏教史』（一九三七年）である。蔣の『中国仏教史』の大半は境野黄洋の『支那仏教史綱』の訳であり、黄は日本人研究者の宇井伯寿の『支那仏教史』（一九三六年）の影響を大いに受けており[29]、両者は中国仏教史を、各宗の成立と発展を中心に紹介している。

以上に見たように、凝然の著作と日本の仏教研究を受容した結果、近代中国人仏教者は学術的な研究成果とともに日本仏教的な宗派概念と宗派モデルによる中国仏教史理解を受容し、それが近代中国仏教界の支配的なパラダイムとなったと指摘することができる。

こうした日本からの影響の下で、元来「学派」といった意味あいであった中国語の「宗」は、日本語の「宗派」

が意味する排他性を持った組織という意味あいで理解されるようになった。たとえば、一九三〇年代『威音』という仏教雑誌を刊行した在家信者顧浄縁（一八八九—一九七三）が次のように述べている。

仏法はインドにおいて、小乗には主張の異なる部があり、大乗には空と有について違う主張があったが、多くの門戸を立てることは決してなかった。〔仏教が〕中国にいたってから初めて宗派は盛んに興ったのである。隋唐以来、各宗派の著述と伝わる法門はほとんどその宗派の範囲を離れることはなかった。今日にいたって、宗派の違いははっきりとしており、各宗にはそれぞれの宗の内容があり、各派にはそれぞれの派の本質がある。(30)

以上からうかがえるように、顧は「宗」を独立した宗派として理解し、このような宗派性を中国仏教が生み出したものと見なしていた。シャーフや牧田などの指摘をふまえると、顧の主張は中国仏教の歴史的現実に反しており、むしろ顧に対する日本仏教の影響を示すと思われる。前述の仏教史研究者の蔣維喬も一九三〇年の『仏学概論』において、「各宗派の多くは他宗を排斥して、自分の宗派のみを尊重する弊があり(31)」と排他的な宗派性を批判する一方、「宗」を独立した宗派と見なす姿勢を示している。

このように、仏教を十宗や十三宗に分類する傾向とともに、独立性を主張する宗派として解釈する日本的な「宗」概念が、中華民国期の仏教者や研究者に見られるわけである。

では、そもそも、中国人仏教者にとって、『八宗綱要』や日本の研究成果を受け入れる動機は何であったのであろうか。楊を見ると、彼は『十宗略説』で、中国において、さまざまな宗派の伝承が断絶していることを嘆き、三論宗、成実宗、法相宗などを唐代以降堕落してしまった宗派として描いて、その復興を訴えた。そして、『十宗略説』と『仏教初学課本註』は、これら失われた諸宗の復興のため、中国において失われてしまっている仏書を日本から輸入すべきであると論じる。[32] つまり、仏教を十宗に分類する『十宗略説』と『仏教初学課本註』は楊にとって、中国に現存する仏教についての単なる教科書ではなく、中国仏教の理想像を描いたものであったといえる。『八宗綱要』は、楊にとって、規範的な機能を持っていたということができる。仏教の振興を計るという思想自体は、『八宗綱要』が初めて楊に与えたものではないが、その具体的な姿を形成させたのは『八宗綱要』にほかならないのである。

中華民国期に活躍した仏教改革派の僧侶太虚にも、日本伝来の宗派モデルの同じような使用が見られる。太虚の仏教改革案である『整理僧伽制度論』（一九一五年）では、中国仏教を八つの宗派に分けて紹介した上で、唐代諸宗派の「復古」が重要な目的とされた。改革に際して太虚は、寺院を禅寺、講寺、律寺に分類するかつての制度を取りのぞき、彼が想定した行政単位である「道」のレベルにおいて、八宗それぞれに一寺ずつ専門学校としての「宗寺」を設立すべきとした。[33] 太虚は諸宗派の存在が仏教の完全性を保証すると考え、中国仏教全体の復興のため、まずは各宗を復興する必要を見出していたのである。

雑誌『威音』の刊行者顧浄縁も宗派を重視する仏教観を示し、宗派の復興を大事な任務と見なしていた。

昔は〔仏法が〕法相、三論、天台、華厳、禅、浄土に分かれていたが、祖師の系統の絶えていないものはまだいくつあるであろう？　宗門ごとに個別に各宗が復興するのが今の情勢にふさわしいであろう。[34]

以上の数例からわかるように、日本から伝来した宗派中心的な仏教史観は当時の中国人仏教者が持っていた復興思想に具体的な形を与え、復興思想の中心に宗派概念を植えつけたのである。

また、日本人研究者が使用していた「科学的方法」は、当時の中国人仏教者にとって、日本の仏教史研究の持つ大きな魅力であった。蔣維喬は、日本が西洋から受容した研究方法が日本人の研究成果に高い信憑性を与えていると思っていた。一九三五年の『仏学綱要』で彼は次のように書いている。

近年、西洋人学者が科学的方法を用い、次第に〔仏教の歴史を〕整理して、日本人学者がそれを継ぐことにより、仏教の歴史を初めて系統的に探求できるようになった。我が国の昔の仏教徒はインドの影響を受けて、歴史に注意を払うことができなかった。たまたま著作があってもただ伝記と編年史に限定されており、昔の典籍から系統的な仏教通史の書を探そうとしても、それは一冊もなかったことを学者は非常に残念がっている。(35)

しかしながら、中国人仏教者は日本から輸入した歴史の語りを無批判に受け入れたわけではない。

三　中国における宗派中心的仏教史観の転用

本稿の最初に述べたように、近代日本の仏教研究における宗派中心的な仏教史観は、隋唐の中国仏教を理想視しながら、その後の中国仏教の堕落を主張し、日本仏教の優位を主張するというイデオロギー的機能を持っていた。つまり、仏教史研究における宗派概念は、日本仏教をナショナリズムとつなぐ思想的回路としての側面を有していた。しかし、宗派を中心とした歴史の語りを受容した中国人仏教者たちは、同時代の日本仏教に対して中国仏教を劣位に置く位置づけを承認しなかった。彼らは受容した語りを巧みに矯正し、独自の歴史の語りを作ったのである。

日本から受容した仏教史観を早い段階で転用させたのは梁啓超である。日本の仏教書の影響下、梁は『論中国学術思想変遷之大勢』において、唐朝を「仏学時代」と呼び、実はこの時代を「先秦」（春秋末および戦国の全盛時代）と並ぶ中国思想の最隆盛時代として、高く評価する。そして、梁はインドにおいて仏教がすでにその姿を消してしまったため、その「継法者」こそ中国であると主張する。[36] 梁は続いて、仏教の十三宗は中国が独自に生み出したものであると主張する。インドの仏教には諸宗の起源は見られず、宗派をアイデンティティの中心とするのは中国文化独自のものだというのである。さらに宗派の成立は完全に中国の創造性の産物だとする梁は、日本仏教の浄土真宗と日蓮宗を独自の宗派として認めない。[37] このように、中国思想史における仏教の役割と宗派の存在が中国の近代ナショナリズムのアイデンティティ形成と密接に接合されるのであった。

また、一九一一年の辛亥革命直後、中国最初の仏教系雑誌『仏学叢報』にその編集者濮一乗が「中華之仏教観」という記事を投稿している。この記事において一乗は、当時の中国における仏教の意義と役割や、中国仏教の歴史を紹介して、仏教を中国の「国粋」と呼び、中国の「固有の精神」として位置づける。[38] さらに、仏教がインドに発生したことを認めながらも、中国でもっとも隆盛したことを理由として、仏教をインドより中国と結びつけようとしている。[39] 仏教の分類の仕方については、一乗は梁から借りた十三宗説に従っている。彼は、多くの宗派は中国の「自創」（独自に創られた）のものだと主張することで、十三宗によって代表される宗派的組織制度を「中国仏教」の特徴としているのであり、一乗の記事は梁の国粋的な仏教史観の系譜を汲んでいる。一乗はまた、大乗仏教の諸宗派は中国が生み出したものだと主張し、日本と朝鮮はただそれを輸入したにすぎず、インドには諸宗派は全く存在しないと述べている。日本に関しては日蓮宗と浄土真宗を取り上げているが、浄土真宗を「非驢非馬」（いい加滅〕と呼び、日本仏教の独自性を認めない[40]。一乗の記事では、「大乗仏教」、「仏教諸宗派」と「中国仏教」という諸概念が近代中国人仏教者にとって有力なアイデンティティを与えるように、巧みに結びつけられているのである。

太虚も、一九二〇年の『仏乗宗要論』で次のように論じている。

日本の仏教は盛んであるが、仏乗の教理と修行の面においてほとんど中国の精密な理解には及ばず、〔日本が独自に〕創立した各宗派も優れた点はない。近頃、〔日本は〕もっぱら国家を中心とし、西洋化も兼ねて重んじ、仏教は実に第三位にあり、わずかに国家によって利用されるだけで、〔仏教を〕発展させる責任はそれに委ねるべきではない。さて、中国において大乗の八つの大宗派は昔から盛んに行われており、教義、理論、修行と〔仏法の〕成果は〔すべて〕鮮やかに完備しており、誠に仏教を明らかにして広く世人を利益せんとするなら、実に中国以外にこの任務に当たるものはない[41]。

太虚の場合、さきに見たように各宗の存在が意味するのは仏教の完全性であった。太虚はそれを中国仏教に見出し、仏教全体の将来を担うと自負したわけである。むろん、当時の中国で各宗がどこまで実在性を持っていたかには目をつぶっているのではあるが。

最後に、蔣維喬の『中国仏教史』の例も興味深い。『中国仏教史』の模範となっていた境野黄洋の『支那仏教史綱』は最終的に宋代以降の中国における仏教の堕落を主張し、清朝の中国を「無仏教」の国として描いていた[42]。蔣は、境野の文章どおりに中国語に訳していたが、このような主張になると、境野の歴史の語りに手を加え、独自の観点を差し挟んだ。まず、蔣は境野に従って、「清代にいたると、わずかに形式ばかりを尊ぶ喇嘛教があり、〔かつての〕有名な寺院が残存してはいても、たいてい見るに値しない。ただ、禅と浄土の二宗はしばしば融合一致し、民間において流行している」と書くが、その次には中国を「無仏教」とせず、「清末の学者の多くは仏学の研究を好み、仏教にやっと復興の兆しが見えている」とする。(43) 蔣の文章では、一時的な衰頽は認めつつも、境野が主張するような中国仏教の完全な堕落という書き方はされず、逆に仏教の復興の可能性が主張され、中国仏教の現状に対する前向きな見方が表現されたわけである。

おわりに

以上に見たように、凝然に由来する宗派を中心とする仏教観が日本と中国における共通認識となり、当然の前提となっていた。楊文会の『十宗略説』が一九三一年に『仏教宗派詳注』というタイトルで再出版された際、上海の有名な在家仏教者丁福保が序言を寄せている。「最近の人が仏教宗派についての本を編纂し既に数冊あるが、その大体は日本語の文章からの翻訳であり、間違いもかなり多く、初学者の導師たりえていない」と日本語からの翻訳本に依存する状況を非難した上で、丁は楊文会の著作を高く評価している。(44) ここでは、評価されている楊の著作自体が実は日本語からの訳出だということが全く意識されていない。

また、近代日中間の仏教交流に深く関わっていた曹洞宗僧侶水野梅暁が一九二五年の『支那仏教近世史の研究』で、楊文会の十宗モデルを紹介し、次のように書いている。

以上は、楊仁山氏の「十宗略説」に掲げたるものを基礎とし、現存せると否とを論せず、極めて簡単に宗派の概況を略述したものに過ぎないが、その何れの宗派たるを問はず、殆んどその大半がわが国の仏教と離るべからざる関係を有し、殊に、これが復興に対しては、日本仏教の地位は、恰もこれが宝庫であるといふの観を呈して居る状況を見れば、わが国の仏教徒は、その如何なる宗派とを問はず、極めて系統的にその教義及び其沿革等を詳述し、これを隣邦仏教徒に示すといふ事は、ただに自国の仏教史を整理するといふのみに非ずして、その結果は、直に熱心なる隣邦仏教徒の求学に値するものであるから、予はこの機会に於て、各方面の諸師が進んで、これらの企てを試みられんことを切望する次第である。(45)

水野にとって、宗派モデルはあまりにも自明な前提であったため、楊の文章が日本の文章にもとづくものだということに気づかなかったようである。水野のこの文章では、日本から発した宗派理解が、いつの間にか中国のものと思い込まれ、中国仏教は日本とよく似ているから日本仏教は「宝庫」なのであり、中国仏教の模範として指導的な役割を果たすのだとされている。宗派中心的な仏教史観がぐるりと一回りしたわけである。

本稿では、清末に行われた仏教交流の結果として、日本的な宗派概念、そして日本的な宗派分類様式が日本と中国において共通認識となった過程を描いた。その中で、特に凝然の著作が近代の日本人仏教者と中国人仏教者が持つ歴史認識を形成する上で中心的な役割を果たしたことを示した。明治・大正期の仏教の特色としては、研究者たちが「通仏教」的な傾向を指摘している。たとえば、池田英俊によると、当時の仏教は「旧来の教団の拘束より離れ、通仏教主義を標榜し」ていた。(46)しかし、この統一的な仏教像を描く通仏教思想の中では、「日本仏教」や「支那仏教」の構成単位として宗派概念が重要な役割を果たしていたことも確実である。日本において革新派や通仏教的な思想空間の中から出てきた歴史の語りは中国に入ると、現地の仏教空間にこの形でかつて存在しなかった宗派概念を持ち込んだと断言しておかなければならない。

このことは、従来の日中仏教交流に関する先行研究を補足し、異なる観点を提供する。たとえば楼宇烈は、近代以前は、日本が中国から仏教の思想を求めてきたのに対して、近代になると従来の関係が逆転したことに注目し、その結果、中国の仏教界と学術界が日本から多くの影響を受けたことを指摘している。こうした状況下、近代中国の仏教史学は近代日本の仏教史学の中から「脱胎」したのだと楼は述べているが、「脱胎」というプロセスにおいて具体的に何が起きたのかについては言及していない(47)。また、日本から受けた影響により詳細な注意を払った葛兆光は、近代日本仏教の中国仏教に対する影響を解放的なものとして描き、日本の影響は当時の中国における仏学を「宗派的で漠然とした伝統方式」から「精密な近代方式」へ転化させたと述べている(48)。こうした理解は、中華民国期の仏教者自身がそのように認識していたという点では、そのとおりである。しかし、そうした転化としての自己理解を通じて、宗派概念による歴史観は導入されたのであり、そうした転化の必要性が意識されたからこそ、宗派概念と宗派モデルの導入が可能となったわけでもある。さらには、日本の仏教研究が「精密な近代方式」であり、「科学的」な研究方法であるとして学ばれたことから、中国人にとって日本の仏教研究における宗派的バイアスは「透明」化されることとなり、凝然の著作にもとづく宗派モデルは自明なものとされた。

しかし、凝然の著作にもとづいて生まれたこの宗派中心的な仏教イメージは日中両国の当時の現実を反映しておらず、文書上での抽象的なモデルに留まっていた。太虚などの例で見たように、当時の中国において、宗派の復古が仏教全体の復興の一部として唱えられたが、これはたいていの場合、空想の計画のままで終わってしまった。しかも、宗派概念は太虚の仏教復興思想の中心的要素のひとつをなしていたのであったが、太虚はかならずしも実際の宗派性を好意的に見てはいなかった。たとえば、一九一五年の『整理僧伽制度論』において、彼は中国の僧侶は「皆八宗の外に出ず、八宗の一つに常に属さない」と主張して、最終的には、彼にとって中国仏教は宗派的分裂を超えるべきものであった。[49] ただ、一九二〇年代から中国で起きた「密教復興」には、この抽象的な歴史観が現実に対する影響力を持ったまれな例が見られる。[50]

以上に見たような、日本の宗派概念による中国仏教の認識への影響という過程は、日本への仏教伝来以来の日中仏教の関係の完全な逆転とも見ることができる。こうした日中仏教の関係の逆転の背景には両国における権力関係の変更を指摘することができる。一八九四年に勃発した日清戦争は、従来の中国と日本の関係を根本的に変更し、両国の思想界にも大きな影響を与えることとなった。山室信一は、日清戦争後、「清朝中国において日本が模範国として選択されたことは、それまで地域世界の中心として清朝中国を思想連鎖の結節環としていた諸政治社会が日本に注目する契機となった」と指摘している。[51] つまり、東アジアにおいて日本がその思想的中心の位置を得て、中国さえも日本の思想的影響下に置かれるようになったのである。この力関係はまた日本人仏教者の中国人仏教者に対する影響を可能とし、中国仏教の復興は日本仏教の使命だという日本人仏教者の多くが示した態度にもつながった。

中国における「宗」の意味的な変化もこうした力関係の変更を背景として起きたものと位置づけることができる。このことに関連して、タラル・アサドの指摘が重要だと思われる。アサドは文化翻訳過程について、いわゆる第三世界の諸国の言語は、西洋の言語に比べると「弱い言語」として位置づけられ、翻訳過程において変換を受ける可能性があると指摘した。[52] このアサドの議論を日中の仏教交流に当てはめると、日清戦争後、日本語が中国語に対して思想的に「強い言語」として現れ、独立した宗派組織というニュアンスを持つ近代日本仏教の「宗」概念が、排他的ではない「大意」や「学統」といった意味であった中国における従来の「宗」の語のニュアンスを変えさせる力を持つようになった、ということになる。さらには、日本と中国が同じ文字を使用していることが、実際に起きた「翻訳過程」を見えなくしたともいえる。

日本と同じく、中国でも「宗」概念はナショナリズムの言説と結びつき、グローバルなコンテキストにおいて中国仏教を位置づけるという積極的な役割を担い、周辺国の仏教に対する中国仏教の優越性を主張する概念装置としての役割を持つこととなった。しかし、この「翻訳過程」は中国人による中国仏教のアイデンティティ表象の形成に多大な影響を及ぼした。同時に、中国人仏教者は日本人仏教者によって規定された言説空間の中に取り込まれてしまったのである。

注

（1） Robert Sharf, *Coming to Terms with Chinese Buddhism: A reading of the Treasure Store Treatise*, University of Hawaïi Press, 2001, pp.8-9.

（2） 牧田諦亮『中国仏教史研究』第一巻（大東出版社、一九八一年、五八頁）。

（3） 牧田諦亮『中国仏教史研究』第一巻、五三頁。

（4） 牧田諦亮『中国仏教史研究』第一巻、五七頁。日本仏教の場合でも、強い宗派意識は近世以降の現象であり、日本仏教の歴史全体を通じて一貫したものではないという指摘にも留意すべきである。引野亨輔「近世仏教における「宗祖」のかたち——浄土宗と真宗の宗論を事例として」（『日本歴史』五月号、二〇一一年）を参照。

（5） Robert Sharf, "On Pure Land Buddhism and Ch'an/Pure Land Syncretism in Medieval China", *T'oung Pao*, vol. 88, no. 4-5, 2002, p.298.

（6）吉村誠「中国唯識諸学派の称呼について」（『東アジア仏教研究』第二号、二〇〇四年、二三頁）。
（7）末木文美士「アカデミズム仏教学の展開と問題点——東京（帝国）大学の場合を中心に」（『近代日本と仏教——近代日本の思想・再考Ⅱ』トランスビュー、二〇〇四年、二一六頁）、下田正弘「近代仏教学の展開とアジア認識——他者としての仏教」（『岩波講座「帝国」の学知』岩波書店、二〇〇六年、二〇二頁と二〇六頁）。
（8）星野靖二「明治十年代における仏基論争の位相——高橋五郎と蘆津実全を中心に」（『宗教学論集』第二十六輯、二〇〇七年）を参照。
（9）オリオン・クラウタウ『近代日本思想としての仏教史学』（法藏館、二〇一二年）、第二章を参照。
（10）『八宗綱要』が取り上げる十宗は倶舎宗、成実宗、律宗、法相宗、三論宗、天台宗、華厳宗、真言宗、浄土宗と禅宗である。
（11）James Ketelaar, *Of Heretics and Martyrs*, Princeton University Press, 1991, p.182.
（12）James Ketelaar, *Of Heretics and Martyrs*, p.197.
（13）この十三宗は毘曇宗、成実宗、律宗、三論宗、涅槃宗、地論宗、浄土宗、禅宗、摂論宗、天台宗、華厳宗、法相宗と真言宗である。
（14）一九一六年の『八宗綱要講話』で境野は、「所謂八宗なるものの大分は現に行はれて居ない」ことも認めながら、「今でもこれほど都合のよいものはほとんど見つからない」として、『八宗綱要』を自らの仏教理解の基礎としている。
（15）境野黄洋『印度支那仏教史要』（鴻盟社、一九〇六年、二五八—二五九頁）。
（16）井上円了『仏教活論序論』（哲学書院、一八八七年、一〇頁）。
（17）織田得能・島地黙雷『三国仏教略史』（鴻盟社、一八九〇年、五頁）。
（18）織田得能・島地黙雷『三国仏教略史』、五頁。
（19）境野黄洋『支那仏教史綱』（森江書店、一九〇七年、四一〇頁）。
（20）伊藤義賢の『印度支那仏教通史』（鴻盟社、一九一〇年）や宇井伯寿の『支那仏教史』（岩波書店、一九三六年）

はその好例である。

(21) James Ketelaar, *Of Heretics and Martyrs*, p.195を参照。

(22) 坂元ひろこ「楊文会」（『近代中国の思索者たち』大修館書店、一九九八年、五三頁）。

(23) 南条文雄と楊文会の交流、そして楊と『八宗綱要』の関係については、陳継東『清末仏教の研究――楊文会を中心として』（山喜房佛書林、二〇〇三年、三六七頁）を参照。

(24) 森紀子「梁啓超の仏学と日本」（狭間直樹編『共同研究――梁啓超』みすず書房、一九九九年、一九五―一九七頁）。

(25) 梁は『論中国学術思想変遷之大勢』の仏教に関する章を書いた際、『八宗綱要』、『仏教十二宗綱要』と『仏教各宗綱領』を参考とした。梁啓超『論中国学術思想変遷之大勢』（『飲氷室合集』第一巻、中華書局、一九八九年、七二頁）。『仏教十二宗綱要』の序文は中国仏教を十三宗に分類し、この十三宗は『三国仏法伝通縁起』の十三宗と同じであるため、『仏教十二宗綱要』を経由して、梁は間接的に凝然の著作に影響されたと推測できる。

(26) 中国の史料において使用される分類様式をあげると、宋代の『仏祖統記』（一二六九年）は仏教を「達磨禅宗」、「賢首宗教」（華厳教義）、「慈恩宗教」（法相教義）、「瑜珈密教」と「南山律学」に分類し、清朝によく使用された『宗教律諸家演派』（著作年不明）では、仏教は禅の「五宗」（臨済、潙仰、洞山、雲門、法眼）、「天皇下宗派（聖寿宗）」、「天台教観」、「華厳賢首教」と「南山律派」に分類されている。

(27) 黎錦熙の『仏教十宗概要』（一九三五年）は楊の著作を別名で単行したものである。楊の影響を受けた著作としては黄復士の『仏教概論』（一九三三年）がある。梁の影響は範寿康の『中国哲学史通論』（一九三七年）に現れる。

(28) たとえば、境野黄洋の『支那仏教史綱』（一九〇七年）と『印度仏教史綱』（一九〇五年）、織田得能の『八宗綱要講義』（一八九七年）と前田慧雲の『大乗仏教史論』（一九〇三年）の中国語訳がある。周霞『「中国近代」仏教史学名家評述』（上海社会科学院出版社、二〇〇六年、二九頁）。

(29) 周霞『「中国近代」仏教史学名家評述』、八六頁。

(30) 顧浄縁「入仏指南」（呉立民編『威音』上海古籍出版社、二〇〇五年、二頁）。

(31) 蔣維喬『仏学概論』(仏教書局、一九九〇年、五四頁)。
(32) 楊文会『十宗略説』(『楊仁山全集』黄山書社、二〇〇〇年、一五〇—一五二頁)、楊文会『仏教初学課本註』(『楊仁山全集』黄山書社、二〇〇〇年、一一四頁)。
(33) 太虚『整理僧伽制度論』(『太虚大師全書』第一八巻、宗教文化出版社、二〇〇五年、四五頁)。
(34) 顧浄縁「発刊辞」(呉立民編『威音』上海古籍出版社、二〇〇五年)を参照。
(35) 蔣維喬『仏学綱要』(天華出版、一九九八年、一四一頁)。
(36) 梁啓超『論中国学術思想変遷之大勢』、六三頁。
(37) 梁啓超『論中国学術思想変遷之大勢』、七三—七四頁。
(38) 一乗「中華之仏教観」(『仏学叢報』第一期、一九一二年、四頁)。
(39) 一乗「中華之仏教観」、一五頁。
(40) 一乗「中華之仏教観」(『仏学叢報』第二期、一九一二年、九頁)。
(41) 太虚『仏乗宗要論』(『太虚大師全書』第一巻、二〇〇五年、一七七頁)。
(42) 境野黄洋『支那仏教史綱』、三四四頁。
(43) 蔣維喬『中国仏教史』(上海古籍出版社、二〇〇六年、二一四頁)。
(44) 楊文会撰 万鈞注『仏教宗派詳注』(江蘇広陵古籍刻印社、一九九一年、三頁)。
(45) 水野梅暁『支那仏教近世史の研究』(支那時報社、一九二五年、一九頁)。
(46) 池田英俊『明治仏教教会・結社史の研究』(刀水書房、一九九四年、三二頁)。ならびに、柏原祐泉『日本近世近代仏教史の研究』(平楽寺書店、一九六九年、四四三頁)を参照。
(47) 楼宇烈「中日近現代仏教交流概述」(楼宇烈編『中日近現代仏教的交流与比較研究』宗教文化出版社、二〇〇〇年、二頁)。
(48) 葛兆光「西潮却自東瀛来」(『西潮又東風』上海世紀出版、二〇〇六年、六〇頁)。
(49) 太虚『整理僧伽制度論』(『太虚大師全書』第一八巻、宗教文化出版社、二〇〇五年、二七頁)。

(50) 中華民国期における「密教復興」と日本仏教との関係については拙稿 "Wang Hongyuan and the Import of Japanese Esoteric Buddhism to China during the Republican Period," in Tansen Sen (ed.), *Buddhism Across Asia: Networks of Material, Intellectual and Cultural Exchange* (Institute of Southeast Asian Studies, 近刊予定) を参照。

(51) 山室信一『思想課題としてのアジア』(岩波書店、二〇〇一年、一六頁)。

(52) Talal Asad, "The Concept of Cultural Translation in British Social Anthropology," in James Clifford and George E. Marcus eds., *Writing Culture*, University of California Press, 1986, pp.157–158.

第2部

近代仏教のトランスナショナル・ヒストリー

総論　似て非なる他者
——近代仏教史における神智学

吉永進一

はじめに

アメリカにおける仏教について、大変要領よく俯瞰したケネス・タナカ『アメリカ仏教——仏教も変わる、アメリカも変わる』によれば、二〇〇七年の仏教者数は推測で三百万人、一九七〇年代半ばから現在までで十五倍の伸びであったという。しかもロバート・ウスノーの研究では仏教に影響されていると自認する者は一二パーセントに及ぶ。ビクトリア朝時代の流行、戦後のビート禅の流行と異なり、もはやアメリカ社会に定着しつつあるようにも見える。このように数的にも社会的にも確立しているならば、当然、アメリカ社会への同化が行われる。タナカはアジア仏教と異なるアメリカ仏教の特徴として、平等化、メディテーション中心、参加仏教（エンゲージドブディズム）、超宗派性、個人化宗教を挙げている[1]。

ただし、これらは、アメリカ仏教に限らず、他の近代仏教にも多かれ少なかれあてはまる特徴である。たとえば、日本の新仏教運動は、個人の宗教的自由を重視し（そのために新仏教の基本教理も編集していない）、宗門仏教には批判的であり、仏教徒の社会活動を主張し、当時の仏教雑誌としては女性に門戸を開放していた[2]。メディテーションについては、全員ではないが、参禅する者は少なくなかった。同様の傾向は、スリランカのダルマパーラが提唱していた仏教にも見られるが、こうした類似の価値観を持つ仏教は近代になって各国に出現しており、それをデヴィッド・マクマハンは「仏教モダニズム」と名づけている。彼によれば、それは「主な西欧の近代性の言説と実践を、仏教の選ばれた要素と結びつけたハイブリッドの宗教的、文化的形態」であり、次のようなものである。

ヨーロッパ啓蒙主義、科学的合理主義、ロマン主義、そしてその後継者であるプロテスタンティズム、心理学、近代の社会政治思想といった、近代性の支配的な文化的、知的勢力との関係によって、形が決定された仏教の様々な形態を指す。西洋に影響を受けてはいるが、単なる「西洋化された仏教」ではなく、どこかの地理的、文化的環境のみによる産物ではなく、アジア人と西洋人の両方によって創造された運動の地球的なネットワークである。(3)

近代仏教という場合、近代に存在する仏教と、近代主義的な仏教とは一応は区別されるべきであるが、マクマハンのいう仏教モダニズム説は、ロペスの近代仏教説を引き継いで、近代主義的な仏教を定義したものとして重要である。彼の挙げる西洋文化の要素は、そのまま日本の明治以降の仏教運動にあてはまるものも多い。また、近代仏教が局所的なものではなく、アジアから西洋への一方向的なものでもなく、グローバルで双方向的なものということを強調した点は、ここ二十年の近代仏教研究者の共通理解といってもいいだろう。鈴木大拙やティク・ナット・ハン、ダライ・ラマからヴィパッサナ瞑想の精神医学的応用など、複合的でメディア依存的な文化現象をこの語で括ったことで、現代仏教の重要な側面が見えてくることは確かである。

現在の、インターネットとジェット機によるネットワークの原型は、十九世紀後半、手紙、電信と蒸気船がすべてであった時代にすでに存在していた。ただし、十九世紀末から二十世紀にかけての初期の接触は、必ずしも、ネットワークという語から連想するような予定調和的な場ではなく、さまざまな戦略の競い合う交渉の場であり、メアリー・プラットのいう「コンタクトゾーン」の定義を借用すれば、「さまざまな文化が出会い、衝突し、互いに取っ組み合う社会的空間」であったが、そのような場のひとつがシカゴ万国宗教会議であり、継続的に交流の接点を提供した運動のひとつが神智学協会であった。

神智学協会は一八八〇年代後半には、インド各地、ロンドン、ニューヨークなどに支部を持つ国際運動に成長していた。神智学は仏教を評価し、あるいは仏教を自称していたため、欧米では仏教に興味を持つ人々をひきつけ、アジアでは仏教者と接触し、組織的に両者の間をつなぐ働きをしていた。さらに会長のオルコットは、ヨーロッパ、スリランカ、ビルマ（ミャンマー）、日本などを訪問し、仏教復興に尽力している。仏教側も、日本やビルマ、ロンドンを軸としたネットワークを構築しているが、その誘因になったのは神智学の存在である。さらに仏教の科学性、合理性、倫理性を主張してキリスト教に対抗したのは、神智学協会会長のオルコットであり、オルコットに最初はバックアップされていたスリランカの仏教活動家ダルマパーラであった。

このように、神智学の近代仏教における役割は現在では当然とされているものの、神智学の存在が、仏教史で認知されるようになったのは比較的最近のことである。神智学は間違った仏教であり、したがって学問研究の対象ではないという風潮が長らく支配的であった。

フィリップ・アーモンドの記念碑的著作『英国の仏教発見』（一九八八年）は、ビクトリア朝のイギリスがどう仏教を発見したか（あるいは「創造」したか）、そのオリエンタリズムを批判した著作として知られているが、神智学という大衆的オリエンタリズムについては一か所しか記述がない。

知られているところでは、十九世紀終わりになってようやく、仏教への明らかな改宗の事例があり、それも幾分奇矯で心霊主義的な、ブラヴァツキー夫人とその神智学運動の秘密仏教であった。一九〇七年になって、仏教徒もしくは仏教研究家の数が足りて、大ブリテン島ならびにアイルランドの仏教協会が結成された(4)。

ここに注として次のようにある。「私は本書でブラヴァツキー夫人とその弟子アルフレッド・パーシー・シネットの秘密仏教を論じなかった。確かに秘教的かもしれないが、それは決して仏教ではなかった。少なくとも、十九世紀後半の仏教解釈者の目からすれば、そうであった(5)」。

これが一九八〇年代までの宗教学者の一般的な意見であったとすれば、二〇〇〇年以降の例としては、二〇〇八年に出版されたJ・ジェフリー・フランクリンの『蓮とライオン』がある。ここでは同様のテーマを扱いながら、全四章中一章を神智学などのハイブリッド宗教にあてている(6)。

このように神智学への研究上での扱いは大きく変わってきているが、それはさらに三つの学問領域に分けられる。

第一に、「秘教思想史」研究の進展がある。代表的な研究者であるW・ハネフラーフは、その論文「西洋秘教の研究(7)」において、秘教思想研究で一九八〇年代まで支配的であった前提を「イェイツ・パラダイム」と呼んでいる。ルネサンス史研究者フランセス・イェイツは、近代科学の発達がジョルダーノ・ブルーノのようなヘルメス主義者に多くを負っていると主張し、進歩に関する近代主義の大きな物語を、その対極にあるオカルト的領域にむすびつけることで喝采を浴びた。しかし、実証的な研究が進み、イェイツの研究は批判を浴びている。このパラダイムが消えた後、一九九〇年代に登場したのは、十八世紀秘教思想研究者アントワーヌ・フェイブルが秘教に与えた六つの定義にもとづくパラダイムである。ハネフラーフは、フェイブルの定義を受け継ぎつつも、十八世紀以降の秘教思想にそのまま適用できないのではないかと批判する。秘教は、それ自体で歴史的変化を経てきたのではなく、世界観の世俗化の中で複雑な過程を経て現在に至ったのではないかと指摘する。つまり、秘教思想とは、オーバーグラウンドの宗教、科学などとは別個に自律的にあるのではなく、西洋の宗教と文化において無視されてきた要素であり、その意味で宗教学の重要な研究領域であると主張する。秘教も十八世紀以降、支配的な世界観が機械主義的、実証主義的に移行する中で変容を被っているというのが彼の主張である。

彼が問題視するのは、宗教学で今なお存続しているタイラー、フレイザー以来の「宗教、科学、魔術」の三分法である。合理性と科学にも適合しない、宗教にも属さない、残余の部分を「オカルト」「迷信」「神秘主義」「非合理」などのさまざまな名称で呼んでいる。しかし、「宗教と魔術」を区別することは困難で、「宗教―魔術的」といった用語があるように、実証的なものではない。ハネフラーフの主張は、狭量な「宗教」カテゴリーによってはずされたものを、宗教研究へ取り戻すというものである。イェイツのようなオカルトへの過剰な思い入れでもなく、フェイブルの本質主義的定義による歴史研究の硬直化でもなく、十八世紀以前から現代までを視野に収めた実証作業の遂行が彼の目指すものといえる。

現在、アムステルダム大学、エクセター大学などに秘教史研究の修士課程が存在し、ヨーロッパを中心にオラフ・ハメル、マルコ・パシなどの近代秘教思想研究者が増えつつある。(8) 神智学でもゴーリ・ヴィシュワナタンをはじめとして(9)他領域からの参入者も増えつつあり、方法論はさておいても学術的な研究領域として確立している。(10)

第二には、アジアの近代史における神智学の役割である。地域的には主に南アジアの仏教復興で、オルコットとダルマパーラがテーマとなることは多い。ゴンブリッチとオベーセーカラの『スリランカの宗教』、プロセロの『白人仏教徒』が有名であり、日本では川島耕司、(11) 杉本良男の論文、(12) 佐藤哲朗の著作、(13) あるいはスノドグラスの研究もここに分類されよう。

第三に欧米の近代仏教史を扱う研究である。仏教史に神智学が登場するのは、アジアの仏教教団が直接布教伝道を行う前、初期仏教史（十九世紀末から第二次大戦）であることが多い。第2部に収録したツイードの研究がこれに含まれる。もう一つの好例は、ロペス『シャングリラの囚人』[14]であろう。ロペスの研究では、ブラヴァツキーはダライ・ラマ、エヴァンス・ウェンツに次いで重要な登場人物であり、彼女のいうチベットのマハトマからの手紙が、いかに大衆的レベルで西洋人のチベット表象を構成したかという点について論じられている[15]。

ツイード、ロペス以降の近代仏教研究の〝新しい波〟では、神智学（あるいはスウェーデンボルグ主義）をその歴史に含めることは当たり前となってきている。神智学は「間違った」仏教ではなく、仏教理解のひとつの形態であったということであり、理解の地点で満足する仏教シンパもいれば、理解だけでは満足できずに得度、入門、アジア訪問などの実践まで行くものもいたということで、ツイードの大きな功績はこのシンパの部分を仏教史に含めたという点であろう。

ただし、神智学が欧米に仏教思想を広める先ぶれとなったとしても、その後で伝えられたものは、伝統的な仏教とは限らなかった。たとえば、スノドグラスの研究によれば、シカゴの万国宗教会議でアメリカにもたらされた日本仏教＝「東方仏教」というカテゴリーが、日本仏教の戦略的な表象であり、その枠組みも西洋仏教学に負うところが多く、さらに伝えられた内容も清沢満之の『宗教哲学骸骨』のように、西洋の影響を受けた仏教言説が含まれていた。初期の仏教シンパの抱いていた仏教（神智学あるいはダーサの「仏教」）がハイブリッドであったのはいうまでもないが、彼らが交流していた日本仏教徒たちの仏教も、明治維新以降、急速にハイブリッド化しつつあったわけである。欧米の仏教シンパたちが「永遠の東洋」を鈴木大拙に投影したとしても、実際には鈴木大拙は明治の仏教近代化の最先端である新仏教運動に属していた。

第2部では、仏教モダニズムの出発点となった、十九世紀の初期仏教交流に関するスノドグラスとツイードの論文を訳出している。二人の論文は、太平洋を挟んで構築された仏教交流に関わり、新たな知見を開いたものである。アメリカ側はどのような人々がどのような意図で仏教を受容しようとしたのか、そして日本側はどのような形で仏教を表出しようとしたのか。日本と海外列強をめぐる政治問題や、あるいはエソテリシズム（秘教思想）という、仏教外部の力学がどう働いていたのかという点に着目し、今でも新鮮な視点を提供している論文であり、海外の研究者が日本の近代仏教を論じる上で前提となる議論である。

本稿は、太平洋をめぐる仏教交流史の二人の議論を継続させ、世界的な視点からの近代仏教に関する議論を豊かにしていくためのいささかの補注である。最初に、神智学と仏教、そのネットワーク、そして日本仏教の国際的ネットワークについての歴史的な事実を説明した後で、スノドグラス、ツイードの論文の研究史的位置を論じておきたい。

一　ブラヴァツキーと仏教

神智学協会は、一八七五年、ヘレナ・ペトロヴナ・ブラヴァツキー（一八三一―一八九一）とヘンリー・スティール・オルコット（一八三二―一九〇七）を中心に、ニューヨークで結成される。思想面でのカリスマはブラヴァツキーであり、実務面の中心人物はオルコットと、その役割は分担されており、仏教とのかかわりも同一ではない。初期神智学協会の歴史を振り返りつつ、簡単にブラヴァツキーの思想を紹介しておく。

神智学は、スピリチュアリズムの流行から派生した運動である。ただし、スピリチュアリズムでは死者霊の働きで心霊現象が起こるとするのに対して、神智学（あるいはブラヴァツキー）は、スピリチュアリズムを批判したフランスの元社会主義者アルフォンス・ルイ・コンスタン（筆名エリファス・レヴィ）に影響を受け、魔術は意志の科学であり、心霊現象の原因は死者霊ではなく生者の意志であると主張する。さらにオカルティズムという用語を使い、カバラ、錬金術、占星術などさまざまな隠秘学（オカルト科学）にひとつのシステムを与えようとした。オカルト現象をめぐるスピリチュアリズム対オカルティズムの理論抗争は、神智学協会によってレヴィ説が広まったことで重要な差異となる。一八七七年、ブラヴァツキーは最初の大著『ヴェールをはがされたイシス』（*Isis Unveiled*）を出版する。彼女の思想の基本は二つあり、まず、魔術は科学であり、科学的法則を応用することで超常現象は起こるというもの、もうひとつは、古代の普遍的な「知恵」からさまざまな宗教が発生し、ヘルメス、モーゼ、オルフェ、ピタゴラス、プラトン、イエスなどの賢者がその「知恵＝宗教」の伝授者という宗教史観である。ただし、この時点では、彼女の思想は基本的には西洋オカルティズムの範囲内にあった。

一八七八年、オルコットとブラヴァツキーの二人は、インドの近代的宗教復興運動であるアーリヤ・サマージと提携して、インドに拠点を移す。この提携は、インド移住後、まもなく解消され、その後、一八八〇年、二人はスリランカで仏教の俗信徒としての戒を受ける。この後、ブラヴァツキーは、チベットに住むとされるモリヤやクート・フーミというマハトマ（あるいはマスター）から教えを受けるようになった（とされる）。

アラハバードのパイオニア紙の編集者であったA・P・シネット（一八四〇―一九二一）は、ブラヴァツキーの周辺に起きる超常現象に魅せられ、マハトマとの文通を開始する。シネットは、ブラヴァツキーの周辺で起こった超常現象などについて書いた『隠れた世界』（*Occult World*、一八八一年）、マハトマとの質疑応答で教えられた仏教教義をまとめた『秘密仏教』（*Esoteric Buddhism*、一八八三年）の二著を発表するが、これが国際的なベストセラーとなる（occult, esoteric という語は、この結果、大衆に流布したといわれる）。それまでエドウィン・アーノルドやビュルヌフ、マックス・ミュラーによって紹介された日常的、人間的、倫理的な仏教とは異なる超自然的で神秘的、形而上的な仏教であった。

ブラヴァツキーは一八八八年に第二の大著『秘密の教義』（*Secret Doctrine*）を発表し、『秘密仏教』で開陳された教えをさらに展開している。彼女の思想は二つの軸からなり、一つは人種と宇宙をつなげる進化の神話である。彼女の説によれば、惑星も生物と同様に退化と進化を行い、七つの段階を経て霊的なものから物質的、そして霊的な存在へと戻っていく。これをラウンド（循環期）という。これがさらに七つ重ねるとマンヴァンタラ、さらにその上にカルパ、ユガといった長大な時間区分がある。このラウンドにおいて、地球は現在最も物質的な段階にあり、その中で七つの根源人種が進化していくとされる。もうひとつは、精神と身体を連続的にとらえ七つの階層を立てている。人間は、肉体（ルパ）、生命力（プラナ）、アストラル体（リンガ・シャリラ、身体に重なる分身）、動物的精神（カマルパ）、知性（マナス、個人の自我意識）、霊的魂（ブッディ、アートマの容器）、霊（アートマ、神的原理）の七つからなるという説である。

ブラヴァツキーの思想を評価する上で、学問的な研究者にとって障害となる点はいくつかある。ひとつは、彼女の文章そのものの分かりにくさであるが、それ以上に、その思想の出所が、客観的な証拠を持たないことにある。チベットのマハトマという得体のしれない存在が教えの根拠になっていた。マハトマは魔術法則の達人でもあり、意のままにブラヴァツキーの周辺に手紙などの物体を出現させることができる、とされた。現象が伴ったことによって、「神秘の東洋」「物質的な西洋に対して精神的な東洋」というイメージに訴えかけ、シネットの著作の成功につながったのだが、しかし、一八八四年、インドのチェンナイ郊外アディヤールにある神智学本部で事件が起こり、ブラヴァツキーの「詐術」が新聞に暴露されてしまう。しかも心霊研究協会のリチャード・ホジスンが調査に入り、詐術であると判定されてしまう。これがアジアの新宗教の教祖であれば、厳密に超常現象の有無を心霊研究協会が調査する必要はなかったであろう。心霊研究協会の調査が入ったということは、逆にいえば神智学の立ち位置が、宗教と哲学や科学といったカテゴリーの間の曖昧な領域にあったことを照射している。この、学知と宗教の曖昧な境界線上という点は、ブラヴァツキーが教義の典拠として引用した『ヅヤンの詩句』という超古代文献についても同様のことがいえる。東洋学が神智学を無視してきたのは、その曖昧さを回避するためではなかったか。

多くの東洋学者からは無視されたものの、人種進化論、マハトマ説、心身の七構成説などの神智学思想という遺産は、その後も大きな影響力をふるった。宗教学者ロバート・C・フラーはニューエイジへの影響を以下のようにまとめている。

最盛期でさえ、神智学の会員数はアメリカ合衆国で一万人を越えなかった。世界での会員数も五万を越えるくらいではなかったか。会員数は比較的少ないが、神智学は教会をもたない宗教の歴史的発展にかなりの影響を及ぼした。その最も重要な貢献は、教会外のアメリカ人の形而上的語彙に東洋宗教を結びつけたことである。神智学はヒンドゥー教や仏教への寛容を説いただけではない。それはさらに一歩進んで、私たちが神と神秘的につながる潜在的能力を、それらの伝統の方がよりよく理解していると提唱したのである。神智学以降の世代の教会外アメリカ人たちは、ヨガ瞑想、禅の悟り、梵我一如、あるいはクンダリーニ、気、プラナといった〝精妙なエネルギー〟の存在などを好きなように語ることができるようになったが、その主な原因は神智学にある。

神智学は、キリスト教正統派と真っ向から対立することで、メタフィジカル宗教の教理を推し進め、キリスト教の特殊啓示、原罪、身代わりの贖罪、自己犠牲などのキリスト教教義に満足できない人々を勇気づけた。神智学は、すべての宗教が共通の源泉を持つこと、神は自然に内在する非人格的な存在であること、すべての人の本来の自己は神的なものであること、私たちはこの世でも来世でも霊的に成長し続けることなどを説いた。そして、神智学は「ニューエイジ」という期待の言葉をもたらした。一九八〇年代、九〇年代に広く知られた「ニューエイジ」運動は、その内容でも形式でも、神智学の影響を反映している。チャクラについての話から、昇天したマスターからのチャネリングによるメッセージに至るまで、ニューエイジ運動は、ヘレナ・ペトロヴナ・ブラヴァツキーとその信奉者がアメリカの聴衆に向かって最初に紹介した語彙と霊的実践を自由に利用している(16)。

フラーは、ニューエイジに至るアメリカ近代宗教史を研究してきた宗教学者であり、彼がここでいう「教会外の人々」とは、教会に行かなくなったが、しかし宗教的な関心を失わない人々、個人的な宗教探求を重んじる人々を指す。ニューエイジという用語がすたれ、「スピリチュアリティ」という語が代わって用いられるようになった現代、デノミネーション、セクト、カルトといった組織の埒外にあって、しかし、次第にアメリカ宗教の中で数を増しつつある層である。それは「個人化宗教」という点でケネス・タナカの分析した「アメリカ仏教」受容層とも重なる。そういう受容層への影響力という点では、神智学と仏教の関係は、今でも切れていないとはいえる。

ブラヴァツキー神智学の功績は、すべての宗教は太古の知恵に由来するという反セクト主義的な主張、「科学」

の重視、そしてロペスの分析するように、魔術師の住むチベットという「神秘的東洋」像を欧米に定着させる原動力となったことである。他のアジア諸国と比べ、チベットがもの言わぬ国であることは、彼女のオリエンタリズム的幻想を投影するのに幸いした。それに対してオルコットは、生きた仏教徒を相手とした。そこには双方向のやりとりと戦略があり、特に、日本との交渉は一筋縄ではいかなかった。

二　オルコットと仏教エキュメニカル

オルコットは、仏教界への貢献もはっきりしており、ブラヴァツキーよりも近代仏教史で扱いやすい存在であろう。ニュージャージー州オレンジに生まれ、ニューヨーク市立大学などで学び、農業雑誌の編集や心霊雑誌の記者などを務めている。南北戦争時代には物資の不正購入を暴くなどの成果をあげ、戦後は弁護士になり、社会改良に努力している。プロセロの描く、前半生のオルコットは、社会的良心に燃える知識人の姿であり、そのエートスは後半生における彼の仏教解釈に通じるものである。オルコットの理解する仏教は、合理的で、倫理的なものである。プロセロはその根はリベラルなプロテスタントという背景にあるという。人類学でいう「クレオール化」（元はアフリカ人がカリブ海地域に連れてこられて新たな混淆文化を生むこと）という用語を借りて、次のように述べている。

言語的文化的なクレオールと同じように、オルコットの「クレオール」信仰は、なによりも、プロテスタンティズムと仏教の単純化である。オルコットの仏教は名目的な仏教で、オルコットが「本当の」仏教に外から付け加わったと見なす、一見奇妙な信念や儀式は刈り取られている。第二に、より重要な点かもしれないが、オルコットのクレオール信仰は、プロテスタントと仏教の要素を、特定の方法で結びつけている。つまり信仰の語彙はほとんど仏教であるのに、文法はおおよそプロテスタントである[17]。

とはいえ、プロテスタンティズム的影響ばかりとも思われない。というのは仏教を哲学的、合理的、科学的と理解する点は、ブラヴァツキーのオカルティズムとも共通する。ここでは、さらにオルコットが受戒した際の有名な言葉を引用しておきたい。万教帰一思想、個人の霊性を優先する態度、近代仏教堕落論が交りこんだこの文章は、秘教思想に影響を受けた彼の仏教観を端的に表現している。

仏教徒になることと、堕落した現代仏教の宗派に属すことは、全くの別物である。私自身とブラヴァツキーのために弁明しておけば、もし私たちを強制して信じさせるような教義が仏教にひとつでもあれば、受戒することもなかったし、仏教に十分間ととどまることはなかっただろう。私たちの仏教はマスター＝アデプトのゴータマ・ブッダの仏教であり、アーリヤのウパニシャッドの知恵宗教と同じである、すべての古代の信仰の魂と一致する。私たちの仏教は、一語で言えば、哲学であって、信仰箇条ではない[18]。

オルコットの仏教での活躍は、仏教復興の実務面にあった。彼は一八八一年にテーラワーダ仏教の教理をまとめて『仏教問答』を出版し、あるいはスリランカで学校建設などに精力を傾けている。その彼を助けたスリランカ人がアナガーリカ・ダルマパーラ（一八六四―一九三三）である。スリランカの仏教復興は成功すると、その功績を買われて一八八九年には二人は共に第一回の来日を果たしているが、第一回の来日は日本仏教の熱狂的なリバイバルを引き起こし、大成功を収めている。

オルコットの仏教活動の特徴はエキュメニカルな情熱にあり、それも彼の仏教理解の神智学的な特徴といえるだろう。第一回の来日では、スリランカのスマンガラ長老の書簡を持参し、二月十二日から三日間の知恩院での大演説会で、日本の十二宗派の一致、南北仏教の統一を呼びかけている。[19] さらに彼は世界仏教統一を夢見て、「国際仏教連盟（International Buddhist League）」を構想していた。一八九〇年十二月の神智学協会年次大会の直後、スリランカ、ビルマ、日本、チッタゴンの上座部や大乗仏教の僧侶を集めた会議を開催している（日本の出席者は、すでに具足戒を受けて上座部僧侶となっていた釈興然[20]と、オルコットの帰国時に同道した浄土真宗本願寺派の徳澤智恵蔵[21]）。これも南北仏教統一の布石であった。プロセロによれば、オルコットの構想は、第一にすべての仏教徒が納得する共通の教義を整理することであり、さらにその共通の綱領にもとづいて、国際仏教連盟、国ごとの仏教連盟、地域ごとの仏教同胞団の三段階組織を結成し、教育、出版、寺院の修繕などの仏教振興、仏教伝道、仏教者の友好などを図るものとした。[22] オルコットは、一八九一年に共通綱領（十四か条の信仰条規）を作成し、一八九一年、ビルマ、スリランカ、日本を巡って、各組織の署名を集めて回った。この二回目の来日は、地震のせいもあって寂しいものであり、署名の方も東西本願寺からは得ることができなかった。オルコットの「国際仏教連盟」構想は、これで頓挫してしまう。

一方、ダルマパーラは、一八九一年に、ブッダガヤを仏教徒巡礼のための聖地として整備することを目的に、大菩提会を創立し、オルコットを顧問に迎えている。これは一八九二年にカルカッタに本部を移し、ダルマパーラを中心とする国際的な仏教ネットワークとして発展していく。しかし大菩提会が発展する一方で、オルコットとの仲は次第に悪化している。これは神智学が、ブラヴァツキー死後に仏教からヒンドゥー教へと傾斜していったためであるという。一八九六年にダルマパーラの大菩提会を脱退し、そして最終的には一九〇五年に二人は訣別している。

神智学と仏教の関係を要約してみると、第一にブラヴァツキーの神智学は、チベットのマハトマから伝授されたという触れ込みで「仏教」を称していた。第二に神智学は、万教同根説をとり、原理的にはすべての宗教を等しく評価しながら、仏教の評価は高かった。第三に、一八八〇年にブラヴァツキーとオルコットの二人は上座部仏教で受戒しているので形式的には仏教徒であった。第四にオルコットの「プロテスタント仏教」の特徴である、科学的、合理的な仏教理解、仏教エキュメニカルを目指した点は、神智学的である。

そして、国際性という点では、神智学はインド、ヨーロッパ、アメリカに支部を持ち、東洋と西洋をつなぐネットワークを持っていた。そのおかげで、日本の仏教徒はアメリカ神智学協会の一人と連絡をとるだけで、世界中の神智学徒から反応を得ることができたのである。それでは神智学（あるいは秘教思想）と、初期欧米人仏教僧との関係はどのようなものだったか、次に二つの有名な例を紹介しておきたい。

三　青い目の仏教僧

いわゆる「青い目の仏教僧」が、いつ頃から出現したのか。

日本における外国人得度者については、フェノロサとビゲローの受戒の後では、一八九三年に来日したフォンデスが、比叡山で受戒し、高野山で灌頂を受けている。ただし実際に僧院生活をどこまで実践したかは不明である。確実なところでは一九一五年のウィリアム・マクガヴァンとＭ・Ｔ・カービーの二人がいる。上座部仏教と比べると、出家の重要性が軽いせいか、スリランカ、ビルマに比べると遅れて出現した。

イギリス、ドイツは南アジアとのつながりが深いせいで、上座部で出家する者が多い。今のところ最も早いものの一人がダンマローカ（一八五六？―一九一四？）である。アイルランド出身で、本名も生没年も不明であり、労働者階級の出身で、船員や肉体労働者をしながらアジアを転々として、ビルマで得度出家している。おそらく一九〇〇年以前のことである。キリスト教伝道師を激しく攻撃し、警官を挑発し、ビルマでトマス・ペイン（自由思想家）の著作を印刷配布するなど、反植民地主義の政治的な闘士でもあった。彼の行動範囲は、ビルマ、シンガポール、タイ、日本などに及んでいる。ダンマローカが研究者によって「発見」されたのは、きわめて最近のことであり、それまでは次の二人が初期の「青い目の仏教僧」とされてきた。[23]

一人はドイツ出身のニャナティローカ（一八七六―一九五七）である。本名はアントン・ギュート、ヴィースバーデンの生まれ、父親はギムナジウムの校長である。中流の知的な環境に育ち、最初は音楽家を志す。若い時期から菜食主義者で、菜食レストランに出入りしている内に神智学徒エドウィン・ベーメによる仏教講演を聞き、そこから仏教に関心を抱いた。音楽家として生計をたてながら、地中海沿岸からインドまでを放浪し、スリランカを経由してビルマに渡り得度し、一九〇四年にニャナティローカの法名を得ている。また、この途中でアナンダ・メッテイヤ、ダンマローカとも会っている。[24]

一旦帰国し、ヨーロッパで僧院を建設しようとして失敗。一九一一年、再びスリランカに移り、ラットガマ湖にある小さな無人島を開拓して、「島の僧院（Island Hermitage）」を建てている。バウマンは、「島の僧院」の試みは、アジアの伝統的僧院と、社会主義と資本主義の間の「第三の道」への試み（自然に帰れ、菜食主義）に影響されたと指摘している。[25]

彼は第一次大戦、第二次大戦中、イギリス政府によって収容所に入れられる時期もあったが、後半生はアジアで過ごし、一九二〇年、一九二一年から二六年にかけては日本にも滞在している。彼の日本滞在を世話したのはドイツ留学経験もある渡辺海旭[26]（一八七二―一九三三）である。ただし、ニャナティローカは、戒律の緩い日本の僧侶たちにはなじめなかった。

島の僧院は、西洋人の関心を集め、ドイツ人だけでなく、アレクサンドラ・ダヴィッド・ネール、ダルマパーラから居士戒を受けたスイス系アメリカ人カール・セオドア・ストラウス、ダルマパーラもこの僧院を訪問している。さらにシッキムから留学していた僧侶もこの僧院に滞在している。シッキム僧は、その後、S・マヒンダという名前で僧侶、詩人として有名になり、スリランカ独立闘争にも参加している。

もう一人のアナンダ・メッテイヤ（一八七二―一九二三）は、本名チャールズ・アラン・ベネット、一八七二年にロンドンに生まれる。彼はカレッジで学び、分析化学や電気学の技師であった。一八九三年に神智学協会の会員となり、一八九四年に実践魔術の「黄金の曙」教団に参加している。一八九八年、この団体に後に魔術師として有名になるアレスター・クローリーが参加し、ベネットを魔術の師匠として仰いで、しばらく二人で共に魔術の実験を行っている。一九〇〇年喘息に悩んでいた彼は療養のためにスリランカへ行き、そこでテーラワーダ仏教を学びはじめ、翌年、ビルマで得度してアナンダ・マイトレイヤ（後にパーリ語のメッテイヤに改名）の名を得る。彼は、一九〇二年、日本で設立された万国仏教青年連合会にも入会、一九〇三年にビルマに国際仏教協会を設立し、英字仏教誌を一九〇八年まで発行するなど、仏教の国際的伝道に熱心であった。イギリスに戻ると、一九〇九年にロンドンで創刊された『仏教批評』（*Buddhist Review*）誌の編集に協力しているが、最後は貧困と病に苦しみつつ亡くなった[27]。

彼の仏教理解は、社会主義、平和主義、そして科学主義（これはブラヴァツキーやオルコットのオカルト科学ではなく、科学技術への信頼である）が特徴であった。次のような印象的な言葉を残している。

人類は、私たちの最高の夢を次の世紀に進歩させることは確実である。科学の偉大な教えが多くの人々に理解されるようになり、教育が進歩し、新たな発見と、人類愛精神の成長により、奮闘する労働者の条件が着実に改善され、古い野蛮な人種間の憎悪はすみやかに消え去り、最後には軍国主義の愚行や空威張り、そして戦争の邪悪な果実は永遠に一掃されるだろう(28)。

最初期のダンマローカの例を除けば、その後に続く初期仏教徒像は、中流階級の出身で、専門職に就き、神智学などの秘教的な背景があるという例が多い。ただし、ダンマローカもメッテイヤも共に反体制的な政治思想を持ち、社会主義的な意識は高かった（この傾向はその後も欧米では仏教者の特徴であった）。

彼らは大英帝国の周辺を移動しつつ、神智学とは別の仏教者のネットワークを個人的に構築していったが、そこで日本仏教が登場してくる。

四　日本仏教のネットワーク

アメリカにおける仏教改宗のパターンを、ジャン・ナティアは、「輸入」「輸出」「荷物」の三種類に分けている。「輸入」とは、仏教に改宗したアメリカ人が、センターを建てて本場から仏教の教師を招くパターンで、ヨーロッパ系アメリカ人で、高い教養と資金を持った中流以上の市民が大半という。「輸出」は、アジア仏教が組織的に伝道する場合で、創価学会がその例とされる。そのため会員は、アフリカ系、ヒスパニックなど、さまざまな人種、社会階層に及んでいる。「荷物」とは移民と共に渡ってくる場合で、「移民仏教」あるいは民族仏教とも呼ばれる。[29]

明治における日本仏教の海外伝道といえば、一八七六年に小栗栖香頂による真宗大谷派上海別院での活動が有名である。その後、一八八七年に浄土真宗本願寺が日本人居留民のためにウラジオストクに開教使を派遣している。本願寺派曜日蒼龍がハワイに赴くのが一八八九年であった。日清戦争後は海外布教が盛んになっている。[30] 戦前の海外伝道は、ハワイや南北アメリカ移民対象の「荷物」伝道が主であり、次いで東アジアの植民地地域への「輸出」（あるいは「荷物」）があり、臨済禅僧侶（釈宗演、釈宗活、千崎如幻、佐々木指月）の活動や、アメリカで禅を広めようとしたドワイト・ゴダードなどがわずかばかりヨーロッパ系アメリカ人を対象に伝道を行ったことが知られている。しかし、明治二十年代前半から、欧米をターゲットにした伝道活動ははじまっていた。日本仏教の欧米への布教や交流について、事項をまとめてみると表のようになる。

注目していただきたいのは、西本願寺の場合、移民や東アジア対象の開教活動に先だって、欧米への文書伝道に着手していることであり、シカゴ万国宗教会議への参加は、孤立した事項ではなく、一八八八年から二十年以上続く、欧米への進出の一環であること、そして海外の関連事項を見ていただくと分かるように、二節、三節で論じた神智学や初期欧米人仏教者の活動とも連動して、重なりあった仏教ネットワークを構築していたことである。

一八八八年八月、西本願寺普通教校の教職員によって海外宣教会が結成される。この経緯は、英語教師、松山松太郎が一八八七年二月に、アメリカに仏教が伝わったという記事を読み、手紙を送ったところ、アメリカの神智学徒W・Q・ジャッジより五月十九日付で返信があった。それに続いて世界中から神智学徒との文通がはじまり、その数の多さから、海外への文書伝道を決意して、『反省会雑誌』に欧米通信欄を設け、一八八八年七月には英字仏

表

	日本国内の事項	海外の関連事項
1880		ブラヴァツキーとオルコット、スリランカで受戒。
1885	フェノロサ、ビゲロー、日本で受戒。	
1888	*Bijou of Asia* 創刊。	*Buddhist Ray* 誌創刊（アメリカ）。
	『海外仏教事情』創刊。	*Buddhist* 誌創刊（スリランカ）。
1889	オルコット、ダルマパーラ第1回来日。	フォンデス、海外宣教会、ロンドン支部を設立。
1891	オルコット第2回来日。	
1892		平井金三、渡米して仏教講演会を行う。
		Maha Bodhi Journal 創刊（スリランカ）。
1893	フォンデス来日。	C・T・ストロース、シカゴで受戒。
	ダルマパーラ第2回来日。	シカゴ宗教会議に日本人仏教者が出席。
1897	*Hansei Zasshi* 発行。	
1901		サンフランシスコで *Light of Dharma* 創刊（～1907）。
		イギリス人アラン・ベネット、ビルマで出家（アナンダ・メッテイヤ）。
1902	ダルマパーラ第3回来日。	
	ダンマローカ来日。	
	万国仏教青年連合会結成（高輪仏教大学）。	
1903		*Buddhism: An Illustrated Review* 誌創刊（ビルマ）。
1904		ドイツ人アントン・ギュート、ビルマで出家（ニャナティローカ）。
1905		釈宗演、渡米。

	日本国内の事項	海外の関連事項
1906		釈宗活、門下（両忘会有志）とともに渡米。自給生活と禅仏教の伝道を目指すが失敗。
1907	ウ・オッタマ来日。	Buddhist Society of Great Britain and Ireland 結成。
		D. T. Suzuki, *Outlines of Mahayâna Buddhism* 出版。
1909		*Buddhist Review* 誌創刊（ロンドン）。
1913	ダルマパーラ、第4回来日。	Nukariya Kaiten（忽滑谷快天）, *The Religion of Samurai* 出版。
1915	M.T.カービー、出家（釈宗覚）。	日本人仏教者、万国仏教大会（サンフランシスコ）を開催。
	マクガヴァン、西本願寺御影堂で帰敬式（釈至道）。(31)	
	Mahayanist 誌創刊。	
1920	ニャナティローカ来日。	
1921	*Eastern Buddhist* 誌創刊。	
1924		クリスマス・ハンフリーズ、Buddhist Lodge（ロンドン）設立。
1925	鈴木大拙ら、神智学大乗ロッジ結成。	
	Young East 誌、創刊。	

教誌 *Bijou of Asia* を創刊。そして翌月に発行母体として宣教会を組織したという経緯である。*Bijou of Asia* の誌面は、決して上質とはいえないが、非英語圏のアジアからの発行であり、英字仏教雑誌としても最も初期の部類に入る。その送付先は、アメリカ六五か所、イギリス三三か所、インド八六か所、タイ五か所、フランス三か所などで、全二七〇か所、部数は一三九〇部に達したという。[32]

海外宣教会の国内向け機関誌『海外仏教事情』を見ると、各地の神智学徒だけでなく、ダルマパーラ、アメリカ最初の仏教雑誌 *Buddhist Ray* 誌の発行人フィランジ・ダーサからも盛んに手紙が来ている。

一八八九年には、チャールズ・フォンデス（一八四〇―一九〇七）が海外宣教会ロンドン支部を開設している[33]。フォンデスはアイルランド生まれで、幕末維新期に日本に滞在し、重井鉄之助なる日本名も有していた。海軍局に勤める傍ら、仏教講演をしていた。フォンデスはその後一八九三年に来日、海外宣教会ロンドン支部も閉鎖されているが、イギリスでは最初の組織的な仏教伝道であり、一九〇七年の仏教協会設立に二十年近く先んじたことになる。

アメリカで一般市民への英語講演を行い、仏教伝道を最初に行ったのは、一八九二年に渡米した平井金三（一八五九―一九一六）であった。平井は、実質的には在家居士であるが、本人は臨済宗で得度出家して龍華という名を得ている。したがって、形式的には最初の臨済宗伝道ということになる。彼もまた、アメリカでは神智学徒、ユニテリアン、あるいはニューソート信奉者といった、「秘教主義者」「合理主義者」たちに歓待されている。最大のイベントとなった万国宗教会議と、そこでの平井の活躍は、スノドグラス論文を参照いただきたい。

一八九九年、本願寺派の初代開教使薗田宗恵と開教副使西嶋覚了がサンフランシスコに上陸して組織的開教を開始する。翌年に、これに連動してヨーロッパ系アメリカ人対象の Dharma Sangha of Buddha（三宝興隆会）が設立され、さらに一九〇一年には雑誌 *Light of Asia* が創刊されている。これは *Buddhist Ray* より本格的な仏教雑誌で、鈴木大拙、釈宗演、T・W・リス＝デイヴィズ、ポール・ケーラス、オルコットらの記事が並ぶ、まさにトランスナショナルなメディアであった。

アジア仏教者との交流ネットワークも、この時期にすでに誕生している。一九〇二年に、本願寺派の高輪仏教大学で万国仏教青年連合会が結成されている。同年五月十六日、来日中であったダルマパーラが演説に訪れたのを機に発足が発表され、九月二十三日には万国仏教青年連合会の発会式が高輪仏教大学の講堂で行われている。発会式では、アイルランド人僧侶ダンマローカの英語演説が行われており、会長には島地黙雷が就任している。その宣言文では、仏教を世界宗教とすること、アジア各国の仏教が「活動無き昏睡の形成にあり、迷信に蔽われたる病的の状態」なので、「絶東の島帝国不遜なりと雖も自ら亜州の警醒者を以て任ず」と宣言している。(34)島地の宣言には、他のアジア諸国の仏教を「迷信」「病的」とみなし、日本の仏教信仰を正しく健康的とする、「帝国」からの視線が含まれているのはいうまでもない。この会には、文書での参加を含めると、オーストラリアの神智学徒、イギリス人僧侶アナンダ・メッテイヤ、アメリカのポール・ケーラス、ビルマ人僧侶、在日インド人なども参加しており、形式的には世界規模のネットワークではあった。

一八八八年から一九〇六年までの十八年間、本願寺派と臨済宗中心ではあったが、日本仏教の国際交流と欧米人への伝道はかなり進んでいた。ただし、その経緯を見る限りでは、意識的にふるまったのは万国宗教会議だけであり、海外宣教会は海外からの「輸入」の要望につられて結成されるなど、伝道の戦略があったようには思われない。ツイードの推計によれば、一八九三年から一九〇七年のピーク時には、ヨーロッパ系アメリカ人の自称仏教徒は二千から三千人いて、数万人の仏教シンパがいた。(35)仏教の戦前海外伝道について研究した中西直樹の指摘では、ハワイ布教と異なり北米布教ではヨーロッパ系住民を意識せざるをえなかったが、北米伝道の中心となった本願寺派の場合、一九〇二年頃から日系移民中心の活動に移行していったという。(36)仏教ブームの終焉と本願寺派の方針があって、「白人伝道」は失速していった。

このように世紀の変わり目に、日本の近代主義仏教者、欧米の神智学徒、そして少数の欧米仏教者たちは複数のネットワークでつながりあっていた。それは「輸出」と「輸入」の絡み合う、双方向的な関係であった。これは仏教の近代化についてもいえる。単純な西洋化でも、あるいは復古でもなく、眼差しと表出の錯綜する過程であった。それについては、日本の研究者よりも海外の研究者の方が見えている部分も多いように思われる。

五　オリエンタリズム、オクシデンタリズム

海外の日本近代仏教史研究は、数は多くないが、日本の研究にとって刺激的な成果がいくつかある。近年の研究で共通している点は、構築主義とサイードのオリエンタリズム批判を前提としながら、サイードをどう修正していくかという点にあるように思われる。主題としては鈴木大拙が取り上げられることが多い。これは鈴木大拙の脱神話化以降をどう考えるかという問題ともいえる。第一に、鈴木大拙は居士仏教者であり、禅僧ではない、その禅は近代化された知識人の禅であって、伝統にどこまで関係するのか、第二に、仏教は（たとえばアナンダ・メッテイヤのように）平和主義であるはずなのに、なぜ彼は軍国主義的言説を残したか。このような点から、ストレートに大拙批判を展開したのがR・シャーフ、B・ビクトリアであるとすれば、彼らの議論を大拙寄りに修正させたのがボルップとスノドグラスであり、さらに仏教モダニズムの創立者として評価したのはマクマハンであった。ここではまず批判論をふたつ紹介した後で、ボルップとスノドグラスの主張を論じてみたい。

オリエンタリズム批判を大拙に応用したのはベルナール・フォールの「禅オリエンタリズムの興起」である（原著発表は一九九三年）。そこでフォールは鈴木大拙と西田幾多郎、京都学派をまとめて批判している。排外主義的、軍国主義的な言説、禅学における鈴木大拙の間違い、そして鈴木と西田の語る「禅とは、多くの面から見て、キリスト教宣教師によってもたらされた禅のイメージをひっくり返した姿であり、また彼らはキリスト教的範疇を否定

する時でさえ、その範疇に依拠していた」[37] 日本文化へのオリエンタリズム的イメージ、西洋からの視線で見られた禅の姿を、彼らは逆に表出したとフォールは批判する。

フォールの議論よりも、理論的に興味深い批判は、R・シャーフが「禅とナショナリズム」と同時期に発表した「仏教モダニズムと瞑想経験のレトリック」[38]であろう。構築主義的な立場から、宗教経験の本質主義批判を展開し、内容の濃い重要な論文である。シャーフは宗教経験が言及的なもの、つまりその意味が文脈的なものであるとする。シャーフが批判の対象とする実例は、オイゲン・ヘリゲルの『弓と禅』の有名な「それが射る」という場面である[39]。これがヘリゲルの経験自身から生じるのではなく、師匠の言葉によって構成されたものであるとシャーフは指摘する（この「それ」については、さらに単純な理由があった[40]）。

鈴木大拙は、西田幾多郎が採用したウィリアム・ジェームズの「純粋経験」という概念を用いて、媒介のない不二の純粋な経験こそが悟りであり、その経験はすべての宗教経験に共通しているという、しかし、経験を強調するのは近世以前の禅ではありえなかった、仏教経典では冥想体験の記述が乏しい、個人の経験が仏教書には描かれていない、テーラワーダでも日本の禅でも冥想は主な実践ではない、禅仏教でも儀式の方が重視される——こう指摘した上で、「経験」に根拠を置くポリティクスは、近世以前から続くのではなく、近代のものであると強調する。「仏教徒が「内的経験」を強調するのは、多くの場合、近代の、そしてしばしば居士仏教徒中心の改革運動の産物であり、特に有名なものは、東南アジアではヴィッパサナ復興に結びつくものであり、日本では現在の禅運動に結びつくものである[41]」。

シャーフの以下の指摘は、ホブズボームの「創られた伝統」論を下敷きにしながら、近代仏教の特徴を巧みに指摘している。

日本仏教の指導者の中には、仏教への国の抑圧策〔廃仏毀釈〕は、仏教を純化する力となった、堕落した付着物を浄化し仏陀の教えの原初の「本質」に戻る効果があったとさえ主張する者もいた。その結果は、新仏教として知られるようになるが、「近代的」「国際的」「人間的」「社会的責任」を持つと言われる。この再構成された仏教は、「真」で「純粋」の仏教という外見で、他の普遍的な信仰と並ぶ正しい場所をすぐに占める「世界宗教」と考えられた(42)。

シャーフの論は、新仏教という用語を、井上円了、島地黙雷、そして新仏教徒同志会などを含めた広い意味で用いている点は注意が必要だが、仏教近代化の流れを要約している。この論文でシャーフはさらにテーラワーダ仏教を比較して、「経験のレトリック」がどのようなものかを論じており、近代主義的な仏教の国際比較という点では、いまだに独創的な論文である。

これら二つの論文が、近代主義的仏教への評価の低さを感じさせるものであったとすれば、残る二つの論文は、いずれもフォールとシャーフの先行研究を意識し、オリエンタリズム批判による大拙禅の〔シャーフよりは共感的な〕相対化というテーマが見える。また両論文ともに、ケテラーの「戦略的オクシデンタリズム」という概念を用いている。戦略的オクシデンタリズムとは、サイードによるオリエンタリズム概念をそのまま日本から西洋への眼差しに置き換えたもので、そのような西洋の姿を戦略的な言説で利用することである。「西洋」を立ち位置として、その特権的な立場から、対立者を批判することを指す。

ヨーン・ボルップの論文は「禅とオリエンタリズム逆転の技術――仏教、宗教研究、相互に関係しあう複数のネットワーク(43)」と題するもので、二〇〇四年に発表された〔最初の寄稿は一九九九年とある〕。

彼は「鈴木禅が、彼独自の個人的産物であると同時に、思想と人物のユニークな相互に関係しあうネットワークの産物」であり、オリエンタリズムの思想やメタファーを自分の目的のために用いたという意味で「逆オリエンタリズム（inverted Orientalism）」という用語を提案している。彼の論文は、スノドグラスのものと同様、西洋における仏教、神智学、オルコット、ダルマパーラ、日本仏教近代化、日本での仏教と神智学、シカゴ宗教会議、鈴木大拙というテーマを順に説明していき、西洋と東洋の間の往復で鈴木禅が成立した過程を追っている。彼は鈴木禅について「ピザ効果」という言葉を使う。つまり軽食だったピザがアメリカへ輸出されて意味も形態も変化し、それが再びイタリアに一品料理として輸入されるという過程をいう。それと同様に、大拙が海外にもたらした禅が、再輸入され、改めて日本で禅の流行を引き起こしていることを指す。すでに紹介したロペスなどの論を引きつつ、ボルップはこの過程は決して鈴木禅だけのものではなく、宗教一般に見られる現象であることを指摘している。

（東洋／西洋、大乗／小乗、日本／アジア、禅／仏教、知恵／信仰、瞑想／儀礼、精神主義／物質主義、上／下、内／外、教義／教義を越えて、など）の二分法の思想やメタファーを引き受け変容させることで、鈴木は、新たな宗教的文化的ヒエラルキーを指し示す宗教的変数を、構造的に反転し発明したのである。（サイードが望んだように）オリエントを脱神秘化し、脱オリエント化するのではなく、オリエンタリズムを通じて、オリエント（とくに日本の禅）を再神秘化し、再神話化し、再本質化し、再オリエント化しうるプロジェクトであり、「戦略的オクシデンタリズム」である。(44)

この論文は、理論的にも構成的にも優れたものではあり、京都でのフィールドワークを通じてニュアンスに富んだ観察も見られる。分量が少なすぎるために、骨組みだけが提示されている嫌いはあるが、理論的には今なお有効な議論ではないかと思われる。

一方、同時期に発表されたスノドグラスの著作は、実証的な研究を試みている。彼女は、直接的にはジェームス・ケテラー『邪教／殉教の明治』のハイライトになっていたシカゴでの万国宗教会議を再度取り上げ、同著では割愛されていた明治二十年代日本の仏教状況を補いつつ、オリエンタリズムとオクシデンタリズムについて論じたものであり、やはりサイードのオリエンタリズム批判からはじまる。サイードは東洋を声無き存在と規定して、西洋の一方的な暴力としてオリエンタリズムを描いたが、これは「言説の力学を部分的にしか語っていない(45)」、サイードのオリエンタリズム論は「ある社会が他の社会のイメージを利用し、語り、その結果構成するさまざまな過程(46)」の一つであることを無視している。それに対して、スノドグラスは、東洋の知識人仏教者が西洋を「近代の範例と審判」として国内でキリスト教や他の知識人に対して戦略的に用いる「戦略的オクシデンタリズム」の顕著な事例として、神智学協会会長オルコットの来日と、ポール・ケーラスの翻訳書を引くのである。

この著作で語られる日本仏教国際化のあらすじは、オリエンタリズムによって構成された姿を日本側が受容し、それを戦略的に用い、そして「東方仏教」という形で南方仏教と差異化すると同時に、近代西洋思想に馴化する形で再定義された日本仏教を、一八九三年のシカゴ宗教会議の際に日本が輸出するという、他者理解と表出の往還をへて、東方仏教という概念が誕生したというものである。第九章では、この「東方仏教（Eastern Buddhist）」という、西洋という他者の知識と視線を意識しながら構成された自己規定について、いくつかの特徴を挙げている。「科学性」「哲学的観念論」「因果」「仏性」「涅槃」など、近代仏教が通有する特徴が挙げられている。興味深いのは「涅槃」である。ツイードは仏教の虚無主義と受動性に第一次ブームの終焉の原因を見ているのだが、スノドグラスは、日本仏教者は「涅槃」を「真理の把握」として、積極的活動の根拠としていたと指摘して、西洋の学者が理解する南方仏教の「涅槃」との差異を打ち出したと述べている[47]。

スノドグラスによれば、二つのオクシデンタリズム（オルコットとケーラス）は共にパーリ語聖典に依拠していたので、「既存の西洋の東洋学による仏教という構築物を強化するだけに終わった[48]」。シカゴ宗教会議においても、「原初の」仏教文献が、現在の仏教実践よりも優位にあるとされたために、日本側の意図は満たされずに終わった。ただ、シカゴ宗教会議は、日本が文明国であることを証明できたのではないかと彼女は総括している。

「戦略的オクシデンタリズム」という用語の意味が、ボルップとスノドグラスでは異なる（前者は西洋の眼差しを戦略的に西洋に対して活用する方法をいい、後者は西洋の表象を日本国内で用いる方法をいう。ケテラーの用法は後者に近い）。とはいえ、共通している点は、西洋の一方的な「オリエンタリズム」的視線によって東洋（日本）はすべて呪縛されてしまうのではなく、駆け引きがあり、選択があり、演出を行うということである。その点は、フォール（日本側がオリエンタリズム的イメージを拡大）、シャーフ（ジェームズの使った「経験」というレトリックで禅を脱文脈化する）でもそう大きくは異ならないように思われる。彼らの論がどこで区分されるかといえば、グローバル化し個人化し経験を重視する「仏教モダニズム」を評価するか否かという一点ではないかと思われる。しかしモダニズムと対立する「伝統」仏教がどこにあるのだろうか。

おわりに――混淆こそ標準

ツイードの『アメリカ人の仏教との出会い』は、アメリカ初期仏教史の研究であるのは確かだが、とはいえ普通の仏教史とはかなり異なる特徴がある。それは宗門や組織の歴史にあまり触れられていない。あるいは、数千人の仏教者を語ると同時に、同時代アメリカの支配的文化についても語っている。普通の人を取り上げようとしたこと、アメリカ全体の宗教史を意識しながら、個別の宗教史を語っていることに、この本の特徴がある。

アメリカ宗教史全体を見直して、こうした非キリスト教系宗教を位置づけようという動きは、シドニー・オールストロムが一九七二年に発表した大著『アメリカ人民の宗教史』（*A Religious History of American People*）からはじまる。オールストロムの著書は、それまでのプロテスタント教会中心の歴史言説を踏襲しながらも、スピリチュアリズム、クリスチャン・サイエンス、ニューソートなどの「調和宗教」や神智学、ヴェーダンタ、仏教についての「水瓶座時代の敬虔」といった章を設けている。これ以降のアメリカ宗教史は大きく方向を変えていくが、トマス・ツイードは、アメリカ宗教史研究を振り返り、その変化を以下の三つの要因にまとめている。第一に、六〇年代の社会史、七〇年代、八〇年代におけるクリフォード・ギアツとヴィクター・ターナーの象徴的人類学の影響があり、一般人の普通の生活、つまり「生きた宗教」がテーマになったこと。第二の要素は、比較宗教学とアメリカ研究が組み合わさったこと、第三の要素は、研究者自体の多様性。黒人、女性、ユダヤ人、カトリックなど、宗教的背景が多様化しつつあることである。新たなアメリカ宗教史の波は、より周辺的なもの、抑圧され、無視されてきたものに着目することで、制度史を越えて、より包括的な宗教史を描こうとする(49)。ツイードの主な業績は、アメリカにおけるアジア人宗教とマイアミのキューバ難民の宗教であるが、そのような周辺的な宗教現象の実証研究は、理論面ではこうしたアメリカ宗教史の見直し作業と連動している。

『アメリカ人の仏教との出会い』で気づくことは、登場人物が多いことであり、かなりの割合で、この本にしか登場しない人物も含まれることである。仏教僧でも学者でもなく、普通の人々が多い。また、仏教へ完全に改宗するのではなく、部分的に仏教を享受する層を分析対象としたことも、この研究の特徴であろう。これは確かにそのとおりであり、人々の宗教生活を振り返れば、そのような部分的な実践という例はどこにでも見られる。むしろ一般的な実践の様態であろう。

先に述べたように、仏教の魅力、興隆と衰退を、同時代のアメリカの時代精神との関係で説明していることも彼の研究の特徴である。第四章では、主流文化への異議申し立てという点で、仏教には魅力があったとする。仏教シンパは、仏教の内の許容できる部分だけを受け入れ、たとえば霊魂不在説を受け入れないこともあるが、概して倫理的、科学的、寛容といった点がその魅力であると分析している。第五章では、異質さだけでなく、仏教が興隆した理由は、支配的文化と共通する点があったからだという。ひとつには、一八七〇年代、八〇年代に盛んになった、ニューイングランドのリベラルな神学者たちの「新神学」は、科学との融和を目指すなど、仏教とかなり近いものであったこと。また、自助努力と生存競争の時代に、人格神とドグマの無い、しかし個人の努力の価値を強調する仏教は、受け入れられやすかったという。逆に第六章では、その衰退の理由を、伝道体制の不十分さ、そして仏教が消極的で現世否定的という世評によると分析している。このようにミクロとマクロ、マイノリティ宗教文化とマジョリティのそれとを関係させて語ることによって、両者を浮かびあがらせるというのが彼の手法である。「見知ったものを理解するために、見慣れないものを調べる」[50]とも述べている。

しかし、ツイードのアプローチで問題になるのは、どこまでを仏教徒とするかという問題であろう。これについて彼は以下のように説明している。

規範的なアプローチでは、正式に三宝に帰依した者で仏教寺院で儀式を行い、四諦を信仰するものを仏教徒とする。これは仏教を変化しない、孤立した、統一的なものとする見方だが、これでは不十分であるという。しかし

「伝統は変化し、他の伝統と接触し、交流し、自分が本来的なものだと主張する伝統が、実は多様な表現をもったハイブリッドなものであることを見落としてしまう」[51]。そうであれば、逆にどれが正しいコミットメントであって、どれが正しくないかなど、問うことはできないという。

これと対になるのは、宗教の混淆性である。それについては次のように述べている。

すべての宗教は、いろいろな野原を横切ってきた、いくつかの流れが一つに合流してできた流れであり、野原には他の宗教、つまり他の横断していく合流もまた横切り、それによってさらに新しい霊的な流れを作り出す[52]。

つまり、あらゆる宗教は混淆しているのであり、「純粋な」「本当の」といった宗教はなく、運動、多数性、混合を評価すべきであるという立場である。十九世紀以来、宗教学のどこかに残っていた、「原初の」「純粋な」宗教の方が「混淆した」宗教より価値が高いとする通説を真っ向から否定する考え方であり、宗教混淆は、変化期のみに起こる現象であるという説にも修正を迫る。

彼の説によれば、仏教史研究は左の四段階[53]を経ているという。

一　国家研究（一九五〇年代―六〇年代）　思想史と社会学が中心で、国家単位で研究された時期。

二　国際研究（一九七〇年代―八〇年代）　ギアツの影響で思想史から意味の歴史へと視点が変化した。国と国との相互関係を追う研究。

三　越境（トランスナショナル）研究（一九九〇年代）　国境を越えた運動とみなす。クレオール仏教、ハイブリッド仏教のような混淆が当然とされる。

四　グローバル研究（二〇〇〇年以降）地域間の循環を強調する。

三では国境の存在を前提としていたが、四では、もはや国境を前提とせず、つねに流動的に流れまじりあうイメージで仏教を理解する段階にきている。日本とアメリカの場合、それぞれのナショナルヒストリーで閉じるのではなく、あるいは特別な事態として日米の出会いを見るのではなく、むしろつねに太平洋をめぐる往還があるという前提で、それぞれの宗教を理解すべきということになる。この観点から、ツイードが取り上げている人物が鈴木大拙であり、『アメリカ人の仏教との出会い』でも触れていたオカルト的スウェーデンボルグ主義者のA・J・エドマンズと大拙との交流であり、そしてスウェーデンボルグ主義者という隠れた鈴木大拙の顔についての研究を行っている(54)。

もちろんツイードのラディカルな宗教概念には、いくつもの疑問が生じる。たとえば、すべてが混淆ならば、「仏統的」なものがなぜ区別されるのか。それは単に程度の差か、本質的な違いか、あるいは神智学のように意識的に混淆を行うものと、一見そうでないように見えて実は混淆していたという場合では、差があるのではないか、など。とはいえ、日本においてさえ仏教者は、西洋文化、哲学、キリスト教あるいは神智学と出会い、取り入れていった。混淆はつねに起こっていた。しかも四節で論じたように、歴史的にも日米英印「仏教徒」の間には当時としては異例の接触があった。大拙とエドマンズのように、互いに似て非なる者同士の接触は、必ずしも「オリエンタリズム」的な投影と表出の戦略的な関係ではなく、共感と議論の場でもあった。第一回来日の際のダルマパーラと病床の彼を看病した高楠順次郎、渡米した平井金三を下宿させて共にスペンサーを学んだチェイニー夫人、そのような出会いが、日本の仏教や欧米の宗教思想にどのような近代化をもたらしたのか。いくつもの事例が、いまだ手つかずで残されている。

注

（1）ケネス・タナカ『アメリカ仏教——仏教も変わる、アメリカも変わる』（武蔵野大学出版局、二〇一〇年、二四頁）。

（2）本稿では、新仏教運動という用語を、一八九九年に境野黄洋、高島米峰などによって結成され、翌年から雑誌『新佛教』を刊行した、仏教清徒同志会（後に新仏教徒同志会と改名）の運動を指して用いる。吉永進一「新仏教とはなにものか?」（科研報告書『近代日本における知識人宗教運動の言説空間——『新佛教』の思想史・文化史的研究』研究課題番号 20320016）参照のこと。

（3）David L. McMahan, "Buddhist Modernism" *Buddhism in the Modern World*, Routledge, 2012, p.160.

（4）Philip C. Almond, *The British Discovery of Buddhism*, Cambridge University Press, 1988, p.36.

（5）Ibid., p.147.

（6）Chap.2 "Buddhism and the Emergence of Late-Victorian Hybrid Religions" J. Jeffrey Franklin, *The Lotus and the Lion: Buddhism and the British Empire*, Cornell University Press, 2008.

（7）Wouter J. Hanegraaff, "The Study of Western Esotericism: New Approaches to Christian and Secular Culture" in Peter Antes, Armin W. Geertz and Randi R. Warne, *New Approaches to the Study of Religion, vol. I: Regional, Critical, and Historical Approaches*, Walter de Gruyter, 2004.

（8）Wouter J. Hanegraaf, *New Religion and Western Culture*（State University of New York, 1998）以降、秘教思想史研究の新しい波は少なくない成果をもたらしているが、一つの例は Olav Hammer, *Claiming Knowledge: Strategies of Epistemology from Theosophy to the New Age*（Brill, 2001）であろう。

（9）Gauri Viswanathan, *Outside the Fold*（Princeton University Press, 1998）などの著作がある。

（10）神智学研究は、一九八〇年前後に流行があり、神智学徒でシカゴ宗教学派であった著者による、宗教学的な理解を目指した先駆的研究 Robert Ellwood, *Alternative Altars*（OUP, 1979）, 数少ない通史である Bruce Campbell, *Ancient Wisdom Revived*（Univ. of California Press, 1980）などがあった。近年は、ヴィシュワナタン以外には、比較宗教学の誕生と神智学の発生の関係を論じた Josceyn Godwin, *The Theosophical Enligtenment*（State University of New York, 1994）、あるいはスピリチュアリズムとの連続性を論じた Jeffrey D.Lavoie, *The Theosophical Society: The History of a Spiritualist Movement*（Brown Walker Press, 2012）などの研究がある。

（11）川島耕司「文明化への眼差し――アナガーリカ・ダルマパーラとキリスト教」（『国立民族学博物館調査報告』六二、二〇〇六年、三五三―三七〇頁）。

（12）杉本良男「四海同胞から民族主義へ――アナガーリカ・ダルマパーラの流転の生涯」（『国立民族学博物館研究報告』三六―三、二〇一二年、二八五―三五一頁）。

（13）佐藤哲朗『大アジア思想活劇』（サンガ、二〇〇八年）。

（14）Donald S. Lopez Jr., *The Prisoners of Shangri-la*, University of Chicago Press, 1998.

（15）Ibid., p.201.

（16）Robert C. Fuller, *Spiritual, but not Religious: Understanding Unchurched America*, Oxford University Press, 2001, pp.54-55.

（17）Stephen Prothero, *White Buddhist: The Asian Odyssey of Henry Steel Olcott* Indiana University Press, 1996, p.8, 9.

（18）Henry Steel Olcott, *Old Diary Leaves*,vol. II（1900）pp.168,169.

（19）注（13）前掲佐藤、二〇章「十九世紀の菩薩」オルコット日本来訪（上）。

（20）注（13）前掲佐藤、二一一頁。

（21）注（13）前掲佐藤、二七二、二七三頁。

（22）Prothero, *White Buddhist*, p.127, 128.

（23） *Contemporary Buddhism*, vol.11 no.2（2010）

（24） *The Life of Nyanatiloka Thera: The Biography of a Western Buddhist Pioneer*, Buddhist Publication Society, 2008.

（25） Martin Baumann, "Modernist Interpretation of Buddhism in Europe" *Buddhism in the Modern World* (Routledge, 2012 p.120.

（26） 海旭はニャナティローカ以外にも中国僧（密林、曼珠）、ビルマ僧（オッタマ）、チベット僧（リンチェンラマ）などの面倒をみている。

（27） Elizabeth J. Harris, *Ananda Metteya*, Buddhist Publication Society, 1998, http://www.bps.lk/olib/wh/wh420-p.html

（28） Joscelyn Godwin, *Theosophical Enlightenment*, SUNY, 1994, p.373.

（29） 注（1）前掲ケネス・タナカ、三一―三三頁。

（30） 『日本宗教』第五号では「海外伝道」という題の記事で、明治二十七年七月から翌年十月にかけての海外伝道を列挙している。朝鮮、中国、台湾が主であるが、本願寺派に限らず各宗派が海外に目を向けていたことが分かる。

（31） 『教海一瀾』五八五号（大正四年五月七日、一六頁）。

（32） 『海外仏教事情』創刊号（第三版）。

（33） 『海外仏教事情』五号（一八八九年十二月十五日、三六頁）。

（34） 岩田真美「高輪仏教大学と万国仏教青年連合会」（『近代日本における知識人宗教運動の言説空間――『新佛教』の思想史・文化史的研究』科研費報告書、課題番号 20320016、一三四頁）。

（35） Thomas A. Tweed, *American Encounter with Buddhism 1844-1912: Victorian Culture and the Limits of Dissent*, Indiana University Press, 2000.

（36） 中西直樹『仏教海外開教史の研究』（不二出版、二〇一二年、五二頁）。

（37） ベルナール・フォール「禅オリエンタリズムの興起（上）」（『思想』九六〇号、一三八頁）。

（38） "Buddhist Modernism and the Rhetoric of Meditative Experience," *Numen* 42, no. 3 (1995), pp.228-283.

(39) シャーフは、ヘリゲルの無能力さを、四点にわたって難じている。(一) フィールド調査についての人類学的手法の低さ、(二)「神秘的東洋」にみちたロマン主義、(三) 本質的「経験」は時代にかかわらず不変であるので、現代の実践によって、それを取り戻すことができる、(四) 儀式的行為を心理学化する傾向。

(40)「それが射る」というヘリゲルの弓道体験は通訳の誤訳をロマンティックに解釈しただけだという。山田奨治『禅という名の日本丸』(弘文堂、二〇〇五年) 参照。

(41) Sharf, op. cit., p.246.

(42) Sharf, op. cit., p.247.

(43) Jorn Borup "Zen and the Art of Inverting Orientalism: Buddhism, Religious Studies and Interelated Neworks" *New Approaches to the Study of Religion: Regional, Critical, and Historical Approaches*, Walter De Gruyter Inc, 2004.

(44) Ibit., Borup, p.481.

(45) Judith Snodgrass, *Presenting Japanese Buddhism to the West* (University of North Carolina Press, 2003) p.11.

(46) Snodgrass, op. cit., p.11.

(47) Snodgrass, op. cit., p.218.

(48) Snodgrass, op. cit., p.275.

(49) Thomas A. Tweed, "Expanding the study of U.S. religion: Reflections on the state of a subfield" Religion, Religion 40 (2010), p.252.

(50) Tweed, *American Encounter with Buddhism*. p. xxxiv.

(51) Thomas Tweed, "Who is a Buddhist?" *Westward Dharma: Buddhism Beyond Asia*, Charles Prebish and Martin Bauman eds. (2002), p.18.

(52) *Crossing and Dwelling* p.60

(53) Thomas A. Tweed, "Theory and Method in the Study of Buddhism: Toward 'Translocative' Analysis" *Journal of Global Buddhism* 12 (2011).

(54) トマス・ツイード著、桐原健真、オリオン・クラウタウ共訳「米国オカルティズムと日本仏教——A・J・エドマンズ・鈴木大拙、そしてトランスロカティヴな歴史記述」(『年報日本思想史』第一一号、二〇一二年三月)〔原著 Thomas A. Tweed, American Occultism and Japanese Buddhism Albert J. Edmunds, D. T. Suzuki, and Translocative History, *Japanese Journal of Religious Studies* 32/2: pp249-281〕.

シカゴ宗教会議のストラテジー
——仏教と条約改正

ジュディス・スノドグラス
（抄訳・堀　雅彦）

はじめに

日本仏教を西洋に伝えたい、との願いを繰り返し訴えてきた日本の改革派仏教徒に対し、申し分のない回答となったのは、シカゴで行われる万国宗教会議〔訳注——以下、シカゴ会議〕への招待であった〔訳注——コロンブスによる新大陸発見四百年を記念して開催されたシカゴ万国博覧会〈一八九三年五月一日から十月三十日〉の一環として行われた会議で、会期は一八九三年九月十一日から同二十七日まで〕。改革派のレトリックでは、仏教の再生は、日本の近代性を示し、西洋による侵略に抗して国家主権を維持することと結びついていた。とくに仏教的ナショナリズムに立つ人々は、国際条約の改正を日本の独立の重要な要素と捉え、独立を実現するためには強靭で明確な国家精神を示すことが必要だと論じた。つまり日本に固有で、かつ近代国際社会全体の福利に貢献するものを見定め、それを発展させることが肝心だと彼らは主張したのである。井上円了による議論に典型的に見られるように、彼らは日本文明の基礎は仏教にあると論じている。さらに重要なことに、宗教の面での成果は、日本が他のいかなる国にも優る点の一つである、とも主張している。仏教には、西洋がいまだ見出せずにいる真理があると彼らはいう。仏教を西洋にもたらすことは日本の知的、精神的な面での信頼を確立し、西洋諸国の尊敬をかちうることにもなるだろう。

彼らにとって、シカゴの地で仏教を紹介することは、その第一歩だったのである。これらの諸目的は、シカゴ万博への参加に向けての日本のプロジェクトと密接にからみ合っていた。すなわち、日本についての当時の認識を修正し、世界の「文明国」の一員としての権利を確立することによって、西洋諸国と結んでいる諸々の条約を改正する足場を固めるというプロジェクトである。

日本宗教の性格そのものが、条約改正の問題において枢要な位置を占めていた。西欧列強は、日本が文明化しておらず、異教的偶像崇拝者の国だという主張を、条約改正を拒む理由づけとして使っていた。異教信仰の何たるかは単なる宗教上の問題ではなく、外交上の駆け引きをともなう論争点だったのである。代表団はこの論争に、仏教および日本社会における仏教の位置についての説明をもって挑んだ。本稿では、条約改正という緊迫した要請が、西洋に対する日本仏教の提示のあり方をどのように規定したかを考察する。

一　代表団の結成と「マニフェスト」

一八九三年、春。万国宗教会議の開催をわずか数か月後にひかえたこの時期ですら、日本の仏教界はいまだシカゴに公式の代表者を派遣することの意義をめぐって議論していた。当初の反応は熱のこもったもので、『ジャパン・ウィークリー・メイル』も一八九二年七月に、「大規模な代表団の出席が約束されている」と報じている。しかしながら、会議の議長をつとめるジョン・ヘンリー・バローズ牧師（一八四七―一九〇二）が説教でこのイベントが「キリスト教にもたらす可能性」を論じたことが日本の各紙で報じられると、計画は乱れはじめた[1]。保守的仏教者のグループはかねてより、このイベントがキリスト教徒の陰謀であり、他の諸宗教の主張を掘り崩し、その信用を落とすために組織されたものだという懸念を抱いていたが、その懸念が現実味を増したかに見えた。代表団の結成を推進してきた進歩的仏教者たちもまた、会議の主催者たちのキリスト教的企図を案じていたが、だからといって会議がもたらすはずの仏教への「広範にわたる利益」や、「真理を拡張し、誤てる信念を撃つ」チャンスを逃すわけにはいかないと考えた。「他国の宗教による侵略に対して受け身の抵抗」を示すよりも、むしろ「大いなる努力をなし、仏教を広めるべく人を驚かせるような戦略を試みるべきではないか」と彼らは論じている。(2)

このような姿勢は、「マニフェスト」と呼ばれる資料に記されている。それは「仏教徒有志」から仏教各宗協会〔訳注――仏教の宗派間連絡会議〕にあてられた公開書状であり、代表団を支援しないとの決定を考えなおすことを求めるものだった。その内容は同時に数多くの雑誌に掲載され、『ジャパン・ウィークリー・メイル』によれば「仏教界のリーダーと傑出した僧侶たち」二十五人が支援の署名を記している。支援者には、大内青巒、島地黙雷、南条文雄といった仏教界の指導者たちに加え、シカゴ会議の代表団である釈宗演、土宜法龍、芦津実全らも含まれていた。井上円了の名前も別途、支援者の一人として記されている。(3) マニフェストは、正式な代表団の派遣によって達成されるものを強調していた。「吾徒が一挙して万国の学者宗教者に仏陀の妙音を伝え仏教特占の真理を世界に発表する」のだと、そこには記されている。この文書に記された諸目的と、添付された署名のリストとは、シカゴ会議の代表団を政教社の仏教ナショナリズムとつなぐものとなっている。(4)

マニフェストに加え、シカゴ会議で代表者たちが発表した論文、さらには彼らの帰国時に出版された論文は、いずれも仏教復興と明治日本の政治的発展との関わりを示す資料となっている。マニフェストには、護国愛理〔真理への愛をとおして国家を守ること〕を呼びかけた井上円了の思想が反響している。井上の思想においては、仏教の推進と国家の独立性の維持とが熱烈な愛国主義のもとで結びつけられていた。仏教を西洋に広めることは日本のみならず全世界にとって利益となるだろうと井上は述べたが、この主張はマニフェストにも見られる。それは西洋における東洋研究によって鼓舞された確信に立脚した主張でもあった。すなわち、西洋が今なお直面している知的・宗教的な諸問題に対する解決策を、すでに日本仏教がもっているという確信である。

「異国の宗教の侵入に対し積極的に抵抗」するために西洋に仏教を広めることの意義をめぐり、最初に議論されたのは国の名誉の問題だった。日本のナショナリストたちにとって、日本におけるキリスト教伝道は日本と西洋諸国との不平等を示す恥ずべきしるしであり、日本人がいつまでたっても「文明化していない」状態にあることを思い起こさせるものだった。日本人はキリスト教伝道の試みに道徳的優越性の含みを認め、それに異を唱えた。『朝野新聞』のある記者は、次のように書いている。欧米からやってくる宣教師たちは「日本が憐れむべき野蛮な地域であり、いまだ異教の影響のもとにある」という信念のもとに派遣されている。「宣教師というものは本質的に文明国から非文明国へと派遣されるものなのだ」、と。(5) このことの論理的な裏返しとして出てきたのは、自らの道徳的優越性と、それにふさわしい地位を要求するために、日本もまた伝道者を派遣しなければならない、という結論だった。当時の『ジャパン・ウィークリー・メイル』が報じているように、この頃から、仏教伝道団が韓国、シベリア、チベット、ホノルル、インドで結成されたのである。(6) 中国への伝道の準備は、日清戦争と平行して行われている。

仏教の海外布教に関する二つ目の議論は、シカゴ万博のもつ人種主義的思想と直接に結びついていた。日本仏教は、東洋の国々における日本の優越性の証拠であり、白人の優越性という前提に対する挑戦だった。マニフェストは「全世界挙て人種競争の大旋風裏に埋没しさらる」と論じている。この「人種間戦争」は、最終的に「白人と黄色人」との闘いになるだろう。この戦争において、宗教は「真理の戦場」となるだろうとマニフェストは論じ、ここでも井上に倣い、主な競い手は仏教とキリスト教だとしている。仏教が世界に対して有する価値は、キリスト教との差異にある。なぜなら、進化の歩みを刺激するのは異種間の競争だからである。この議論が最も調子を強めたのは、代表団の一員として会議に出席した八淵蟠龍の報告[7]と、彼の会議後の論文「黄色人と白人、および仏教とキリスト教の間の闘争」においてである。この論文は、強力な競争相手がなければキリスト教は自らの十全な発展を遂げられず、それゆえ仏教を西洋に伝えることは日本の義務なのだという井上の議論を、いっそう攻撃的な調子で改めて提起したものである。八淵の議論には、東洋の霊性は西洋の物質界への執着にとって不可欠の解毒剤だという考えも含まれていた。

二　仏教という贈りもの

シカゴ会議では全体で十四人の日本人が発表し、合計十七本の論文がもたらされた。代表団には改革派仏教徒のほか、七人のキリスト教徒と、神道の代表者がいた。発表の内容を規定する主要な原理の一つは、当時の国内の言説空間における仏教徒とキリスト教徒との対抗意識だったが、彼らは日本の将来に対する愛国的な関心によって一つに結ばれてもいた。すなわち、西洋による侵略と、日本の主権に対する他国の干渉に対抗し、日本が「野蛮な異教徒」だという恥ずべき非難を払いのけるにはどうしたらよいのか、という関心を共有していたのである。代表団の誰もが、日本をアジアのリーダーと見ていた。すなわち、帝国主義からアジアを守り、アジアを近代世界へと導くのは日本だと考えていた。ただそれらの目的を達成するための手段においてのみ、彼らは異なっていたのである。

説得力ある主張だったが、マニフェストは各宗協会の決議を動かすには至らず、シカゴへの代表団は公式の支援を欠いたまま、会議に参加することになった。しかしながら、代表団が明治の仏教改革を代表する集団だったことは確かである。仏教徒の代表団は、六人の発表者からなる強力な集団だった。そのうち四人、すなわち土宜法龍、八淵蟠龍、釈宗演、芦津実全は、いずれも学識ある僧侶だった。残りの二人の発表者、平井金三（一八五九―一九一六）と野口善四郎（一八六四？―？）は、政治的に活発な在家の仏教徒だった。代表団に加わった仏教の僧侶たちは、その階位と教養の面で十分な資質を備えており、彼らをとおして主な宗派は代表されていた。釈宗演（一八六〇―一九一九）は名高い臨済宗円覚寺派の管長であり、土宜法龍（一八五四―一九二三）は、後に真言宗高野山派の管長となる人物である。[8]芦津実全（一八五〇―一九二一）は天台宗の学僧であり、政教社と尊王奉仏大同団の双方の設立メンバーでもあった。世界会議の開催時までに、彼は『日本宗教未来記』（一八八九年）と『東洋新仏法――憲法正眼』（一八九〇年）という二冊の書物を発表している。一八九〇年に、釈宗演、土宜法龍、芦津実全、島地黙雷は、『仏教教理の本質』と題する五巻本の共同編集者に選ばれているが、この企画は、仏教改革の基盤の一部として仏教徒の合同を推進することをねらいとするものだった。つまり彼らはこのときすでに、改革運動の代弁者となることを、ある程度期待されていたのである。四人目の僧侶、八淵蟠龍（一八四八―一九二六）は熊本出身の浄土真宗の僧侶だった。彼の遠征は、地元である九州の僧侶と平信徒たちからなる九州仏教同盟会の支援金にのみ支えられていた。[9]彼は自分が浄土真宗という「派」の代表でもその本山の代表でも全くなく、地域の人々の代表であることを強調した。これは公式の支援を得ることに失敗したことの告白というよりもむしろ、自らが在家仏教の理念に立つことを主張するものだった。

公式の援助が得られていれば、代表団は資金調達がはるかに容易になったことだろう。とはいえ、彼らは全く援助がなかったわけでもない。代表団は四千二百人の僧侶からの寄付金に支えられていたし[10]、少なくとも書物や小冊子の準備、出版の面で、諸々の組織から援助を得てもいた。日本最大の宗派たる浄土真宗は、伝えられるところによれば五種類の仏教書を、あわせて三万冊以上も配布したという。野口が演説で言及している書名には、『真宗大意略説』『真宗問答』『四十二章経』『宗教哲学骸骨』『大乗仏教大意』などがある。なかでも『大乗仏教大意』は、長い生命を得ることになる。というのも、この書物は一八九四年に神智学協会によって再版され、より多くの人々に配布されたからである[11]。『宗教哲学骸骨』は東本願寺の学僧、清沢満之によって書かれ、野口がこれを翻訳した。野口はシカゴに行った際、進呈品として配布し、残った十部はすべて、彼の発表の際に近くに座っていた人々に渡した。これらの刊行物から、公式の援助ではないにせよ、浄土真宗が代表団を強力に後押ししていたことがわかる。

代表団の仏教者には、野口と平井という二人の平信徒も含まれていた[12]。二人はいずれも、通訳として働いたのみならず、明治仏教の新たな勢力、しかも、ますます影響力を増しつつあった在家の勢力（居士仏教）の代弁者としても語った[13]。野口と平井はいずれも、長い間、仏教復興運動に関わっていた。彼らが僧職の身分をもっていなかったことは、何らハンディキャップではなかった。野口はいかなる仏教宗派にもコミットしない「ただの平信徒」として語った。平井の最初の論文は流暢な英語でつづられており、その内容は日本の扱いに関して「真の」キリスト教の原則を示すよう、西洋に迫るものだった。それは日本代表団の中で誰の発表よりも人々にインパクトを与えるものだった。平井は当時の教養あるエリートの典型として、会議ではキリスト教側からの攻撃に抗し、仏教の側に立つ姿勢を示した。彼は、キリスト教への異論を語る上で最も適任な人物の一人であり、同志社大学の向こうを張るような仏教系大学の設置を目指してもいた[14]。平井は早くも一八八七年には神智学協会の設立者オルコットと連絡をとっており[15]、翌一八八八年の十二月には、野口がオルコットを日本に連れて来るためにインドに赴いている。

日本代表団の発表の冒頭をかざる演説において、野口は日本仏教こそは、日本がアメリカに供しうる最も価値ある贈りものだと述べている。それは、日本を近代世界に対して開くという恩恵や以後の日本に生じた「素晴らしい変化と進歩」と交換するにふさわしい、唯一のものだと彼はいうのである。

野口の贈りものは、「四人の僧侶」と、会議にむけて特別に用意した「何千冊もの英訳仏教書の複写」、そして「初めてアメリカにもたらされる完全な釈迦仏陀の経典、四百巻」からなっていた[16]。野口は経典が中国語であることを詫び、「残念ながら、最上の仏教の教えである大乗仏教の教理を英訳したものは、おそらくまだ存在しない」と述べている[17]。大乗仏典の翻訳は確かに困難な事業だろうが、野口はそれこそが、すべての宗教がそれぞれ十全な発達を遂げた際に最終的に到達せざるをえない単一の真理への「最短の道」だと考えていた。そのような真理は宗教の発展の極致であり、そこでは「〔諸宗教の〕間、信仰と理性の間、あるいは宗教と科学の間に、もはやいかなる区別もなくなるだろう」、と彼は確信していたのである[18]。

野口の論文は短いもので、日本仏教についての説明としては一貫性を欠いているように見える。にもかかわらず、そこには後の発表者たちによって展開された仏教代表団の企図の概略が示されていた。西洋による侵略と、条約の根本的不法性という主題に加え、彼は、鳳凰殿のメッセージを繰り返した。すなわち、日本がペリー来航以前から自前の文明化を遂げた国で、この文明化の源泉が仏教にあるという見解を改めて述べたものである。彼は政教社の理念に忠実に、日本の近代化に対する西洋の貢献を認め、受け入れてもいたが、なお日本仏教の国際的優位性を確信し続けていた。日本仏教は日本から世界への贈りものだったのである。

三　「野蛮」をめぐる闘争

仏教代表団の二番目の発表者は、平井金三だった。[19] 彼の主眼は、キリスト教と文明を当然のごとく同一視する見方を根本から崩すことだった。平井はそこで、日本および日本人に対するアメリカの不正義の例を引いている。不平等条約の不公平を正さないこともまた、そのような不正義の典型だとして、キリスト教徒はいわゆる異教徒たる日本人よりも野蛮である、と彼は論じている。[20]

平井によれば、日本人がキリスト教を受け入れない第一の理由は、「宗教の装いのもとに行われた異国の破壊の記録」にある。十六世紀、十七世紀における日本の経験は、日本人の心に、キリスト教は「略奪のための道具」だという印象を植えつけた。このようなキリスト教への「遺伝的恐怖」は、「キリスト教圏の強国がしだいに東洋に侵入しつつある」現実や、「われわれの権利や利益を奪い取る」不正なる諸条約——とりわけ治外法権と関税自主権に関わる不平等——によって、日々呼び覚まされていると平井は述べている。

日本人がキリスト教を受け入れにくいもう一つの理由は、キリスト教的原理と実際のキリスト教徒の行動の間の不一致だと平井は説明する。このことは、アメリカ人が日本人に対して権力を濫用する事件が数知れず起きていることにも見て取れる。平井が挙げているのは、違法なアシカ漁、領事裁判権の濫用、そして露骨な人種差別行為などである。人種差別については、サンフランシスコで日本人の通学や雇用が禁じられたことや、ハワイで日本人の選挙権が奪われたことがその典型だと平井は述べている。[21]

平井の発表内容を補うものとして、『アリーナ』誌に掲載された三つの論文がある。一本は平井、その他の二本はアメリカ人によるものである。平井の論文「日本の宗教思想」[22]はシカゴ会議の数か月前に発表されているが、これは会議での彼の論点を先取りする内容になっている。彼がこの論文を英語で書いたことは、同じ内容のものが日本の宗教誌『仏教』に掲載されており、その注釈に和訳者は野口復堂、とあることからも明らかである。[23]二本目の論文、アニー・エリザベス・チェイニー（一八四七―一九一六）の「日本、および外国列強との関係」は、シカゴ会議の開催直前に発行された九月号に掲載されている。[24]三本目は『アリーナ』の編集長、B・O・フラワー（一八五八―一九一八）の論文である。「日本に対する正義」を直接に求める内容であり、論争を活発化する戦略上、条約をめぐる最終交渉の期間にあわせて発表されている。三つの論文はいずれも、一連の条約が原則的に不正であり、日本には条約に定められた期間内に改正を要求する権利があることを強調している。また、それらが共通して根本的に問うているのは、「野蛮」の定義である。仏教はキリスト教ではないがゆえに「野蛮」なのか。[25]西洋列強は、日本に対する振る舞いにおいて野蛮ではなかったのか。数々の不正義の例を挙げながら一貫して語られたのは、「それがキリスト教の倫理だというならば、われわれは異教徒と呼ばれたとしても一向にかまわない」というメッセージである。[26]「異教徒」の定義は枢要な論点だった。平井によれば、日本人は「異教徒と呼ばれている。そしてこのことは、四十年も前に西洋列強と日本との間で締結された諸条約、不平等かつ不利益な土台に立脚した諸々の条約の改正を求める、われわれの至極正当な要求が今なお無視されている、その理由の一つなのである」。[27]それゆえ平井の論文は、日本の宗教に対する「誤解」の修正に重点を置くものとなった。西洋からやってきた旅行者や宣教師の表面的な観察にもとづく前提に反して、日本の宗教が異教的でも野蛮でもなく、偶像崇拝でもないことを説明することによって、彼は目的を果たそうとしたのである。

平井は英語が流暢に話せたのみならず、演説の名手でもあった。[28]シカゴ会議での彼の論争的な発表は名声を博したが、その中で彼は、「ヨーロッパの帝国主義」に対するアメリカ側の不満に同調するとともに、アメリカ国民が「有色人種の人々を奴隷制から解放したこと」によって示した「共感と一体感」や、「アメリカ合衆国の独立を成し遂げた愛国の精神」に訴えかけた[29]。一八九三年九月十四日の『シカゴ・ヘラルド』紙は、「彼の主張の多くは語られるたびに大きな拍手を呼び、誤ったキリスト教信仰にもとづく不正義の数々が日本人を悩ませてきたことを彼が指摘すると、満場の聴衆から「恥ずべし」との声が聞こえてきた」と報じている。平井は発表を終えるにあたってアメリカの独立宣言の文言を復唱し、アメリカ人の良心に直接的に訴えかけている。

あなたたち、この栄光ある自由の合衆国の市民よ、しかるべき時が来たれば、「自由か、さもなくんば死を」と叫んで立ち上がった人々よ、陸と海で星条旗をマストに掲げるために、血の中を進んだ人々よ、自由への苦闘の果実を味わう人々よ、私は言いたい、あなた方は私たちの立場をわかってくれるはずだ、あなた方がイギリスから正義を求めたのと同じように、私たちも海外列強からの正義を求めている……わたしたち、日本の四千万人の者は、国際的な正義の上にしっかりと足を踏みしめて、キリスト教道徳がさらに発揮されるのを待っているのである。

平井の演説に、聴衆は喝采して同情の意を表した。彼の発表をやめさせようとしたバローズでさえ、彼の手を握りしめたのである。ただし、平井は日本への不正を事細かに語りはしなかった。経済問題から日本人女性への犯罪に至るまで、不平等条約の問題点を論じたのは、チェイニーの論文である。フラワーはさらに、条約問題は公平を愛し、共和国の名誉を重んじる人々にとっての関心事だと述べた。

条約の不平等さは、日本が「非文明国」に分類されていることから生じた。当時の国務長官は、その不平等さを認めながらも、「トルコやペルシャなどすべての野蛮な人種」のような「オリエントの国々との条約で明記する際には」必要な事項であると述べた。[30] ここで「オリエント」と「野蛮な」は交換可能な言葉である。条約締結にあたったタウンゼント・ハリスなど日本を知るものにとっては、不平等条約の問題点は明らかであった。しかし一八九三年になっても、日本はまだ、「オリエンタル」や「野蛮な」から遠ざかろうとしていた。

日本の宗教に関する誤った印象を論駁しようとする平井にとって、必要なのは仏教のみならず日本の宗教全体の価値を称揚し、日本の宗教実践が多様に見えるのは――不当にも、それは西洋人の目には偶像崇拝と映るのだが――包括的な真理の顕れにほかならず、多様化する人々の要求に適応した顕れでもあることを論証することだった。平井によれば、日本に対する西洋の誤解の根本は、一神教徒が日本宗教の寛容なシンクレティズムを理解しそこねていることにある。[31] 日本のシンクレティズムは、「仏教徒であると同時に神道の信徒であり、儒教の信奉者であり、おそらくは熱心なキリスト敬愛者でさえあること」に、いかなる葛藤も見ないのである。この国民の宗教理解と真理探究は、神道、仏教、儒教、そして「真の」キリスト教をも含むものであり、そこには葛藤もなく、偶像崇拝もなく、矛盾もないと平井は論じている。

平井の説明によれば、このような折衷主義を可能にしたのは、「わけのぼる麓の道は多けれど、同じ高嶺の月を見るかな」という日本的な理解だという。[32] この種の主張と比喩は、彼の議論にしばしば見て取れるが、これは彼の二番目の論文の題目でもある「総合宗教」という考え方の基本だった。[33] 彼はそれを、すべての宗教の基礎である実体への本質的かつアプリオリな信念に関わるものとして、「エンティティズム」（訳注――実体主義）と呼ぶととももに、それが「日本に内在する精神」だとし、それゆえ「日本主義」とも呼んでいる[34]。それは人為的に構築されたものという意味で総合的なのではなく、日本のあらゆる宗教的活動、そして少なくとも潜在的には世界のあらゆる宗教的活動の総合という意味において総合的なのである。しかしながら、キリスト教における普遍性要求とは異なり、それはいかなる変化も対話も必要とはしない。各々の宗教は以前と同様に存在し続けながら、真理表現のヒエラルキーにおける自己の位置を理解することによって豊かになるのである。しかしながら総合宗教の中心をどこに認めるかについて、平井はいかなる疑問の余地も残していない。「単一の総合された宗教」の「唯一にして同一の中心」は、「日本語では悟りや仏と呼ばれている」と彼は述べている[35]。野口の場合と同様、平井にとっては明らかに、「総合宗教」は根本的宗教であり、日本仏教の極北だったのである。

平井の見解では、すべての宗教は「適切に理解」されるならば、いずれも真理の探究にほかならない。神は「いかなる人間の姿にも、いかなる形象や描像にも」限定したり「人格化したりすることのできないものであり、普遍的理性の真の本質であり、原因と結果をつなぐものである。すなわち、真理は神である」。それゆえ平井の説明によれば、「無神論者」は無意味な言葉なのである。「有神論者」と「無神論者」という言葉はいずれも、無限定なるものの限定としての神の概念に依拠しており、これは論理的に不条理だと彼は論じる。このような神の概念はせいぜい、知りえないもの、すなわち究極的真理についての抽象概念を人間精神が扱えるようにするための道具にすぎない。世界の宗教は各々の発展を遂げていくにつれて、大乗仏教がたどった道すじと同様に、それぞれにこのような理解に達することだろう。

この議論の主な含意は二つある。一つ目は、すべての宗教は十全に理解されるならば大乗仏教と異なるものではなく、キリスト教さえ例外ではないということである。二つ目は、「真理の存在を否定することは誰にもできないのだから、自らを無神論者と称する人々は実は有神論者だ」ということである。平井は目下、無神論者と呼ばれている仏教徒と哲学者は、このような推論により、実際には高次の有神論者なのだと指摘している。すなわち、彼らは真理を最も抽象的な形式において追究しているのである。[36] 宗教の発展の最高の段階は「知りえないものへの儀礼を伴わない信念」であり、それは「宗教を信じない人々」や「無宗教者」が支持しているものである。[37] 平井にとって、十九世紀に広がっていた西洋的見解とは対照的に、哲学は宗教と対立するものではなく、宗教の最高段階なのである。[38] 平井は仏教的真理を西洋哲学における終極概念と重ね合わせると同時に、日本仏教を無神論者やニヒリストといった連想から遠ざけようとしたのである。

四　棄却された偶像

それにしても、神社仏閣、儀式など、日本の宗教性の外面的で観察可能な形象のいったい何が、他国の人々による誤解を招いたのだろうか。平井によれば、日本人にとって形象は崇拝すべき偶像ではなく、むしろ抽象的で複合的な観念の把握を助けるものである。[39] たとえば神社に見られる御幣や幣《ぬさ》と呼ばれる白い紙は、「普遍的真理や理性の純粋性と不変性」を表していると平井はいう。縦長の紙片を折りたたんだその形は、「森羅万象のたえざる変容と変革を表している」。同じく多くの神社に見られる物体である鏡は、「参拝者が自らの心を清らかにすべきこと」を示唆していると平井はいう。彼の説明によれば、日本土着の宗教である神道は、本質的に理性的真理の崇拝なのである。日本人はアメリカ人と同様、偶像崇拝者などではないのである。彼によれば「カミ」という日本語は真理を考えるという意味の「かんがみ」に由来するという。

平井が神道を純化できたのは、明治維新以降、神仏分離政策の一環として多くの神社から諸々の形象や絵画、彫像が剝ぎ取られたことにもよる。この時代、神社を訪れた宣教師や旅行者は、狐の像などの「民間の迷信」に帰せられるものに目をつぶれば、目の前に見えるのは鏡と御幣だけであり、これらはいずれも平井にとって説明しやすいものであった(40)。

仏教における「偶像崇拝」の物的証拠は、神道の場合ほど簡単には片づけられない。なるほど、いくつかの仏教寺院には諸々の形象があると平井は認めている。「しかしながら、それらは聖なるものとは見なされていない」。それらはやはり、真理の象徴化なのである。この議論は、彼の「ブッダ」理解に立脚している。平井は次のように説明する。西洋における理解に反して、「ブッダ」は単にゴータマを意味するのではない。「それは三つの意味をもっている。一つ目は真理や理性、ないし原因と結果という意味、二つ目は真理についての人間の意識という意味、三つ目は真理を意識する者、あるいは真理について潜在的な意識をもつ者という意味である(41)」。ひとたびこのことが受け入れられるならば、様々なブッダの形象は無限定的なもの、知りえないものの諸側面の表象と見ることができる。「阿弥陀仏の形象は、この永遠にして普遍的な真理の象徴にほかならない」。平井はそのような象徴化が、何らの象徴なしに真理を把握するに十分な知的素養を有する人にとっては馬鹿げたものと思えるに違いない、と認めている。しかしながら数学者が数字を用い、化学者が化学式を用いること、さらには改革派キリスト教の教会が平均的な知性による把握を容易にするために比喩的な表現に頼ることになぞらえて、彼はそれらの象徴の存在を正当化している(42)。日本仏教は、キリスト教のプロテスタントや科学自体と同様、偶像崇拝的ではないのである。

平井によれば、涅槃（ニルヴァーナ）もまた、西洋人の誤解している仏教概念である。涅槃は、情念、感覚、欲望の消滅ではない。それは「万物を支配する永遠不変の原理」であり、むしろそれなしには情念が存在しえない原理である。「ゴータマを含め、哲学者の目指すところは人間を痴愚や無感覚にすることではなく、人間社会の移ろいゆく日常生活に活用し、応用しうるような不変の原理を教えることである」[43]。

平井の主な論点は、日本人が偶像崇拝者ではなく、むしろ無宗派主義と進歩的寛容の姿勢を長きにわたって保ってきた国民だということである[44]。仏教と神道の信者は無神論者ではなく、より発展的な意味での神観念を有する哲学者であり、西洋人はようやく今、そのような神観念に近づきつつある。日本の仏教徒の理解するかぎりでは、涅槃は消滅ではない。それは物質的世界への関心からの離脱を含意するような情念の消滅ではなく、むしろ真理の本質に対する曇りのない能動的理解であり、社会全体の利益に活用可能な法則への洞察なのだと平井は述べている[45]。

五　帝国主義と道徳的優位性

平井の発表論文「キリスト教に対する日本の真の立場」は、この題目から聴衆が期待する内容とは異なり、むしろ列強の帝国に対し、彼らが信奉する理念に従って振る舞うことを求めるものだった。平井は自分の見た「いわゆる」キリスト教徒たちの行動には、聖書に見られる「真の」キリスト教とは異なり、思いやりの精神、弱き者への慈悲、友愛の精神、そして彼らの文明の土台と思われる正義の感覚といったものが欠けていると指摘している。平井は日本宗教の道徳的優位性を主張するとともに、キリスト教的な友愛と慈悲の徳目を示して、条約国が「真の」キリスト教徒として振る舞うことを要求している。同時に、彼は植民地政策の正当化の基盤を切り崩してもいる。

あるフランスの植民地主義者は以下のように述べている。「土着の人々に対する征服の基本的な正当性は、われわれの機械的、経済的、軍事的な面での優位性だけではなく、道徳的な面での優位性への確信である。われわれの尊厳はそのような資質に由来し、他の人類を導くべきわれわれの権利を基礎づけている」[46]。

日本代表団の闘いは、孤立無縁ではなかった。シンハラ人の高僧スマンガラからの手紙は、そのキリスト教批判において平井よりも率直であり、仏教の布教方法の優位性を主張するものだった。「喜ばしいことに」、ブッダの教えは「武力の助けによることなく、また、迷信に弱い無教養な大衆に訴えるのでもなく」、その教えの「内的な卓越性」によって普及したのである。「われわれの寺院は一点の血にも汚されておらず、われわれはいかなる金銭的利益のためにも人間的抑圧を行っていない」[47]。ダルマパーラの最初の発表論文は、目下の宗教的諸問題を解決する上での仏教の優位性を主張するものだったが、彼の二本目の発表論文「仏教とキリスト教」[48]はさらに大胆な内容であり、キリスト教的徳目が仏教的起源をもつことを主張している。そのような見解を示すにあたり、ダルマパーラはまず、聖書からの引用の数々を「仏教の教えがイエスの言葉に置き換えられ、キリスト教の教えと主張されたもの」[49]として並べ、さらに「キリスト教は直接に仏教から生まれた」との主張を支えるべく、西洋の学者からの引用を行っている[50]。

一方、仏教代表団は、バローズをアショカ王にたとえ、その宗教的寛容をたたえていた。平井が「真の」キリスト教と実際のキリスト教徒を区別し、批判を後者だけに向けたことは、この姿勢にかなうものであった。

平井の発表のねらいは、日本が不当に抑圧されていることに対する公共の同情をかちうることであり、アメリカの国民に自らの理想に立ち返るよう呼びかけることだった。にもかかわらず、バローズも含め、彼の発表を聞いていた福音派の宣教者たちにとって、平井の演説は、諸々の条約が好ましい方向に改正されれば日本の国民はキリスト教に改宗してもよいという意味に聞こえた[51]。平井が西洋の不正義に重点を置き、条約の個別具体的な不正を取り除くことへの協力を求めたにもかかわらず、また、彼が仏教徒としての立場を強調したにもかかわらず、聴衆は明らかに平井が回心を迎えつつあるという確信を抱いたのである。

他方、リベラルなキリスト教徒たちは、日本での宣教活動が失望すべき結果に終わった理由についての平井の議論を、「日本における福音伝道の妨げになることをたくさんやってきた偽りのキリスト教徒」への「辛らつな非難」として受け入れている[52]。平井の議論には、アメリカの主流派キリスト教が抱えていた重要な問題に触れるところがあった。それはアメリカ国内の知的でリベラルな信仰と、多くの場合は貧弱な訓練しか受けていない現地の宣教師たちとの食い違いという問題である。

後に八淵蟠龍が語ったところによれば、バローズは当初、平井の論文を読んだ際にはこれを拒絶し、それでも平井が強硬に発表の権利を主張したためにずいぶんと頭を悩ませたという[53]。平井の発表が聴衆に熱狂的に受け入れられたのを見て、バローズが平静を取り戻したのは明らかである。バローズは最終的に平井の発表を聞いて、日本が今まさに回心を遂げようとしているという、自分自身の宣教の夢が確証されたと思った。バローズは平井がイエスを放擲し、聖書を破り捨てることを呼びかけていることに明らかに気づいていない。あるいは、そのことを記録からも記憶からも取り除いているようである[54]。また、平井は「真のキリスト教」も含めて、すべての宗教は究極的真理への崇敬にほかならず、その真理は大乗仏教において十全に表現されていると言おうとしているのだが、このような主張内容にもまた、バローズは明らかに気づいていない。平井は次のように述べている。「仏教がキリスト教と呼ばれるのか、キリスト教が仏教と名づけられるのか、われわれが儒者と呼ばれるのか神道家と呼ばれるのか、この種の問題に、われわれはこだわらない。われわれがこだわるのは、説かれるところの真理と、その首尾一貫した応用についてである」[55]。バローズが抱いていた普遍的キリスト教の夢と平井の総合宗教との間には、決定的な違いがある。バローズが平井による神の抽象化を受容できたかどうか、また、平井のように有神論と無神論の差異がなくなるときを楽しみにできたかどうかは、大いに疑問である。

六　日本宗教とキリスト教

日本キリスト教の代表者たちもまた、日本を異教徒という非難から守る闘いに加わっている。キリスト者である彼らはもともと強烈な反仏教的儒教の伝統の中で教育を受け、仏教を封建主義的で時代錯誤的なものとして語ってきた。しかしながら、シカゴ万博という国際的な文脈では、国の結束を優先した。岸本能武太（一八六六―一九二八）の説明のとおり、日本人は異教徒ではないのみならず、その寛容な宗教折衷主義は根本的にキリスト教と両立可能なものだったのである。神道の本質は、神の内在性である。仏教の普遍的教えである縁起説は、「人は自分の蒔いたものを、また刈り取ることになる」（訳注――ガラテヤの信徒への手紙五章七節）というキリスト教の観念と何ら異ならないのである[56]。

日本の宗教とキリスト教が根本的に両立可能であることは、日本のキリスト教徒たち、松山高吉（一八四七―一九三五）と鏑木・ピーター・五郎（一八五四―一九二六）らの論文の主題でもあった[57]。松山の論じるところによれば、神道は「日本固有の宗教ではない」。神道という言葉自体、現在の意味で使われるようになったのは比較的新しいことである。神道は「真言仏教」から生まれたのであり、「純粋の」神道は十八世紀から十九世紀はじめにかけて創出されたのだと松山は述べている[58]。彼の企図は、神道以前の日本宗教、すなわち日本の真の土着宗教が、原理的にキリスト教の教えと驚くほど一致していることを立証することだった。それは本質的に一神教的であり、それゆえキリスト教と「対立するものではない[59]」。鏑木は松山の論文と同様に、神道を単数にして大文字の神の道として論じることによって、この主張を補強している[60]。鏑木はさらに、キリスト教においてと同様、神道においても「罪の告白が行われ、至高の存在の怒りが回避される」と述べている。神道は偶像崇拝でもなく、動物を生贄にもしない。このように、鏑木と松山の報告はいずれも、実際の日本宗教にはキリスト教の教えと両立しえないものは何もないことを、キリスト教徒の聴衆に対して明言するものだった。

また、日本のキリスト者たちが自国の宗教として思い描いたキリスト教は、アメリカ的なプロテスタンティズムではなかった。それは明確に日本的で、合理的かつリベラルなものだった。小崎弘道は、日本キリスト教の特徴を、その改宗者の性質と、宗派的精神の完全な欠如と、教理上の問題についての自由な精神という三点に見出している。日本の会衆派は主に、十分な教育を受けた士族階級の青年からなっており、それゆえ、伝道が主に教育を受けていない人々の間で成功を収めた中国やインドといった国々の会衆派とはかなり事情が異なる[61]。彼らは少なくとも理想としては無党派性を強調する全日本的なキリスト教の立場をとっており、その命名にあたってはイギリスやアメリカの教会とのいかなるつながりをも含意することを避けるべく、「会衆」ではなく「組合」という言葉（日本組合基督教会）を選んでいる。そのリベラルさは、熊本のキリスト教徒たちがオーソドックスな福音派の神学ではなく、西洋の科学的学問性をともなう新しい神学を求めたことからも明らかである。日本のキリスト教は、神話と迷信から完全に自由であり、科学的世界観とも両立可能なものだった。要するに、それは近代化の極みに達したキリスト教だったのである。

日本組合基督教会の神学者たちは、正統派のキリスト教には「大いなる改善と進歩の余地」があると見ていた。これはおそらく、同志社の設立を援助したアメリカン・ボードの教えだろう。この見解によって、「西洋諸国では不可欠と見なされていたキリスト教的教理のいくつかが取り除かれた」(62)。すなわち、彼らは「キリストの神性と、キリストの十字架上の死の我々にとっての効果」、そして聖書における諸々の奇跡を、「受け入れがたい躓きの石」と見ている(63)。その結果として生まれたキリスト教解釈は、オーソドックスな信仰をもつシカゴ会議の聴衆にとっては容易に理解しがたいものだった。この解釈枠組みにおける神は、スペンサーが論じた、比較を絶する不可知の至高存在、すなわち平井のような仏教者たちが仏教的真理と同一視する至高存在と酷似したものだった。岸本の次の言葉は、彼らの立場の要約となっている。「われわれが欲しているのはキリスト教の真理である。否、純粋にして簡明な真理である。われわれが欲しているのは聖書の文字ではなく、その精神である。……しかしながらわれわれ日本人キリスト者は、一つの新鮮かつ独自のキリスト教解釈を世界に提示せんとする野心を抱いている。それは聖書において提示されたがままのキリスト教の提示であり、いかなる宗派的論争や異端狩りとも無縁のものである(64)」。

日本組合基督教会は、キリスト教についてのあらゆる西洋的解釈を拒絶し、とりわけアメリカからの宣教を拒絶した。彼らはその数年前から、同志社のカリキュラムを宣教団によるコントロールから切り離す議論に踏み込んでおり、同志社はキリスト教校であってもミッションスクールではないという区別を強く主張していた(65)。小崎はシカゴ会議で、「日本人は決して、宣教団の保護のもとで働くことに満足しないだろう」と述べている。「我々の国にとって本当に有用なのは、その土地の教会と協力し、その土地の教会に加わって、その土地の労働者の一員のようになることである(66)」。日本のキリスト者たちは、仏教徒の同胞もアメリカのプロテスタントも必要としていなかった。将来の世界宗教が日本宗教となるのなら、問題は日本のどの宗教が勝利するかであった。

マニフェストから明白に読み取れるのは、仏教を西洋にもたらすことが、少なくともある面では仏教をキリスト教から守るための戦略を意味していたことであり、それはまた、日本を西洋の帝国主義から守るための戦略でもあったということである。マニフェストは仏教徒の発議を要約したものだが、同じ主題に関する井上円了の文章とは異なり、条約改正についてはどこにも明白に書かれていない。このことについて、マニフェストの目的がむしろ、仏教保守派に代表団への支持を求めることにあったからだ、という説もたてられよう。保守派のあいだには、条約を改正すれば、治外法権の条項を廃止する代わりに、列強諸国が要求していた、外国人の日本での居住を容認せざるをえないという認識が広がっていた。多くの保守的仏教徒たちは、このことから利益を得る最初の西洋人はキリスト教の宣教師たちだろう、との危惧を抱いていた。一八九二年の中ごろの『仏教公論』の記事では、次のような警鐘が鳴らされている。

わが国が外国人に開放されるとき、最初に特権を手にするのは商人ではなく、宣教師たちである。彼らの熱気はキリスト教学校のさらなる広がりを導き、今度は彼ら自身によって教育が行われることになる。こうしてキリスト教はどんどん強くなる。そのことが仏教に何をもたらすかは明白である。(67)

シカゴへの代表団派遣のような改革的取り組みに着手する上での一つの問題は、仏教共同体が様々な社会階層の全体にまたがっていたということである。教養があり、国際的な志向をもつエリートは圧倒的に少数派だった。一八九一年四月に行われた全国仏教者大懇話会では、代表者たちが内地雑居（訳注——外国人に対して特定の居留地を設けずに、日本内地への居住を認めること）に反対する盟約を結ぶ決議がなされている。(68)『ジャパン・ウィークリー・

メイル』の記事をみると、条約改正は仏教徒コミュニティの中に広範な論争をまきおこす問題であったことがわかる。このことが理由で、マニフェストでは、条約改正という課題は、仏教の西洋伝道という課題とは切り離されたのだろう。しかしながら、われわれはこの文書の末尾にある二十六人の支援者のリストに、大内青巒、島地黙雷、芦津実全といった名前が含まれていることに注目すべきである。少なくとも彼らにとって、条約改正は重要な問題だったのであり、それは会議に参加した仏教徒の代表者たちにとっても同じだったにちがいない。

おわりに

日本がコロンブス記念万博で行った展示は、自国の産業的、物質的な進歩を諸々の建築物や鳳凰殿の庭園など、目に見える形で示すものだったが、万国宗教会議に出席した代表団もまた、日本がヨーロッパと対等であることを証明した。日本仏教は日本文化の具現であり、日本の知的に洗練された文明が悠久の歴史をもち、しかも世界中の強国に認知されるに価するものであることの証左でもある。しかしながら、このこと以上に重要なのは、日本仏教が合理的で科学的な未来の宗教であり、宗教の進化の極みに達する最短の道でもあったということである。霊的発展は社会の発展全般と並行すると考えられたため、このような宗教的優越性の主張は、世界的地位の獲得を側面から支えるものだった。代表者たちは万博に蔓延していた人種的ヒエラルキーに関する議論にも参入した。日本仏教は現代世界のための普遍宗教だという彼らの主張は、白人およびキリスト教の至高性という前提に挑戦するものだった。

シカゴ会議での仏教の提示と条約改正とのつながりを最も明確に述べたのは野口と平井という在家仏教徒だった。しかしながら、彼らが投げかけた主題をさらに練り上げ、そこに権威を付与したのは専門的仏教者たち、すなわち野口が西洋への贈りものと呼んだ四人の僧侶だった。彼らの発表は、アメリカの帝国主義と、それに荷担するキリスト教への抵抗を示すものだった。日本キリスト教の代表者たちもまた、西洋の宗教に対する拒絶の姿勢を強調し、むしろキリスト教の日本的解釈の至高性と普遍性を論じたのであった。日本は自国の近代化に関するアメリカの貢献には感謝してきたが、アメリカの宗教を受け入れることは公然と拒んできた。それが自国産の宗教より劣っていただけでなく、伝道者とは文明国から非文明国へと派遣されるものである以上、伝道を受け入れることは、日本が振り払おうとしていた劣等性を端的に示していることになるからである。

訳注

本稿では、二種類の万国宗教会議の議事録を使用している。編者、題名は以下のとおり。John Henry Barrows, ed. *The World Parliament of Religions*. 2 vols. Chicago: Parliament Publishing, 1893（略号 *WPR*）、Walter R. Houghton, ed. Neely's History of the Parliament of Religions and Religious Congresses at the World's Columbian Exposition. Chicago: F. Tennyson Neely, 1894（略号 *Neely's*）。井上円了『仏教活論序論』は、Kathleen M.Staggs, "In Defence of Japanese Buddhism: Essays from the Meiji Period by Inoue Enryo and Murakami Sensho" (Ph.D.diss., Princeton University）に訳されたものを使用（以下、該当箇所を『井上円了選集』第三巻、東洋大学、一九八七年より補足しておく）。

注

（1）後述の「マニフェスト」（日本語版は「万国宗教大会議に就て仏教有志家の告白」〈『宗教』三巻一八号、一八九三年四月五日〉より。バローズ自身もこの出来事について言及している。John Henry Barrows, *WPR*, p.61.

（2）同。

（3）*Japan Weekly Mail*, May 6, 1893, p. 542, and June 3, 1893, p. 650.

（4）大内、島地、芦津、井上はいずれも政教社と尊王奉仏大同団のメンバーだった。

（5）*Japan Weekly Mail*, February 2, 1889, p. 97.

（6）*Japan Weekly Mail*, December 30, 1893, p. 790. インドへの伝道は、大菩提会への日本の参加と関係がある。これ以外にも、その当時、仏教伝道は、伝道と帝国主義とのつながりを強めながら、主として日本の領土拡張と歩調を合わせていた。ハワイの人口の四分の一は日本人だった。「驚くべき拡張戦略」は、求められてもいない伝道団を西洋に派遣するほど拡大されることはなかったようだ。僧侶たちは、国外在住者を世話するためにカリフォルニアに派遣されたが、それは積極的にアメリカ人たちを改宗させるためではなかった。釈宗演の場合は、アメリカで指導を行うよう「招待」されたのである。

（7）八淵蟠龍『宗教大会報道』（興教書院、一八九四年、三頁）。

（8）『密教大辞典』第五巻（法藏館、一九七一年、二〇三六頁）。

（9）八淵蟠龍『宗教大会報道』二一頁。八淵の階位については、Ketelaar, *Of Heretics and Martyrs*, Princeton: Princeton University Press, 1990, p. 159 を参照。

（10）*Japan Weekly Mail*, February 1894, p. 146.

（11）*Prasnottara*, vol. 2, Adyar, 1894.

（12）いずれも平井龍華こと平井金三についてのバローズの会議録を参照。「龍華」は平井の戒名である。平井は京都の臨済宗の寺院、妙心寺で仏門に入った。三つの部分からなる名前は、たとえば同志社の代表者であった鏑木・ピーター・五郎のように、洗礼名を挿入する日本人キリスト教徒の慣習に類するものである。

（13）居士仏教の発展は、仏教を諸々の制度と門外漢にはわからない経典からなる境界から解き放ち、それを共同体と土着の言語へと持ち運ぶことによってもたらされた、明治時代の仏教復興運動の最も重要な特徴のひとつだった。圭室諦成監修『日本仏教史　第三　近世近代編』（法藏館、一九六七年、三四〇―三四一頁、「居士仏教の展開」）を参照。

(14) Hirai, "The Real Position of Japan toward Christianity," *WPR*, p. 449. 別ヴァージョンは *Neely's*, pp. 157–161. 本稿における出典は、指定してあるもの以外はバローズから。平井は一八八三年に『新約全書弾駁』を書いている。*Japan Biographical Encyclopedia and Who's Who*, p. 285を参照。

(15) オルコットの私的な日記の一八八七年と一八八八年の箇所には、平井の名前と京都の住所が記されている。

(16) Noguchi, "The Religion of the World," *WPR*, p. 442.

(17) この主張が、大乗経典を釈迦の実際の教えとして、つまり「釈迦仏陀の経典」として承認することを意図したものであることに留意されたい。

(18) Noguchi, "The Religion of the World," p. 443.

(19) Hirai, "The Real Position of Japan toward Christianity."

(20) Ibid., p. 449.

(21) Ibid., p. 448.

(22) Hirai, "Religious Thought in Japan," *Arena* 7 (1893), pp. 257–267. この論文の出版は、陸奥宗光が新聞を使って行った意図的な世論操作とも合致する。『アリーナ』は一八九五年に、韓国に対する日本の侵略行為を正当化する論文も掲載している。

(23) 『ジャパン・ウィークリー・メイル』は、平井の論文を「日本仏教についてこれまで書かれた中で最高のもの」（一八九三年八月五日）と評している。

(24) 会議は九月十一日に開かれた。その記録は、『ジャパン・ウィークリー・メイル』四一七号、一八九三年八月二十六日、「シカゴからの手紙」の中で論評されているため、それ以前に出版されたことは間違いない。チェイニーも"Mahayana Buddhism in Japan"という論文を刊行している。それは平井の見解と、明治仏教復興をその帰結まで論じている。「そして今、二十世紀の夜明けの輝きが朝の到来を伝えるように、西洋の鋭敏な専門家たちは、大蔵経の蔽いの向こうに、近代科学が真理のドアを開けることのできる鍵の複製を見つけることができるかもしれないと認めているのだ」。（訳注——チェイニーはロサンゼルスの裁判官夫人で詩人、作家。平井はロサンゼルス滞在中、チェイニー家に寄寓していた。これについては科研報告書『平井金三における明治仏教の国際化に関する宗教史・文化史的研究』〈課題番号1652006〉一四、一五頁を参照）。

（25）釈宗演は冗談めかして、これを彼の第二の論文の冒頭でほのめかしている。その中で、彼はその場に「我々異教者」しかいないことに対する満足を表明している（『万国宗教大会一覧』鴻盟社、一八九三年、六五頁）。しかしながら、釈宗演が平井の論文に関する報告書の中で "heathen" の訳語としているのは「野蛮」という語であり、これは特に "barbaric" や "uncivilized" を明確に意味する言葉であることに注意されたい。

（26）Hirai, "The Real Position of Japan toward Christianity," p. 449; *Neely's*, p. 160.

（27）Hirai, "Religious Thought in Japan," *Arena* 7, p. 258.

（28）バローズ自身、この点に関して以下で記している。*WPR*, p. 115.

（29）Hirai, "The Real Position of Japan toward Christianity," p. 450.

（30）Cheney, "Japan and Her Relation to Foreign Powers," *Arena* 8（1893）p. 462; Flower, "Justice for Japan," *Arena* 10（1894）p. 227.

（31）Hirai, "The Real Position of Japan toward Christianity."

（32）Hirai, "Religious Thought in Japan," p. 267. 光と闇の度合いに関するキリスト教に支配的なメタファーと比較されたい。平井の図式に翻訳するなら、多くの道が存在するものの、月がはっきりと見える場所にたどりつけるのはただひとつの道のみということになるだろう。「もし頂上に到達したなら」という条件文もまた、いくつかの道は間違った方向に向かい、頂上に到達できないだろうという警告を伝えている。

（33）Hirai, "Synthetic Religion," *Neely's*.

（34）Ibid. p. 800. この論文はバローズの議事録において短く編集されていて、筋がとおらなくなっている。

（35）Ibid. p. 802. ダルマパーラもまた synthetic religion という用語を、仏教に関して使用している。仏教の包括する性質を指してである。

（36）井上円了『仏教活論序論』「科学的説明を伴うキリスト教は仏教に似たものに変化すると私はつねづね主張して

きた」（訳注――「これ余が常にヤソ教に学理上の解釈を与うるときは、その教転じて仏教となるべしと唱うるゆえんなり」『井上円了選集』第三巻、三五九頁）。

(37) Hirai, "Synthetic Religion," p.800.

(38) 仏教は宗教の最高形態である、なぜなら知性の面で進んだ人々には哲学を提供し、「女性や一般人」には宗教的な象徴の数々による安心感を与えるからである、という井上円了の『仏教活論序論』の主張を参照。（訳注――『井上円了選集』第三巻、三六〇頁）。

(39) Hirai, "Religions Thought in Japan," p.261-263.

(40) 当時、神道の物質的表現を定義するためになされた恣意的な決定の詳細については以下を参照。Ketelaar, *Of Heretics and Martyrs*, ch. 2.

(41) Hirai, "Religious Thought in Japan," p.260. この鍵概念は、僧侶である芦津による別の論文の主題であり、すべての発表者によって言及されたものである。

(42) Ibid., p.261-262. 土宜法龍もこの点を強調している。「ある象徴に対して祈り、崇拝することが目的なのではない……象徴は不変的で絶対的な偉大なる真理を示すひとつの実例である」「仏教における象徴に対する祈りと崇拝は、いわゆる偶像崇拝とは大きく異なるものである」Toki, "Buddhism in Japan," *WPR*, pp.547-548.

(43) Hirai, "Religious Thought in Japan," p.265.

(44) Ibid., p.267.

(45) Ibid., p.263-264.

(46) Said, *Culture and Imperialism*, London: Chatto and Windus, 1993, 17. にて引用（大橋洋一訳『文化と帝国主義』二巻、みすず書房、一九九八年、二〇〇一年）。

(47) Sumangala, "Buddhism: Southern Orthodox," p.894.

(48) Houghton, *Neely's*, p.803-806.

(49) Ibid., p.804.

（50）Ibid., p. 805.
（51）*WPR*, p. 1513–1516.
（52）Houghton, *Neely's*, p. 157.
（53）八淵蟠龍『宗教大会報道』三九頁。
（54）Hirai, “Synthetic Religion,” p. 802. 論文のこの部分はバローズの分厚い版には掲載されていない。
（55）Hirai, “The Real Position of Japan toward Christianity,” p. 449.
（56）Kishimoto Nobuta, “Future of Religion in Japan,” in *WPR*, p. 1280. 前年、日本キリスト者会議は教育に関する教皇答書についての論争において、攻撃を受けた。その答書は、厳格な一神教が天皇の神的な血統を受け入れることへの障害となるがゆえに、キリスト教徒でありつつ日本人であることが可能かどうかという非常に時宜を得た議論を提起するものだった。最終的な結論は海老名弾正によって書かれたが、彼は日本の皇室の至高の聖性とキリスト教の神とを同一視する日本組合基督教会の思想家でもあった。「祖先崇拝の奨励をキリスト教の本質的な教義の一部であると見なすことはできないが（！）、大日本帝国が建国されたときに、その初期の支配者たちが宇宙を支配する大霊と交流していたという考えと相容れないわけではない。この理論に従うなら、キリスト教徒は信条を害することなく、日本国家は聖なる起源をもつということを認めることができるだろう。それが可能なのは、皇室の祖先が神（もしくは神々）と密接な交流をもっていたと我々が気づき、我々の暮らす国がどれほど神聖なるものであるのかを理解するときのみである」（Chamberlain, *The Invention of a New Religion*, 16にて引用）。感嘆符はチェンバレンによるもののようだ。こうした考えの萌芽は松山高吉と鏑木五郎の論文に現れている。これはただキリスト教を日本化しただけではなく、さらには神国としての日本の特殊な位置づけを、神々の故郷から、唯一神の故郷へと拡張したのである。
（57）Matsugama, “Origin of Shintō,” *WPR*, p. 1370–1373; Kaburagi, “The Shintō Religion,” *WPR*, p. 1373–1374. これらの論文は科学部門で発表された（なお、*WPR*では松山の表記をMatsugamaと誤っている）。
（58）Matsugama, “Origin of Shintō,” p. 1372. 松山はその時期を一七七六年と一八四三年のあいだと見ている。彼はこのことについて、黒田俊雄の影響力のある論文「日本宗教史上の「神道」」に八十年ほど先立って書き、より一般的な注目をもたらしたのである。

(59) Ibid., p. 1373.

(60) 日本語の神道はたいていの場合、無数の kami が存在するゆえに、“way of the gods” と訳される。

(61) Kozaki, “Christianity in Japan: Its Present Condition and Future Prospects,” in Houghton, *Neely's*, p. 489 ; *WPR*, p. 1012.

(62) Ibid., p. 1013.

(63) Kozaki, *Reminiscences*, p. 36.

(64) Ibid., p. 94.

(65) Kishimoto Nobuta, “Future of Religion in Japan,” p. 1283.

(66) Kozaki, recorded in Houghton, *Neely's*, p. 494. この主張は明らかにバローズにとってはあまりにもラディカルなものであり、彼はそれを修正し、「自国の労働者たちと協力して場を占める」と読み替えた（*WPR*, p. 1014)。

(67) *Japan Weekly Mail*, July 2, 1892, p. 13.　京都に落ち着いたアメリカン・ボードの宣教師たちは、主として同志社大学で学んだ西洋人だった。彼らは大学の設立のための資金を支払ったが、日本語名で記録されている。

(68) Thelle, *Buddhism and Christianity in Japan*, Honolulu:University of Hawai'I Press, 1987. p. 109.

＊

Judith Snodgrass, *Presenting Japanese Buddhism to the West: Orientalism, Occidentalism and Columbian Exposition*, The University of North Carolina Press, 2003, Chapter 8 “Buddhism and Treaty Revision: Chicago Project,” pp. 172-197 を抄訳。

秘教主義者、合理主義者、ロマン主義者

――欧米仏教徒の類型

トマス・ツイード
（抄訳・島津恵正）

はじめに

一八九一年に出版された『菩提樹の下で』という短編に、「仏教探求者たち」という仏教とオカルトの研究をする会の様子が描かれている。舞台は、ストーンヴィルという小さな町で、そこに住む高い「教養と理想」を抱く人々の多くは、息子ならエールかハーバードへ、娘なら名門ヴァッサー女子大へ送り込み、新たに入って来た外国の宗教に束の間の関心をしばしば抱くようなタイプの人々だった。鋭い知性とドライな機知、そしてかなり懐疑的な性格を持つ主人公ローレンスは、ある友人からこの「智慧の宗教」について調べてくれと依頼され、ためらいながら、このグループを訪問する。リーダーの外国生まれのレニエ夫人が肘掛椅子に座ると会合がはじまり、「神秘的静寂」がグループに舞い降りる。「では、友よ、また霊的教義について学びましょう」、まるで音楽を奏でるかのように夫人はそう語る。「宇宙空間に再び帰るまでは、この徒労の日々を過ごすために、私たちの世俗的なところを克服して、霊的感覚を研ぎ澄ますために学ぶのです。これ以上良い方法が他にあるでしょうか？」そして彼女は、インド人の霊コーマラ・セリスが残念ながら今宵は降りて来られぬとグループに告げる。グループは『仏教問答集』を朗読したあと、エドウィン・アーノルドの『アジアの光』の文言を大きな声で読む。懐疑的なローレンス氏

は笑いをこらえる。レニエ夫人の射抜くような視線がなければ、多くの米国人読者はこのシーンで笑ったことだろう[1]。

この短編小説の作者ジーニー・ドレイクは、レニエ夫人のグループを滑稽なほど信じやすい人々として描いているが、この研究にとって最も重要なことは、この作者が米国仏教徒たちの顕著な類型の一つを描いていることにある。ここで私は彼らを秘教的仏教徒と呼ぶことにする。一方で彼らに批判的な他のタイプもあった。すなわち、合理主義タイプとロマン主義タイプである。

最初に「理念型」を宗教解釈において意識的に使ったのは、マックス・ウエーバーである。そして私がここで用いる理念型理論は、彼のものや最近それを再構築した理論に基づくものである。私がいう理念型とは、多少とも解釈の道具として有効に機能する理論的構築物のことで、それらは経験的現実のいくつかの特徴を強調・誇張し、そして論理的に一貫した理論構築をすることで作られる。歴史上の個人や立場やグループがこうした類型のどれかに完全に当てはまるわけではないし、類型は常に各研究者固有の関心事や指針となる疑問と関わっている。したがって、特に歴史学者など、学者によっては理念型と聞いただけで身震いしてしまう。彼らには、この種の解釈上の構築物は歴史を無視したもののように思われ、各時代や文化の特徴への関心を欠く結果に必ず繋がるように思われるのだ。この心配は理解できるが、結局は的外れである。ウエーバーが自著の中で用いたいくつかの基本理念の構築は、様々な文化や時代の比較研究の末に着想されたものであり、幅広いビリーフや行為に光を当てることを意図したものである。だが彼はまた歴史的、もしくは文脈的類型も用いており、それらは歴史の分析で問題となることはほとんどない。

本稿では、私が作った歴史的な類型を使って、後期ヴィクトリア期の米国における仏教シンパや信奉者たちの性格や考え方の多様性を読みとりやすくし、同時に特定個人の特徴や立場のユニークさにも光を当ててみたい。これらは特定個人やグループの仏教に対するすべての好意的反応を表したものではないし、複数の個人やグループが示したすべての反応を再現するものでもない。むしろ、それらは、ある時代のある場所における仏教擁護者たちの中に見られる最も重要なパターンを示しているに過ぎない。したがって、この類型化が二十世紀の米国、もしくは他の文化的・歴史的文脈における「仏教との出会い」を理解するのに役立つかどうか、また十九世紀において他の代替的宗教へ改宗した人々の分析に役立つか否かは分からない。私はただこの類型化が、一八七五年から一九一二年にかけて米国で見られた「仏教への好意的反応」の幅と複雑さに光を当てるのに役立つといいたいだけなのである。

各々の類型に、私は文化的な源、教団としての具現化、そして個々の典型的人物を特定している。私はまた、宗教的ビリーフ、価値観、一連の非知的な要素（ジェンダー、社会的・経済的ステータス、地域性、民族性）の三つの理念型的集合（ideal-typical compilations）間の「選択的親和性」を、試みに調査してみることにする。ここでいう「ビリーフ」は、単なる社会的・経済的関心事の表現であるとは解釈せず、知的・非知的要素の集約である。ウェーバーは社会的・経済的ステータスの相互関連性に最も興味を抱いていたが、私はこれら三つの理念型ビリーフのパターンとその他の知的要素の間にあった親和性に着目したい。

一　秘教的タイプ

ドレイクの短編小説の中に現れる架空の「仏教探求者」は、私流にいえば秘教的、もしくはオカルト的仏教徒たちである。この最初の類型は、間接的な影響にせよ、考え方が新プラトン主義、神智学、メスメリズム、スピリチュアリズム、スウェーデンボルグ主義により形成された人々を指す。特に、エマヌエル・スウェーデンボルグ（一六八八―一七七二、訳注――スウェーデンの神秘思想家）の思想は、十九世紀の米国における数多くの形態の代替的な霊性思想の重要な知的源泉であった。特に秘教的な仏教ではそうだった。米国で仏教を好意的に論じていた者の多くは、スウェーデンボルグの思想に興味を示していた。その中にはハーマン・ヴェッターリング、アルバート・J・エドマンズ（一八五七―一九四一）、そして鈴木大拙さえ含まれていた。

秘教的、あるいはオカルト的類型は、宗教的真理や意味の隠された根源を強調することや、プラクティスや非日常的意識状態を通じて触れうる様々な非人間的・超人間的真理が存在するスピリチュアルな世界への信仰、もしくは非物質的な世界への信仰によってある程度特徴づけられる。オックスフォード英語辞典によると、「オカルト（occult）」とは「隠れた」とか「隠された」という意味であり、「エソテリック（秘教的 esoteric）」という言葉はその同義語の一つだと一般に考えられようが、後者にはこの種のタイプの文章に当てはまる「難解な」とか「深遠な」という意味が加味されている点が異なる。「オカルト」の埋もれた意味をいくらか掘り起こすには、ロバート・ガルブレースの定義が信頼しうるであろう。

現代のオカルティズムは、次の複数の意味で、「隠された」もしくは「秘密の」物事にかかわる。（一）日常世界に入り込むと特別な意味を持つと考えられる異常な出来事（例えば、神のお告げ、予兆、亡霊の出現、夢告）、（二）初心者や不適当な者には隠されている、いわゆる神秘的学派の教えのようなもの、そして（三）通常の認識・理解では本質的に隠れていて見えぬが、適応する感受性の隠された潜在的機能に目覚めることで知り得ること。[2]

秘教的仏教徒たちは、時として複数の他の秘教的宗教運動にも関わっていた。第二章（訳注——原著の）で、アビー・ジャドソンが仏教にもスピリチュアリズムにも興味を持っていたことを指摘したが、他にも、一八九〇年代のエヴァ・フェイ、ダルマ・サンガ・オブ・ブッダ（訳註——日本名、三宝興隆会。一九〇〇年四月サンフランシスコで、浄土真宗本願寺派開教使の協力で結成されたヨーロッパ系米国人中心の仏教団体）の役員で霊媒だったエリザ・R・H・スタッダードがいる。また、多くの秘教的な仏教徒たちは神智学協会に入っていた。同時代の人々は秘教的仏教や西洋仏教を神智学と同義語のように扱っていたのである。事実、仏教と神智学が同じとは、通念化していたために、ブラヴァツキー夫人は「神智学は仏教ではない」と発言せざるをえなかった。しかし、ブラヴァツキー夫人自身やオルコット大佐がセイロン（スリランカ）で仏教への正式な信仰告白をしたことや、その後にオルコットがこれら二つを結びつけようとしたことから、こうした一般に広まっていた印象を覆すことはほとんどできなかった。ブラヴァツキー夫人は「我々の何人かは宗教的には仏教徒である」ことや、仏陀が説いた「秘密の」宗教教義や気高い倫理原則は神智学のものと同じであることを認めていた。しかし彼女は小乗仏教の「秘教的」教義は、神智学の二つの基本的信条を否定していると指摘した。つまり（a）いかなる神の存在も、（b）いかなる死後の生命も、あるいは人間の中にあり死後も存続するいかなる自己意識をも否定しているというのである。

ブラヴァツキー夫人は神智学と仏教のいくつかの教義上の不一致を正しく指摘していたのである。仏教の神や個我の否定は、最も基本的な神智学の教義と対立しているように思われる。他のアジアの宗教、特にヴェーダンタ派のヒンドゥー教の方がずっとうまく神智学と合致するように思える。事実、二十世紀になると神智学協会はヒンドゥー教へと向きを変えた。しかし、個々人は常に必ず論理的に行動するとは限らない。ブラヴァツキー夫人やオルコット大佐を含め、多くのヴィクトリア期の秘教主義者たちは、仏教への好意を示す際に、教義的断絶性を見過ごすか矮小化してしまうのが一般的であった。数の特定は不可能だが、数千人の米国神智学協会員の中には、自分たちは根本的には仏教徒だと考えていた者や、神智学と仏教は区別できないと見なしていた者たちがいた。結局のところ、多くの後期ヴィクトリア期の神智学徒は、ブラヴァツキー夫人が公表した立場、すなわち仏教と神智学は同じではないが、南アジアの顕教的な仏教でさえ他の宗教より勝れているとする立場を取っていたようである。

しかし、これら二つの宗教の関係は続いており、オルコット大佐の『仏教問答』出版から彼の死に至るまでの一八八一年から一九〇七年の間、仏教の影響はこのグループの教義の中に顕著に見られた。とりわけ、この関係は神智学協会のオルコットとブラヴァツキーたちと大菩提会のシンハラ人創設者ダルマパーラとの繋がりにより一層強められた。やがて当時最も影響力のあるアジア人仏教徒の一人となるダルマパーラは、オルコット大佐やブラヴァツキー夫人からの刺激で、オカルトと仏教を探究してきたのである。彼らが仏法僧への三帰依を表明し、在家信者の五戒を誓う儀式を公開で行った時、ダルマパーラはその場にいた。まだ彼らが来る前から、未成年だったダルマパーラは彼らから触発されていたのだ。彼らがセイロンの仏教徒たちを援助すると書いた手紙は翻訳されていて、彼の母国で出回っていたからである。「私の心は未だ見ぬこの二人に熱い思いを抱いていた」とダルマパーラは回想し、「こんなに離れているのに、とても共鳴してくれている。そこで彼らがセイロンに来た時に彼らの仲間に加わろうと私は決心したのだ」。数年後、十六歳のダルマパーラはコロンボで彼らに会い、神智学協会に入会した。実際、一八八四年に十九歳となった彼は「隠秘学の研究」に生涯を捧げようと決心したのである。それよりもパーリ語を学び「人類に奉仕」するようにと彼を説得したのはブラヴァツキー夫人だった。これら二つの目標に献身した末、ダルマパーラはオルコット大佐と共に一八八九年に日本に渡り、旅をしながら講演を行った。一八九一年にダルマパーラが大菩提会を設立した後も、アジアの仏教と神智学の協力関係は続いていた。オルコット大佐が神智学協会の会長と大菩提会の「理事長兼筆頭顧問」となったので、この協力関係は公式に続いていたのだが、非公式にも続いていた。これら二つの団体の定期刊行物、つまり『神智学徒』（*The Osophist*）と『大菩提』（*Maha Bodhi Journal*）誌（訳注——一八九二年創刊）が、お互いに関係するニュースや宣伝を大量に流していたのである。この繋がりは次第に弱くなっていくものの、一八九〇年代には強かった。

大菩提会とは無関係の仏教徒たちと神智学協会員たちとの間にも接触があった。例えばオルコット大佐は、一九〇一年にサンフランシスコにある日本の浄土真宗開教団で講演しているし、鈴木大拙は一九〇三年に同市の神智学協会で話をしている。つまりブラヴァツキー夫人が抗議しても、後期ヴィクトリア期の米国では神智学と仏教との間に否定できぬ繋がりがあった。かなりの人数の秘教的仏教徒たちは、オカルト・グループに参加していなかったように思えるが、大菩提会やダルマ・サンガ・オブ・ブッダの中のいく人かの会員は、秘教的タイプに分類しうる。しかし神智学協会の場合は、協会としての仏教観が広いものであったので、ここで議論している三類型すべてが見られた。

神智学協会の会員であろうとなかろうと、秘教的なグループや個人には共通する特徴があった。彼らの中では女性がより目立ち人数も多かったことである。数人の女性秘教主義者たちがこの発展に貢献している。マリー・カナヴァーロが最も目立つ例だが、他の女性たちもそれぞれの役割を果たしていた。A・クリスティーナ・オールバーズ（一八六六—一九四八）、メアリー・エリザベス・フォスター、サラ・ジェーン・ファーマー、キャサリン・シアラーたちである。ただし、女性の割合が圧倒的に大きかったというわけではない。それはスピリチュアリスト、神智学会員、バハイ教徒などのグループにおける割合と同程度で、五五—六五パーセント程度だっただろう。しかし、合理主義的仏教徒やロマン主義的仏教徒における割合よりは高かった。この男女比の不均衡は、我々が知る十九世紀の米国の宗教事情に当てはまる。多くのヴィクトリア期の女性たちが、オカルト団体やオルタナティブな霊的思想を知っていたのである。それらは彼女たちの男女平等への欲求や宗教的ニーズにより適合していたのである。

オカルト系の仏教シンパは、他の類型よりも田舎に多く、地域により、いろいろなパターンもあるように思われる。カナヴァーロは、私の基準では秘教主義者なのだが、しかし、一九〇〇年サンフランシスコでは白人仏教シンパの「神秘なものへの渇望」を批判している。一方、数か月後にシカゴに引っ越すと、彼女は違いに驚いた。その地の大菩提会の集まりについて、日曜礼拝は「成功していた」と彼女は報告している。また、「ここに来ているのは違う階層の人々のように思われる。ほとんどは医者や大学教授たちで、その多くは男性である」と観察している。もしカナヴァーロが得た印象の記録が正しければ、場所によってシンパたちの社会的・経済的ステータスは様々だったのである。これらの証拠は、サンフランシスコで仏教に帰依していた人々には、女性や秘教信奉者たちが比較的多く、専門職の人々は少なかったことを示唆している。シカゴの場合、こうした医者や大学教授たちのいく人かは秘教信奉者だったかもしれない。少なくとも米国の名門出身で経済的にも教養的にも豊かだったオカルトのシンパたちがいたことは明らかである。ヴィクトリア期の秘教シンパたちはしばしば「中産階級のアメリカ」に属していたが、一般的には秘教信奉者たちは、下層階級ではないものの、経済的弱者たちであった。また彼らは正式な教育を受ける割合が低く、人種的に多様な社会的弱者でもあった。秘教信奉者たちは、移民かその子供たちである場合が多かったのである。

秘教信奉者たちはまた霊的な関心の幅が広かった。彼らの多くは、西洋の宗教であれ東洋の宗教であれ、複数のグループに同時に魅力を感じ、信奉する宗教を次々と変えた。彼らには、仏教に目を向けた際に、南アジア、特にセイロンの仏教へ向かう傾向があった。ある意味、これは奇妙に思える。オルコットは一八八九年に日本で真言宗の高僧に会った時、神智学とある種の仏教とは、「多くの共通する思想を持っている」と書いている。具体的にいえば、オルコットのような秘教信奉者たちは、「隠された」真理や修行を重んじるチベットや日本の密教の伝統により惹かれたのだろう。しかし、様々な理由でオルコット大佐やブラヴァツキー夫人の心を捕えていたのは、セイロンのテーラワーダ仏教だったのである。彼らのこうした焦点は、十九世紀後期の英米の著名な仏教学者たちの間にあったパーリ語経典やテーラワーダ仏教こそが至上のものと考える強い傾向によって影響されていた。例えば、フィラデルフィアで下宿を経営していた神智学会員で仏教シンパだったアンナ・M・ブラウンが、仏教を学びにアジアに旅行したいと思った時に向かった先はセイロンだった。

仏教に魅かれたヨーロッパ系米国人の多くというか、おそらくその過半数は、この秘教的タイプの性格をいくぶん、あるいはほとんどすべて、持っていたのである。かつてそのアンナ・ブラウンの下宿に数か月宿泊したことがあるアルバート・J・エドマンズは、パーリ仏教の素人研究者で生涯宗教的求道者だったが、友人の鈴木大拙は彼のことを、「敬虔なるクリスチャンのクエーカーであり、スウェーデンボルグ主義者であり、そして偉大な仏教シンパである」と表現している。だが、この「敬虔な」という言葉は誤解を招くように思われる。彼は、いかなる基準からしても、オーソドックスなキリスト教徒ではなかったし、最終的にどの宗教にも排他的忠誠を誓うことはできなかった。事実、彼は数多くの宗教的な要素に魅かれていたが、それでも彼の生涯にわたる宗教的探求にはいくつかの一貫性があった。彼の育ったクエーカーの伝統と完全には離れなかったし、成人後のほとんどの期間、彼がオカルトや秘教的グループに興味を持ち続けていた点である。十九世紀末には、彼はスウェーデンボルグ主義教会にいつも通っていた。そしてスピリチュアリズム、神智学、「心霊現象」にずっと関心を抱いていた。日記を読むと、彼が死者からメッセージを受けたり、生きている者から「テレパシー」で声を聞いたりしたと信じていた証拠で溢れている。この特異な仏教シンパは、仏教から選んだ教義と、西洋の様々なオカルト・スピリチュアリティ指導者たち、特にスウェーデンの神秘主義思想家スウェーデンボルグの教義とを混ぜ合わせていたのである。[3]

他の秘教信奉者たちには、ジョセフ・M・ウェイド（一八三二―一九〇五）や、上述したA・クリスティーナ・オールバーズという女性がいた。ウェイドは日本人の友人であり、オカルトを学んでいた。『オカルティズム』という秘教に関する雑誌を統括していて、〝墓の下のブラヴァツキー夫人〟からのメッセージを出版する一方で、『法の光』誌（訳注――*Light of Dharma.* 一九〇一年、本願寺派がサンフランシスコで創刊した英語仏教雑誌）を購読していた。マサチューセッツ州ドーチェスターにある家の「オカルト部屋」に、ウェイドは日本の仏教徒たちから贈られた阿弥陀仏像を祀っていた。彼の仏教への関心は、オカルティズム信奉というもっと大きな文脈の中にあったように思われる。ドイツ系アメリカ人のオールバーズは、大菩提会の会員で、インドに長年住んだことがあり、仏教国を数か国訪問したことがあった。彼女は東西の多くの仏教徒たちと接触していて、子供向けの仏教書を出版したり多くの仏教雑誌に詩を書いたりしていた。オールバーズと文通していたポール・ケーラスは、彼女を神智学的と評している。

これに似たタイプの人々は多いが、ヘンリー・スティール・オルコット、サンガミッタ尼僧（マリー・デソウザ・カナヴァーロ）、フィランジ・ダーサ（ハーマン・C・ヴェッターリング）はその典型だろう。ヴェッターリングやカナヴァーロはオカルト仏教の正当性を疑っており、彼ら自身はそんなレッテルを拒むかも知れぬが、彼らは明らかに私の考える秘教主義タイプの性格を示していたのである。オルコットについてはすでに何度か述べたが、この三人の中ではずば抜けて知名度が高かった人物である。他の秘教信奉者たちと違い、オルコットは米国の旧家に生まれた。彼はコネチカット州ハートフォードに最初に住み着いた移民の一人のトーマス・オルコットの子孫で、ニュージャージー州オハイオ、次いでニューヨーク（一八四九―五九年）で農業をはじめ、後にはニューヨーク・トリビューン紙の農業部副編集長（一八五九―六一年）となった。オルコットは短期間ニューヨーク市立大学に通い、その後に北軍将校として働いた（一八六一―六五年）。戦後はニューヨークに帰り、今度はニューヨークの法律事務所で法律を学んだ。一八六八年に司法試験に合格した後は弁護士としてその地で長年働いた。

オルコットの個人的・職業的生活の転機は一九七四年夏にやってきた。弁護士をしながら、たまたま読んだ心霊事件に関する記事を読んだ後、心霊事件現場のヴァーモント州のエディ農場へ出かける。そして、そのエディ農場で起きていた神秘的な現象について好意的な新聞記事を書いた。この記事を読んだブラヴァツキーはエディ農場に出かけ、二人は友人となり、十九世紀で最も特異で影響力を持ったオルタナティブな霊的団体の指導者となっていったのである。

彼の意図に懐疑的な者も何人かはいたが、ビルマ（ミャンマー）、日本、米国、セイロンの多くの仏教徒たちは、アジアの宗教伝統のために活動してくれる彼の活躍を歓迎した。実際、オルコットの貢献度はかなりのものだった。彼は神智学の雑誌のかなりのページを仏教のため割いた。また様々な大陸で仏教について講演し、一世を風靡した『仏教問答』（*Buddhist Catechism*）を執筆し（一八八一年）、仏旗をデザインし、日本の仏教徒を団結させるための会議を組織し（一八八九年）、セイロン、ビルマ、日本の仏教徒たちが署名した「仏教綱領（Buddhist Platform）」の草稿を作り、さらにセイロンにおける教育改革や仏教の復興にも刺激を与えた。多くの仏教徒たちが彼を正統な仏教徒だと見なし、彼自身も死ぬまで自分を仏教徒だと思い続けた。しかし、実際のところ、オルコットはスピリチュアリズムや心霊現象にもずっと関心を抱き続け、伝統的仏教がテーマとしていることと、様々なオカルト的信仰や宗教行為とを混同していたのである。例えば、彼の『仏教問答』は、「オーラ」や「占星術」と阿羅漢や阿毘達磨のことを同時に議論し、「心霊現象」と般若の智慧（prajñā）のことに一緒に論じていたのである。いろんな意味でオルコットは典型的な秘教主義的仏教徒だった。

セイロンや米国で仏教を広めたもう一人の秘教信奉者は、マリー・デソウザ・カナヴァーロ（一八四九―一九三三）である。シスター・サンガミッタという仏教名も持っていたカナヴァーロは、幅広く講演し論文や著書をいくつか残しており、十九世紀から二十世紀への変わり目の頃に仏教を広める重要な役割を担ったのだが、今は実質的に忘れ去られている。彼女の経歴は不明で出生地さえさだかでない。メキシコ出身の父親とヴァージニア出身の母親との間にテキサスで生まれたという説がもっともらしいが、これも確実ではない。ただ、カリフォルニア州のマリポサ郡に引っ越し、そこで彼女が「アメリカ人紳士」のサムエル・C・ベイツと結婚したことは確かである。資料により食い違うが、マリーは「若くして」彼と死別したか離婚し、その後ポルトガルのハワイ諸島駐在総領事だったA・デソウザ・カナヴァーロ閣下と再婚し、ホノルルで数年間彼と共に暮らした。しかし彼女は富と地位を持っていたにもかかわらず、「何かしら満たされない渇望」を感じはじめる。

他の多くの秘教信奉者たちと同じく、カナヴァーロは生涯宗教的求道をした人物であり、その途上でいくつかの宗教に救いを求めた。彼女の宗教遍歴は神智学協会の教えを選ぶことではじまった。この協会やダルマパーラとの個人的接触を通じて仏教に惹かれてゆくことになる。そしてダルマパーラが導師となって、一八九七年にニューヨークの五番街で、彼女は正式に仏教徒となった。米国で正式に仏教への信仰告白をした最初のアメリカ人はストラウスで、彼女は二番目だったものの、女性としては最初期の仏教徒だった。儀式の後、彼女はアジアの仏教の復興とシンハラ人少女たちの教育のためにセイロンへと旅立つ。

セイロンで暮らした三年（一八九七—一九〇〇年）の間に、カナヴァーロは孤児院や少女たちのための学校の他、尼僧院を運営し、セイロン、インド、ビルマで仏教について講演した。しかし、一九〇〇年頃にカナヴァーロはそのサンガミッタ校と孤児院から追放されてしまった。

後に彼女は短期間だけセイロンに戻ったが、一九〇一年頃、ちょうど西洋における仏教解説者として彼女の影響力が絶頂期にあった頃、カナヴァーロは仏教への関心を失いはじめてしまったようだ。正確にいうと、彼女は他の宗教にどんどん惹かれていったのである。一九〇一年頃にはバハイ教の信仰の方に惹かれていたのである。彼女はバハイ教徒の態度や教義に非常に感銘を受け、開祖バハオラの息子であるアブドル・バハに会うため中東に旅行した。新世紀になって間もなく、カナヴァーロは米国のバハイ教社会で知られるようになっており、教団で講演さえしていた。だがカナヴァーロのスピリチュアルな旅はバハイ教で終わらなかった。一九二〇年代に再び公の場に姿を現した時、彼女はカリフォルニアに住むスワミ・パラマナンダに傾倒していた。

彼女のオカルトへの興味は、彼女が仏教を解釈し宣伝していた時代にはいくぶん抑えられていたが、彼女が長年にわたりオカルト教義や修行に興味を持っていたことを示す証拠はある。セイロンに住んでいた間にも、仏教の代表としての知名度がその頂点にあった時にも、彼女はずっと神智学協会の会員だったのであり、後には人知を超えたパワーを持っているとさえ主張していたようである。彼女は友人のクリスティーナ・オールバーズのような〝神智学的〟興味を持つ他の人々と親密な関係を生涯保ち続けてもいた。そして晩年に出版された彼女のスピリチュアルな探究を描いたセンチメンタルな小説には、〝オカルト的なもの〟に対し同情的なことを書いている。このように、パーリ語を学びテーラワーダ仏教の教義をオーソドックスに語れたカナヴァーロが、秘教的タイプの多くの特質も持っていたことは確かである。

この点ではフィランジ・ダーサ（ハーマン・カール・ヴェッターリング）も同様だった。彼は米国初の英語仏教雑誌である『仏光』（訳注――*Buddhist Ray.* 一八八八年創刊、一八九四年まで）の編集者だった。カナヴァーロ同様、ヴェッターリングについてもよく分かっていないが、彼の紆余曲折の生涯のほとんどは再構成することができる。ヴェッターリングはスウェーデンから米国に移民するとすぐに新エルサレム教会（訳注――スウェーデンボルグ主義の教派を指す、別名、新教会）に入り、一八七七年六月十日に新教会の牧師となった。彼はオハイオ州グリーンフォード、ペンシルバニア州ピッツバーグ、ミシガン州デトロイトの新教会のコミュニティで、牧師として一八八一年まで働いた。しかし論争とスキャンダルが彼のキャリアを台無しにしてしまう。一八八〇年代中頃、ヴェッターリングは新教会から離れ神智学協会に参加すると、その『神智学徒』誌に「スウェーデンボルグ研究」と題した一連の論文を書きはじめた。彼が自身のアイデンティティを仏教徒とするようになったのはこの頃である。

仏教に入る前後、この秘教信奉者は数多くの仕事についていた。植字工、牧師、ホメオパシー医師、農業などである。しかしここで大切なのは、彼の著者・編集者としての仕事である。一八八七年、『仏教徒スウェーデンボルグ、もしくは高等スウェーデンボルグ主義――その秘密とチベット起源』がロサンゼルスで出版された（訳注――邦訳、大原嘉吉訳『瑞派仏教学』〈博文堂、一八九三年〉）。この本の中で、彼はフィランジ・ダーサというペンネームを使い、仏教と神智学とエマヌエル・スウェーデンボルグの思想とを融合した宗教観を発表している。この本はフィランジ・ダーサのある夢を描いたもので、その中に中国人、ゾロアスター教徒、米国人女性、ヒンドゥー教のバラモン、仏教僧、アステカ・インディアン、アイスランド人とフィランジ・ダーサとエマヌエル・スウェーデンボルグが現れて宗教の諸問題に関しスピリチュアルな会話にふける。同書の前書きでナレーターであるフィランジ・ダーサは、自分もスウェーデンボルグも「異教徒」であると挑発的に宣言する。彼は、「異教徒の魂の印」は

「思うままに呼吸を止める」能力であると示唆し、スウェーデンボルグは生まれながらこの能力を身につけていたので「内にアジアの平穏」を有していたが、それはスウェーデンボルグが五感を超えた次元で「偉大な仏教の苦行者たち」に直に接したからだとフィランジ・ダーサは主張する。

いうまでもなく、この本は神智学協会や他の秘教的グループ関係の定期刊行物では賞賛されたが、ヴェッターリングの個性的、かつ偶像破壊的解釈はスウェーデンボルグ主義者仲間からは冷ややかな視線を浴びることになった。新教会の定期刊行物所載の書評は、人格神の概念やキリストの神性、そして聖書の権威を著者が否定したと厳しく批判した。しかし、彼らを最も激怒させたことは、ヴェッターリングがスウェーデンボルグと仏教とを関連づけたことだった。

『瑞派仏教学』の終わりでフィランジ・ダーサは夢から覚めると、仏教の信仰ではお馴染みの「仏に従い、法に従い、僧に従います」という表白文を繰り返す。フィランジ・ダーサは次にカリフォルニア州サンタ・クルズ郡に移り、自称仏教徒になり、そこで彼は、『仏光』誌の出版者兼編集者として、独自ブランドの秘教的仏教を広めていった。ヴェッターリングは自身の著作物や雑誌に含める題材の中で、神智学やスウェーデンボルグの影響を混入し続けた。事実、こうした多様な要素の合成はこの雑誌の発刊の辞の中ですでに明白だった。

『仏光』は仏教の哲学と生活を明らかにすることに尽力する。即ちそのカルマ、輪廻、人間の内なる神との神秘的交わりを明らかにして行く。……それはモンゴルの仏教徒たちがエマヌエル・スウェーデンボルグに授け、彼がその神秘的著書で公にした教えを明らかにして行く。……愛の活動として、古代の知恵を愛するすべての人々に、私たちは倫理的・金銭的協力をお願いしたい。ここに我等は世界中で転生する魂の恵みがあらんことを祈る[4]。

二　合理主義的タイプ

ある手紙の中でポール・ケーラスは、「もし私が仏教を支援するとしたなら、ただただオカルト主義に対峙するためだけにそうするだろう。純粋な仏教はオカルト主義ではない」と漏らしている。秘教信奉者たちに「対峙する」と最も精力的に主張した仏教徒たちは合理主義者たちであった。ここでいう合理主義者とは、啓蒙思想的合理主義、オーギュスト・コントの実証主義、そしてハーバート・スペンサーの社会進化論の影響を最も強く受けた人々を指す。これらの知的傾向を持つ理念型の布置《コンステレーション》は、英米ユニテリアンの「超自然的合理主義者」の流れ、さらには理神論を通じて辿ることができる。ヴォルテールやヒュームなど英仏の著述にあるような、宗教に対する偶像破壊的な啓蒙思想は、米国ではむしろ少数の追従者しか持っていなかった。また、米国では理神論の組織化を推進しようとする試みもあまり成功しなかった。にもかかわらず、啓蒙主義の思想は、特にスコットランド常識哲学だが、ほぼ南北戦争まで米国知識人の間でかなりの影響力を持っていた。この合理主義的な宗教性は、穏健なものも急進的なものも、ユニテリアンの合理主義者たちの流れの中だけでなく、セオドア・パーカーのような超絶主義者たち、そして後には自由宗教協会（訳注——一八六七年に結成）や倫理修養協会（訳注——一八七七年、アドラーがニューヨークに設立）のメンバーたちの中でも生き続けていた。したがって、仏教思想が教養ある米国人たちに初めて広く知られるようになった頃にも、このタイプの宗教的急進主義者はまだ手の届く所にあったのである。そして、コントの実証主義やスペンサーの社会進化論がそれを変化させ活気づけたのである。

私のいう合理主義者たちとは、天啓的、もしくは体験的な方法ではなく、合理的・論証的方法で宗教の真理に達することに焦点を置き、宗教的な問いについては信条や経典、聖職者や宗教組織の類よりも、個人の権威を強調する人々のことである。彼らの特徴として、〝科学〟の無批判な肯定や、宗教的・政治的寛容を常に声高に擁護することも挙げうる。全体的にいうと、彼らの焦点は神学や形而上学にではなく、人間学や倫理的問題の上に置かれていたのである。

後期ヴィクトリア期の人々の中で合理主義者と呼びうる人々の中には、霊的に失望して無神論者、または不可知論者と自称する人々もいた。他の人々の中には、何らかの意味でまだ宗教的でありたいと望み、自分たち独自の信念や価値観に合ったある種の宗教性を探し求める者もおり、このグループの中には仏教に惹かれる者もいた。名うての自由思想家で「偉大なる不可知論者」と呼ばれたロバート・グリーン・インガーソルでさえ、仏教に謝意を表明している。合理主義者の多くは自由宗教協会や倫理修養協会などのリベラルでラディカルな宗教グループとの繋がりを持っていたのである。

自由宗教協会の会長として活動し倫理修養協会を設立したフェリックス・アドラー（一八五一―一九三三）は、中期ヴィクトリア朝の論争に参加した急進派で、長寿だったので一八七九年以後の仏教への関心拡大を目の当たりにした。アドラーは初期の論文の一つでは教団仏教の明らかな「受動性」に落胆しているが、仏陀の教えの一部には確かに感銘している。彼は自らを仏教シンパとは見なしていないが、筆者が思うにアドラーの後期の思想には仏教の残滓が明らかに残っている。アドラーは、大乗仏教の主要なテーマである慈悲を強調し、自分の論点を明らかにするため仏典の比喩を使ってさえいる。彼はまた「悲観主義」に陥ることなく、苦しみの普遍性と不可避性を受け入れる人生に対する「悲劇的な」ものの見方を擁護している。仏陀が「中道」を説いたことに習い、アドラーもまた倫理の道は苦行主義と快楽主義の両極端の間にあると主張した。彼がいつも強調していた積極主義（消極主義の反意語としての）の中でさえも（アドラーは彼が目にした「静寂主義」的仏教は否定していたようだが）、仏教は反面教師として彼に何らかの継続的影響を与えていたようである。

アドラーが設立した自由宗教協会の定期刊行物は仏教徒との対話に貢献したし、他の倫理修養協会の会員たちは仏教にかなり共感を抱いていた。アルバート・J・エドマンズは一九〇四年に倫理修養協会フィラデルフィア支部で仏教に関する一連の講演を行い、一八九六年十一月二十二日にはダルマパーラがブルックリンの倫理修養協会で講演している。翌年には新聞や雑誌がこのグループの関心事について記事を載せ、「ブルックリン倫理修養協会はキリスト教の代わりとして仏教を真剣に考えている。彼らは超自然的なものには辟易としており、純粋に科学的な根拠を持つ何かを渇望している。新約聖書は彼らには耐えがたい軽信性を求めるので、知的で同時に合理的なものに対する強い憧憬から彼らは仏陀の前にひれ伏しているのだ」と報じた。このブルックリンのグループの何人かの会員たちは、アジアや非伝統的スピリチュアリティに常に繋がりを持っていた。例えば、自由宗教協会とブルックリン倫理修養協会の元会長であるルイス・G・ジェーンズ博士は仏教シンパとして知られており、『法の光』誌と『大菩提』誌は彼の死にあたって追悼記事を載せている。自由宗教協会員や倫理修養協会員などの合理主義者たちには、大菩提会の会員もいたが、多くはいかなる宗教教団にも正式には属していなかった。

合理主義者たちは、コントのような急進的な思想家の考えや、自由宗教協会のような急進的なグループの書いている物と仏教との近似性を強調していた。彼らにとっての仏教とは、パーリ経典やテーラワーダの伝統のことだった。このことは驚くことでも不合理なことでもない。いく人かの日本の大乗仏教のアジア人代表者たちも白人改宗者を惹きつけようと似たことを言ってはいたが、テーラワーダ仏教は西洋の学者たちやアジアの信奉者たちによって、その自律性、寛容性、心理学性、倫理学性が強調されて紹介されていたのである。彼らの言説によると、仏教はキリスト教の実体的自我や人格神といった非科学的・迷信的な教義を否定するのである。

合理主義は、カール・セオドア・ストラウスの文章の中ではっきりと表れていた。彼は改宗した当時、ニューヨーク市で「レースのカーテンの販売業者」をしていた。仏教に改宗する前、ストラウスは倫理修養協会に関わっていた。何年かのちに、大菩提会の会員として、仏教信仰の説明と擁護のため「仏陀とその教え」と題した一連の文章を書いている。この中で、彼は西洋の〝秘教的仏教徒たち〟は正統ではないと強く批判している。彼は仏教を、自力と自由を強調し、科学や理性と調和した倫理的で寛容な経験主義の宗教として描いている。だが、米国における合理主義者の典型的存在といえば、ダイアー・ダニエル・ラム、ポール・ケーラス、トーマス・B・ウイルソンであろう。

急進的だったラムは、一八七〇年代にある重要な論文を書き、以後何十年も仏教に興味を持ち続けていた。この合理主義的仏教信奉者はニューヨーク州のジェニーヴァで生まれ、ニューヨーク州の「燃え上がった地域」（訳注――十九世紀前半、宗教運動が活発化したニューヨーク州西部のこと）で育った。この州の同地区の他のほとんどの若者たちと同様、ラムは熱心な奴隷廃止論者だった。彼は奴隷解放のための戦いに志願し、北軍に歩兵や騎兵として四年間従軍した。戦後は製本業者になり、一八七〇年代後半、彼は次第に経済学に興味を持ちはじめ政治に関わるようになる。晩年は金銭的不安に苛まれ、アルコール中毒と闘うことになったが、ラムは比較的多筆であった。

米国における政治的左翼の歴史家たちは、ラムを無政府主義や労働組合主義のスポークスマンとして認識しているものの、彼の宗教的立場についてはほとんど注意を払っていない。彼は一八七〇年代や一八八〇年代に、スピリチュアリズム批判やモルモン教擁護の文を書いているが、スピリチュアリストやモルモン教徒ではなかった。因習打破をモットーとし、自分自身を「批判的・分析的性格」の持ち主だと述べている。彼の考え方は啓蒙思想のラディカルな伝統や、いくつかのその時代の哲学的流れによって形成されていた。コントやスペンサーの書物には特に影響を受けており、彼は周期的にそれらに帰っている。ラムは死の三年前、「私は昔から好きだったコントの実証哲学に取り掛かっています」と述べている。

ラムの仏教に関する執筆物は合理主義者タイプの特徴を特に良く示す例である。彼の重要なエッセイである「それでも仏教」の中で、ラムは「ブッダを仏教徒の立場から解釈」しようとしている。この論文は自由宗教協会の「科学的有神論者」部に関係する雑誌に掲載されたもので、ラムは仏教を「理性の宗教」として紹介している。彼の仏教解釈は合理主義タイプの特徴が反映されていて、個人の権威を擁護し、倫理に焦点を置き、寛容を奨励し、「近代科学」を取り込もうとしたのである。ラムにとっては、生物学的進化と倫理的進化は絡み合っていたのであり、人間性の道徳的完成への道、つまり倫理は、自然界の法則の中に見つけうるものなのである。あらゆる倫理体系、あらゆる宗教も、近代の地質学や生物学によって発見された法則によって審査され、それらに適合していなければならない。この基準からいうと、仏教はキリスト教やその他の宗教よりも優れているとラムは論じたのだ。仏教徒たちは、超自然的存在や不死の魂といった近代科学と矛盾する観念を信じたり「理性を犠牲に」したりする必要がない。例えば、カルマという道徳的因果律の教えは、生物学的進化や自然淘汰や遺伝と完璧に調和する宗教思想の基盤を提供するものなのだという。仏教はカルマの教えによって、「人格神の存在しない世界の道徳的統治」について説明することができるのだと。

公刊された中で、仏教に焦点を絞った記事は「それでも仏教」（一八七五年）と「涅槃」（一八七七年）の二つだけで、それらは彼のキャリアの中間期に生まれたものである。しかし、ラムは後期の哲学的論文においても仏教に肯定的な言及を続け、死ぬまで仏教への忠誠心を持ち続けていた。彼の信仰や価値観の根本が西洋化されたテーラワーダ仏教にあったにせよ、あるいは進化論的・実証主義的哲学にあったにせよ、彼の世界観にとって仏教が重要な部分を占めていたことは明らかである。

欧州系米国人で最初に仏教への信仰を公にしたのがラムだったことは確かだが、彼より遥かに影響力があったのは哲学者のポール・ケーラスだった。オルコットを除けば、ケーラスは誰よりもアメリカ人の関心を仏教に向けさせ続けた影響力ある人物だった。ケーラスは仏教に関する本や論文、アジアや西洋の仏教徒たちとの接触、『オープン・コート』誌の編集者としての仕事を通じ、仏教の性格や価値に関する公の議論に非常に重要な役割を果たした。ケーラスはドイツで生まれ育ち、一八七六年にチュービンゲンで博士号を取得した後、陸軍勤務を経て学校で教えた。彼は敬虔でオーソドックスなプロテスタントの家庭で育ったが、次第にその宗教から離れていった。一八八四年に渡米し、一八八七年十二月までに彼の仕事は安定したようで、『オープン・コート』誌の編集者となり、その出版社全体の編集主幹にもなった。

彼のアジアの宗教、とりわけ仏教への関心が高まったのは、一八九三年のシカゴ万国宗教会議が機縁であった。この出来事の後、何年にもわたり、ケーラスは仏教の考え方を擁護し、仏教讃歌を作り、仏教の伝道師たちを激励した。しかし、他の合理主義者たちと同じく、彼もまた仏教だけでなく、どれか一つの宗教を選んで信仰することはしなかった。

私がケーラスを合理主義的仏教シンパと呼ぶのは、彼自身の表現を繰り返しているに過ぎない。万国宗教会議前後の著作の中で、ケーラスは彼自身の合理主義的宗教、もしくは「科学の宗教」という概念を要約し、仏教はそれに対応できると論じている。仏教は科学的発見、理性的結論、道徳的要請、宗教間協力の必要性と矛盾しないとしたのである。

この合理主義仏教シンパの考え方は、啓蒙思想の伝統、ダーウィンの進化論的枠組み、自由放任的資本主義、「一元論」などによって何よりも形作られたものである。一元論哲学の言論活動で最も影響力のあったドイツ人生物学者のエルンスト・ヘッケルと同じように、ケーラスは感覚で得られる知識、すなわち科学と経験から得た知識に対する信頼を強調した。また、有機物も無機物も、精神も物質も含め宇宙全体が同じ自然原理に沿って動いているのだから「統一されている」とするヘッケルの主張を受け入れていた。

実際、多くの意味で、彼の合理主義的仏教理解は、啓蒙思想の遺産や自由思想と類似している。ヴォルテールや啓蒙時代の他の人々と同じように、ケーラスは宗教の真の本質を定義づけることに関心を持っていた。その本質とは、ドグマや迷信の要素を取り除いた後に核として残る宗教的真理のことであろう。ケーラスの『仏陀の福音』は、迷信的・ドグマ的付着物が取り除かれた仏教を描いて見せたのである。ケーラスは、「真の仏教徒すべてが共通の場として立ちうる理想的立場」を構築するため、多様な語句を「調和のとれた体系的形式」でまとめようとしたのだ。この過程で彼は大乗仏教の伝統にある「疑わしい飾り物をほとんどすべて切り捨て」なければならなかった。それらは仏教の指導者たちが大衆に近づこうと付加したものだと彼は信じていた。仏典に対するこの批判的・選択的アプローチは、仏教全体に、いやすべての宗教に対する彼の姿勢を特徴づけていた。ケーラスは、宗教は時間によって進化すると信じており、この点でダーウィンやスペンサーの進化論と自由放任的資本主義の影響が明らかにあるように思われる。ケーラスは、生存競争の後に一つの「普遍的真理の宇宙的宗教」が現れると考え、特に「二大世界宗教」間の比較、競争、対話を奨励したのである。その理由は、それが各宗教の本質の抽出を促し、普遍的で宗派性なき合理的宗教が現れることを加速すると考えたからである。

ケーラスの影響力は非常に大きかった。その影響を受けた人物の一人にトーマス・B・ウイルソンがいた。ウイルソンはこのテーマについて数多くの論文を書いているし、彼の解釈は合理主義タイプに非常に近いので、その仏教理解の性格づけは比較的簡単だが、彼の生涯を辿ることはかなり難しい。だが、一九〇五年にウイルソンが西海岸随一の有力誌だった『月刊大陸横断』(*Overland Monthly.* 訳注——一八六八年から一九三五年までカリフォルニアで発行)の編集者をしていたことや、その後もこの雑誌に執筆をつづけていたことは明らかである。ジャーナリストであり、法律の名誉学位も受けている。記事からすれば、彼は裕福だったか裕福になりたかった人物のようであり、彼はまた中国などの西洋以外の文化にも直接、触れていたようだ。

サンフランシスコにあった日本の浄土真宗の教団に関係していた僧侶たちの日誌からすると、ウイルソンはアジア系やヨーロッパ系の米国人仏教徒たちと普段から打ち解けた関係を持っていた。彼は恐らくそのサンフランシスコの教団と関係があった白人仏教徒グループのダルマ・サンガ・オブ・ブッダの会員だったのだろう。一九〇一年夏のある日曜日、彼はその教団で講演をしている。講演や論文の中でウイルソンは仏教を力強く擁護し好意的に解釈してはいるが、彼自身が自分を仏教徒だと思っていたかどうか結論づけることは不可能である。いずれにせよ、彼は少なくとも強力な仏教シンパだった。(5)

そして彼は合理主義者だった。宗教的リベラルたち、ラディカルたち、そして合理主義的仏教信奉者たちと同様に、ウイルソンは倫理と寛容が重要であること、個人に権威があること、理性が優位性を持つことを強調していた。ウイルソンによれば、仏教は宇宙の性質や自己や究極的真理について他人の権威を拠り所にして信じろとは誰にも頼まないし、「仏教徒たちは、仏教の教義が生まれた元である事実を、各々自由に探究できる」のだという。キリスト教が強制的に信じさせようとする神から啓示された「ドグマ」、例えば人格神の概念などは、非論理的で非科学的だとウイルソンは論じる。その一方、仏教はキリスト教より合理的・科学的で、例えば気まぐれな神の恣意的な掟の代わりに、仏教は因果（カルマ）という合理的な道徳律を与えてくれるという。さらに、ウイルソンはケーラスの言葉を借りて、「仏教では宗教と科学の相克ということはありえない」と主張した。しかし、神の概念はいくぶんウイルソンの解釈に残っていた。なぜなら、世界という織物を縫い合わせ形作っている原因と結果の法則である「因果律」が、ユダヤ・キリスト教の中における神の役割を彼の思想の中で担っていたからである。

仏教は、より合理的でより教条主義的でないというだけではなく、より優れた倫理的枠組みを提供していた。ウイルソンをはじめほとんどの合理主義者にとって、宗教の中心は倫理にあったのである。宗教は自己や世界の観念を確かに与えてくれる。そして仏教の考え方は、経験的に実証可能で科学と両立するからより優れている。しかし、宗教は結局この世を生きて行く道であり、その上で各個人は「人格の崇高さ」を徐々に得るべく努力するのだとウイルソンは考えていた。宗教は道徳的に人格が成長するためのガイドラインを提供する。そして仏教は「倫理の宗教」として、宇宙がいかに道徳的な進化（カルマ）を支えているのかを説得力のある形で描いて見せてくれる。また仏教は道徳的な完成（八正道）を成し遂げるための有効な指針を与えてくれるというのだ。[6]

三　ロマン主義的なタイプ

ウイルソンは私が合理主義者タイプに関連づけたすべての項目を強調していただけでなく、仏教を秘教的に解釈することをきっぱりと拒絶した。仏教は「秘めたる教義」など主張していないし、「オカルティズム」「神秘主義」

「心霊能力」「秘教主義」などとは無関係だという。「ブッダは、オープンで積極的な倫理・哲学体系を教えており、密儀や秘義などを差し挟む余地などどこにもない」と彼は主張した。やや異なる見地に立ってはいたが、米国人仏教徒のアーネスト・フェノロサ（一八五一―一九三〇）は、これに同意していた。彼はウイルソンがオカルト主義者たちへ抱いていた懸念を共有しており、「神智学に若干のヘーゲル哲学をミックスした」のと大差ないような仏教は非難していた。この点は共通していたものの、フェノロサの仏教理解はウイルソンの合理主義ともオルコットのような秘教主義とも著しく違っていた。何人かの秘教主義タイプや合理主義タイプの関心の的は、あくまでこの宗教の教義や修行にあった。第三の仏教信奉者たちのタイプ、すなわちロマン主義タイプ、もしくはエキゾチック文化タイプにとって仏教への関心は、仏教文化全体、つまり宗教そのものだけではなく、その美術、建築、音楽、演劇、衣装、言語、文学全体にどっぷりと浸かり参加してみることだった。第二次世界大戦後のアメリカ仏教でより特徴的となるのだが、これら十九世紀の仏教シンパたちも、仏教国の文化を学んだり、その習慣を身につけようとし、歴史的背景から、彼らはチベットや特に日本に焦点を当てる傾向があった。最も大切なことは、彼らが宗教の意味の探究方法として、秘教的アプローチとか合理的アプローチではなく、美学的アプローチに的を絞っていたことである。このタイプの仏教擁護者たちはしばしば科学に忠実でスペンサーの影響を受けているものの、理性よりも想像力に着目したのである。また、彼らは宗教的真理の隠された奥義へ尋常ならざる方法で近づくことよりも、人間の美的感覚の働きに魅了されたのである(7)。

このタイプの人々はロマン主義の影響を一部受けている。欧米のロマン主義運動に関係した人々の多くは、遠くの異国情緒溢れる土地に魅了されていた。彼らは未開社会や古代のギリシアやローマだけでなく、「東洋」について学び執筆した。エキゾチックな文化に魅かれた米国人仏教徒たちは、ゲーテのようなドイツ・ロマン主義やエマソンのようなアメリカ・ロマン主義の知的子孫たちである。彼らは感情に重きを置き、想像を膨らませ、美学へ関心を持ち続け、そうすることでアジアの文化に対するロマン主義的関心を不朽のものとし強化したのである。

このタイプの出現の一因は、アジア諸国との接触の機会が増えたことにもあった。以前から米国人の船員、商人、宣教師たちはアジアの文化と接していたが、コミュニケーションの改善、交通手段の進歩、移民パターンの変化、そして特に日本が新たに西洋に対し開国したことがアジア旅行を容易にした。また旅行しなかった人々も、旅行者の書いたものを余暇に気軽に読めるようになった。ほとんどの米国人たちはまだ敵意を抱くか無関心でしかなかったが、ある人々はアジアの文化に魅力を感じるようになっていた。例えば、西洋の文学・芸術界では日本の文物に対する流行があり、一八六五年から八九年頃までジャポニスムは英・仏・独・米を熱狂させたのだった。

ロマン主義的タイプの人々は東洋の刺激を受けた西洋の芸術を好んだが、それ以上にアジアの芸術そのものに魅了されていた。彼らはまた、こうした興味を追求するだけの時間も教養も財力も持ち合わせていた。通常、彼らは大都市の、それもボストンやニューヨーク中心部のエリートたちであり、その大多数が米国の名門家庭出身だった。また、彼らは政治的・経済的には保守寄りで、街角でばら撒かれる共産主義者のチラシや、扇動的な労働者たちの暴動や、声を張り上げる無政府主義者たちの考え方とは最も無縁と思われた。彼らの仏教への関心の的は、東アジアの大乗仏教に見られる豊かな美の様式であった。日本仏教が特に焦点の的となった理由は、彼らの美的関心とともに、この時代に日本文化と接触する機会が増えた結果だった。もし歴史家たちにヴィクトリア期の仏教徒のイメージがあるとするなら、それは財力と影響力を持ち、倦怠感、好奇心、心理的動揺、あるいは単に愚かさから、エキゾチックな宗教に手を出した放埒なるボストン人のイメージであろう。そんなイメージに最もぴったり当てはまるのが、上記三タイプの内のロマン主義的仏教擁護者たちだった。しかし、このイメージは誤解を生みやすく、ロマン主義的タイプの人々を正確に描いてはいないし、米国人仏教徒の中のロマン主義者の割合を正しく伝えはしない。例えば、ロマン主義者たちの間には、単にちょっと手を出してみたというだけではなく、真剣で継続的な関心を抱いていた人々もいたのである。フェノロサの天台や真言仏教に関する記述や、ビゲローの出版物における仏教理解の洗練さを考えてみるとよい。しかし、これらロマン主義者たちは仏教に魅力を感じた人々の中ではほんの一部であり、恐らく最も小さなグループだった。

開国によって日本を訪問できたジョン・ラファージ（一八三五―一九一〇）は、このロマン主義タイプの性質をいくつか表していた米国人の一人だった。一八八六年、彼はヘンリー・アダムスとともに日本で出会った芸術に夢中になった。『日本からの芸術家の手紙』に、彼は日本で見た全芸術作品の中で、「涅槃の瞑想に入った姿の」観音菩薩像に最も感動したと書いている。二人は一八九一年にアジアへ二度目の旅行をしていて、「芸術作品を見るため」にセイロンの仏教寺院を回っている。ラファージは、ローマ・カトリックの伝統から離れるほどではなかったが、仏教に対し共感と関心を抱いていた。それはアダムスも同じだった。妻が自殺した直後に日本を初めて訪れた時、アダムスは何かしらエキゾチックで霊的な心の糧に飢えていたようだ。アダムスは自分が以前仏教に興味を持ったことを自嘲し、友人のジョン・ヘイに「ブッダとブラーフマ」という詩を送っているが、彼の妻の記念碑を有名な彫刻家のオーガスタス・セント・ゴーデンスに頼んだ時には、そのモデルを日本の菩薩像にするよう頼んでいる。人生の終わりが近づいた頃、アダムスは友人のビゲローの仏教に関する新刊書に「尊敬」の念を抱いているとも告白している。彼の皮肉っぽい告白にもかかわらず、そして彼の断念や誤解にもかかわらず、アダムスはこの宗教のことを真剣に考えていたのだ。

ロマン主義タイプの仏教徒には、一八九六年に夫とともに、三井寺を訪れて受戒したフェノロサの二番目の妻メアリー・マクニール・フェノロサ、チベット文化を研究し仏教に共感していたウィリアム・ウッドヴィル・ロックヒル、涅槃について詩的な賛辞を書きボストンでビゲローとともに瞑想していたジョージ・キャボット・ロッジなどがいる。しかし、このタイプの特徴を最も完全に示しているのは、アーネスト・フランシスコ・フェノロサやウィリアム・スタージス・ビゲロー（一八五〇―一九二六）、そしてラフカディオ・ハーン（一八五〇―一九〇四）である。

アーネスト・フェノロサは詩人で東洋美術の学者であり、文芸雑誌への論文、詩集、東アジア美術の古典的な著書、ボストン美術館の東洋部の学芸員としての職務を通じ、アジア文化を十九世紀後半の米国に紹介する重要な役割を果たした。彼は二度にわたる東アジアへの長期滞在（一八七八―八九年と一八九六―一九〇〇年）の間に日本文化に触れる機会をかなり多く持った。

日本滞在中、フェノロサは政治経済学と哲学、後には英文学を講じていた。また、この海外在留中の二年間、東京美術学校（訳注――現在の東京芸術大学）を指導した。女性的な東洋と男性的な西洋の合体を望んだフェノロサは、日本文化の繊細な形、特にその美術、建築、詩歌、古典演劇に惹かれていた。無論、フェノロサは日本仏教にも魅力を感じていた。前述したように、彼は一八八五年にウィリアム・スタージス・ビゲローとともに天台宗の戒律を受けている。ハーバードの学部時代にはヘーゲルやスペンサーの哲学を学んでおり、東京帝国大学の講義ではスペンサーの「システム」（社会有機体説）の概念を広めているにもかかわらず、フェノロサの興味は形而上学よりも美学にあったように思われる。彼は真理よりも美の探究に突き動かされていたのだ。事実、彼の妻によると、彼が日本仏教に近づいたのは日本の美術や建築を愛でたからで、「彼が、宗教や体系的哲学として仏教に関心を持ったのは、これらの寺院滞在中であった」といっている。フェノロサは、これらの仏教宗派のシンボルや儀礼の中に、ニュー・イングランドの白人系のプロテスタント教会には欠けていて、ローマ・カトリックに通じる豊かさと官能性を見つけたのである。

日本文化や日本仏教の美的要素に惹かれたロマン主義的なもう一人の仏教信奉者は、フェノロサの友人であるウィリアム・スタージス・ビゲローだった。ビゲローはニュー・イングランドの由緒ある名門家庭に生まれた。彼はハーバード大学やハーバード医学校で学び、富や地位が与えうる恩恵を享受していた。一八七四年に医学校を卒業後、ビゲローは科学や医学の研修のため渡欧した。マサチューセッツ総合病院の外科医やハーバード医学校の外科の助手となったが、わずか二年(一八七九―八一年)しか医学には携わらなかった。

エドワード・モースがローウェル学院で行った日本に関する講演に刺激を受け、一八八二年に日本に出発した時、ビゲローは残りの人生を方向づける新しい中心を見つけたのである。短期間の訪問のつもりで出かけたものの、結局、彼は七年間も滞在することになる。この間、彼は日本文化の目の肥えた研究家となり、天台宗や真言宗の仏教に惹かれていった。彼は天台仏教の師である桜井敬徳の下で学び、友人のフェノロサとともに正式に改宗を表明した。三年後の一八八八年には、ビゲローは「在家得度」とも呼ぶべき、もう一つ正式な儀礼に参加している。ビゲローは友人たちに、もし健康と体力が許したなら自分は仏教僧侶になっていただろうとしばしば語っていた。彼はこの仏教の師の死後、一八八九年に日本を去ったが、その後も真言・天台の瞑想や密教の修行を忠実に行っていた。修行の中には呪文の繰り返しや、手印を結ぶこと、仏教の宇宙観を象徴的に表した曼荼羅を瞑想することなどが含まれていた。

ビゲローはいくつかの意味でロマン主義的な仏教徒と見なすことが可能である。まず、彼はフェノロサと同じく、文学的・哲学的ロマン主義に根差していたように思われること。特にエマソンの著作には負うところが大きかった。

エマソンの観念論や汎神論はビゲローに知的な枠組みを与え、それが天台・真言仏教の知恵と合体することを可能にしたのである。ビゲローにとって、これらの形態の仏教は、意識の重要性と力、そしてすべての真理の究極的な統一ということに重きを置いているのだ。彼は、ボストンのフィリップス・ブルックス牧師に仏教を説明しようとして、「私の理解では、仏教哲学は一種のスピリチュアルな汎神論です。エマソンとほとんど同じです」と述べている。ビゲローもまた日本文化のいくつかに没頭し魅了されたという点で、ロマン主義的仏教徒の一人だった。すでに一八七〇年代のパリ滞在中に彼は日本の美術品を調査・蒐集しはじめ、最初の日本滞在中にも大いに時間と金をつぎ込んでいる。日本にいる間中、ビゲローは日本人に向かって彼らの美術の伝統を維持するよう呼びかけ経済的援助を行った。その結果、一九〇九年に日本政府から外国人個人としては最高の名誉である勲三等旭日章を授与されている。彼は最終的にボストン美術館の理事となり、この美術館に何万点もの東洋の美術作品を寄贈している。

フェノロサの場合と同様、日本美術に夢中になったことがビゲローの仏教への関心に火をつけた。彼の友人の一人によると、「彼をその宗教に導いたのは」日本庭園の調査だったという。きっかけがどうであれ、天台や真言仏教の美的な魅力が彼の仏教への関心維持に極めて重要であったことは明らかだと思われる。ビゲローの書簡や未発表資料によると、彼は仏教の図像や儀礼の豊かさについてはフェノロサと同様に評価していた。例えば、彼の秘書が記録した仏教に関する会話の中で、ビゲローは彼が学び行じた形態の日本仏教の美的な特質を賞賛し、「天台や真言では古い形式の北伝仏教を用いている。この儀礼を近くでじっくり見てみたまえ。とても美しい儀礼だ」と語っている(8)。

ロマン主義的な仏教シンパだったラフカディオ・ハーンは大学教育を受けていない。そしてビゲローと違い、ニュー・イングランドのピューリタンたちを苦しめた亡霊と闘う必要もなかった。しかし、英国人とアイルランド人の血を引く父親とギリシア人の母親との間に生まれたこの移民の子もまた、日本文化の美しさと豊かさに惹かれたのである。彼は恐らくこの時代の他のどの外国人よりもどっぷりと日本文化に浸った人物で、日本に十四年間住み、日本女性を妻とし、小泉八雲という日本名を名乗り、日本国籍を得て、日本で死去して東京にある仏教墓地に埋葬された。そして『知られざる日本の面影』（一八九四年）から『日本——一つの解明』（一九〇四年）までの彼の十二冊の著書は、西洋の読者たちにあらゆる領域の日本文化を解明してみせたのである。

彼の仏教解釈は、これらの書籍中に散在している。仏教に大いに関心を寄せてはいたものの、ハーン自身は自分を仏教徒だとは決して見なさなかった。読者が彼を仏教徒だと誤解すると、彼は「私は仏教徒ではなく、今もってハーバート・スペンサーの学徒だ」と答えていた。宗教については無宗派を貫き、スペンサー哲学の不可知論にかなり共鳴していたハーンは、特定の宗教や宗派を信じることはできなかったし、その意志もなかった。しかし、そうはいいつつも、彼の知る範囲の東洋・西洋の宗教の中で、仏教は最も魅力的であった。彼は一度、「もし私が一つの信仰に入ることができるとすれば、仏教にすべきだろう」といっている。ケーラスもまた気づいていた天台や真言の仏教と「ヘッケル教授の学派のドイツ一元論」との明らかな親和性や、スペンサー哲学の進化論的一元論との調和性がハーンにとっては仏教の魅力の重要な源泉であった。スペンサー思想は、ハーンの「高等仏教」の解釈に特に影響を与えていた。このインテリ・エリートを対象とした「哲学的仏教」は、大雑把にいうと、スペンサーの不可知論的進化論体系のグノーシス主義バージョンである。スペンサーでは意識が「不可知の実在」と出合うことはないとされているが、主体と客体を超越した涅槃における究極の実在の経験がそれにとって代わり、遺伝ではなくカルマが進化論的変化のメカニズムとして機能している。ハーンの「高等仏教」の解釈においては、無機物の展開でさえ倫理的法則である因果の力の下にある。彼はこの高等仏教を、スペンサー思想、すなわち理性や科学と両立しうるスピリチュアルな進化論の一形態と考えていた。

私は彼の立場をロマン主義的と表現したが、ハーンの仏教解釈は、もう一つのタイプの方により特徴的な要素も含んでいた。ハーンをはじめ、ほとんどすべての仏教信奉者たちが完璧に単一の理念型に当てはまるわけではないことを認識することは大切である。ほぼすべての個人が、二つ以上の理念型的特徴を持つ傾向がある。ハーンがオカルト主義者でなかったことは確かで、西洋の「秘教的」仏教に対し強い反感を抱いていたことも明らかだ。一方、彼の著作には合理主義者たちと重なるものがある。ハーンは多様な日本文化にのめり込み、その美術や文学に関心を持っていたが、彼は合理主義者たちと同様、個人の権威や倫理の重要性を強調していた。また普遍的宗教が現れることを期待していたし、理性や科学的発見に照らし合わせて宗教を評価していた。だから、ある意味、彼の考え方は、私が示唆したように、合理主義的傾向を持つロマン主義的タイプの例か、合理主義タイプのバリエーションの一つであると性格づけることも可能である。

ロマン主義と秘教タイプの両方の要素を示している者もいる。秘教的仏教シンパだったジョセフ・ウェィドは、仏教文化に対しロマン主義的愛情も抱いていた。彼は日本の美術品を蒐集し、日本庭園を維持し、日本人学生たちを支援し、そしてビゲローのように日本政府からその貢献に対して表彰されたこともある。一方、ビゲローはロマン主義的な仏教徒ではあったが、未発表の著作物を見ると、いくぶん「秘教」に対する同情の念も見せている。例えば、彼は師僧の一人に、仏教にはローレンス・オリファントや西洋のスピリチュアリストの思想と重なる部分があると信じると述べ、それに対し師の直林寛良がビゲローの誤った印象を正そうと応じている。彼はもう一通の手紙の中で、「チベットは知識の宝庫であり、そこからそれは両方向に広まった。そしてそこには西洋がアレキサンドリア図書館の焼失や薔薇十字主義者たちの消滅と共に消えた事実が残されている」と「考える傾向が私にはある」とも書いている。ある学者はこの最後の発言をもって、ビゲローが「仏教を秘教的・オカルト的知識の宝庫と考えるほとんどファウスト的好奇心」を持っていた証拠ととらえている。このことは確かに秘教的タイプとの類似性をいくぶん示唆しているが、大部分の資料から考えると、こうした類似性を過大評価すべきではなかろう。(9)

ここで問題なのは、ある意味、「秘教的」という言葉の多義性である。密教と関係する仏教の形態はしばしばこのように表現され、ビゲローが関わった真言宗や天台宗はこの密教の要素を含んでいる。しかし、密教の信仰や修行を西洋のオカルト的要素と区別することは重要である。ビゲロー自身、この違いの重要性を認識するようになる。なぜなら、彼は神智学やスピリチュアリストたちのグループと関係を持っていたボストンの「秘教的」仏教徒たちと距離を置こうと望んでいたので、「顕教的」とか「密教的」という言葉を使うのを出版物では一貫して避けていた。ビゲロー流の密教にも、例えばオルコットの神智学的仏教の理解にも、「隠れた」とか「秘められた」信仰や修行についての言及がある。その意味では、いくぶん重なる部分があるが、ビゲローを秘教的仏教徒の典型だとするのは誤りであろう。

秘教主義と合理主義もまた重なり合う。例えば、女医エリノア・M・ハイエスタンド・ムーアは、仏教を現代科学の最新の研究成果と「調和する」合理的宗教だと述べている。だが同時に、驚いたことに余談では彼女は現代科学の結論のいくつかを予言していたかも知れぬ「秘教的真理の賢明なる弟子たち」のことを賞賛している。逆に多くの秘教主義者たちも合理主義的タイプの特徴を示している。例えば、エドマンズは合理主義的宗教の特徴のいくつかに非常に魅力を感じていた。彼は元々英国自由教会に属していたが、一時ユニテリアンの牧師になることを考え、結局は倫理修養協会に入ることを「決心」している。実際のところ、もしフィラデルフィアのスウェーデンボルグ教会の牧師が複数の宗派に所属することを許していたなら、彼は入っていたであろう。秘教主義的なカナヴァーロは、『法の光』誌への論文の中で、秘教の影響はほんのわずかしか示さず、「合理的」で「科学的な」テーラワーダ仏教の教えを賞賛している。これらの曖昧で重なり合う例を持ち出したのは、こうした類型化は多少有用な理論的構成概念に過ぎないことを読者に気づいて欲しいからである。同時に、この類型化が物事の見方のパターンを特定するだけでなく、それぞれの立場のユニークさを明らかにしたかったからである。この類型化で仏教擁護者の立場を解釈することにより、他の人々の仏教への好意的反応との連続性・非連続性がより明らかになるのである。

注

（1）Jeanie Drake, "Bodhi Tree," *Catholic World* 52（Jan.1891）pp. 577–579.

（2）Howard Kerr and Charles L. Crow, Introduction, *The Occult in America: New Historical Perspectives*, ed. Howard Kerr and Charles L. Crow, Urbana: University of Illinois Press, 1983, p. 16.

（3）[D.] Teitaro Suzuki, rev. of Christianly Reconstructed [formerly Catechism for a Young Christian], by Albert J. Edmunds, *The Eastern Buddhist* 2（Nov. 1922）: p. 92.

（4）[Vetterling], *Swedenborg the Buddhist:Or, The Higher Swedenborgianism: Its Secrets and Thibetan Origin* Los Angelses: The Buddhistic Swedenborgian Brotherhood, 1887, p. 322 [Vetterling], "Prospectus," *Buddhist Ray* 1（Jan. 1888）: p. 1.

（5）『日誌』（Archives, Buddhist Churches of America）. 彼の講演は以下の雑誌に転載されている。Thomas B. Wilson, "The Philosophy of Pain," *Light of Dharma* 1（Aug. 1901）: pp. 16–21.

（6）Wilson, "Buddhism in America," pp. 2-3.

（7）Thomas B. Wilson, "The String of Life," *Light of Dharma* 1（Dec. 1901）: p. 12. [Wilson], "Concerning Buddhism," p. 387, Wilson, "Great Teachers," 7. Ernest Fenollosa to Isabella Stuart Gardner, n.d. [c. 1877], Fenway Court

Museum. Lawwrence W. Chisolm, Fenollosa : the Far East and American culture, Yale University Press, 1963, p.104.

（8） Winthrop Chanter, "Buddhism in Boston" in *Autumn in the Valley*, little Brown, 1936, p.24.

（9） Akiko Murakata, "Selected Letters of Dr. William Sturgis Bigelow" Ph.D. diss., George Washington University, 1971, p.212. チベットの知恵に関する文章はビゲローからヘンリー・カボット・ロッジ宛の一八八三年九月三十日付書簡にも見られる。（Henry Cabot Lodge Papers, Massachusetts Historical Society）この書簡は村形明子の論文にも収録されている。Murakata, "Selected Letters," pp.64-69.

＊

Thomas A. Tweed, *American Encounter with Buddhism, 1844-1912: Victorian Culture and the Limits of Dissent*, Indiana University Press, 1992. Chapter 3 Esoterics, Rationalists, and Romantics: A Typology of Euro-American Buddhist Sympathizers and Adherents, 1875-1912 pp.48-77 を抄訳。

第3部

アジアにおける近代仏教の展開

総論

アジアにおける「仏教と近代」

大谷栄一

はじめに――「多種多様な近代」を語ること

「われわれは「多種多様な近代」について語る必要があるのだろうか」。こう述べるのは、チャールズ・テイラーである。(1)

テイラーは、近代の社会科学にとって初めから一貫して最大の問題であったのが「近代（modernity）」そのものであったと指摘する。新たな慣行や制度形態（科学、テクノロジー、工業生産、都市化）、新たな生活様式（個人主義、世俗化、道具的合理性）、新たな不安感（疎外、意味喪失、社会がいまにも崩壊するのではないかという感覚）が合成して成立しているのが「近代」であり、それは歴史上、先例のない新しいものであったという。そして、現在ではこの問題は別の視点から提起される必要があるとして、「多種多様な近代」について語る必要を述べたのである。西洋以外でもすでに近代化を成し遂げた文化がいくつもあり、そうした非西洋の文化を把握しようとすれば、西洋の事例を念頭に置いて構想された一般理論では適切に理解することができない、とテイラーはいう。

しかし、テイラーは「多種多様な近代」を主題化していない。この作品では、西洋近代は特定の社会的想像(2)と分かちがたく結びついているとの仮説から、西洋近代の社会的想像の諸形態を描き出している。ただし、最終章で、ふたたび「多種多様な近代」を語る必要性を示唆し、ディペシュ・チャクラバーティの「ヨーロッパを地方化する」の表現を援用しながら、「近代」とはヨーロッパを範型とする単一の過程であるという見方を乗り越え、「ヨーロッパ型の近代」を相対化することを説いている[3]。

この第3部では、テイラーの問いを引き受け、「多種多様な近代」を語ることについて検討してみたい。アジアにおける近代仏教の展開過程の分析を通じて、ヨーロッパを範型としない別の近代の語り方に関する問題提起をしてみたいと思う。

本稿では、まず、アジアにおける「仏教と近代」に関する先行研究を概観し、その特徴と制約を指摘する。次に、「社会参加仏教（Engaged Buddhism）」「トランスナショナル・ヒストリー（Transnational History）」「帝国史（Imperial History）」「植民地近代（Colonial Modernity）」といった諸概念を紹介し、研究史における各論の位置づけを図りながら、東アジアの「仏教と近代」研究の特徴を析出する。最後に、近代批判としての近代仏教研究という観点から、ヨーロッパを範型としない別の近代の語り方の可能性についての提起を行うことで、総論の責を果したいと思う。

一　アジアにおける「仏教と近代」の語られ方

1　「改革主義」という宗教的反応

そもそも、アジアにおける近代の始点をいつとするかは、さまざまな議論がある。ここでは、十九世紀のいわゆるウエスタン・インパクト（西洋の衝撃）をその画期としたい。すなわち、西洋諸国がその圧倒的な軍事力によってアジアに進出し、植民地化を図った時期から、アジア諸地域の近代化がはじまったと考え、僧侶や在家の仏教者たちの対応を検討することにしよう。

アジアにおける「仏教と近代」の関係に関する古典的な研究として、ロバート・ベラー編（佐々木宏幹訳）『アジアの近代化と宗教』（金花舎、一九七五年、原著一九六五年）がある（ただし、仏教以外も取り上げられている）。本書は、一九六三年六月にマニラで開催された「南および東南アジアの近代化への文化的動機づけ」に関する国際会議をもとに編まれた論文集で、原題は『近代アジアにおける宗教と進歩』（*Religion and Progress in Modern Asia*）である。その趣旨は、「序論」でベラーが語っているように、宗教を近代化の潜在力として見ることが可能かどうかを検討することである。近代化論の立場から、フィリピンのカトリシズム、インドのヒンドゥー教、中近東のムスリム諸国のイスラム法、インドネシアのイスラム、セイロン（スリランカ）の上座部仏教、日本の「伝統的価値」が十名の論者たちによって分析され、会議での討議の要約も掲載されている。

本書は、欧米社会の近代化を範型とし、経済的発展と民主化を基調とするイデオロギー的な近代化論に立脚している。近代化論は一九五〇―六〇年代に大きな影響力を誇ったが、その後、アンドレ・フランクの従属理論、イマニュエル・ウォーラーステインの世界システム論、エドワード・サイードのオリエンタリズム批判[4]（サイードの議論を契機とする）ポストコロニアル研究などによる批判によって失効するが、本書に収められた「エピローグ――近代アジアにおける宗教と進歩」でベラーが提示した議論は、（後述するように）今でも参照されている。

ベラーはこの中で、「近代アジアにたいして影響を与えている西洋の主なイデオロギーは、キリスト教（とくにプロテスタンティズム）、自由主義、ナショナリズムおよび社会主義である[5]」と指摘する。また、近代化に対するアジアの宗教的反応について、次のような類型化を行った。①キリスト教への改宗、②伝統主義（変化は必要でもなければ望ましくないとする立場）、③改革主義（特定の宗教的伝統は近代〈modernity〉と両立し、歴史的に逸脱した部分を除去すれば、その本質は社会・文化的発展を促進させると考える立場）、④新伝統主義（伝統的な文化価値を防護するために近代的な観念と方法を利用する立場）である。これら四つのイデオロギー（キリスト教、自由主義、ナショナリズム、社会主義）と四つの類型の組み合わせによって、ベラーは「アジアの近代化と宗教」の関係を語り、近代化に対する宗教の社会的・政治的機能について論じたのである。

とりわけ、改革主義に対する評価が高かった。四類型の中で「もっとも実りの多い、またもっとも不安定なもの」であると評した[(6)]。それは伝統的なアイデンティティの持続性もあり、外傷的な混乱を最小限にとどめながら、変化を促進させるからであった（ただし、近代と伝統との間の深い緊張を緩和させることが必要なため、不安定さもともなう）。つまり、近代化の潜在力を最も有するのが改革主義であると、ベラーは捉えたのである。そして、この改革主義の立場が後述する社会参加仏教研究にも継承されていくことになる。

2「プロテスタント仏教」の特徴

アジアにおける近代仏教の展開過程において、ベラーのいう「伝統と近代」との関係がどのように形づくられたのか。アン・ブラックバーンによれば、イギリス統治下のスリランカ（当時のセイロン）におけるキリスト教と植民地政策に対する仏教側の反応に注目した重要な研究が一九六〇—八〇年代に現れた[(7)]。それらの研究では「仏教モダニズム（Buddhist Modernism）」「仏教リバイバル（Buddhist Revival）」「プロテスタント仏教（Protestant Buddhism）」の諸概念が用いられている。なかでも「プロテスタント仏教」概念はスリランカ仏教研究のみならず、近代仏教研究でも継続的に参照されている。この概念は、ガナナート・オベーセーカラによる論文「セイロンにおける宗教的シンボリズムと政治変動」（一九七〇年）[8]で初めて示された。オベーセーカラは、①十九世紀後半以降のスリランカ仏教の多くの規範や組織形態がプロテスタンティズムから歴史的に派生したものであり、②現代的な視点からすれば、キリスト教と西洋的な政治統制に対する抵抗であることを指摘した[9]。

その後、リチャード・ゴンブリッチとオベーセーカラは、この概念を精錬させた[10]。ふたりは、十九世紀後半以降のスリランカにおける仏教改革運動を伝統的なシンハラ仏教と区別し、「プロテスタント仏教」と規定する。その運動の最初の提唱者として、神智学協会のブラヴァツキー夫人とヘンリー・S・オルコット大佐に影響を受けたアナガーリカ・ダルマパーラを取り上げている。その歴史的背景として、西洋との接触によってもたらされた一般的な状況（近代的知識や西洋流の教育、印刷物やリテラシー能力、シンハラ中産階級の登場とシンハラ社会のブルジョワ化）と、プロテスタントの宣教活動という特殊的な状況を分析した[11]。また、西洋とキリスト教に対して抵抗するだけではなく、それらの価値、知識や技術、制度に倣い、近代的なものやキリスト教的なものを取り入れている点も大きな特徴であるという。さらには、スリランカのプロテスタント仏教が「プロテスト的価値と結びついている……だけではなく、伝統的な仏教に対するラディカルな抵抗（プロテスト）でもある」ことも指摘されている[12]。

つまり、この概念には、①プロテスタント的、②キリスト教と植民地主義へのプロテスト、③伝統仏教（伝統教団）へのプロテストという三重のプロテストを認めることができるのである[13]。

ここで重要なのは、「伝統と近代」の問題が「植民地主義と仏教」の問題に敷衍されていることである。さらに付言すれば、「プロテスタント仏教」と規定されたダルマパーラの思想や運動は、コロニアル研究、ポストコロニアル研究の基底をなす「オリエンタリズムと仏教」の問題としても捉えることができるであろう。すなわち、（サイードの『オリエンタリズム』以前の研究であることもあり）ベラーの研究においては軽視されていた植民地主義やオリエンタリズムの問題として、「伝統と近代」そして「仏教と近代」の問題を設定することができるのである。「植民地主義と仏教」「オリエンタリズムと仏教」をめぐる研究は、すでに多くの蓄積がある。フィリップ・アーモンドの『英国の仏教発見』（一九八八年）[14]やドナルド・ロペス編『ブッダの学芸員――植民地主義下の仏教研究』（一九九五年）[15]、リチャード・キング『オリエンタリズムと宗教――ポストコロニアル理論、インドと「神秘的な東洋」』（一九九九年）[16]など、現在に至るまで、欧米における仏教研究の重要なテーマとなっている。[17]

「仏教（Buddhism）は十九世紀半ばに西洋で「発見」された」[18]、とアーモンドが指摘するように、「Buddha」（「Buddoo」「Boudha」「Boudhou」等）という言葉が英語圏やフランス語圏で普及し、「Buddhism」という言葉がイギリスの学会誌に登場するのが、十九世紀半ばである。とりわけ東洋学の発展と仏教学の形成の中で「ブッダ」や「仏教」が表象され、学問的な対象として整備されていく。その背景には、東洋におけるイギリスとフランスの帝国的な利害関係があった。オリオン・クラウタウが的確に整理するように、「「仏教」なるものの構築は、「インド仏教」を中心とする営みとしてはじまり、大英帝国の植民地行政と密接な関わりを有」しながら行われたのであり、「「仏教」という「アジア」に存在しなかった構築物は欧州学界のオリエンタリスト的な想像力により出来あがっていった」のである。[19]こうした西洋における東洋学や仏教学が、日本の仏教研究の成立にも大きな影響を与えたことは、本書第1部で林淳が明らかにしている。「伝統と近代」の問題を考える時、植民地主義やオリエンタリズムとの関連を問うことの重要性を、これらの研究は示唆している。

3　「社会参加仏教」というアプローチ

一九九〇年代以降、アジア（さらには欧米も含む）における仏教者たちの社会活動が「発見」される。「社会参加仏教（Engaged Buddhism）」研究の成立と進展によってである。

第３部に収録されたサリー・キングの「社会参加仏教とは何か？」（原題は「結論――仏教の社会活動（Buddhist Social Activism）」）は、クリストファー・クィーンとキングが編集した論文集『社会参加仏教――アジアにおける仏教的な解放運動』（一九九六年）[20]に収められた論考である。

「Engaged Buddhism」という言葉は、もともとベトナムの僧侶ティク・ナット・ハンの著作の題名として一九六三年に初めて用いられた[21]。ベトナム戦争（一九六〇―七五年）の最中、焼身自殺（焼身供養）によって反戦の抗議活動を行った僧侶たちの行為を説明するために提唱されたという。その後、仏教者と仏教研究者が仏教者による社会活動を指し示す概念として用いられるようになった[22]。その研究成果として刊行されたのが、論文集『社会参加仏教』であり、その後、クィーン編『西洋における社会参加仏教』（二〇〇〇年）[23]やクィーン、チャールズ・プレビッシュ＆ダミアン・キーオン編『行動するダルマ――社会参加仏教の新しい研究』（二〇〇三年）[24]などの論文集も公刊された。

いわば、社会参加仏教研究の最初のまとまった成果である論文集の結論として執筆されたのが、キング論文である。キングは、アメリカのジェームズ・マディスン大学（James Madison University）の教授であり、『慈悲的であること――社会参加仏教の社会倫理』（二〇〇五年）[25]や『社会参加仏教』（二〇〇九年）[26]などの著作をもつ社会参加仏教の研究者である。

なお、キング論文では「Socially Engaged Buddhism」「Engaged Buddhism」の原語に「社会参加仏教」の訳をあてた（訳者は高橋原）。この言葉は、これまで「闘う仏教」（丸山照雄）[27]、「社会行動仏教」（西川潤・野田真理）[28]、「社会をつくる宗教」（阿満利麿）[29]、「社会参加仏教」（ランジャナ・ムコパディヤーヤ）[30]とさまざまに訳されてきた。ハンのいう「Engaged」はフランス語の「Engagé」「Engager」（積極的な社会参加、社会的意識にもとづく行為、コミットメント）に由来することから、ムコパディヤーヤの訳語を採った。[31]

では、この概念の意味するものは何か。キング自身による定義は本書収録の論考では示されていないので、キングによる平易な概説書『社会参加仏教』（二〇〇九年）での定義を紹介しておきたい。

社会参加仏教とは、社会における社会的・経済的・政治的・環境の問題に対してアクティブであるものの、非暴力的に関わる現代的な仏教の形態である。この社会参加は仏教的なスピリチュアリティと分離しておらず、むしろそれを大変よく表現したものである。[32]

キングは、本書収録の論考でも非暴力性を強調するとともに、「スピリチュアルな探求と社会活動とのバランス」（本書、二五二頁）を重視している。キングの論考は論集全体の結論であり、この論集で取り上げられている仏教者や団体の思想や運動から導き出される特徴を析出している。論集で取り上げられているのは、インドのビームラーオ・R・アンベードカル、同じくインドの「三界の仏教徒の偉大な僧団の援助者の集団（Trailokya Bauddha Mahasangha Sahayaka Gana, TBMSG）」、[33] スリランカのアハンガマ・T・アリヤラトネが創設したサルボダヤ（シンハラ語で「すべての人間の目覚め」）運動、[34] タイのブッダダーサ比丘とスラック・シワラック、アジア諸地域の女性仏教者、ダライ・ラマ十四世に率いられたチベット解放運動、ティク・ナット・ハンと統一ベトナム仏教教会、[35] 日本の創価学会である。[36]

キングの論考で注目すべきは、前述のベラーの「近代アジアの宗教と進歩」の議論を参照し、自らの考察を開始していることである。「改革主義」「新伝統主義」を紹介したのち、論文で扱う人物たち全員が改革主義者であると指摘している。いわば、キングの「社会参加仏教」概念は、ベラーの「改革主義」をベースとして組み立てられていることがわかる。また、「この運動は、仏教が情け容赦ないモダニティの力に直面した時に進んでいく一つの代表的な方向性を表して」おり、「仏教による解放運動は仏教の発達史における大きな転換点であり、将来に向かう仏教の発展史においてもきわめて重要な役割を果たし続けるだろう」との言葉で論考を結んでいる（本書、二七〇頁）。

ここで、論集全体の基調を提示しているクリストファー・クィーンの「Introduction」とクィーンとキングの「Preface」に注目してみたい。これらの議論を検討することで、アジアにおける仏教者たちの社会活動がどのように「発見」されたのかが、より明確になる。

4　「西洋化された仏教」？

大変興味深いことに、クィーンは、社会参加仏教の始点を十九世紀後半に見出し、その象徴的な人物として、アメリカ人の神智学徒・オルコット大佐とシンハラ人のダルマパーラを挙げる[37]。一八八〇年五月十七日にブラヴァツキー夫人とオルコット大佐がスリランカに上陸した日をそのはじまりとするのである。つまり、ここにベラーの改革主義、プロテスタント仏教、社会参加仏教の研究の連続性を見ることができる。

この論集の副題は、「アジアにおける仏教的な解放運動」であるが、この「解放運動」という点に、クィーンとキングの眼差しの所在をよりはっきりと確認できる。クィーンとキングによれば、第二次世界大戦後の「解放運動」には、①さまざまなマイノリティーや政治的に抑圧されてきた集団（貧困層、アフリカ系アメリカ人、ヒスパニック、ネイティヴ・アメリカン、女性、ゲイとレズビアン）による平和的で象徴的な抗議（protest）と、②ラテンアメリカやアフリカの発展途上国、中東や南アジア、旧ソ連の複雑な民族地域での民族・階級闘争、テロリズム、武装闘争があるとして、社会参加仏教は①に当てはまり、つねに非暴力的であると述べる[38]。さらに、クィーンとキングは第三世界における解放の神学（Liberation Theology）を参照し、ディーン・ウィリアムによる解放の神学についての見解を紹介する[39]。ウィリアムによれば、①解放の神学は、人類の社会的・経済的・政治的・民族的・性的・環境的・宗教的なあらゆる抑圧からの解放であることと、②その神学が土着的であらねばならないことである。ここからクィーンとキングは、①は社会参加仏教に当てはまるが、②の文化的特殊性は当てはまらず、社会参加仏教（の神学）が普遍主義的であると強調する。

つまり、第二次大戦後の非暴力的で平和的な抗議と、普遍主義的な（と理解された）「仏教」の立場にもとづき、人類のあらゆる抑圧からの解放をめざす運動として、アジアの仏教者たちの社会活動が「発見」され、「社会参加仏教」として定位されたのである。

だが、そこで表象されている「仏教」とは、はたしてどのような「仏教」なのだろうか？　これは、オルコット大佐とダルマパーラの出合いに見られる西洋と東洋の出合い（それも帝国主義的な西洋と被植民地としての東洋という非対称的な関係性）によってもたらされた伝統の変容であり、端的にいえば、「西洋化された仏教」である。

サリー・キングは「「西洋化された」仏教」として社会参加仏教が捉えられていることを指摘し、その西洋の影響は、西洋の社会科学やキリスト教の慈善活動に見られる考え方にもとづくと述べる[40]。じつは、この問題は、植民地主義やオリエンタリズムの問題に回付される[41]。社会参加仏教研究では、社会参加仏教が伝統的なものか、現代的なものかが重要な論点となっている。歴史的な釈尊の時代から、仏教は社会参加仏教であるとする伝統主義の立場（traditionists）と、社会参加仏教は近代以降に形成されたとするモダニズムの立場（modernists）に分かれ、論争となっている。クィーンやキングは後者の立場に立つが、前者の立場に立つトーマス・ヤーナルは、（『ブッダの学芸員——植民地主義下の仏教研究』を示し、仏教を「発見」した西洋の仏教学者を引き合いに出しながら）モダニストたちの視点を、新植民地的、新オリエンタリスト的な先入観であると批判する。[42]

モダニズムの立場が新植民地的、新オリエンタリスト的だと指弾するのは早計であると筆者は考える。しかし、少なくとも、改革主義、プロテスタント仏教、社会参加仏教に通底しているのが、西洋化（Westernization）という特徴であり、この「西洋化された仏教」がこれまでのアジアにおける「仏教と近代」研究の中心的な語りであることを指摘しておきたい。ただし、この「西洋化された仏教」のあり方を、「クレオール（creol）」[43]や「異種混交性（hybridity）」[44]と捉えることも可能であろう。[45]

しかし、ここで問い直したいのは、これらの研究を用いて、次節以降に述べる東アジアの「仏教と近代」を論じるには不十分ではないかということである。ベラーの改革主義の議論では植民地主義、オリエンタリズム批判の視点が軽視されていたことはすでに述べた。プロテスタント仏教については、仏教改革の側面だけではなく、その暴力的な側面にも注目する必要があるであろう。ダルマパーラの思想と運動の歴史的変遷をたどると、スリランカの仏教改革に貢献した仏教改革家の一面に加えて、スリランカのナショナリズムの勃興に寄与した仏教ナショナリストの一面もあることにも注意を払わねばならない。この点を明確に指摘しているのが、杉本良男である。[46]ダルマパーラが急進的なナショナリストとして宗教的暴力を正統化しながら、スリランカの独立運動に一八九〇—一九一五年頃まで影響力を及ぼしたこと、また、その後も「ダルマパーラの武闘派路線は政治比丘を経由し、仏教僧侶の社会運動として現在まで連綿とつづいている[47]」ことを、杉本は明らかにしている。一九八〇年代以降のシンハラ仏教徒とタミル・ヒンドゥー教徒間の宗教・民族対立にもその影響が及んでいる。非暴力性を重要なメルクマールとするキングの定義からいえば、ダルマパーラの「プロテスタント仏教」は、「社会参加仏教」に当てはまらないことになる。いわば、近代仏教における負の側面への注目が求められるのである。

以上、植民地主義、オリエンタリズム、ナショナリズムや暴力、民族対立、戦争の問題を組み込んで、東アジアの「仏教と近代」の関係を問うための理路を、次節以降で検討してみたい。

二　東アジアの「仏教と近代」の語り方

1　近代仏教の帝国史研究へ

第3部に収められた梁明霞論文では日本と中国の仏教界の関係が、金泰勲《キムテフン》論文では日本と韓国の仏教界の関係が主題化されている。いわば、東アジアにおける「仏教と近代」ならびに「伝統と近代」の問題が取り上げられている。

「東アジアにおける近代の始点は」――と林淳は述べる――「十九世紀中期以降、西洋の列強国が中国、日本に折衝しはじめた頃だと、私は考える」(48)。筆者も林の見解に同意する。また、林は「西洋の列強国の影響が、非西洋の地域に広がったことで、非西洋の地域が資本主義のシステムに巻き込まれて、「近代」を意識化せざるをえなくなったこと」にも注意を促す。ここで東アジアの「近代」の問題を考える時に重要なのは、中国・韓国・日本の間の関係性（さらに台湾や沖縄も含めるべきだが）をどう捉えるか、ということである。米谷匡史は、この点についてこう指摘する。

東アジアにおける「近代」は、中国／朝鮮／沖縄／日本の相互関係のなかで、きびしい摩擦・抗争をうみだしました。ウェスタン・インパクトは、その圧迫に直面する「アジア」内部の相互関係において、不可避的に摩擦・抗争をひきおこしてしまうのです(49)。

こうした「摩擦・抗争」の相互関係の中で、東アジアの仏教者や仏教研究者たちの交渉や対立、交流がなされていく。中国・韓国・日本の関係を考える時に重要なのが、東アジアにおける日本の立ち位置である。この点について、磯前順一は「中国と朝鮮半島は西洋世界による植民地化と向き合わざるをえなかったが、それだけでなく日本という西洋の代理人とも格闘しなければならない入れ子状況に置かれていたのである」と指摘する。さらに、「日本も西洋に対してはアジアであるが、東アジアに対しては西洋の代理人として、二重の性格をもって振る舞っていくことになる」と、日本の立ち位置を措定している(50)。

以上のように複雑な関係性の中で、東アジアの近代仏教は展開していくのだが、それをどのように分析するのか、筆者の視点を示しておきたい。

以前、私は、「近代仏教の帝国史研究」の必要性を提起したことがある(51)。日本の近代仏教は、近代日本の歴史的・国際的文脈の中で、戦争と植民地化を通じて、東アジア世界に介入した。世界システムにおける近代東アジア世界との関わりの中で、日本の近代仏教の成立と形成を検討すべきであり、その際、従来の「ナショナル・ヒストリーとしての日本近代仏教史」を「トランスナショナル・ヒストリーとしての近代仏教史」へと語りなおすことを主張した。このことをあらためて論じてみたい。

末木文美士は、これまでの日本近代仏教史研究について、「仏教を日本の中で閉ざされた範囲で研究してきた」

と批判する[52]。さらに、これまでのナショナル・ヒストリー的な研究視点の不十分点についてこう述べる。

仏教の戦争協力を批判する場合にも、アジアの思想家たちがそれぞれ独自の観点から日本に対峙していたことへの視点を十分に持てなかった。日本の近代化の先進やアジアへの侵略は、アジア諸国に複雑な反応を惹き起こした。あるいは日本を模範と見、あるいは日本と交流し、あるいは日本を批判する等のさまざまな反応があり、それらを日本思想史と関連させながら見ていかなければならないが、それは十分に行なわれていなかった[53]。

もちろん、海外布教や戦争時の従軍布教などの研究を通じて、「日本仏教とアジア」の関係に関する研究が積み重ねられており、現在も着実に研究は進展している[54]。しかし、東アジア諸地域の「摩擦・抗争」の相互関係における日本とアジアの仏教者たちとの「複雑な反応」については、研究はまだ不十分である（全くないわけではなく、それについては後述する）。末木のいう「複雑な反応」の分析という研究視点は、一九九〇年代以降の日本で進展している「帝国史」研究に接続しうる、と筆者は考える。

駒込武は、二〇〇〇年の時点で「「帝国史」研究」という言葉で「近年における新しい植民地研究の動向」を表現し、その共通点として、以下の四点を挙げている。①複数の植民地・占領地と日本内地の状況の構造連関を横断的に把えようとすること、②内地の状況が植民地支配を規定した側面のみならず、植民地の状況が内地に与えたインパクトを解明すること、③従来の経済史を中心とした帝国主義研究の成果を踏まえながらも、政治史や文化史の領域を重視すること、④「日本人」「日本語」「日本文化」というカテゴリーを自明なものとみなさず、その形成と変容の歴史的プロセスに着目すること[55]。さらに、「同化政策」対「民族解放闘争」という従来の二項対立的な図式に対して、「こうした枠組みにとらわれずに、さまざまな次元での相互作用に着目しながら、植民地政策にはらまれた内部矛盾や、支配者と被支配者のインターフェイスに生ずる諸問題をさらに立体的に解明しようとする」のが、「近年の新しい動向」であると指摘する(56)。

これらすべての帝国史研究の特徴を近代仏教研究で遂行するのは難しいかもしれないが、少なくとも、日本の仏教者や仏教研究者が東アジアにもたらした「複雑な反応」を、「さまざまな次元での相互作用」として分析し、「植民地政策にはらまれた内部矛盾」や「支配者と被支配者のインターフェイス」を検討することや、東アジアの仏教世界との関わりの中で、「日本仏教」（や「朝鮮仏教」）というカテゴリーがどのように歴史的に構築されてきたのかなどの研究を想定することができよう。本書に収録した梁論文や金論文はこうした課題に真正面から取り組んでいる研究として位置づけることができる。

2　トランスナショナル・ヒストリーとしての近代仏教史

帝国史研究への近代仏教研究を接続するとともに、トランスナショナル・ヒストリー的な研究視点の導入も不可欠であろう。尹《ユン》海《ヘ》東《ドン》のいう「トランスナショナル・ヒストリー」概念をここで取り上げたい。

尹は、この概念が「国家間の関係（international）、または多国籍的状況（multinational）を乗り越える新たな現実を表象するために作られた」概念であり、「一国史を乗り越えようとする代案的歴史として提起されたのである」という(57)。帝国史とトランスナショナル・ヒストリーは相補的な視点である。この点について、尹は、トランスナショナル・ヒストリーの視点が植民地を経験した歴史や帝国支配の経験を持つ歴史を解明するのに最も適切な認識体系を提供することを示唆する。また、「帝国主義支配の抑圧と葛藤、抵抗、協力、同化、交流などといった両民族の間に起こる多様な相互作用」に帝国主義支配の本質を見て、韓国や東アジアの近代経験をトランスナショナルな問題として捉え返すことを説く[58]。尹のいう「多様な相互作用」は、まさに帝国史研究における「さまざまな次元での相互作用」への着目を意味するものであり、東アジアの仏教世界の「複雑な反応」を分析するための準拠点をもたらしてくれる。

実際に、日本語による近代仏教研究の成果として、トランスナショナル・ヒストリー的かつ帝国史的な研究視点をもち、「複雑な反応」を分析している成果を見ることができる。たとえば、二〇〇〇年代以降、中国・満洲については、陳継東『清末仏教の研究――楊文会を中心として』（山喜房佛書林、二〇〇三年）、木場明志・程舒偉編『日中両国の視点から語る　植民地期満洲の宗教』（柏書房、二〇〇七年）、朝鮮については、諸点《ジェジョム》 淑《スク》「東アジア植民地における日本宗教の「近代」――植民地朝鮮における日本仏教の社会事業を事例として」（立命館大学大学院文学研究科史学専攻二〇〇七年度博士論文）、川瀬貴也『植民地朝鮮の宗教と学知――帝国日本の眼差しの構築』（青弓社、二〇〇九年）、磯前順一＋尹海東編『植民地朝鮮と宗教――帝国史・国家神道・固有信仰』（三元社、二〇一三年）[59]等の成果がもたらされている[60]。

中国の仏教に関する研究のうち、陳の研究は、近代中国において在家居士・楊文会が仏教復興に果たした役割を分析したものである。楊の思想と活動を検討するとともに、仏教学者の南条文雄との交流や真宗大谷派僧侶の小栗栖香頂との論争など、中日の仏教者間の相互関係が考察されている。

陳が切り開いた研究視点を継承した論考として、本書収録の梁論文を捉えることができるであろう[61]。梁論文では、中国の僧侶が日本に留学して日本の仏教界の僧侶教育制度を学んだり、日本の仏教者や仏教学者の仏教研究に関する論考が中国の有名な仏教雑誌『海潮音』に翻訳されて掲載されるなど、中国仏教界に対する日本仏教の影響が具体的に明らかにされている。また、一九二〇年代後半以降の日本軍による中国侵略に対して、中国仏教界のリーダー・太虚をはじめとする中国仏教者たちが参加した抗日活動が紹介され、日本仏教界に対する中国仏教界の抵抗が分析されている[62]。戦争への参加は、日清戦争以来の日本仏教界の社会活動であるが、叢林仏教の伝統を持つ中国仏教界にとっても近代的な社会活動（梁は「社会参加仏教」と呼ぶ）であったことがわかる。

3　「帝国仏教」と植民地近代

一方、諸、川瀬、磯前・尹らの朝鮮の仏教（宗教）に関する研究は、いずれもトランスナショナルな帝国史研究として位置づけることができるであろう。とくに磯前十尹編『植民地朝鮮と宗教』は――磯前と裵《ペ》貴《ギ》得《トク》による序論「「帝国史」として「宗教」を論ずる」に明示されているように――トランスナショナル・ヒストリーとしての帝国史という研究視点から、植民地朝鮮の宗教を主題として、「帝国の日本と植民地朝鮮をめぐる複雑な関係を解き明かすこと[63]」を掲げている。

この「複雑な関係」を分析するうえで、本書収録の金論文が提示する分析概念が、「帝国仏教」である。金は、現代韓国の近代仏教研究における「親日仏教」と「反日仏教」の二項対立的な図式を乗り越えるため、「朝鮮仏教」の意味づけの変遷を跡づける。その結果、一八九〇年代に日本人仏教者の眼差しを通じて登場した「朝鮮仏教」概念が、一九一〇―二〇年代には「日本仏教」を相対化し、一九三〇年代には民族的な独自性や独創性を表出したと述べる。しかし、戦争期には帝国としての普遍性を帯びた「帝国仏教」（としての「日本仏教」）に特殊としての「朝鮮仏教」が参与する姿を描き出した。「帝国の植民者と被植民者の双方的な営みによって生まれる仏教的アイデンティティ」（本書、三一三頁）である「帝国仏教」概念を用いることで、「親日仏教」と「民族仏教」が矛盾するものではないことが明らかにされている。まさに、末木のいう「複雑な反応」を十全に分析した近代仏教の帝国史研究の貴重な成果であるといえよう。

また、京城帝国大学教授・高橋亨の朝鮮人観・朝鮮宗教観・朝鮮仏教観におけるオリエンタリズム的な眼差しと、新田開発運動（一九三〇年代後半の文化帝国主義的な政策）で朝鮮人知識人に内面化され、再生産された「日本型オリエンタリズム」を分析したのが、川瀬貴也である。川瀬は、「植民地近代」[64]に言及し、「植民地主義と近代性（近代化）は表裏一体のもの」であると指摘する[65]。

日本の近代仏教における近代性が、この植民地主義的なものであったことを摘出したのが、諸点淑である。諸は、植民地朝鮮における日本仏教（真宗大谷派、浄土宗）の社会事業を分析したうえで、「ポジティブな意味での「近代性」やネガティブな意味での「植民地主義」」が「植民地という〈場〉において……緊密な関係を持ちつつ存在していたという同時性への着目が必要であろう」と論じている。そして、こうした日本仏教の近代性を「植民地的近代」と表現している[66]。

以上から、植民地期の朝鮮における「伝統と近代」のあり方は、日本帝国や日本仏教界、日本人知識人の植民地主義やオリエンタリズムによって大きく規定されるとともに、現地の人をはじめ、さまざまなアクターによる「多様な相互作用」や「複雑な反応」によって形成されたことがわかるであろう。

おわりに――近代批判としての近代仏教研究のために

最後に、「植民地近代」概念をあらためて取り上げ、「多種多様な近代」について考察してみたい。

「植民地近代」に関する代表的な論者の一人である尹海東は、「西欧で生産した近代観を、一方的に受容したやり方に対する反省としての意味を持つのが、まさに「植民地近代」という発想だ」、と述べる[67]。さらに次の言葉に耳を傾けよう。

では、西欧近代的な基準ではない新しい近代の基準を提示し、これをもとに多元的な近代像を提示することはどのような意味があるのだろうか？　西洋的近代性の抑圧性に抵抗するための試みとして、すなわち西欧近代を批判するために近代の多様性を想定すること、言い換えれば「非ヨーロッパ的近代」または「多元的近代」を設定するやり方では、近代の循環論から脱し難い[68]。

尹は、「植民地近代」を西欧近代（帝国主義近代）の対抗概念として設定するのではなく、近代の配置の問題として把握するのである。筆者は、「多種多様な近代」というテイラーの議論を引き受けることを冒頭で述べた。しかし、それを語ることでは「近代の循環論から脱し難い」。では、どうすればよいのか。

もちろん、「多種多様な近代」について積極的に語るという選択肢もありえる。だが、ポストコロニアル研究の立場から「近代」概念を思想史的に問いなおしたガルミンダ・バンブラによれば、「近代」に関する語りは、近代化論から複数の近代（つまり、「多種多様な近代」）へとシフトしたが、複数の近代論も「西洋の優位を当然とするテーマの一変種[69]」に過ぎないという。そうであるならば、「多種多様な近代」を語るのではなく、（尹の指摘を引き受け）「西洋的近代性の抑圧性」（さらには日本的近代性の抑圧性）を批判すること、西洋近代（と日本近代）への批判的言説によって、別の近代の語り方を提示できるのではないか。つまり、「多種多様な近代」について語るのではなく、たとえば、植民地近代や帝国主義近代という視点から、近代を批判的に多種多様に語りなおすこと。そのことを提起したい。

トランスナショナルな帝国史研究に立脚すれば、従来の日本近代仏教史研究（自らの研究も含む）のように、日本の近代仏教の近代性をポジティブな意味でのみ称揚することはできないであろう。日本を含めた東アジアの「仏教と近代」を語る時、日本仏教の近代性は帝国主義近代という性格を有するのであり、日本の近代仏教研究は近代批判の役割を果たすべきではないか。つまり、近代批判としての近代仏教研究によって、東アジアの「仏教と近代」に関する研究を展望するとともに、別の近代の語り方の可能性を切り開くことが求められているのである。

注

（1）チャールズ・テイラー『近代　想像された社会の系譜』（上野成利訳、岩波書店、二〇一一年、原著二〇〇四年、vii頁）。

（2）ある特定の社会を構成する広範な層の人々が自分たちの生きている社会のあり方を想像する仕方のこと（上野成利「訳者あとがき」同上、三一八頁）。

（3）同上、二八三―二八五頁。

（4）エドワード・サイード『オリエンタリズム』全二巻（今沢紀子訳、平凡社ライブラリー、一九九三年、原著一九七八年）。

（5）ロバート・ベラー「エピローグ――近代アジアにおける宗教と進歩」、二四二頁。なお、訳文・訳語は原著参照の上、適宜改めた。

（6）同上、二五〇頁。

（7）Anne M. Blackburn, *Locations of Buddhism: Colonialism and Modernity in Sri Lanka*, Chicago : University of

Chicago Press, 2010, p.197.

（8）Gananath Obeyesekere, "Religious Symbolism and Political Changes in Ceylon," in *Modern Ceylon Studies* 1, no.1, 1970.

（9）Ibid., pp.46-47.

（10）リチャード・ゴンブリッチ、ガナナート・オベーセーカラ『スリランカの仏教』（島岩訳、法藏館、二〇〇二年、原著一九八八年）。とくに第一章と第六章参照。

（11）同上、三〇六頁。

（12）同上、三二一―三二三頁。

（13）拙稿「「プロテスタント仏教」概念を再考する」（『近代仏教』二〇号、二〇一三年）参照。

（14）Philip C. Almond, *The British discovery of Buddhism*, UK: Cambridge University Press, 1988.

（15）Donald S. Lopez Jr.（ed.）, *The Curators of the Buddha : The Study of Buddhism under Colonialism*, Chicago: University of Chicago Press, 1995.

（16）Richard King, *Orientalism and Religion: Postcolonial Theory, India and the "Mystic East,"* London: Routledge, 1999.

（17）サイードのオリエンタリズム批判以降の研究動向については、オリオン・クラウタウ「近代・オリエンタリズム・越境性——仏教研究における近年の一動向をめぐって」（『東北宗教学』五号、二〇〇九年、のちに『近代日本思想としての仏教史学』法藏館、二〇一二年に所収）を参照した。また、吉永進一氏とディラン・ルアーズ氏からもご教示いただいた。

（18）Almond, Ibid., p. 7.

（19）クラウタウ「近代・オリエンタリズム・越境性」（『東北宗教学』五号、二〇二―二〇三頁）。

（20）Christopher S. Queen & Sallie B. King（eds.）, *Engaged Buddhism: Buddhist liberation movements in Asia*, Albany, New York: State University of New York Press, 1996.

（21）ランジャナ・ムコパディヤーヤ『日本の社会参加仏教——法音寺と立正佼成会の社会活動と社会倫理』（東信堂、二〇〇五年）「序章　「社会参加仏教」とは何か」、同「社会参加と仏教」（末木文美士編『新アジア仏教史15　日本Ⅴ　現代仏教の可能性』佼成出版社、二〇一一年）参照。

（22）なお、ムコパディヤーヤによれば、「Socially Engaged Buddhism」は、タイの社会改良家スラック・シワラック（Sulak Sivaraksa）の同名の著作（*A Socially Engaged Buddhism*, Thailand: Thai Inter-Religious Commission for Development, 1988）と Fred Eppsteiner (ed.), *The Path of Compassion: Writing on Socially Engaged Buddhism*, Berkeley, California: Parallax Press, 1988 によって用いられはじめたという（前掲『日本の社会参加仏教』、七頁）。

（23）Christopher S. Queen (ed.), *Engaged Buddhism in the West*, Boston: Wisdom Publishing, 2000.

（24）Queen, Charles Prebish & Damien Keown (eds.), *Action Darma: New Studies in Engaged Buddhism*, London: RoutledgeCurzon, 2003.

（25）King, *Being Benevolence: The Social Ethics of Engaged Buddhism*, Honolulu, HI: University of Hawaïi Press, 2005.

（26）King, *Socially Engaged Buddhism*, Honolulu, HI: University of Hawaïi Press, 2009.

（27）丸山照雄『闘う仏教』（法藏館、一九九一年）。

（28）西川潤・野田真理編『仏教・開発・NGO——タイ開発僧に学ぶ共生の智慧』（新評論、二〇〇一年）。

（29）阿満利麿『社会をつくる宗教——エンゲイジド・ブッディズム』（人文書院、二〇〇三年）。

（30）ランジャナ・ムコパディヤーヤ前掲『日本の社会参加仏教』。

（31）同上、二二頁。また、阿満の『社会をつくる宗教』一九頁も参照。

（32）King, *Socially Engaged Buddhism*, p.1.

（33）一九六七年にイギリス人僧侶のサンガラクシタによって創設された国際的な仏教組織「西洋仏教僧団友の会」（Friends of the Western Buddhist Order, FWBO）のインド支部。サンガラクシタの弟子でイギリス人僧侶のローカミトラによって一九七九年に設立された。アンベードカルの活動を引き継ぎ、「不可触民」の仏教改宗運動（新仏教運動）に取り組んでいる。

（34）マハトマ・ガンジーの思想と活動からの影響と仏教教説を再解釈した理念にもとづく農村開発運動。高校教師だったアリヤラトネが一九五八年に貧しい農村で行った奉仕活動からはじまり、スリランカ国内の一万三千以上の村々に広がった。

（35）ハンが亡命先のフランスで一九六九年に設立した団体。

（36）国内最大の仏教系新宗教団体で、公称会員数は八二七万世帯。一九三〇年に牧口常三郎によって「創価教育学会」として創設された。

（37）Queen, “Introduction: The Shapes and Sources of Engaged Buddhism,” in *Engaged Buddhism*, p.20.

（38）Queen & King, “Preface,” in *Engaged Buddhism*, p. x.

（39）この点について、末木も「社会参加仏教は……キリスト教における「解放の神学」の仏教版という面を持つものである」（「仏教に何が可能か」末木編『現代と仏教――いま、仏教が問うもの、問われるもの』佼成出版社、二〇〇六年、一三頁）と指摘している。

（40）King, “Socially Engaged Buddhism,” in David L. Mcmahan（ed.）, *Buddhism in The Modern World*, London: Routledge, 2012, pp. 209-210.

（41）この論点については、リチャード・キングがいち早く指摘している。「プロテスタント仏教」とラベルづけされたスリランカの仏教リバイバル現象を、「仏教の西洋化（Westernization of Buddhism）」の一例として紹介している（*Orientalism and Religion*, p. 150）。

（42）Thomas F. Yarnall, “Engaged Buddhism: New and imporved? Made in the USA of Asian materials,” in *Action Darma*, p.303.

（43）Stephen Prothero, *The White Buddhist: The Asian Odyssey of Henry Steel Olcott, Bloomington and Indianapolis:* Indiana University Press, 1996.

（44）ホミ・K・バーバ（本橋哲也・正木恒夫・外岡尚美・阪元留美訳）『文化の場所――ポストコロニアリズムの位相』（法政大学出版局、二〇一二年、原著一九九四年）。

(45) さらには、改革主義、プロテスタント仏教、社会参加仏教を単なる「西洋化された仏教」ではなく、本書第4部でデヴィッド・マクマハンがいう「仏教モダニズム」と捉えることもできよう。
(46) 杉本良男「四海同胞から民族主義へ――アナガーリカ・ダルマパーラの流転の生涯」（『国立民族学博物館研究報告』三六巻三号、二〇一二年）。また、佐藤哲朗『大アジア思想活劇――仏教が結んだ、もうひとつの近代史』（株式会社サンガ、二〇〇八年）や拙稿「アジアの仏教ナショナリズムの比較分析」（末木編『国際研究集会報告書41　近代と仏教』国際日本文化研究センター、二〇一二年）も参照。
(47) 杉本前掲「四海同胞から民族主義へ」、三四一頁。
(48) 林淳「普通教育と日本仏教の近代化」（前掲末木編『国際研究集会報告書41　近代と仏教』、九三頁）。
(49) 米谷匡史『アジア／日本』（岩波書店、二〇〇六年、一九頁）。
(50) 磯前順一『宗教概念あるいは宗教学の死』（東京大学出版会、二〇一二年、三四頁）。
(51) 拙稿「帝国と仏教」（『日本思想史学』四三号、二〇一一年）。以下の内容は、本稿と一部重なる。
(52) 末木文美士「近代仏教とアジア――最近の研究動向から」（『日本思想史学』三五号、二〇〇三年、のちに『近代日本と仏教』トランスビュー、二〇〇四年所収、七五頁）。
(53) 同上。
(54) アジアのみならず、欧米も含めた「仏教者の海外進出」に関する研究動向については、藤井健志「仏教者の海外進出」（末木編『新アジア仏教史14　日本Ⅳ　近代国家と仏教』佼成出版社、二〇一一年）が参考になる。
(55) 駒込武「「帝国史」研究の射程」（『日本史研究』四五二号、二〇〇〇年、二二四頁）。帝国史研究のレビューについては、戸邊秀明「ポストコロニアリズムと帝国史研究」（日本植民地研究会編『日本植民地研究の現状と課題』アテナ社、二〇〇八年）と板垣竜太・戸邊秀明・水谷智「日本植民地研究の回顧と展望――朝鮮史を中心に」（『社会科学』八八号、二〇一〇年）を参照した。
(56) 駒込前掲「「帝国史」研究の射程」、二二四頁。
(57) 尹海東「トランスナショナル・ヒストリーの可能性――韓国近代史を中心に」（裵貴得訳、『季刊日本思想史』七六号、ぺりかん社、二〇一〇年、六二頁)。

(58) 同上、六三頁。なお、本拙論と金論文で用いている「トランスナショナル・ヒストリー」概念は、尹による帝国史的な観点にもとづく限定的な用法だが、本書第2部での「トランスナショナル」概念は、広い意味での東洋と西洋との交流という用い方をしていることに注意されたい。

(59) 本書は、「宗教概念と帝国史」「日常生活における宗教布教」「国家神道と類似宗教論」「国家神道と固有宗教論」「朝鮮民俗学と固有信仰」の五部構成からなり、諸点淑が「植民地朝鮮における日本仏教の社会事業――「植民地公共性」を手がかりとして」を、金泰勲が「一九一〇年前後における「宗教」概念の行方――帝国史の観点から」を寄せている。

(60) なお、近年、大谷光瑞に関する研究が進展しており、柴田幹夫編『大谷光瑞とアジア――知られざるアジア主義者の軌跡』(勉誠出版、二〇一〇年)、白須淨眞編『大谷光瑞と国際政治社会――チベット・探検隊・辛亥革命』(勉誠出版、二〇一一年)、柴田幹夫編『アジア遊学一五六　大谷光瑞――「国家の前途」を考える』(勉誠出版、二〇一二年)等も注目すべき成果である。

(61) 梁にはほかにも「中国近代仏教における日本新仏教運動の影響――『海潮音』、『南瀛仏教』を中心に」(『東アジア仏教研究』八号、二〇一〇年)や「近代中国仏教者からみた日本仏教――一九二〇～一九三〇年代を中心に」(『近代仏教』一八号、二〇一一年)の成果もある。

(62) 中国における抗日仏教の展開についての先行研究として、辻村志のぶ・末木「日中戦争と仏教」(『思想』九四三号、岩波書店、二〇〇二年)や末木「日本侵略下の中国仏教」(『近代日本と仏教』トランスビュー、二〇〇四年)がある。

(63) 磯前＋裵「「帝国史」として「宗教」を論ずる」(『植民地朝鮮と宗教』、二六頁)。

(64) この分析概念は、一九九〇年代後半以降の朝鮮近代史で影響力をもつようになった。韓国の近代化をめぐる議論として、一九四五年の解放後の韓国の経済成長は日本による植民地化の過程ではじまった近代化に基礎を置くとする「植民地近代化(Colonial Modernization)論」がある。韓国の内在的発展論を否定する立場であり、日本による植民地支配を肯定するものとして批判された。それに対して、日本の植民地政策による近代化の契機を認めず、資本主義の萌芽は植民地期に挫折を余儀なくされたとする「収奪論」が対置された。これらの議論は近代を肯定的に捉える視点であり、近代を批判的に把捉する視点として登場したのが、「植民地近代（Colonial Modernity）」概念である（三ツ井崇「朝鮮」〈日本植民地研究会編前掲『日本植民地研究の現状と課題』、一〇五―一〇七頁〉）。

(65)　川瀬貴也『植民地朝鮮の宗教と学知――帝国日本の眼差しの構築』、二二六頁。

(66)　諸点淑「東アジア植民地における日本宗教の「近代」――植民地朝鮮における日本仏教の社会事業を事例として」（「立命館大学大学院文学研究科史学専攻二〇〇七年度博士論文」、一五七頁）。なお、諸のいう「植民地的近代」は「植民地近代」のことである。

(67)　尹海東「植民地近代と大衆社会の登場」（宮嶋博史・李成市・尹海東・林志弦編『植民地近代の視座――朝鮮と日本』岩波書店、二〇〇四年、五一頁）。

(68)　同上、五二頁。

(69)　ガルミンダ・バンブラ『社会学的想像力の再検討――連なりあう歴史記述のために』（金友子訳、岩波書店、二〇一三年、原著二〇〇七年、二二八頁）。

社会参加仏教とは何か？

サリー・キング
（抄訳・高橋　原）

はじめに

植民地主義、外国による侵略、戦争、西洋化、抑圧、社会的不公正、貧困、差別……現代の仏教徒の社会活動（Buddhist social activism）が生まれたのはこうした文脈からである。社会参加仏教（Socially Engaged Buddhism）は、各地域に固有の状況に応じてそれぞれ個別に立ち現われてきたものであるが、そこに同じパターンが繰り返し現われるのが見て取れる。これは社会参加仏教が仏教の遺産という土壌を共有し、いずれもモダニティの弊害と長所に直面する中で生まれたことを考えれば当然である。以下では、アジアにおける仏教的な解放運動に統合的説明を与え、そこにいかなるパターンが現われるのかを見極めたい。そして、社会参加仏教全体に検討を加え、暫定的な評価を加えたいと考える。

一　改革主義

議論をはじめるにあたって、ロバート・N・ベラーが「近代アジアにおける宗教と進歩[1]」で用いた概念枠組みを参照しておくのがよいだろう。ベラーによると、モダニティの要求に直面した伝統社会は、しばしば改革主義か新伝統主義かどちらかを選択するという。改革主義運動は根本的な変革を提唱するが、それは「初期の指導者や教典への回帰、後から入ってくる伝統の拒絶、本来の教えを社会改革と国民の再生として解釈すること」として表現される。(2) さらに、そのような運動には必ず「伝統への激しい自己批判」がともなう。一方、新伝統主義とは、「変革を最小限に抑え、できる限り現状維持をめざすために作られたイデオロギー(3)」であり、伝統文化の価値を擁護するために近代的な思想と方法を用いる。

本稿で扱う人物たちは全員が改革主義者であるといって差し支えないが、中には伝統主義的な一面を持つ者も含まれる。一つの基準となるのは社会変革への関心の度合いである。サルボダヤ、アンベードカル、ＴＢＭＳＧ、スラックは何よりも社会変革に関心を持ち、望ましい変革をもたらすために新しい形の仏教を構築しているので、ベラーのいう「改革主義者」に最も近い。

ブッダダーサはまた別のタイプに属する。彼が社会改革よりも仏教改革に大きな関心を寄せているのは明らかであるが、哲学としては、両者を不可分なものとして考えている。彼の仏教改革への関心は制度面に留まるものではなく、信念、価値観、実践を根本的に再考しようとしている。

ティク・ナット・ハンとダライ・ラマは、また別の範疇に入れられる。両者ともに、外部からの侵略によってトラウマ的な変化を余儀なくされた社会に属している。変化の是非が問われているのではなく、すでに変化は現実なのである。彼らの主要な関心は、この試練に対する仏教者の先を見据えたリアクションを明確にすることである。そして、どちらも仏教と社会の改革について深い関心と広い視野を持っており、この意味では典型的な改革主義者である。

「伝統に対する自己批判」という点においても程度はさまざまである。実際、「批判」という言葉は強すぎるきらいがあり、彼らは概してパーリ語経典と四諦、無我、縁起、慈悲という根本原理に回帰して、そこから直接に自らの教えを引きだそうとする傾向を持っている。彼らは自らを批判者ではなく再解釈者であると規定し、仏教の根本原理との連続性を強調する。とりわけダライ・ラマは、チベット人民にとって文字通り伝統の化身であり、彼においては改革と伝統、連続性と変革は一体である。

創価学会も、同様に、改革主義と新伝統主義の要素がともに浸透した運動である。彼らの宗祖である日蓮自身が典型的な改革主義者であり、法華経による原点回帰を説いて他の伝統を批判し、時代の要求に応じて先駆者たちとは根本的に異なる新しい仏教を興した。創価学会は自らの伝統文化の価値が他のいかなる伝統よりも優れているという主張で知られているが、社会改革に熱心であり、この目的のために膨大な時間と巨額の資金やエネルギーを費やしている。創価学会においても、改革と伝統は不可分である。

私はこれらの運動や人物たちを改革主義的であるとしたが、それはベラーが新伝統主義と呼んだものも含めてのことである。彼らはみな、何かの改革に深く関わっている。しかしその改革の対象も、それが仏教の伝統と衝突する程度もケースによりさまざまなのである。

二　新しい仏教の正当化

1　原点回帰による正当化

歴史的文脈に目を転じてみれば、アジアの仏教圏に生じているこの種の仏教徒の社会活動は近代の歴史的条件の下で生まれたもので、先駆形態のないものである。ゆえに彼らが仏教による社会運動の正当化を自覚的に試みてきたことは当然である。その正当化をどの程度伝統的言語によって行なうのかはまちまちであるが、いずれのケースにおいても彼らは依然として明確に仏教徒の位置に留まっている。

創価学会の社会活動は明瞭に日蓮仏教の伝統に根を持っており、創価学会の指導者たちは自己正当化のために日蓮の社会的・政治的活動に言及することができる。日蓮自身は自らの過激な新仏教を正当化するために「末法」のレトリックを練り上げる必要があった。日蓮にとっては、堕落の時代という危機は過去の伝統との訣別を要求するものであったのである。創価学会もこのレトリックを引き継ぎ、戦争、汚染、苦難とともにある二十世紀の人間もまた末法の世に生きていると主張している(4)。

もちろん他の例においては、ブッダにルーツが求められる。強調点に差はあるが、社会についての新しい教えはブッダの言葉の中に見出されると主張される。例えば「ブッダの僕」を自任するブッダダーサは、つねにブッダによって定められた道を歩んでいると強調している。彼は「私が説くのは、苦と苦の消滅についてだけである」というブッダの言葉を頻繁に引用する。彼によれば「世界平和はブッダの目指したものである」。

このようにブッダの言葉とパーリ語経典を引き、「原典回帰」によって今日の教えを正当化することは仏教的改革主義に典型的に見られる。サルボダヤ運動はしばしばパーリ語経典を参照するが、四諦、八正道、四念処の再解釈も行なう。スラックも四諦、五戒、四念処に基づき、パーリ語経典を参照して今日的問題に照らして再解釈している。上座部仏教以外のケースにおいては、パーリ語経典に大乗とタントラの経典が加わる。ダライ・ラマはシャーンティデーヴァの『入菩薩行論』を、ティク・ナット・ハンは『浄名玄論』を参照している。

経典だけでなく、仏教の教えとして定着している思想も、社会活動を支える動機を正当化し、説明するために引用される。創価学会の指導者たちは彼らの社会活動の動機が、信仰を広める責任と、会員と世界に対する慈悲にあると説明する。

ダライ・ラマは一貫して愛と慈悲が社会活動の唯一の妥当な動機であると世界中で語っており、自己と他者の立場が入れ替わりうるという原理を強調している。ブッダダーサの社会的教説は明らかに苦と利己主義についての教えから生まれている。スラックにおいても自己と他者を搾取しない無我の教えから社会的教説が生み出されている。ヴェトナム統一仏教教会は他者の苦しみを解放する慈悲に動機を求め、ティク・ナット・ハンも自己と他者の非二元性に基づいて慈悲と愛を強調している。このように、愛と慈悲、無我は、事実上あらゆる仏教徒の社会活動の動機として、繰り返し現われている。

2　縁起による正当化

こうして、アジアの仏教徒活動家たちが、彼らの努力が文献（とりわけブッダの言葉）のみならず、実践と経験に基礎を持つと理解していることが見えてくる。文献的な根拠や哲学的原則によって仏教徒の社会活動に大義名分が得られることは確かであるが、実際の社会活動の動機は、上述のように、つねに愛、慈悲、無我という言葉で語られる傾向にある。これらの経験的条件は仏教徒としての実践の中で洗練されていくべきものであると活動家たちは語る。個々の指導者や運動はそれぞれ異なった実践を行なっているが、最もよく見られる実践は五戒、八正道、四念処、日常生活におけるマインドフルネスである。

仏教の原理のうち、社会活動家たちが自らの視点を理解し、表現し、正当化するために用いる最も強力な概念的道具となっているのはおそらく縁起（相互依存性）である。創価学会は縁起の原理によって、生きとし生けるものがこの世界を共有し、ゆえにひとりひとりがあらゆるものに影響を与えていることを強調する。ダライ・ラマも世界が相互に依存し合っていることを強調し、政治問題や環境問題の国際的解決につなげようとする。スラックの活動もまた、縁起の理解に基づき、あらゆる問題の多元性を認識して活動を多元的に展開している。

相互依存の原理を最も深く広く応用した例がブッダダーサとティク・ナット・ハンの教えに見られる。縁起は両者の思想の根本であり、そこから導き出されているものは枚挙にいとまがない。

ブッダダーサによれば、縁起の思想を理解することが「真の自己などないという明瞭な理解につながり、それによって自己と他者、個人と社会の区別へのとらわれから逃れることができる」。ブッダダーサの「仏法社会主義(Dhammic Socialism)」は、自然法則としての縁起理解を表現したものである。

ティク・ナット・ハンの社会原理もまた、生の根本法則として縁起を理解する視点から発展したものである。道徳を考えるとき、縁起の思想は我々が「他者」の有害な行為から離れて生きることができないということを教えてくれる。自分を含めたすべての人々が現状に対して何らかの責任を負っているのである。ヴェトナム戦争中、仏教徒の活動家たちの基本的動機は、人民の苦しみを自分のものでもあると感じるがゆえに、自らを苦から解放するために行動しなければならないということであった。ティク・ナット・ハンにとって苦の原因と結果は不可分である。縁起についての洞察から、すべての人々を苦から解放しなければならないという要求、また、その苦を作りだしている者をも含むいかなる人々の幸福にも反することなく、問題を解決しなければならないという必然性が生まれる。

これらの例に示される重要な点は、仏教徒の活動家たちの社会活動が、広大な仏教の遺産と伝統の中に散見される些細なテーマに依拠しているわけではないということである。むしろ彼らが依拠するのは、ブッダによって宣言されて以来ずっと重んじられてきた根本的テーマ、すなわち、慈悲、縁起、無我である。

私の見解では、ブッダ自身は社会的教説についてあまり関心を持っていなかったのではないかと問うことは重要ではない。ブッダが何らかの社会的教説を説いていたことは明らかである。しかし、ブッダダーサとティク・ナット・ハンは、仏教の教えの根本は、社会倫理や社会理論、政治理論を引き出そうという意図をもって読んでこそ有意義なものとなるという主張に大きく傾いているように思われる。ティク・ナット・ハンとブッダダーサの社会的教説は、徹頭徹尾彼らの宗教的教説からの発展である。ブッダダーサはきわめて伝統的で中心的な仏教の原理、とりわけ無我と縁起を重視している。彼らの教説は明らかに仏教からの必然的な拡張であり、同時に新しい応用なのである。

もちろん、社会参加仏教徒たちに見られる再解釈に対して不満を抱く仏教徒もいる。ブッダの言葉と今日の改革者たちの理解はあまりに大きく隔たっているというのである。しかし、サルボダヤ運動の創始者アリヤラトネは、仏教が現世否定の体系であるという解釈の方が誤っていると主張する。そのような見方は西洋諸国が文化を転覆し、僧侶を貶めようとしていた植民地時代に現われたというのである。たしかに植民地時代前後のスリランカの仏教史を吟味すれば、彼の議論が妥当であることはすぐにわかる。(5)

三　バランスの問題

多くの社会参加仏教徒たちは、ブッダ自身が社会的教説を説いたことが見過ごされてきたと主張する。アンベードカルは、ブッダはあらゆる社会問題に答えているのに近代の著者たちはそれに目をつぶってきたと述べている。アリヤラトネは、仏教をスピリチュアル（霊的・精神的）な教えに限定して解釈することは、ブッダの教えを彼岸に閉じこめるという誤りに陥ってしまうと述べる。ゆえに、ブッダの社会的教説に注目することは、歪んだ仏教理解にバランスを回復することになるのである。

四　物質主義とスピリチュアリティとのバランス

貧者との協働を使命としている運動（とりわけアンベードカル、ＴＢＭＳＧ、サルボダヤ運動）は、貧者をあらゆる――物質的、心理的、社会的、文化的、スピリチュアルな――苦境から解放することをその目的としてきた。彼らは、これらの苦しみが互いに絡み合っていると考え、その解決のために多くの次元におけるプログラムを同時並行的に構築している。彼らはこれがブッダの歩みに連なることであると考えており、たとえばＴＢＭＳＧは、『ダンマパダ』の「飢えは最大の苦しみであり、健康は最大の利得である」という章句に言及し、飢えた男が食べ物を与えられるまで説法をはじめなかったブッダのエピソードに言及している。

とりわけアンベードカルとＴＢＭＳＧ、サルボダヤ運動においては、貧者への奉仕は出発点でありレゾンデートル（存在意義）である。アンベードカルが生み出した仏教は徹底的に此岸に目を向けたものであり、「不可触民」の切迫するニーズに応えようとするものである。苦の原因を自らに求める伝統的な四諦の思想や、比丘（比丘尼）による自発的な清貧と瞑想の道は、構造的な貧困に囚われている人々にとっては無益なのである。[6]これははるかに恵まれた社会においても同様で、アメリカの都市生活者の貧困層にとっては、モノへの執着を絶ち切るという伝統的仏教の思想は意味をなさないので、創価学会の物質主義が魅力的に映るのである。

アンベードカルは、ある種の「欲求の階層」論に基づき、物質的欲求が適切に満たされてはじめて、人間はスピリチュアルな欲求に真剣に向き合うことができると主張する。ブッダダーサも物質的、肉体的、社会的なものが「スピリチュアル」なもののうちに統合されることを重視してこう述べる。「仏教は物質主義でも心理主義でもない。両者のバランスを正しく保つことなのである」、と。

多くの社会参加仏教徒たちは、自分たちがしていることは、人生の物質主義的な要素に目を向けることによって、過度に精神化されてきた仏教の伝統にバランスを回復することであると考えている。私の見解では、ブッダが魂の理論だけを説いたのではなく、心と体からなる有機的全体としての人間を説いたという意味においては、改革者たちはまぎれもなく仏教的基盤に立っている。ブッダダーサは社会的なものとスピリチュアルなものが相互に浸透し合って一つのリアリティ（ダンマ）を構成していると説き、それを離れては世界平和は不可能であると説く。サルボダヤ運動もまた、物質的、心理的、社会的、文化的、あらゆる面から人間を養い育てることでスピリチュアルな発達が支えられるとしている。

貧者とともに働く人々が物質面での発展を強調するのは当然である。物質的な苦悩から解放されることによってスピリチュアルな問題に心を向けることができるというのは、仏教の中道の教えにもかなったことである。欲求の階層という観念に含まれる、まず食べ、次に瞑想すべしという思想も、中道の思想に含まれるものと考えられる。

中道という観点によって、活動家たちの多くは資本主義に対してきわめてアンビバレントな立場に立たされ、場合によってはきわめて敵対的になる。ブッダダーサは資本主義には利己主義が内在し、相互依存の関係を競争的で敵対的なものに変えると厳しく指摘している。ブッダダーサは、他の仏教徒たちと同様に、あらゆるものが相互に依存しあうという仏教的な理解から、共同生活を社会主義的に管理する必然性が生まれると考える。サルボダヤ運動もスラックも資本主義的な発展モデルには批判的である。

ダライ・ラマは、社会を組織するために資本主義と社会主義のいずれを重んじるべきかということについて最もアンビバレントな存在である。宗教的信念からいえば自分は社会主義に傾いていると率直に認めながらも、社会主義国によって引き起こされた自身と祖国のトラウマ体験ゆえに、彼は立場を修正する。「民主主義の枠組みで資本主義を追求する国々の方がはるかに自由である」とダライ・ラマは認める。最終的に、彼はどちらかにつくというのではなく、「環境主義政党」への共感を表明している。これは、スラックやサルボダヤ運動の考え方と一致しているように思われる。「緑の」、環境と人々にやさしい政治経済政策は、社会参加仏教徒たちの主張と矛盾しないものとして現われている。

五　スピリチュアリティと社会活動とのバランス

スピリチュアルな探求と社会活動とのバランスを保つことも、社会参加仏教徒の目指すものである。概して、スピリチュアルな探求を基礎に、その自然な結果として社会活動が現われると考えられている。スラックは述べる。「いかにして四諦と八正道を現代に応用するのか、いかにしてこれらの方法が近い将来、望ましい社会の建設を推し進める力となるのか、人々は知る必要がある」(7)。

この原理を明確に説明したものにティク・ナット・ハンがヴェトナム戦争中に書いたものがある。仏教の実践を社会活動に応用する方法について、学生に向けて書いた『マインドフルネスの奇跡』である。彼はしばしば、平静を保ち、マインドフルでいることが危機の時に最も必要なことであると指摘している。

どちらかというと伝統的な観点から、ダライ・ラマは、此岸的な目標（故郷の回復など）と仏教の伝統に即した彼岸的な目標（涅槃）は相互に補完し合うと述べている。抑圧された人々のために徳を積むことが精神の浄化に役立ち、より高い再生につながるからである。[8]

このこともまた、サルボダヤ運動のような純粋に上座部的な仏教をも含めて、ほぼすべての社会参加仏教徒にいえることである。此岸的目標と彼岸的目標とは対立するのではなく、相互に浸透しあっているか、単一のリアリティの二側面であると見られている。抑圧されて苦しむ貧者のために働くことは悟りの表現であり、そこへ至る訓練でもあると彼らは見ている。

サルボダヤ運動は「此岸に焦点を当てた仏教解釈であり、スピリチュアルな基礎に基づいた社会的・経済的発展である」。サルボダヤ運動の見方では、発展は仏教によって再解釈されなければならないが、仏教もまた、現代スリランカの発展へのニーズという文脈から再解釈されなければならない。[9] このバランスの重心を政治・社会的次元に置くか（アンベードカル）、スピリチュアルな次元に置くか（ダライ・ラマ、ブッダダーサ）という相違はあるが、いずれにせよ、社会的なものこそが彼らにとって本質的に重要なのである。

ブッダダーサのスタンスは伝統性と新しさを合わせ持っている。社会貢献は涅槃に旅立つための必須条件である。苦を滅するという仏教の目標を彼岸のスピリチュアルな問題としてのみ解釈するのは誤りである。スピリチュアルなものが身体を否定するわけではないからである。涅槃はこの輪廻の只中でのみ見出されるのである。苦の消滅を考える時には個人的問題と社会的問題をともに考えなければならないのである。[10]

ブッダダーサにとって、究極的には、社会的平和とスピリチュアルな平安は深く結びついており、ともに人間の欲望という問題の根に至らなければ到達できないものである。絶対的平安、すなわち涅槃はつねに最上位に置かれているが、それは社会的平和と同じ道を辿ることによって到達すべきものである。ゆえに「世界平和がブッダの目的である」ということになる。

サルボダヤ運動においては、伝統的な目標のより広範な再解釈が示唆されているように見える。サルボダヤ運動は「社会変革のためには自分自身を浄化しなければならないが、それは社会の中で働くことでもたらされる」（アリヤラトネ）というブッダダーサと同じ立場で開始された。ここにおいては社会的目標とスピリチュアルな目標は相互に自立している。サルボダヤ運動においては、現実の村人の苦しみをどのように取り去るかという実践的な観点から四諦が解釈され、活動のほとんどが社会的性質のものであるように見える。しかし、伝統的なスピリチュアルな目標も保持され、尊重されていることから、サルボダヤ運動の「日常的な目覚め」というレトリックはきわめて新しい概念であるといえる。

最も極端な例がアンベードカルである。彼は伝統的な四諦の解釈が苦しむものに責任を押しつけるとしてこれを拒絶し、苦の原因を社会的、政治的、経済的な搾取と貧困とに求める。悟りについても現世における物質的条件と社会関係の改善へと読み替えている。とはいえ、依然として五戒が重視されるなど、これも伝統からの完全な訣別ではないと評価することができる[11]。しかし、社会性とスピリチュアリティを両極端とするスペクトル上では、アンベードカルは最も社会の側に寄っており、スピリチュアリティはほとんど視野の外に消えているといえる。

六　幸福について

社会参加仏教徒たちが、仏教徒であるにもかかわらず「幸福」に言及していることに驚かれる読者もいるかも知れない。仏教が「厭世主義的」であるといまだに信じていることはないと望みたいが、仏教が幸福の源泉であるということに違和感を覚える読者のために付言しておく。

仏教がつねに苦の消滅をテーマとしてきたことは事実であるが、ブッダが語った苦は、単なる不幸のことではなかった。社会参加仏教徒たちの世界観の二つの特徴は、苦の消滅の目標は幸福を増すことであるという解釈を許すものとして、ブッダの時代以来存在してきたものである。その二つとは、現世的な視点と、在家性に焦点をあてることである。

焦点が在家性に向けられていることは明らかである。社会参加仏教運動のほとんどは、人々の福祉を改善するための運動であると受け取られている。ＴＢＭＳＧ、創価学会、サルボダヤ運動、ヴェトナム仏教闘争運動、スラックによる諸組織、いずれも人々を保護し、社会改善に資することを目的としてきた。チベット解放運動も、国民主権の問題が絡んでくるものの、基本的にはこのカテゴリーに入れられる。例外的に、ブッダダーサだけは、現世的な福祉よりは、正しい仏教を教えることを優先しているように思われる。

人々の福祉を優先順位の第一に置いたからといって、現世主義的な仏教を新たに創り出すことになるわけではない。しかし、爆弾が投下され、隣国の軍隊に侵略され、貧困や社会不正が突出するといった状況では、福祉への関心が転換されて現世主義的な仏教となるのは避けられないことである。とりわけ、現代世界において、苦が矯正可能な不正や、保護可能な生活、予防可能な病気となり、近代の成果である諸対策が実施可能なものであるときに、人々の福祉に関心を持つ仏教は現世主義的なものとなる。

危機の時代には、ブッダの名のもとで数多くの劇的なことがなされてきた。平常時には、日常生活に焦点が合わされ、普通の人々の世俗生活にふさわしい仏教が模索される。これは、仏教には八万四千の法門があるが、さらに多くの門が開かれなければならないと述べるティク・ナット・ハンの言葉に符合する。ＴＢＭＳＧはかつての「不可触民」に対して、法的問題や住環境から、家庭内暴力やアルコール依存にまで至る諸問題への対応策を示している。創価学会も座談会によって日常生活の問題をサポートし合う仕組みを作り、幸福を目標としている。サルボダヤ運動もスリランカの村々の経済的充足や内面的な慰安だけでなく、共同体における喜びを育んでいる。ダライ・ラマも幸福の追求が正しいことであると語っている。そもそも初期仏教の時代から幸福は望ましいものであると見なされていたことを想起しておこう（『ダンマパダ』一九七節―二〇〇節）。このように、仏教の実践が幸福を生み出すという観念は新しいものではない。新しいのはその幸福のために何が必要なのかという分析である。

七　仏教と政治

仏教の中に政治をどう位置づけるかということに関して一方の極に立つのが、創価学会による政党政治への全面的な傾倒である。創価学会は公明党を創設し、形式的に分離したとはいえ、今も密接な関係を保っている。同様に、ヴェトナム統一仏教会の中の最も政治活動に熱心な勢力は仏教政党を結成した。最もこれは長続きせず、実質的な活動をしなかった。アンベードカルもその精神においてやはりこのカテゴリーに入れることができる。アンベードカルが結成した共和党はあからさまに仏教的立場をとってはいないが、政治家として果たした役割から見ると、彼の社会参加仏教はメインストリームの政治的文脈に置くことができる。ダライ・ラマも、彼が世界政治の中にある人物だという意味においてこのカテゴリーに入るが、彼はパルチザンに加わっているわけではなく、そうする立場でもない。これらのすべての人物たちにとって、政治活動を行なうのは当たり前のことである。それによってイデオロギー的問題が引き起こされたのはヴェトナムの仏教徒についてのみである（後述）。

もう一方の極には、ほとんど、あるいは全く政治と関わりを持たない人物たちがいる。ブッダダーサは、比較的俗世と距離をとっているとはいえ、政治的イデオロギーの問題には真剣に関わり続け、タイに広まっている反社会主義的風潮に抗して勇気ある発言を行なった。ＴＢＭＳＧは一貫してパルチザン政治の外部で活動を続けてきているが、他のより政治的なアンベードカル運動の活動家たちから繰り返し批判されているのは、仏教徒全体の論調からすると皮肉なことといえよう。

その他の人物たちも、政党政治には加わらず、受容の程度はさまざまであるにせよ、何らかの形で政治に関わっている。スラックは政治家ではないが体制批判を繰り返す論客であり、不敬罪での投獄や、国外逃亡の経験がある。サルボダヤ運動は政治的中立の道を追求し、政府と協調して活動したこともあったが、近年の危機的状況において、政府を公然と批判する勢力に回っている。アリヤラトネが表立った批判をする以前から、政府は彼の人気を憂慮して、彼の影響力を抑えて支配下に置こうと強く動いてきた。スリランカの置かれた状況を前に、アリヤラトネに政界進出を求める声が強かったが、彼はつねにそれを断わり、非政治的、中立的立場に留まってきた。これは、スピリチュアリティに基礎を置く社会運動を率いるリーダーが、望まないにもかかわらず自然に影響力のある政治家のオーラをまとうようになっていったケースである。

ヴェトナムの仏教徒のケースはより複雑である。彼らは政府を作ってはつぶすという力を行使してきたにもかかわらず、その事実を認めようとしない。その力を公然と用いることには著しく消極的であるが、目的を実現するために暗然たる力をふるうことは厭わないのである。政党政治からは一歩引いた姿勢を保ちながらも国民的指導者としての期待感を集め、政府が無視することのできない影響力を持っているミャンマー（ビルマ）のアウンサンスーチーは、これに類似したケースである。

ミャンマーにおいてもヴェトナムにおいても、政治に対する深いアンビバレンスを見ることができる。政治的策謀の世界、またとりわけ政治につきものの自己保身や自己強化への深い嫌悪感が、政治的な目標達成によって人々に奉仕したいという同じく深い衝動と結びついている。この状況には明らかに、仏教徒の社会活動家が是非とも解決しなければならない諸問題が埋め込まれている。仏教は、政治自体が人々の苦しみの主な源泉となっているこのようなケースにおいて、政治に関与せずに人々のニーズに応えることができるのか。そしてもし仏教徒が政治に関わらざるをえないのなら、それはどのような政治となるのか。僧侶たちはつねに政治から距離をとるべきなのか。分裂と破壊に満ちたパルチザン政治と袂を分かちながら政治に関わる道はあるのか。伝統的には、他者を非難し、自らが上に立とうとすることは仏教には似つかわしくない。危機の時にあっては、社会参加仏教徒は自ら進んでこのように行動するが、長期にわたってそこに安住することはまれである。彼らが新たに作り出そうとしているのは、この種のことに巻き込まれないですむような新しい種類の政治、純粋に人々への奉仕であるような政治であるように思われる。ダライ・ラマは、政治自体は間違ったことではなく、善き動機をもって行なえば人間社会に奉仕するための手段となると述べている。

八　仏教徒のアイデンティティと自己否定

1　包括主義と自己否定の間の緊張

仏教徒としてのアイデンティティと自己否定との間の動的な相互作用にはきわめて興味深い緊張が存在する。一方において、仏教は諸宗教と同様に長い歴史を有し文化と深い共生的な関係を持ちながら、高度に制度化された宗教である。そのかぎりにおいて、仏教は豊かで固有の形式を備えた文化的構築物である。このような文化的仏教、すなわち現世的現象としての仏教は、社会参加仏教に関わる人物や運動にとって、アイデンティティの基盤としてきわめて重要である。すなわち、個人や民族、国民を他との区別において定義するものである。

他方、仏教には根強い自己否定の傾向がある。文化的構築物としての仏教は月を示す指や、向こう岸へと向かういかだのように、方便に過ぎず、目的ではない。大乗仏教においても強調されていることであるが、仏教は乗り物に過ぎず、究極の目標ではない。このような自己否定の傾向は社会参加仏教徒においてもみられる。

この立場から宗教的包括主義への傾斜を強める活動家もいる。というのは、もしも仏教が究極的なものではなく方便に過ぎないとしたら、他の世界宗教もまた、そのような方便であるかも知れないからである。明確に仏教的な包括主義を掲げる者もおり、彼らは、仏教が真理への有効な方便であることを強く確信しつつも、他の宗教にもその可能性があることを認めている。そうであれば、重要なのは真理の方であり、仏教そのものではない。この対極に立つのが、どの宗教でもよいわけではなく仏教のみが重要なのであるという、仏教というアイデンティティを重視する態度である。

これらの傾向はどちらも仏教の起源にまでさかのぼることができる。すでに見たとおり、仏教の自己否定的傾向はブッダの教え、典型的にはいかだの寓話に見出されるし、文化的構築物としての仏教は、ダルマの教え、サンガの結成、戒律の確立にまでさかのぼる。こうして仏教が確立し、ダルマが説かれた時にすでに、仏教には絶え間なく繰り返されていく再確立と自己否定あるいは解体との間の弁証法的関係が存したことになる。しかし、ここに問題がある。仏教の中核で繰り返し自己否定が促されていくにもかかわらず、生き残っていくものは何なのか、という問題である。

仏教の自己絶対化の否定傾向それ自体は、宗教的不寛容を嫌悪する者を惹きつけてきた。しかし、ベラーが指摘するように、それは「過度の寛容性」へと陥り、かえって社会の主だった集団にメッセージを伝えそこなう可能性がある。仏教が先行する宗教を受容した結果、勢力を失った例はよくある。たとえば日本では、仏教の普遍主義と個人主義は、呪術的で集団主義的な古代宗教と準古代的な儒教によって完全に呑み込まれてしまったのである。

仏教は、「過度の寛容」に至るほどに自己否定と包括主義的傾向を備えた宗教であり、アジアの多くの地域においてただ生き残るための闘いを続けてきた。植民地主義、共産主義による不寛容、戦争、虐殺、外国による侵略が常態であり、決して例外的な事態ではなかった。中国やチベットでは、カンボジアのように人々の生き残りは問題とならなかったが、仏教の生き残りが問題となった。こうした極端には至らずとも、仏教の運命はアイデンティティの問題、そして時には国民意識の問題と密接に結びついてきた。もう何十年というもの、社会的偏見、植民地主義、西洋化、そして共産主義への抵抗がアジアの仏教徒の日常となってきた。では、仏教徒の一般的な自己否定の傾向と、文化としての仏教によってアイデンティティを際立たせるという現在の重要な役割との間の緊張の中で、社会参加仏教徒たちはどのように手綱を取ってきたのか。

第一に、仏教の自己否定と包括主義にあまり関心を持たないものとして創価学会がある。創価学会は、近年その傾向が薄らいできたとはいわれるが、排他主義と他宗教や他宗派に対する不寛容において突出している。アンベードカルの運動とＴＢＭＳＧも仏教の自己否定を重視しないが、仏教的寛容を重視する。アンベードカルが仏教を選んだのはイスラームにはない寛容性のゆえであり、ＴＢＭＳＧは仏教以外の宗教に対する包括主義はとらないものの、明らかにエキュメニカル（世界教会主義的）な傾向を持っている。最も、包括主義もエキュメニズムも、元不可触民との協働においては重要な意味を持たない。彼らの関心は、かつての不可触民が仏教徒としてのアイデンティティによって、新たに社会的、心理的、さらには存在論的なレベルにおいてさえも、新たに生まれかわることである。この運動の眼目は、仏教徒のアイデンティティこそが、ヒンドゥーの世界とその価値観から不可触民を解き放つということにある。仏教の自己否定は意味を持たない。

対極にあるのがブッダダーサとティク・ナット・ハンである。ティク・ナット・ハンは特定の観点に固着しないことを仏教の教えの最重要に位置づける。仏教をも含めたあらゆる教えは方便に過ぎず、絶対的真理ではない。イデオロギーは害をなすものである。平和と人命の保護こそが最重要であり、それは仏教の生き残りよりも優先されるべきものである。

ブッダダーサもまた、仏教の自己否定を思想の礎石としており、明確に包括主義への一歩を踏み出している。彼が仏教の自己否定を奉じる動機となっているのはある種の仏教的プラグマティズムである。重要なものはただ、苦とその克服である。あるものが「正しい」かどうかは、ただ「それは苦を癒すかどうか」にかかっている。苦を癒すものであれば何であれ「正しい」のである。またブッダダーサはダンマと仏教の教えを同一視しているわけではない。彼はブッダやダルマやサンガに利己主義的に執着することが涅槃への障壁となると述べている。これは仏教の自己否定の最上のものであり、概念やイデオロギーへの執着に警鐘を鳴らすティク・ナット・ハンの主張と響き合い、明らかに仏教の多様性を包括するものである。

このように仏教の自己否定を積極的に支持することは、ティク・ナット・ハンにとってもブッダダーサにとっても実り豊かなものであり、仏教とキリスト教との対話が長年にわたって続けられてきた。ブッダダーサは、「すべての宗教はある一点において等しい。すなわち、自己の滅却である」とまで宣言するに至った。これはまさしく包括主義の主張に他ならず、彼は、あらゆる宗教は唯物論を共通の敵として、人類の幸福のために協働すべきであると信じていた。

2　アイデンティティと自己否定両方の重視

次に、仏教のアイデンティティの重視と自己否定の両方の立場から仏教に強くコミットしている二人の人物に目を向ける。スラックとダライ・ラマである。

スラックはタイの伝統文化を深く愛しており、その保護育成に熱心に取り組んできた。もちろん仏教はその重要な一部分である。スラックは近代化と西洋化によってタイの村落生活に基づいた伝統的な仏教文化が侵食されることを防がなければならないと憂慮していた。

スラックは、タイ人のアイデンティティに対する脅威を二つのものに見ている。文化、宗教、社会にわたる伝統的な価値観の侵食と、あらゆるものへの西洋的ライフスタイルの導入である。この深く急速な変化がタイ人のアイデンティティの危機をもたらしていると見て、彼はタイの仏教文化の最良の部分を持続させるために多くの手を打ってきた。この点で彼が評価するのはモンクット王（ラーマ四世）である。モンクットは西洋をよく理解したうえでタイ人の外的アイデンティティに変化をもたらしたが、一方でタイ人のルーツがブッダの教えに根ざしたものであるとして、それを保つことを主張したのである。このように、スラックにとって、仏教徒のアイデンティティは、西洋化、消費主義、世俗化への抵抗のために、そして正しく仏教的な価値観をタイ社会に残すために不可欠なものとなっている。

同時に、スラックはタイの支配層が文化としての仏教を抑圧的に利用することもはっきりと意識し、明確に仏教の自己否定を支持する立場も打ち出している。スラックは小文字の仏教（buddhism）と大文字の仏教（Buddhism）

を区別する。大文字の仏教とは、文化となった因習的儀礼としての仏教であり、タイの排他的な軍国主義や攻撃的な価値観と同一化するような仏教である。一方、小文字の仏教は「あらゆる世界の大宗教の本質的な核」であり、ブッダダーサと同じく、彼はこれを無我と同一視している。このように、文化としての仏教に対するスラックの態度は、ブッダへの信仰告白や儀式に対しては無関心であり、国家の支配や軍国主義と結びついた仏教に対しては公然たる非難を行なうというものである。もちろん、彼が本意とするのは小文字の仏教、自己否定と包括主義の仏教である。しかしその一方で、彼は、タイの伝統的仏教文化の価値観が近代において生き残る可能性を示す限りにおいて、文化的仏教にも関心を抱き、その主張を推進する側にも立つのである。

ダライ・ラマに目を向けるならば、彼はもちろん文化と伝統の同一性を保持しようとするチベット人の努力を支持し、自らそれを体現する存在となっている。チベット仏教というアイデンティティを守ることこそが彼とその信奉者たちが日々こころを砕いていることである。

それと同時に、彼のような特殊な責任を負う立場を考えると驚くべきことだが、彼は国際主義者を自任し、つねに雄弁に仏教的な包括主義の観点から語っている。ダライ・ラマは、ブッダダーサのように、あらゆる世界の大宗教の中心となる核を同胞愛、慈悲、人類の一体性を真に認識することに見ている。実際、彼にとって真に重要なもの——愛と優しさと慈悲——は、あらゆる宗教のみならず、世俗的文化の中にも見出されるものである。彼にとっては、人類の悲嘆を癒すという使命から誰も排除しないことが重要なのである。苦の原因があらゆる場所にあるように、その解決方法もあらゆる場所に存在するからである。

批判的側面については、ダライ・ラマは、対中国関係を踏まえて、イデオロギー、宗教、民族、経済の相違は皮相的で人為的なものであり、それを強調することは軋轢を引き起こすと述べている。ティク・ナット・ハンもダライ・ラマも、イデオロギーがもたらした災難に見舞われた国に生まれ、そこに潜在する深刻な危険を経験的に学んでいる。彼らは、イデオロギーの持ちうる危険な可能性に傾斜するのではなく、イデオロギーの持つ破壊的権力に抗するための道具として仏教を鍛え上げていくことに関心を寄せてきた。仏教はドグマ的イデオロギーへの執着を断つための道具であるとともに、そのようなイデオロギーとなる可能性も有している。このことが問題を複雑にし、不安定にしている。

3　アイデンティティと自己否定の逆説的性質

すでに見てきたとおり、仏教徒の活動家たちの見解においては、幸福は善であり、不幸が悪であった。仏教は善を増進し、悪を除こうとするのである。方法はさまざまであるが、本稿で扱ったすべての人物たちは（創価学会を除き）、仏教徒のアイデンティティと自己否定を、それぞれが働きかけようとする共同体に関してこの目的を実現するために用いている。国民の長期的な幸福にとって仏教徒のアイデンティティが重要なものであればそれを支持する。これは第一にアンベードカルとＴＢＭＳＧにいえることであり、スラックとダライ・ラマの事例にも重要な点であてはまる。そこではっきりと仏教が人間の構築物であることを明確にしている。しかし、これは両刃の剣である。人が作ったものは、それが便利で幸福に資する時は使われるべきである。文化としての仏教はまさにそのようなものである。だがその道具が苦をもたらすものであれば、それが究極的な位置に立つものではないことがつねに視野に入ってくる。ゆえにイデオロギーが苦の一つの原因を作っている場合、仏教の自己否定がとくに明確に支持される。ブッダダーサ、ダライ・ラマ、ティク・ナット・ハンなどの知識人や学識者においては、仏教の自己否定的な傾向がとくに顕著である。とりわけ興味深いのは、アイデンティティと自己否定の両方を視野に入れているものは、両方をともに支持していることである。仏教の文脈では、これは妥協的な取引によるものではない。文化としての仏教が人の手になる構築物であってみれば、ダライ・ラマやスラックのような人物が、状況に応じて特定の仏教徒のアイデンティティをまとい、また時には仏教の自己否定の立場をとることは当然ありうることである。

サルボダヤ運動は仏教のアイデンティティと包括主義との間に孕んでいる緊張の大きさという点で独特であり、他の例と切り離して考える必要がある。一方で、これは徹底的に仏教運動であり、レトリック、ヴィジョンと目標、運動の力点、すべてが仏教的である。圧倒的に仏教が優勢なスリランカという地域性と、より大きな仏教リバイバルという文脈において、サルボダヤ運動が仏教運動であることが成功の一つの鍵となっている。一方で、つねにサルボダヤ運動は宗教的な特殊主義が制約として働くことも認識し、それに抗してきた。スリランカの住民すべてが仏教徒であるわけではないが、サルボダヤ運動に加わる人々は、自分たちが国と住民全体に有益な方法とプログラムを有していると信じている。もちろん、この緊張はタミル人とシンハラ人の間の暴力がエスカレートするとともに高まり、深刻さを増す。この点では、サルボダヤ運動が当初からすべての宗教がスピリチュアルな核を共有するという包括主義のレトリックと実践を意識的に発達させてきたのはよいことである。サルボダヤは、実際には仏教主義によって成功を収めてきたにもかかわらず、その立脚点が非セクト的な核にあることを宣言しているのである。その包括主義もまた、成功の鍵の一つであることは確かで、長年にわたって築いてきた包括主義という基礎がなかったら、タミル人とシンハラ人との間の悲劇的な抗争において役割を果たすことはできなかったであろう。サルボダヤは実際に包括主義的な社会と統合的国民の創設を模索しており、その目的を目指して多大な貢献をしてきている。それでも、サルボダヤ運動がこのようなヴィジョンを持ち、成功を収めてきたことは、皮肉なことだが、サルボダヤ運動が仏教であることによる。仏教であるということが、ひとつの国民の歴史とアイデンティティ、そしてつねに仏教に潜在している包括主義とを同時に包み込んでいるのである。サルボダヤ運動は、仏教のアイデンティティと自己否定の逆説的性質を最も明確に表現しているというのが私の見解である。

九　愛と預言者的態度

1　仏教による現状変革の方法とは何か

社会参加仏教徒たちはなんらかの点で世界を変えたがっている。仏教が明らかにしているとおり、変化とは自然に進展していくプロセスであり、避けることのできないものである。しかし、人間社会では時として、とりわけ既得権益、先入観、習慣が関わってくると、現体制を覆す変革をもたらすことには非常な努力を要する。仏教による現状変革の方法とは何かということが本稿の主要問題の一つである。

社会参加仏教徒たちが現状に抗して変化をもたらすために追求している二つの基本的態度を、それぞれ「愛」と「預言者的態度」という言葉で呼ぶことができる。預言者的態度は自己と他者の分離を保ち、誤りであると見たものに対して告発をためらわない。このアプローチを用いる者たちは、敵と見なして現在の地位から排除しようとする相手に対して敵対的なスタンスをとる。これとは対照的に、敵など存在しないという立場から、敵を生み出さないやり方で変革を求める者たちもいる。これが愛と慈悲の道であり、自己と他者との間に真の分離はないとする。

アンベードカル、スラック、創価学会が預言者的態度の例を示すものである。創価学会の初期の指導者たちは宗祖日蓮にならい、翼賛体制下にあった当時、国家の宗教統制に激しく抵抗した。以来、創価学会は攻撃的な折伏運動と他宗教批判によって知られており、近年でも宗教的・社会的預言者というスタンスはかたく守っている。

アンベードカルもまた強い預言者的態度を持っている。不可触民の階級に生まれたという大義を第一に持つアンベードカルは何よりも人民のために闘う戦士であったといえる。カースト制度、正統ヒンドゥー教、手をこまねいている政府にまるで日蓮のように悪罵を浴びせ、最終的にアンベードカルはヒンドゥー世界との訣別を選んだ。これは単純な行動だが、ヒンドゥー世界の道徳的主張、さらにはその存在さえも無化するという深い意味を持つ攻撃であった。預言者的行動は自己を強く肯定し、他者を否定する。アンベードカルの改宗はまさにそのようなものであった。

スラックもまた、徹底して預言者的な人物である。リスクを冒して政府を告発し、敵に対しては人格攻撃も辞さなかった。また彼はタイの制度化された仏教が国家に追従的態度をとることも強く批判した。もちろんスラックは仏教とタイの根本的改革を主張し続けた。しかし彼は、抑圧的で腐敗しており、国を破滅させる政策を続ける政府と、それを容認する仏教教団は、社会変革と発展のために排除しなければならないと考えた。これは穏健な言論活動を続けながら支持者を増やしていった師ブッダダーサとは対照的であった。ブッダダーサは政府に対する攻撃的態度はとらず、自分の思い描く仏教社会主義について語り続け、支持者を増やしていった。このアプローチは、とりわけ縁起を重視する彼の仏教の原則と調和したものである。

2　愛による変革

ティク・ナット・ハンやダライ・ラマも、敵対的態度を避けてきた。しかし彼らははるかに困難な状況下できわめて慎重にそうしてきたのである。ヴェトナムの仏教徒たちは戦争中に、北にも南にもつかないという「第三の道」を掲げ、国の分裂という最悪の事態だけは避けようとした。彼らは全陣営に対して愛をもって対する立場を模索したが、やがて敵対する指導者を打倒しようとする統一仏教会のグループとは袂を分かっていく。ティク・ナット・ハンはジエム政権打倒運動が、変革を求める自発的な運動であるうちは支持していたが、仏教徒が権力を握る可能性が見えてくると運動とは距離をとって全陣営からの非分離という哲学を洗練することに戻った。この非分離の立場は縁起の自覚から出てくるものであるが、ティク・ナット・ハンにとっては、「純粋な意図」――煩悩からの解放――と調和した唯一の立場でもあった。このように、ティク・ナット・ハンは愛によって変革を目指した典型的な人物である。

ダライ・ラマも愛の態度をとる代表的人物である。圧倒的な力を持つ外国に侵略され、国民ははかりしれない苦しみを背負い、文化そのものが奪われようとしている国の指導者でありながら、ダライ・ラマは依然として中国に対する敵対的態度を避け、「偉大なる隣人」への寛容と経緯を呼びかける態度を保っている。これを可能にしているのは愛と慈悲という動機であり、縁起の自覚である。縁起の立場からすると、自己と他者という観点は消えうせ、敵対的態度は不可能となる。ゆえに彼は中国人とチベット人双方の幸福をすすめる解決策を積極的に模索している。怒りと憎しみによる解決は新たな火種となるだけである。ダライ・ラマがダンマパダのように、「憎しみを和らげるのは愛だけである。これは永遠の法則である」と考えているのは明らかである。

非暴力について付言しておくと、本稿で扱った人物たちは、愛の態度をとる者であれ、預言者的態度で語る者であれ、非暴力を支持するという点においては一致しているといえる。注目すべきことに、近年のノーベル平和賞受賞者に仏教徒の活動家の割合が突出している。ダライ・ラマが一九八九年、アウンサンスーチーが一九九一年に受賞し、ティク・ナット・ハンもマーティン・ルーサー・キング・ジュニアによって推薦を受けていた。仏教徒が世界の人口の六パーセントであることを考えると、世界の平和運動の指導層の中に、社会参加仏教徒が突出した割合を占めていることが分かるのである。

おわりに

あえて予想するまでもなく明らかなことに思われるが、社会参加仏教はすでに仏教の教理の中に広く、深く根づいており、痕跡を残さずに消え去っていくということはないであろう。この運動は、仏教が情け容赦ないモダニティの力に直面した時に進んでいく一つの代表的な方向性を表わしている。私見では、上に述べてきたようなモダニティに対する仏教のリアクションが顕著な成功を収めているのは、次のような意味においてである。改革者として、社会参加仏教徒たちは、モダニティの諸条件に立ち向かうために基本的な仏教の教理の深い洞察に満ちた語りなおしを行なってきた。これらの運動の多くは、最も優秀で最も理想主義的で最も進歩的な層を惹きつけてきた。モダニティに対する仏教のリアクションには、反動的な仏教保守主義も含まれることは事実である。しかしながら、世界の多くの場所で――とりわけアメリカ合衆国と中東が目立つが――主流派とリベラル派を凌駕して原理主義的で反動的なモダニティへの反応が上昇傾向にあるものの、仏教の世界では、改革主義的、預言者的仏教が勢力を保っている。タイや、その他の仏教国――ヴェトナム、ミャンマー、チベット、インド――では、進歩派と保守派が拮抗しているように見えるが、改革派の思想の方がはるかに重要なものである。

社会参加仏教がアジアにおいて占めている地位についてはもはや何の弁明も必要ないほど、宗教界のみならず、社会的にも政治的にも大きな力を持っている。この運動が進んでいくにしたがって、どのような形をとるようになるのか正確に予測することは不可能であるが――当然、多くの代表的人物たちはやがて重要性を失っていくであろうし、保守的仏教の将来的な影響力は未知数である——、アジアにおける仏教の姿がすでに変わったこと、アジアがモダニティに向き合い続けるかぎり、その変化が続いていくことは否定しえない。全体として、仏教による解放運動は仏教の発達史における大きな転換点であり、将来に向かう仏教の発展史においてもきわめて重要な役割を果たし続けるだろう。

注

（1）Robert N. Bellah, "Epilogue: Religion and Progress in Modern Asia," in Robert N. Bellah, ed., *Religion and Progress in Modern Asia*, New York: Free Press; London: Collier-Macmillan, 1965, pp. 168-229.（邦訳：佐々木宏幹訳『アジアの近代化と宗教』金花舎、一九七五年）。

（2）Ibid., p. 210.

（3）Ibid.

（4）Daniel A. Metraux , "The Soka Gakkai : Buddhism and the creation of a harmonious and peaceful society,"

（5）George D. Bond, *The Buddhist Revival in Sri Lanka: Religious Tradition, Reinterpretation and Response*. Columbia: University of South Carolina Press, 1988.

（6）Christopher S. Queen, "Dr. Ambedkar and the hermeneutics of Buddhist liberation," in Queen & King（eds.）*Engaged Buddhism: Buddhist Liberation Movements in Asia*, State University of New York Press, p. 59.

（7）スウェアラーはスラックの思想を実践的なスピリチュアリティ（practical spirituality）と呼んでいる（Donald K. Swearer, "Engaged Buddhist leaders," in Queen & King（eds.）*Engaged Buddhism: Buddhist Liberation Movements in Asia*, State University of New York Press, p.212）.

（8）José Ignacio Cabezón, "Buddhist principles in the Tibetan liberation movement," in Queen & King（eds.）*Engaged*

Buddhism: Buddhist Liberation Movements in Asia, State University of New York Press, p.317.

（9）George D. Bond, "A.T. Ariyaratne and the Sarvodaya Shramadana movement in Sri Lanka"

（10）Santikaro Bhikkhu, "Buddhadasa Bhikkhu: life and society through the natural eyes of voidness"

（11）Christopher S. Queen, "Dr. Ambedkar and the hermeneutics of Buddhist liberation," in Queen & King（eds.）*Engaged Buddhism: Buddhist Liberation Movements in Asia*, State University of New York Press, p. 47.

＊

Sallie B. King, "Conclusion : Buddhist Social Activism," in *Engaged Buddhism: Buddhist liberation movements in Asia*, eds. by Christopher S. Queen & Sallie B. King, State University of New York Press, 1996, pp.401-436 の抄訳。

近代中国仏教における日本からの影響と抵抗
——一九二〇年代から四〇年代を中心に

梁　明霞

はじめに

近代日本仏教は、国家神道が展開する中で、仏教改革運動を行い、仏教学研究、仏教社会事業、僧侶教育、経典編纂、新聞雑誌出版事業などの面において、隣国の中国より、先に進んでいたともいえよう。日本仏教改革運動の成果も中国の仏教者に注目された。二十世紀はじめから、中国の僧侶は次々に日本へ派遣された。留学僧及び日本仏教の現地調査を行った仏教者が、日本の仏教改革の成果や日本仏教の現状、中日両国における仏教の相違点などについてどう考えていたのかについて、筆者はすでに検討している(1)。本稿では、その研究成果を踏まえつつ、中国仏教者の日本留学の動機を一層究明し、日本近代仏教改革運動の成果に、中国近代仏教は一体、どのような面で影響を受けたのかについても明らかにしたい。

さらに、一九三〇年代後半から、中日戦争が勃発するとともに、中日仏教関係も悪化しつつある状況にあった。中国に対する侵略戦争の中で、日本仏教は戦時体制に編入され、戦争の協力者ともいわれ、中国仏教者の反感を呼んでいた。日本を中心とする国際仏教運動の動きに対して、中国仏教者が反抗する姿を示して、中国現地における抗日戦争（一九三七—四五年）の戦場や銃後で活躍していた。本稿はその抵抗の過程も検討したい。

一　近代中国僧侶の日本留学の動機

一九二〇年代の留学僧の中で、密教修学を目的とする者が多く、最も有名なのは、大勇、顕蔭、談玄などである。大勇と顕蔭は相次いで高野山大学の金山穆韶阿闍梨から阿闍梨位を獲得し、帰国してから密教再興のために力を尽くした。しかし、中国国内においては、密教修学は主流にならず、一時的なブームに終わり長く続かなかった。三〇年代になると、密教修学の目的とは違い、日本における仏教改革運動の成果に注目し、それを中国仏教の復興に導入しようとした僧侶が増えてきたといえよう。以下、閩南仏学院の講師仁性法師（生没年不詳）が日本への出発直前に書いた文章を通して、当時の中国僧侶の留学動機を検討したい。

仁性によれば、日本留学の目的は以下の四つである。すなわち「日本人の仏教教理の研究法を身につけること」、「日本の僧侶教育制度を採用すること」、両国の仏教交流を通じて「中日文化に橋をかけること」、科学的な仏教研究法を通じて「中国における仏教の普遍化を促すこと」である[2]。以上の仁性の願いは中国仏教の不振を痛感し、その現状から脱出しようとする姿を示していたと考えられる。

閩南仏学院は中華民国十四年（一九二五）（以下年号に関しては民国と略称）に、中国仏教改革運動のリーダー太虚法師によって建てられた。仁性は一九三三から三七年に仏学の講師として閩南仏学院に勤めていた。同じ仏学院の講師として、仁性は仏教経典の研究法を知らない中国各仏学院の法師たちに対して、不満を持っていた。

中国には、太虚、常惺、芝峯法師などが著した経論注疏以外、ほかの法師の著作があるが、日本人と比べれば、雲泥の差がある。多くの法師が経典の研究において、はじめから終わりまで何回も読み、授業をする時には強引に経典の文句に沿って解釈する。分かりにくいところがあれば鵜呑みにしてごまかして済むのだ。……仏学を除いて、科学や哲学などを知らず、それが原因で、堅苦しく、狭義の研究法を採用した結果、生徒（学僧）が勉強に興味がなく、進歩もない。（四五九頁）

中国の法師が仏教教理研究の巧みな方法を知らないので、自分が日本へ留学することによってその状況を改善しようとしたと仁性は述べている。仁性から見れば、学問研究は研究方法が重要で、それは何よりも差し迫った課題であったのである。では、日本人の仏教の教理研究法はどこがすぐれているというのだろうか。彼は例を挙げて説明する。

たとえば、同じく因明論を研究しても、中国の法師は大疏から一部を写して因明注釈にする。それに対して、日本人は西洋の論理学を参考にして、一冊の仏教論理学にするのである。同じものであっても、研究法の違いによって、その優劣が付く。（四六〇頁）

いい方法で教理を研究すれば、仏法の発展に重要な役割を果たすと仁性は確信している。

仁性のもう一つの留学動機は、日本の僧侶教育制度を採取することである。仁性によれば、中国の僧侶教育は中華民国成立以来、二十年余りの歴史を持ち、そのうち、仏学院が七、八校に増えてきた。しかし、経済的な原因もあるのか、仏学院の規模を拡大できず、あるいは経済的な実力があるのに、拡大して発展する意欲がない寺院もある。それに、ランクもつけず、系統的な学習の組み立ても欠いている。一方、在中日本人[3]との交流を通じて、仁性は日本の仏教教育制度に関する情報も手に入れた。「日本においては、仏教大学及びその中学部、小学部は仏学を主要科目としている。他の普通の科目も取り入れている」(四六〇頁)。中国も日本の僧侶教育制度を採用しなければならないと、仁性は唱えている。そうすれば、中国の僧侶は社会の各階層に軽蔑されないのだ。政府としても、僧侶を国民の一員として認める以上、全国寺院の財産を調べ、日本の僧侶教育制度を採用して、学校を建てることを命じるべきである、と仁性はいう。

以上の見解を見れば、仁性が日本の僧侶教育制度について、はっきり把握しておらず、僧侶教育と国民教育の中の日本仏教の役割を区別していないと考えられる。しかし、教理研究法と僧侶教育制度を身につけるという仁性の留学動機は近代中国仏教改革が直面した重要な問題点だと思われる。すなわち、中国仏教が発達を遂げるには、隣国日本の進んだ科学的な仏教教理研究法や僧侶教育制度を学ぶべきだと当時の中国僧侶が考えていたのである。この考えは日本留学を志した僧侶だけでなく、中国近代仏教改革運動のリーダー太虚も頭の中に入れていた。

二　太虚法師における仏教の自由討究

十九世紀末、仏教がすでに「懐疑時代に入れり」と、新仏教運動の発起者である古河勇が宣告し、新仏教運動同人による仏教教理の自由討究の風潮が盛んになっていた。また、村上専精が著した『仏教統一論』『大乗仏説論批判』などの大乗非仏説が日本仏教界に大きな波紋を広げていた。さらに、村上、舟橋水哉などが指摘した『大乗起信論』が馬鳴の著作ではないという研究成果が中国仏教界にも大きな反響を呼んだ。

新仏教運動同人をはじめとする仏教教理の自由討究とは、伝統仏教教団の経典注釈などと違い、「哲学的研究」と「史学的研究」という二つの部分から構成され、「活的研究」と呼ばれた。それに対して、従来の研究を「非論理的研究」かつ「非経験的研究」と呼び、「死的研究」と批判した。(4) 新仏教徒が仏教の歴史研究を重んじ、歴史研究と教理研究とを結びつけて、仏教研究に花を咲かせた。(5) 新仏教運動が展開された二十二年間、仏教に関する自由討究と批判研究が絶たれることはなかった。仏教に関する自由討究は、その後、仏教者、仏教学者を含め、人々に一般の常識として受け入れられていった。

日本仏教者の仏教の自由討究の余波は隣国中国にも広がった。中華民国時代（一九一二—四九年）、中国大陸の仏教団体により刊行された漢文仏教関係刊行物の中で、日本仏教者の仏教研究に関する文章がしばしば掲載された。掲載された文章は以下の三種類に分けられる。仏教経典研究と仏教流派の歴史的研究、西洋の宗教学理論に基づいた仏教基本教理の再解釈、ヨーロッパ、日本、中国における仏教の発展状況についての紹介である。主に『海潮音』『人海灯』『仏教文芸』『仏教月報』『覚有情』『中道』『仏学月刊』『威音』『中日密教』『敬仏月刊』などに掲載された。島地黙雷、常盤大定、道端良秀、渡辺海旭、土屋詮教、高楠順次郎、忽滑谷快天、金山穆韶、木村泰賢などの有名な仏教者、仏教学者の文章が載せられた。なかでも、木村泰賢の文章が中国で最も影響力のある仏教雑誌『海潮音』に数多く載せられた。中国の仏教者が日本仏教で盛んになっている仏教教理の自由討究に対してどんな態度を取ったのか。以下、『海潮音』に掲載された木村泰賢の「仏教研究の大方針」(6) と太虚「木村博士『仏教研究の大方針』を読んだ後」(7) を通じて、中国仏教者が日本仏教者の仏教研究及び研究方法について、どのような考えを持ったのか、中国仏教者にとっての仏教の自由討究とは一体何を意味するのかを探ってみよう。

当時、木村泰賢は仏教研究の現状から、仏教研究の根本的方針を確立すべきだと唱え、以下の提案を出した。一つは仏教研究者が日本語以外の仏教経典に関する外国語（たとえば漢文、サンスクリット語、パーリ語）などの予備知識、仏教以外の宗教学、宗教史などの参照すべき学問を身につけるべきであること。もう一つは、仏教研究を歴史的部門、教理的部門、実際的部門に分けること。また、全体的研究を「平面的方法」と「立体的方法」という二つの方法に分けた(8)。

大正期の仏教研究が直面した問題に対して、木村は斬新的、全面的、科学的な仏教研究方法を提出し、さらに仏教研究を実際化の立場に捉えなおして、仏教精神に基づいて、実際的施設すなわち社会事業に運用し、実行すべきであると唱えた。木村の独特ですぐれた見解が当時の仏教学研究に重要な価値を持ち、同時期の中国仏教者にも特別に注目された。

木村の文章が民国時代に最も影響力のあった仏教雑誌『海潮音』（一九二四巻第八号）で掲載され、同誌に太虚の感想文も載せられた。

日本仏教研究の現状に関しては、われわれから見れば、その隆盛の程度に驚いたにもかかわらず、この文章では、作者〔木村泰賢〕が現状に満足できず、向上心を持ち続けて前へ進もうとしている。これに対して、われわれはいかにも恥ずかしく思い、奮起して追いかけるべきではないか。

研究に用意すべき資料：（一）言語：仏典漢文、チベット語、日本語、サンスクリット語、パーリ語、英語、ドイツ語、フランス語、（二）学説：宗教学、宗教史、西洋哲学、基督教神学、インド宗教哲学、西洋心理学。これらの資料は確かに必要な資料であり、世界中に仏教教化を実施するための方便でもある。それを重視すべきだとする今の〔中国の〕仏学院もわかるが、実力はまだそこまで及んでいない。〔木村泰賢が〕仏教研究を歴史、教理、実際の三部門に分けることは実に卓見である。昔から仏教研究は教理の面のみ重んじて、近年、歴史的研究も重視されているが、実際的部門についての研究はまだ言及されていない。さらに全体的研究の二方面の分け方が、最も完璧であり、慕ってやまないほどである。

日本と比べて、中国の仏教研究のレベルがまだ低いと太虚が意識し、遅れまいとしてその後を追うべきだという気持ちが文章に表れている。仏教研究に用意すべき資料についてはその必要があると賛成し、仏教を世界に普及する有力な手段であり、仏学院の建設において重視すべきところだと指摘した。さらに、木村が仏教研究を三つの部門に分けて、全体的研究を二つの方法に分けることに対して、実にすぐれた見解だと太虚は高く評価している。しかし、その一方、仏教研究について、太虚は木村と違う見解を述べている。

しかし、私の考えでは、仏法というのは、「証」から「教」、「教」と「解」によって「行」を修め、さらにさとりを開いてその実を「証」することである。それによって、仏菩薩の真精神を得て、縁に任せて世の利他事業（社会事業）に用いる。私が思うのは、実際的部門をさらに（一）己を修める実践、（二）利他の施設という二つに分けて、それによって「人」を超えて、「仏」に入るという真の効果を証明するのである。「歴史」、「教理」の学に限って自他の利にするのではない。それに宗教にも益をもたらすのである。それを木村博士にお聞きしたいと思うが、博士はいかが思うでしょうか。

太虚によれば、仏法は仏陀が自らの実践で悟りを開いて成仏し、四聖諦の真理を体得した後、弟子たちに教えを授けて、弟子たちが仏陀の教えを見て、聞いて、心から解き明かし、悟った後実際の修行に実行し、さらに自分の知恵で真理を証得し、そこから「菩薩の真精神」を得て社会事業に運用するのである。また、実際的部門には「己を修める部門」を増やして、「利他の施設」とともに重要な役割を果たすことで、「人」から「仏」に入る真の効果を証明しようと太虚は唱えている。「歴史」「教理」の研究だけではなく、個人の修行も「自他の利」にとって重要な要素である。太虚は仏教の研究を個人の修行、実践と結びつけるからこそ、「仏菩薩の真精神」が発揮できると強調している。彼から見れば、木村は己を修める面をまだ十分重視していないのである。

仏学の自由討究に関しては、太虚が木村の「仏教研究の大方針」から強い刺激を受けた一方、自分なりの考えも表明している。仏学研究の目的及び方法については、太虚は以下のように述べている。まず、目的というのは、簡単にいえば、自利利他のためであり、「断徳」「智徳」「恩徳」という三徳を成就し[9]、大悲大願の大乗菩提心を発願するのである。方法としては、まとめてみれば、（一）法により、人によらず、（二）義により、語によらず、（三）「了義」により「不了義」によらず、（四）智により、識によらず、である。

ここには、仏教研究の批判的精神がひそんでいると考えられる。それも、太虚が一九一三年に唱えた仏教の三大革命（「教理革命」「教制革命」「教産革命」）の一つ、「教理革命」の重要な内容であると思われる。「教理革命」の中心は、「従来の仏教における除災招福などによる帝王の愚民政策の道具としての役割を取り除く。大乗仏教の自利利他精神に基づき、五戒十善を人生の基本道徳の善行とし、それにより国家、政治、社会、経済などを改善し、人類の相互尊重、相互援助を促進し、社会制度を整える。それとともに宇宙と人生の真相の追究に大衆の注意を向け、人類の向上と進歩の道へ導く。それによって徳善を増進し、人生本来の機能を発揮させ、皆が成仏できるようにし、鬼神迷信および死後問題の探求を排除する[10]」である。以上から見れば、太虚の仏教研究の自由討究は彼の「教理革命」の一部だと考えられる。日本から進んだ仏教研究方法を見習うことも、その主旨のための動きであるともいえよう。

三　近代中国の僧侶教育と日本の僧侶教育

日本における仏教の自由討究の方法が強い刺激を与えた一方、僧侶養成教育も中国僧侶によく注目された。日本留学の経験のある僧侶にせよ、日本仏教の現地調査を行った僧侶にせよ、日本の仏教教育（僧侶養成教育）の進んだあり方に感心している。それと同時に、中国国内の仏教教育がかなり遅れている状態にあることを痛感した。国内の仏教関係雑誌にも、日本の仏教教育に触れた文章がしばしば見られ、中国の僧侶教育の現状への不安、進路などについての文章が数多く掲載された。

「日本の仏教教育を見よ」[11]という文章は、作者僧懺が日本の僧侶の友人から送られてきた日本仏教教育調査表を中国語に訳したものである。日本の仏教大学・仏教専門学校、仏教中学校・実業学校、学林・専門道場などの所属宗派、所在地、学長（校長）、創立年月、教育方針などを詳しく紹介していた。僧懺が日本の仏教教育に注目したところは以下の点である。（一）各教育機関の歴史が長いこと。（二）日本仏教の各宗派は、ほとんど大学や専門学校を持つこと。（三）各宗派が宗乗の学問を中心科目にすると同時に、国が規定した普通国民の教育方針、各普通学科も重視すること。（四）学校、学林及び専門道場は、各自の教育方針のほか、実施方法もあり、実際的な実践もうかがえる。（五）学林及び専門道場などは、各宗派の布教、宣教の教師を養成する重要機関で、そこから大学も生まれたのである。

僧懺が注目した部分から見れば、それがまさに当時の中国の仏教教育の弱みを反映していたといえよう。以下は、『海潮音』編集長を担当したことがあり、太虚の重要な弟子でもある葦舫（一九〇八―六九）の目を通して[12]、民国時代の仏教教育の現状を検討したい。

まず、仏教教育の発達が遅いことである。清末に居士楊文会が南京金陵に建てた祇洹精舎が一番有名で、他に揚州僧文希によって建てられた揚州僧立普通中学校、月霞法師が創立した華厳大学、諦閑法師が創設した観宗寺弘法社などは僧侶が建てた教育機構で、それが中国近代仏教教育機構の嚆矢ともいえる。しかし、課程の設置や目的から見れば、観宗寺弘法社や華厳大学などは天台宗や華厳宗の講経法師を育てただけだと太虚から批判された[13]。民国十一年（一九二二）、太虚は近代的意義を持つ僧侶養成機関、武昌仏学院を建てた。しかし、それは日本の近代仏教教育の歴史と比べると、かなり遅いものである。

次に中国近代仏教が政治上の圧迫、経済上の制限を受けていることである。清末以来、「廟産興学」政策の実行によって、全国各地の数多くの寺産が地方政府によって学校を設置するという名目でわがものにされ、経済的実力も削られた。なかでも河南省、広東省の寺廟の破壊は一番深刻だった。それが僧侶養成機関の設置を妨げていた。たとえば、北平柏林仏学院、安徽省九華山仏学院は創立して二年後に経済的な問題で閉校となった[14]。

さらに、仏教内部にも保守勢力が自分の利益を考えて抵抗があった。葦舫によれば、ある寺院は、旧式の叢林寺院体制を固守し、新式の、近代的な課程を導入することを拒絶した。その寺院は他人に財産を奪われるのを恐れ、それを防ぐために学校を作ったのである。本気で僧侶人材を育てる意欲がなかったので、学校がまもなく倒れたケースが多かった。

また、数多くの学校は学僧の入学する前の教育程度の差を考慮せず、課程を設置し、学科の設置も段階によって進むこともない。もう一つの問題は教師のレベルが低く、「学識が足りないため、学僧の知識を求める欲望を満足させることができず、道徳の不足で学僧の信仰を啓発することもできない。それゆえ、多くの仏学院に学生運動が起こり、それは一部の学僧が悪いとはいえ、その一方、教師としての知識と道徳が学僧を感化できないこともその一大要因でもある[15]」と指摘された。

以上から見れば、外部の社会・政治・経済環境の制限、内部の不団結、エゴイズム、教師のレベルの低下などが中国の仏教教育の発達を妨げる要因と思われる。日本と比べれば、日本側が宗乗の勉学だけでなく、普通学科を設置し、国民教育に重要な役割を果たしたという点が日中両国の大きな違いだともいえよう。しかし、中国の近代仏教教育は全く成果がないともいえない。改革派のリーダー太虚をはじめ、その弟子たちの努力によって、仏教教育もある程度の成果をあげた。それが武昌仏学院、閩南仏学院、漢蔵教理院などの建設である。

民国六年（一九一七）、太虚は台湾へ講義のために招かれた機会に神戸、大阪、京都などを実地調査した。そのときの日本の仏教教育のシステムが太虚の注意を引いた。

各宗も仏教教育を行い、小学校、中学校は普通の教育であるが、大学は別々の宗に所属して、その宗によって創立される。これが私の『僧伽制度論』のなかの計画に偶然にも一致している。……日本の仏教教育について、私もその実地調査の結果を持ち帰り、将来仏学院の建設の参考にしようと考えていた[16]。

太虚の日本視察の五年後、民国十一年（一九二二）に、李開侁などの居士の援助を得て、太虚は武昌仏学院を建てる計画を作った。

課程については、日本の仏教大学の課程を参考にして、管理のほうは叢林制度を参考にした。生徒は在家、出家の両方を募集し、第一期は師範人材を育てて、彼らが卒業後、僧伽制度の改革を行い、全国各地へ派遣して寺院の改善や僧侶教育の仕事をさせるのである。一方、在家居士が『人乗正法論』（太虚の著作）によって仏教正信会を組み立てて、仏教を人間社会へ推し進めるのである(17)。

このようにして、武昌仏学院が建てられた。その後、常惺法師（一八九六―一九三九）も武昌仏学院の宗旨や学風の影響を受けて、安徽、閩南、杭州、北京などで仏学院を建てた。その中に、安慶迎江寺仏教学校（一九二三年創立）があり、有名な閩南仏学院（一九二五年）、柏林仏学研究社（一九三〇年）なども常惺法師が他の法師、居士たちとともに努力して建てたものである。

武昌仏学院で育てられた僧侶人材は、太虚が立てた計画のとおり、全国各地で僧教育養成機関を建てた。武昌仏学院を母系統にたとえれば、その子系統といえる仏学院は閩南仏学院（一九二七年以後、太虚の弟子で、武昌仏学院を卒業した大醒、芝峯が教務を担当した）、河南省仏学苑（一九二五年創立）、中国仏学会訓練班（一九二八年）、障州閩南仏学院第二分院（一九二九年）、南海仏学苑（一九三一年）、鼓山仏学院（一九三一年）、漢蔵教理院（一九三二年）、嶺東仏学院（一九三二年）、寧波白湖講舎（一九三二年）、拈花寺仏学院（創立年不詳）など、十一校もあった。育てられたすぐれた僧侶人材は芝峯（武卒）、法舫（武卒）、大醒（武卒）、会覚（武卒）、満智（武卒）、寄塵（武卒）、浄厳（武卒）、塵空（柏卒）、東初（閩卒）、量源（閩卒）、窺諦（閩卒）、印順（閩卒）などである。その中で、『海潮音』の編集長を担当し、仏学院の院長や教務主任などの職務につき、仏学に関する著作も数多く著した人もいた。特に印順（一九〇六―二〇〇五）は太虚の人生仏教思想を推し進めて、人間仏教思想を提唱し、太虚のあとの現代中国仏教界における名高い法師である。

武昌仏学院を建てた後、太虚は相次いで僧侶教育に関する文章を数多く発表し、中国の僧侶教育の体制化、系統化を考えつづけた。「我が理想中の仏学院の完全組織[18]」の中で、太虚は仏学院が小学部〈六年〉、中学部〈六年〉、学戒部〈二年〉、大学部〈通常大学〈四年〉と専宗大学〈二年〉と合わせて六年〉、研究部〈四年〉という五つの部門からなると規定した。小学部と中学部は普通の小・中学校の課程を採用し、仏学は精神修養の役割を果たす。中学卒業時に五戒を授けて、浄土位を得る。卒業後五戒を守ることが要求され、出家する生徒が学戒部に進学する。学戒部で沙弥戒を習い、戒律の勉学、持戒、威儀、誦唱などを中心にして、それと同時にサンスクリット語を習わせる。卒業時に具足戒・菩薩戒を授けて大学部へ送ったり、仏教小学校の教員をさせ、あるいは各寺院の職務につけさせる。大学部では、通常大学の課程として仏学や中外文字、生理、心理などの科学から構成される。卒業時に修士位を得て、専宗大学へ進学し、あるいは仏教中学校の教員をさせ、各寺院の職務につけさせる。専宗大学は般若〈三輪、少室〈禅宗〉、天台〉、瑜珈〈唯識、南山〈律宗〉、華厳〉、真言〈顕教、真言、浄土〉の三宗を習わせ、卒業時には「開士」位を得て、研究部へ進学する。あるいは通常大学の教員、各寺院の職務、国内外の布教使を担当させる。さらに研究部は四年間で六十名の僧侶人材を育てて、卒業の時は「大士」位を得て仏教の一切の職務につかせるのである。

初級教育から高級教育へ順を追って次第に進むという太虚の計画は実際に実施できるのだろうか。太虚自身もその計画が直面する困難を認めている。それが教師と資金の不足である[19]。莫大な資金が必要だし、現実には戦争が頻繁に起こり、社会・経済なども不安定で、このような大金を手に入れるのは不可能に近かった。実際に運営できたのは、武昌仏学院のような五、六十名ぐらいの小規模の研究部で、ほかの閩南仏学院、漢蔵教理院なども同じ規模である（在家居士によって建てられた仏教小学校もあったが、システムにならなかった）。当然、応募してきた僧侶も教育のレベルの差があって、仏学院の発展を妨げた。結局、中国の仏教教育は日本のように僧侶人材を育てると同時に、小・中学校、大学などを建てて、俗人教育を実施し、社会の進歩に大きな貢献を捧げることができなかったと思われる。

一方、注目すべきことは、太虚が仏学のほか、サンスクリット語、英語などの外国語、心理学、生理学などの学科を仏学院の課程に入れたことである。十一年後の一九三四年、太虚は各段階の仏学の課程を一層詳しく規定し、中国仏教史、インド仏教史、世界史、インド哲学、中国哲学、西洋哲学などを取り入れた[20]。上述の木村泰賢の文章を読んで、意識的に仏学院の課程設置において、ほかの科目の勉学も重視したのではないか。

もう一つ注目すべきところは、太虚とその弟子たちが、僧侶教育に関して、生徒の「徳」と「律」を強調したのである。「律」については、太虚が「学戒部」（その後は「律儀院」と改称した）を僧教育の独立する一部門として設立し、「僧教育は僧の律儀のもとに築くべきだ[21]」と強調した。「律儀」とは、太虚が「内心の恵捨、堅忍、勤勇、定慧、敬徳、救苦、慈恕、報恩などの徳行」だと規定した。さらに、太虚は全国の僧侶を「学僧」「職僧」「徳僧」という三つの段階に分けて僧位を決めた。「学僧」は十八から三十歳の比丘のことで、教育を受ける程度によって上士、学士、博士、大士に分けられた[22]。「職僧」は「現任宗教師で、民衆に仏教を教え、民衆のためにサービスする菩薩僧[23]」のことで、各仏学院の教職員、仏教文化事業・慈善事業の職員などが含まれる。「徳僧」は五十歳以上、出家して三十年以上の「定年の老宗教師で、国民や仏教のために長年サービスし、民衆に崇拝される長老僧のことである」。

太虚の弟子法舫も青年学僧が深い信仰に欠けていることを痛感し、僧侶教育の訓育の原則を以下の四つに規定した。[24]（一）悪を去り、善に向く心理、（二）平等の六和合（「戒」「見」「利」「身」「語」「意」の平等化[25]）、（三）厳粛主義の小乗律、（四）摂化主義の大乗律。（一）（二）は「徳」の強調で、（三）（四）は「律」の強調ともいえよう。

以上から見れば、近代中国の仏教教育は日本の仏教教育と比べて、政治環境、社会・経済の発達などの制限があり、歴史が短く、そのシステム化もかなり遅れている。一方、太虚をはじめ、仏教の近代改革を目指した僧侶たちが武昌仏学院などの僧侶養成機関の建設によってある程度僧侶教育を発達させ、僧侶人材を育てた。そして、律儀院、学戒部などの設立から見れば、「律」と「徳」の強調は日本の僧侶教育と区別される点で特色があると思われる。

四　抗日戦争における中国仏教

仏教の自由討究にせよ、仏教教育にせよ、日本仏教のほうが先に進んでおり、近代中国仏教の改革を目指す僧侶たちにとって、見習うところがたくさんあったが、それと同時に、中国仏教も自分たちにふさわしい道を模索しつづけていた。しかし、一九二〇年代の後半から、日本の中国侵略も歩調を早めた。日本軍が中国でふるった暴行に、中国国民の強烈な憤慨が激発し、愛国心[26]を持つ多くの中国僧侶も抗日戦争に身を投じた。中国抗日僧（太虚、楽観法師など）の軌跡及び抗日理論については、末木文美士がすでに詳しく検討している[27]。本稿では、その研究成果を踏まえながら、中国仏教者の抗日行為の経緯を論じたい。

一九二八年五月に、太虚が中国仏教会の代表として、『海潮音』で「日本仏教徒への太虚法師の電報」を発表した。日本が山東省へ出兵し、済南事件を起こしたことで、東京芝公園増上寺の日本仏教連合会宛に、日本の三千万仏教徒民衆に伝言するようにという電報である[28]。太虚は日本当局が中国で起こした暴行を厳しくとがめ、東京増上寺の日本仏教連合会が当局の覚醒を促すことを期待したのである。同時に浙江省仏教連合会も日本仏教団体宛に電報を送り、日本軍の暴行を咎めながら、日本仏教団体が感化事業を重んじるよう、衆生に悪業を懺悔して、悪行を断除させることを促したのである[29]。

しかし、太虚を代表とする中国仏教会及びほかの地方仏教団体の電報が日本軍の中国侵略の歩調を止めることはなく、満州事変、盧溝橋事変などを経て、日中戦争の戦場が中国で一層広がることになった。一九二八年から四〇年までの十三年間、筆者の統計によると、太虚が日本の仏教民衆へ送った七通の電報や手紙は『海潮音』『仏化随刊』『覚音』『中報』などの仏教関係雑誌や新聞紙に掲載された。一九三一年の満州事変で、太虚は「瀋陽事件で台湾、朝鮮、日本の四千万仏教民衆に告げる書[30]」、「日本が中国を侵すためその国の仏教徒への書[31]」を書いた。一九三二年の「上海事変」では「遼滬事件で中日両国の安危を策する[32]」を発表した。一九三四年に全日本仏教青年会同盟により、第二回汎太平洋仏教青年会が東京で開催された際、中国仏教者が中国領土に属する満州が別々の国として招待されるため、参加を拒絶した。その後、日本の新聞で太虚をリーダーとする世界仏学苑は会議の有力な応援をしたというわさが流されて、その記事が中国で影響力のある新聞『中報』にも転載された。太虚は応援したことを激しく否定し、日本仏教徒の覚醒を促すための「日本の仏教大衆に告げる[33]」を発表した。一九三七年に、盧溝橋事変で日中戦争が全面的に拡大され、太虚の「全日本仏教徒へ電報で通達する[34]」、一九四〇年には「日本仏教徒に告げる書――日本の三千万仏教徒が奮起して自救、救国すべきなり[35]」が『海潮音』に載せられ、『覚音』『仏化随刊』などに転載された。

一九二五年に太虚は中国仏教代表団を率いて日本で開催された東亜仏教大会に参加し、日本仏教界から熱烈な歓迎を受けた。日本仏教の実地調査の経験もあり、木村泰賢などとも親しい交友関係を持つ太虚は日本仏教界に親近感を持っていた。以上の電報や手紙を見ると、太虚がはじめは日本軍閥、財閥に中国の領土主権を侵害したことをやめようと警告し、中国への侵害は日本民衆の意志ではなく、多くの有識者もそれに反対していると信じていた。日本の仏教徒が奮起して日本軍閥及び政治家に反抗しようと呼びかけた。しかし、日本側の呼応はなかった。日本仏教徒への期待も失望に転じた。一九三八年、太虚が「仏教徒は如何に恥をすすぐ」という文章に、

仏陀の教えでは、大慈大悲、救人、救世を宗旨にするのだ。……中国へ凶暴な手段をふるった東都日本は統計によると、七千万人の国民の中で、三千万人の仏教徒がいる。今日の日本は大慈大悲、救人、救世の気配もなく、かえって焼く、殺人、さらう、奪うなど野獣、悪鬼のような非人の行為をしたのである。……日本では盛んな仏教があるが、その形式、実際行動はまさに仏法の教えと正反対で、有名無実だ。仏教の精神がない。その原因を求めれば、日本仏教徒自身にあるのだ。彼らが仏法の真精神を体得できず、身を持って努めていない。自救、救人もできず、かえって他人を侵害し、侵略する。それは仏教徒にとって一番恥をかくことだ。……われわれは聞きたい。日本の三千万の仏教徒は一体どこにいるのか？　これほど数多くの仏教徒は、なぜ日本軍の暴行を止められないのだ。真の仏教徒なら、確実に恥を知るべきだ。仏教の宗旨を体得し、仏法の精神を実現すべきだ。(36)

と仏教の真の精神を体得できず、自救、救人もできない日本仏教徒を厳しく責めたのである。太虚のほか、中国における数多くの仏教関係雑誌に日本政府及び仏教徒をとがめる文章が数多く掲載された。

仏教関係雑誌などのメディアで日本の中国侵略を厳しくとがめたほか、中国仏教者も抗日救国の方針を作り、自らも身を投じた。

一九三七年七月、日中全面戦争が勃発した直後、太虚は全国の仏教団体に電報を発し、全国の仏教徒に以下の要求を出した。（一）誠実に戒律を守り、仏法を修持する。侵略国が凶暴な行為をやめるよう祈禱し、人類の平和を守る、（二）国民政府の統一指揮に従い、勇気を奮い起こして救国の準備をする、（三）負傷兵救護、難民収容、死者埋葬、社会秩序維持などに励み、民衆に対して防毒などの戦時常識を教えて、銃後の仕事の準備訓練をしよう、という三点である。九月に国民政府は全国の壮年僧侶に例外なく軍事訓練を受けろと命じた。太虚は、殺生戒を考えて、仏教の宗旨に符合しないとの理由で、政府に軍事訓練を僧侶の特別訓練と改めて救護技能を重んじようと申請した(37)。その後、各地で僧侶救護隊が相次いで結成された。仏教雑誌の編集、仏経編纂事業、社会慈善事業などで活躍した有名な居士康寄遥も仏教信徒のために最も詳しい抗戦策を作った。真言宗上師に、加持呪文を作らせ、前線の兵士を守るよう呪文袋を送ること、仏教各寺院、各団体が金銭や物品などを寄付して、前線の兵士を慰労すること、仏教大衆によって、救護隊を設立し、前線へ救援すること、仏教各寺が弘法や寺の維持の支出を除いて、その収入を社会慈善事業に使うことなどをアドバイスした(38)。

おわりに

抗日戦争の前、日本仏教に対する中国仏教徒全体の印象は、社会、教育、被災者救援など、日本における公益事業ですぐれた成績をあげたというものだった。しかし、日中全面戦争が勃発するにつれて、日本軍の暴行、中国への侵害などから、日本仏教の感化事業（衆生に悪業を懺悔させ、悪行をやめさせること）はいかに無力であるかがわかった。日本仏教徒に対する期待が失望に転じて、それを厳しくとがめた。国家の興亡も仏教徒を含める各個人自身の存亡と密接にかかわり、国が滅びれば、仏教徒も存在することはないと自覚し、中国仏教者自らも抗日戦争に身を投じたのである。

太虚をはじめとした仏教者が中国よりずっと進んだ仏教教理研究法に注目し、西洋の科学的研究法（史学、哲学、宗教学、言語学など）を積極的に仏教研究に導入し、仏教学校の課程の中にも取り入れた。また、近代的意義を持つ仏学院を創設し、国民（世俗）教育にも仏教の貢献を捧げようとする計画を立てた。さらに、仏教徒は国家の一員として、国の主人公として国を救う責任を持つべきだと自覚して、正義、自由、平等、平和のために戦うという近代的理念を唱えて抗日戦争に積極的に力を尽くした。近代中国における政治、社会活動に積極的に参加することは近代以前の叢林仏教とかなり違っている。それも一種の近代的な「社会参加仏教」ともいえよう。ただし、その中で、中国仏教自身の特徴もあらわしている。それが、「徳」と「律」の強調ともいえる。それが仏教徒個人の修行、実践の中に取り入れられ、仏教の自由討究の面にしても（「己」を修める部門を増やすこと）、仏教教育の教育方針の中にも、仏教徒の抗日戦争の方針の中にもあらわれている。「徳」には中国伝統の道徳徳目「孝」「忠」「信」「義」なども含めれば、悪を去り、善に向かうこと、仏教の大慈大悲、救人、救世なども含まれている。「自利」「他利」の両方も貫いて、「律」と融和している（「律」の中にも「徳」が含まれている）。「律」は小乗律、大乗律が含まれ、特に戦争中、僧侶救護隊の設立も不殺生戒を守ることのあらわれだと考えられる。

本稿で検討したのは僧侶を中心とした仏教の自由討究及び仏教教育であり、居士を中心とする仏教の自由討究と仏教教育にも注意すべきだと考えられる。特に欧陽竟無を中心とする仏教研究は太虚のものとは違う理念を持つとはいえ、彼が建てた支那内学院も数多くのすぐれた人材を育てた。その弟子呂澄、王恩洋などの仏教研究は今でも中国において影響力を持つのである。一方、抗日戦争の中で、『獅子吼』という仏教雑誌を中心とする新仏教運動も喚起された。それが一九二〇年代の仏化新運動とは内容や目的にどのような違いがあるのか。以上の問題は今後の検討課題にしたい。

注

（1）梁明霞「近代中国仏教者からみた日本近代仏教――一九二〇年代〜三〇年代を中心に」（『近代仏教』第一八号、日本近代仏教史研究会、二〇一一年）。

（2）仁性「我赴日的動機」（『人間覚半月刊』第二巻第一一期、中国仏教会厦門市分会、一九三七年、『民国仏教期刊文献集成』〈以下『文献集成』と略記〉第一三九巻、北京：全国図書文献縮微複製中心、二〇〇六年、四五九―四六一頁）。以下、本稿の引用はこれによる。（　）内の数字は掲載頁。

（3）仁性が仏学の講師として閩南仏学院に勤めていた期間（一九三三―三七年）、仏学院には日本語を教える日本人講師がいた。浄土真宗西本願寺開教使の神田恵雲である。神田は一九三一―三四年、一九四〇―四四年に閩南仏学院の講師を担当していた。仁性が文章で触れた日本人は神田恵雲のことだと推測される。http://www.xiamenfojiao.com/xmfjzh/HTML/243.html

（4）安藤鉄腸「仏者としての自由討究」（『仏教』第一一〇号、仏教学会、一八九六年、赤松徹真・福嶋寛隆編『新仏教論説集　補遺』永田文昌堂、一九八三年、七四一頁）。

（5）『新仏教』誌で掲載された文章の例として、境野黄洋の『支那仏教史講話』『印度支那仏教小史』『日本仏教小史』、渡辺海旭のサンスクリット語研究、『大般若経』研究、中村諦梁の『百喩経』研究、高楠順次郎の律蔵文学研究などがある。

（6）木村泰賢「仏教研究之大方針」（『海潮音』第五巻第八号、一九二四年八月、『文献集成』第一六〇巻）、原文は中国語訳であるが、本稿は『仏教研究の大方針』（甲子社書房、一九二六年）を参照。
（7）太虚「読木村博士仏教研究之大方針書後」（『海潮音』第五巻第八号、一九二四年八月、『文献集成』第一六〇巻）。論文題の日本語訳は筆者による。以下本文の中で出てきた中国仏教雑誌の論文題の日本語訳もすべて筆者による。
（8）木村泰賢『仏教研究の大方針』（甲子社書房、一九二六年、三七頁）を参照。
（9）太虚によれば、「断徳」とは「生」の真実相をよく知り、「死」の苦を解脱することで、「自利」の面だけに属するのである。「智徳」とは「自利」と「他利」の両方へも通える道でもあり、執障を断じる「智」は「自利智」と呼ばれ、所知障を断じる「智」を持てば、「利他」のことができるのである。「恩徳」とは、自分が一切の苦を解脱し、その上、諸法実相をよく知り、衆生を開示し、一切苦を解脱させるのである。太虚「研究仏学之目的及方法」（『海潮音』第一〇巻第一二号、一九三〇年一月、『文献集成』第一七四巻）を参照。
（10）東初「民国肇興与仏教新生」（張曼濤編『現代仏教学叢刊八六　民国仏教篇』台北大乗文化出版社、一九七八年、三二二頁）。
（11）僧懺「看看日本的仏教教育」（『海潮音』第一五巻第九号、一九三四年九月、『文献集成』第一八八巻、二二二一―二二三一頁）。
（12）葦舫「十五年来之僧教育」（『海潮音』第一六巻第一号、一九三五年一月、『文献集成』第一八九巻、二七九―二九八頁）を参照。
（13）太虚「我的仏教改革運動略史――二十九年七月在漢蔵教理院初期訓練班講」（黄夏年編『太虚集』中国社会科学出版社、一九九五年、四二二頁）。
（14）注（12）前掲書、三〇一頁。
（15）前掲書、三〇三頁。
（16）太虚「我的仏教改革運動略史――二十九年七月在漢蔵教理院初期訓練班講」（注（13）前掲書、四一六頁）。
（17）前掲書、四二一頁。

(18) 太虚「我新近理想中之仏学院完全組織」(『海潮音』第四巻第九号、一九二三年九月、『文献集成』第一五七巻、一三一—一三三頁)を参照。

(19) 前掲書、一三三頁。

(20) 太虚「仏教教育系統各級課程表——国民教育基礎上之僧教育」(『海潮音』第一三巻第一〇号、一九三四年十月、『文献集成』第一八二巻、一二三—一二八頁)を参照。

(21) 太虚「僧教育建築在僧律儀上」(『海潮音』第一一巻第三号、一九三〇年三月、『文献集成』第一七五巻、七一—七〇頁)を参照。

(22) 太虚「建立中国現代仏教住持僧大綱」(注(13)前掲書、三五八頁)。

(23) 太虚「僧教育之目的与程序」(『海潮音』第一二巻第八号、一九三一年八月、『文献集成』第一七八巻、四三七頁)。

(24) 法舫「現代僧教育的訓育芻議」、前掲書、四一九—四二七頁を参照。

(25)「戒」「見」「利」「身」「語」「意」の平等化について、まず、「戒」は個人の意志によらず、ともに戒律を守ること(「戒」の平等和合という)。「見」は「知見」や「見地」のことで、仏教教団の中で個人の知識やその周りの環境によって違うこともあるが、宇宙万有、人生世相及び出世仏乗など一切の法相に対して共同の見解を持つこと(「見」の平等和合という)。「利」とは権利、あるいは衣食住のことで、その平等化とは教団の中で物質的な享受はすべて平等で、個人の特別な享受を許さないこと(「利」の平等和合という)。「身」は身分、出身のことで、身分の平等化を指す。「語」とは言語で、その平等化とは不妄語のことを指す。「意」とは意識、あるいは心理のことで、その平等化とは社会心理の平等化を指す。教団の中で清浄心、安楽心、公利心、学道心を持つべきで、エゴイズム、自分の利益のため他人の利益あるいは公的利益を損害することは許さないこと。

(26) 日中戦争の中の中国僧侶の「愛国心」については、梁明霞「近代中国仏教者からみた日本近代仏教——一九二〇年代~三〇年代を中心に」(注(1)前掲書、一二三頁)で検討したことがある。その中で、「仏教は普遍性と超越性を持つ宗教である。しかし、いざ戦争となった場合、仏教徒も自分の国の立場で物事を考えざるをえなくなる。中日両国の仏教徒が愛国心を持つことは当然であり、否定できるものではない。だが、その愛国心によって、他国の国民を傷つけ、さらに命を奪うことに対しては、断固として抗うべきであろう」と指摘した。
(27) 辻村志のぶ・末木文美士「日中戦争と仏教」(『思想』九四三号、岩波書店、二〇〇二年)、末木文美士「日本侵略下の中国仏教」(「Ⅳ　アジアと関わる」『近代日本と仏教』トランスビュー、二〇〇四年)を参照。
(28) 太虚「太虚法師致日本仏教徒電」(『海潮音』第九巻第五号、一九二八年五月、『文献集成』第一七〇巻、三一七頁)。
(29) 「浙江省仏教連合会致日本仏教団体電」前掲書、三一八頁。
(30) 太虚「為瀋陽事件告台湾朝鮮日本四千万仏教民衆書」(『海潮音』第一二巻第一一号、一九三一年十一月、『文献集成』第一七九巻、二六五―二六六頁)。
(31) 太虚「為日本犯中国電告其国仏教徒書」(『仏化随刊』第一八期、陝西仏化社、一九三一年十二月、『文献集成』第二八巻、二一八頁)。
(32) 太虚「因遼滬事件為中日策安危」(『海潮音』第一三巻第五号、一九三二年五月、『文献集成』第一八〇巻、四九一―四九五頁)。
(33) 太虚「告日本仏教大衆」(『海潮音』第一六巻第五号、一九三五年五月、『文献集成』第一九〇巻、二八五頁)。
(34) 太虚「電告全日本仏教徒衆」(『海潮音』第一八巻第八号、一九三七年八月、『文献集成』第一九七巻、二三七頁)。
(35) 太虚「告日本仏教徒書――日本三千万仏教徒可起来自救救国民矣」(『海潮音』第二一巻第五、六号合刊、一九四〇年六月、『文献集成』第二〇〇巻、一一九―一二一頁)。
(36) 太虚「仏教徒如何雪恥」(『華南覚音』第二期、香港青山弥陀閣華南覚音社、一九三八年十月、『文献集成』第九〇巻、二六八―二六九頁)。
(37) 塵空「民国仏教年紀」(張曼濤編『現代仏教学叢刊八六　民国仏教篇』大乗文化出版社、一九七八年、二一八頁)。
(38) 康寄遥「仏教徒怎様抗敵」(『海潮音』第一八巻第九号、一九三七年九月、『文献集成』第一九七巻、三五三―三五七頁)。

「朝鮮仏教」の成立
――「帝国仏教」論の射程

金　泰勲

一　現代韓国における近代仏教史研究のジレンマ

本稿で取り扱う「朝鮮仏教」という言葉は、古代インドに起源を持つ仏教が、中国大陸を経て、朝鮮半島に伝来してから、隆盛と衰退を繰り返しつつ朝鮮半島の歴史とともに綿々とその生命力を発揮してきた朝鮮半島の仏教全体を指すものではない。そしてまた、朝鮮半島が日本帝国によって植民地化される一九一〇年以前の、いわゆる朝鮮王朝時代における仏教を指すものでもない。宗教概念自体、近代における翻訳語として登場し、仏教という言葉も宗教概念の定着過程と密接に関係しながらBuddhismの翻訳語として定着した近代用語であったことが、もはや通説となっている現況から考えれば(1)、「朝鮮仏教」という言葉自体、前近代には存在したはずがない。要するに、近代帝国日本のなかで、学術用語や宗教制度として新たに登場してきた近代仏教の一カテゴリーを指すものである。(2)したがって本稿の関心は、仏教という近代用語の成立後、さらにそれに朝鮮や日本といったナショナル・アイデンティティを結合させることで「朝鮮仏教」「日本仏教」(3)といった、より特殊へと向かう近代的な営みの持つ歴史的意味を追究することにある。これについては次節以下で詳しくみていくことにして、まずはこの「朝鮮仏教」に対する現代韓国における主な先行研究をいくつか検討しながら問題の所在を明らかにしてみよう。

さて、韓国における近代仏教に関する本格的な研究は一九九〇年代からはじまる。一九九三年に林慧峰《イムヘボン》による『親日仏教論』(民族社)の発表以来、近代仏教研究はその親日性を告発する作業からはじまったといってよい。その後、金光植《キムクァンシク》の研究によって、朝鮮仏教女子青年会、朝鮮仏教青年総同盟などの諸組織、在日本朝鮮仏教留学生団体およびその活動や白龍城《ベクヨンソン》(一八六四―一九四〇)、韓龍雲《ハンヨンウン》(一八七九―一九四四)、権相老《クォンサンロ》(一八七九―一九六五)、許永鎬《ホヨンホ》(一九〇〇―五二)など、主な仏教界知識人の活動や思想が注目された(4)。金光植の研究は「近代仏教界が与えられた現実を克服するために努めた努力と苦悩の痕跡」を評価すべく「近代仏教界構成員たちの現実認識(5)」を探るという意味で、近代朝鮮仏教研究の親日性のみにとらわれない新たな方向を展開するものであったといえよう。そして何よりも九〇年代における最も大きな成果としては、民族社による『韓国近現代仏教資料全集』(一九九七年)の発刊によって、以後近代仏教研究の多様化へ向かう基盤が構築されたことだといえよう。

二〇〇〇年代に入ってから、日本帝国の宗教政策と仏教の関係、仏教近代化の問題、仏教学、東アジア的視点など活発な近代仏教研究の時代が開かれた。とくに、東国大学校仏教文化研究院編の『東アジア仏教研究叢書(6)』シリーズは、中国と日本の近代仏教に関する研究成果を踏まえながら、また東アジア仏教の西欧との出会いという観点から韓国近代仏教を意味づけようとする作業として非常に注目される。このような近年の動向は、民族主義史観の見直し、一国史批判と植民地近代論やポストコロニアリズム、またはトランスナショナル・ヒストリーなど、歴史学界における一大地殻変動の影響と無縁ではない。そしてその意味では、「帝国史」的宗教研究(7)に関心を移しつつある日本の状況と一脈通じる部分もあるだろう。

しかしながら、このような研究の多様化にもかかわらず、「韓国社会はいまだ「親日」の問題から自由ではない(8)」く、親日は依然として揺るがない原罪として残り続けている。一九三〇年代に植民地朝鮮の宗教動員との関連で、当時朝鮮総督府が推進していた心田開発運動[9]における「朝鮮仏教」の親日性に着目する柳承周《リュスンジュ》の研究では、今現在、「「親日」は我々の視点を変えることでなくなるものではなく、実際に現存する概念なのだ」「親日仏教の展開過程」を考察することで「韓国近代仏教史に対する反省的認識の契機[10]」とすることがいわれているわけである。親日性に対する「反省的認識の契機」という観点でとくに柳の研究が興味深いのは彼の以下のような発言にある。

親日仏教は単に日本仏教の風習に従った仏教を指す言葉ではない。日本の国家主義的仏教へ同化した仏教、帝国主義の権力に迎合して仏教本来の面目を喪失した植民地イデオロギー……現在的な意味を持つものである……宗教の社会的役割はそのような権力が悪として行使できないように警戒するところにある……仏教の究極的な本質は近代性という歴史的な限定を超越するし、民族意識の限界を超えた世界万民主義 cosmopolitanism を志向する[11]。

そして「親日仏教」に対する「真剣な反省」によって「超越」は可能になると述べられている。要するに、ここでは彼が「親日仏教」をどのように処理しようとしているのかが窺える。「親日仏教」はすなわち「帝国主義の権力に迎合して仏教本来の面目を喪失した」ものとして、本来的なものからの逸脱として「反省」されているのである。そして「現在的な意味」として「宗教の社会的役割」が述べられ、「仏教の究極的な本質」によって「近代性という歴史的な限定」と「民族意識の限界」も「超越」できるということになる。本来的なものからの逸脱として過去の歴史が語られることの問題性については別稿[12]で論じたこともあり、研究史的な観点においても非常に重要な問題ではあるが、本稿の論旨とは少し別の問題設定を要するので、これ以上立ち入って議論することはしない。ひとまずここでは現代韓国の近代仏教史研究が「親日仏教」を本来的なものからの逸脱として設定せざるをえない状況にあることを理解するに止めておこう。

一方、近代的な発展に価値をおいて、つまり仏教の近代化に努力した点を評価すべく、それを「民族仏教」という概念でとらえようとする韓相吉《ハンサンキル》の研究[13]は、植民地朝鮮においても一定の近代的発展は認めるべきであるとすることで、従来の植民地収奪論と激しい論争を巻き起こした植民地近代化論[14]と論調を同じくするものといえよう。「親日行為という歴史的事実を……徹底的に認めたうえで、布教と教育、修行などの近代的な発展のために努力した価値と意味を探求する作業が今後の近代仏教研究における然るべき方向[15]」ということになるとすれば、それは民族と近代的発展の価値を疑うことのないという点で、植民地収奪論と植民地近代化論が共有する認識論的基盤を近代仏教史研究も踏襲することになる。

日本帝国主義の悪辣で無慈悲な支配を通した収奪と、これに対応した韓国人の広範な抵抗運動という二つの軸を中心に日帝支配下の韓国社会を認識し叙述するのに、我々は極めてなじんでいる。……これを一まとめにしていわゆる「植民地収奪論」と呼び得るだろう。……このような二分法的認識を批判しつつ登場した植民地認識の方式がいわゆる「植民地近代化論」である。日帝の植民地支配下ではあれ韓国社会が近代化していたという点を否定し得ないという点でこのような主張は一定の妥当性を持っているといえよう。しかし収奪論と植民地近代化論は先鋭に対立しているが、実は認識論的基盤を共有しているという指摘が提起されている。植民地収奪論と植民地近代化論は、民族主義と近代化という認識基盤を共有しているというのである[16]。

つまり韓のいう「民族仏教」論は植民地収奪論における「民族」の立場と植民地近代化論の「近代的発展」という価値を奇妙に合わせて植民地朝鮮仏教にアプローチしようとすることになってしまうのではないだろうか。このように、現代韓国の近代仏教研究は親日か民族かといったジレンマのなかから脱皮できず、なかなか新しい視点の方向性を見つけることが難しくなっている感はいなめない。むろん、近代仏教史の民族主義的記述の問題性についてはすでに趙性澤《チョソンテク》によって提起されているが[17]、その問題提起を具体的に発展した形で展開している論考はいまだ出ていない。

そのなかで一つ注目すべき研究として挙げられるのが、日本留学を経て植民地朝鮮仏教の重要人物の一人として活躍した許永鎬の思想を分析した趙明濟《チョミョンゼ》の研究[18]である。趙は従来の近代仏教史研究が「日本帝国の植民地支配政策やそれに関連する日本仏教の浸透」と「それに抵抗する民族仏教の役割と意義」に偏重し「近代仏教史を「親日」と「抗日」という単線構図でアプローチ」してきたと批判する。そしてそれが「近代仏教史の多様な流れと意味を縮小する結果」をもたらし、「近代仏教の概念や性格」「近代仏教の位相」に対する評価の問題について「否定的か無関心」であったと鋭く指摘している[19]。そして重要な論点として「植民地朝鮮の仏教界が日本帝国の植民地統治や戦争に協力した理由」と「協力の論理と言説は何だったのか、その基礎的な検討」が必要であると述べている[20]。確かに趙の研究は従来の枠組みからは一線を画するものとして、とくに、許永鎬の戦争協力論理について「単に日本のファシズム体制へ順応した結果としてのみ理解するよりは彼が近代仏教をどのように理解していたのかという問題」を通してそれを解明しようとした着想は非常に重要な試みである。また、許永鎬の近代仏教理解が「朝鮮仏教の独創性を強調」する作業として実践されたという指摘は、まさに近代仏教の本質を貫通する結論として見出されている。

しかし、趙は最後において、許の「朝鮮仏教の独創性を強調する特徴」「朝鮮仏教の特徴を証明する論理」について、それを「朝鮮仏教の特徴や優秀性を強調することは東洋文化、日本文化の優秀性を強調する論理の延長にあるといえる。それは一種の内鮮一体の言説が前提となっているものとして、日本帝国の拡張とともに満州や東南アジアを他者化しながらあらわれた論理[21]」として片づけてしまうところには疑問がのこる。もちろん、天皇制イデオロギーに基づいた国体論、鎮護国家仏教論、王法仏法論に立脚した皇道仏教論などを提示した許永鎬の戦争協力論理について、それは「彼自身が新しく開発したものではなく、当時日本の思想界で提示されていた論理をそのまま受容したもの」で、いわゆる「東亜新秩序と東亜協同体論」「大東亜新秩序」「大東亜共栄圏」そのものであったと整理してしまうと、許永鎬のような戦争協力論を「単に日本のファシズム体制へ順応した結果としてのみ理解[22]」することを止揚するといった問題提起に応じることができなくなってしまうのではなかろうか。許永鎬のような当時の仏教者たちがなぜ戦争協力できたのか、その思想的メカニズムをより突き詰めて考える必要があるだろう。

以上、「親日仏教」と「民族仏教」をめぐる問題系を追ってきたが、当然ながらこの二つの概念は近代仏教に対する現在的な意味づけにすぎない。だとすれば、この二つの概念は当時の実態をどれほど反映しうる概念だろうか。もちろん当時は「親日仏教」も「民族仏教」も言葉としては存在していなかった。植民地朝鮮に存在していたのは「朝鮮仏教」（または「半島仏教」）と「日本仏教」（または「内地仏教」）の二つであった。われわれは親日／民族というあたかも背反するかのような枠組みのなかでのみ近代仏教の現在的な意義を見出すことに慣れているが、実はそれ以前になすべき必要な作業というのは、当時使われていた概念の意味が何であったのかを、まず当時の状況に踏みとどまって確認することにあるのではなかろうか。そしてそれによって現在の枠組み自体、変えられる道が開かれるかもしれない。本稿はそのための試論である。

二 「朝鮮仏教」という概念の登場

帝国日本という状況下で形成されていた「朝鮮仏教」と「日本仏教」の意味合いは非常に複雑なものである。帝国の状況下で「朝鮮仏教」は、朝鮮民族によって朝鮮半島内で信仰される仏教という意味を超えたものになる。つまり日本列島にも「朝鮮仏教」を信仰する朝鮮民族がいて、「朝鮮仏教」を信仰する日本人の存在も十分ありうるということなのだ。同じく、「日本仏教」という意味合いも、日本民族によって日本列島内で信仰される仏教という意味はもう通用できない。朝鮮半島における「日本仏教」は、日本人僧侶の管理する寺院で日本人と朝鮮人がともに信仰する仏教という意味に適合する。このような設定は、従来のような単なる日本仏教の朝鮮布教という一国史的な叙述方式では把握しきれない帝国的状況を想像するための概念設定作業である。では、本稿の主題である「朝鮮仏教」という言葉が、いつ、どこで、誰によって、どういう意味で、登場したのかを確認することからはじめてみよう。

管見の限り、「朝鮮仏教」が文字史料としてはじめて確認できるのは、朝鮮半島に滞在していた日蓮宗僧の加藤文教によって一八九四年に執筆された『風俗仏教朝鮮対論』からだと思われる。周知のとおり、朝鮮半島における日本仏教僧の活動は一八七〇年代からであり、一八九四年までの間、「朝鮮仏教」という言葉が使われていただろうということは十分想像に難くない。しかしここで重要なのは、朝鮮の仏教者自らが自分のアイデンティティを「朝鮮仏教」と語る以前に日本の仏教者がそれを規定する作業を行ったという事実である。日本では一八八〇年代から「日本仏教」という概念が登場し一九〇〇年代前半から村上専精を代表として、「「外国」に対する自己言及をその動因」として「日本仏教の特徴」を語る作業が進行していた[23]。このことは、日本仏教者たちが一八八〇年代から自らのアイデンティティを「日本仏教」として作り上げることができたからこそ、今度は朝鮮の仏教を「朝鮮仏教」と規定しえたことを意味する。要するに「朝鮮仏教」という概念は日本において西欧に対する自己言及としての「日本仏教」が成立することによってはじめて可能となるもの、しかも朝鮮の仏教者自らではなく「日本仏教」側の眼差しをフィルターとして登場した概念であったのだ。

加藤の『風俗仏教朝鮮対論』が発表されると「内地」の『浄土教報』は、同年、ただちにそれを紹介する記事「朝鮮仏教挽回策」を掲載し、論説「朝鮮と仏教」でも「朝鮮仏教」が語られるようになった。その翌年には佐藤隆豊『対韓仏教』においてとくに「第二章　日本仏教ト朝鮮仏教トノ関係」で「朝鮮仏教」という用語の定着が確認できる。朝鮮仏教者によるものは一九一〇年代になってから現れるのだが、たとえば雑誌『朝鮮仏教月報』（一九一二年）、『朝鮮仏教界』（一九一六年）と、著書としては韓龍雲の『朝鮮仏教維新論』（一九一三年）[24]、権相老の「朝鮮仏教改革論」（『朝鮮仏教月報』三号—一八号、一九一二—一三年）と『朝鮮仏教略史』（一九一七年）、李《イ》能和《ヌンファ》の『朝鮮仏教通史』（一九一八年）などが挙げられる。同じく組織名称[25]としての「朝鮮仏教」が使われるのも一九一〇年代に随伴する現象であったが、ここではまず『風俗仏教朝鮮対論』で加藤がどのように「朝鮮仏教」を認識し、どのように規定していくのかを少し具体的にみておこう。

加藤は「慈悲ヲ主トスル我仏教徒ノ士頽廃命脈旦夕ニ迫リタル朝鮮仏教ノ為メニ警発[26]」するためにこの書を記したと述べたうえで、「朝鮮仏教」が「済世利民ノ本意ヲ失シ教網紊リ衰亡日ニ陥リ気息奄々トシテ独リ其滅亡ヲ竢ツモノ[27]」とする。そして「一大革命ヲ喚発シ中興ノ大難ニ当ルモノハ博愛ト義侠ニ富ミタル我日本帝国ノ仏教家ヲ措テ他ニ非ルヲ信ズル[28]」と、日本仏教家の使命として「朝鮮仏教救助」を唱えている。つまり「朝鮮仏教」は「日本仏教」による「救助」の対象として設定された。また寺院と僧侶のあり方については「仏事祭祀ノ外国家異変アルトキハ軍営ニ代用」され「僧侶自ラモ兵役ノ義務ヲ有スル感アリテ誦経礼拝ノ外鎗術等ノ類ヲ学」ぶところに特徴があるとみている。[29] さらに僧侶については「外装僧侶ノ形ヲ為スモ乞食ト異ナラザルナリ」[30] としつつ、行務、勢力、生活の三つの側面から観察したものを説明している。まず行務においては「参禅講学ノ高尚ナルモノ滅尽シ僅ニ読経ト諸仏供養ノ務ヲ為シ生活ノ為メ農事ト托鉢ヲ為スノミ」とし、朝鮮の僧侶が兵役と農事を中心にしていると把握する。次に勢力の側面については、「此国葬祭ノ如キ儒教ト道教ヲ混交シタルモノニテ我国ノ如ク僧侶ニ托シ葬祭ヲ司ドラシメ又仏事回向ヲ為サシムルナシ古ハ現世ノ幸福ヲ寺院僧侶ニ拠リ仏陀ニ仰ギタルモ今ハ殆ンド無キガ如シ京幾江原ノ二道ニハ此例聊カ存セリ又自分ノ信徒トテナク社会ニ勢力ヲ示スモノ更ニナシ故ニ世人僧ヲ視ルコト乞食下賤ノ如クス」[31] と、社会的勢力もほとんどないものとして「朝鮮仏教」を規定する。さらに生活面においても「昔ヨリ国王信仰者ノ寄附セラレタル田圃ヲ耕シ農事ヲ事トスルアリ又市ニ入リテ鐘ヲ鳴ラシ托鉢ヲ為スモノアリ又碑石ヲ売ルアリ是等ノ所行ヲ為シテ露命ヲ支フルモノナリ」[32] とすることで「朝鮮仏教」を語るキーワードとして前記の「兵役」「農事」に加え「托鉢」と「碑石売り」を挙げている。とくに「碑石売り」に関しては彼も非常に関心を示し、朝鮮の風習との関係で以下のように説明している。

因ニ云フ碑文ヲ売ルトハ此国ノ習ヒ死者ノ遺骨ハ墓地ニ埋メ土ヲ盛リテ供養スルモ寺院ノ存在セル所若シクバ山水優美ナル所ニハ紀念ノ為ニ岩及ヒ石材ニ姓名ヲ彫刻シ履歴ナド記シ後世ニ伝フルヲ例トス故ニ寺院ハ何レモ山上優美ナル所ナルヲ以テ寺門内ノ岩ナドニ我国人ノ競フテ石塔ヲ建ツルガ如ク其身分相応ニ石地ヲ求メ彫刻ス目下ノ如キ一尺ノ所ニ一字ヲ鐫ルモノ我国三拾銭ト云フ此国ノ姓名多ク三字ナレバ一人前ニ九拾銭ナリサ

レバ僅ニ一丈方ノ岩一ツアレバ百弐拾円余ノ集納アリ況ンヤ此国ノ寺院多ク岩山ニテ何百丈ノ石材アリ官吏ナドノ姓名ヲ記スモノ一字三尺余アリテ何々ノ官何々ノ位ト官位姓名ヲ鐫リ附ケアレバ収納ノ巨大ナル事知ル可キナリ実ニ社会ノ度外ニ置カレ僅ニ農事托鉢ノ二事ヲ以テ行務トスルモ一寺院毎ニ二十人三十人ヨリ何百ノ僧ノ生活シ得ルハ多ク碑石ヨリ得ル所ナリ嗚呼仏事ヲ以テ生活シ能ハザレバ国風ヲ以テ生活ノ方針ト為ス仏陀ノ権謀加護ニ非ズシテ何ゾヤ(33)

彼は以上のような観点から「朝鮮仏教救助策」を展開していくわけであるが、そこで注意すべき点は、彼の「朝鮮仏教」観察に実はキリスト教に対する強い警戒心が存在していたことである。彼の「朝鮮仏教救助策」は「眼ヲ朝鮮ニ於ケル耶蘇天主教ノ現況ニ注目セヨ(34)」という発言から出発する。朝鮮におけるキリスト教は「或ハ学校ヲ建テ子弟ヲ教育シ或ハ生計ヲ授ケテ貧民ヲ救ヒ外形ノ手段ヲ以テ布教(35)」しており、そのままでは「朝鮮ノ仏教ハ数年ヲ出デズシテ耶教国ニ化スルヤ必然ナラン(36)」と、キリスト教の「外形ノ手段」によって侵食される「朝鮮仏教」の未来を慨嘆する。それこそ「精神死シテ形体ノミ存シツ、アル朝鮮仏教(37)」の現状であると認識する加藤の救助策としては、「一、日本京都ニ韓僧教育場ヲ設置シ韓僧教育ヲナスコト、一、朝鮮各港ノ殖民布教ヲ盛ンニシ有為ノ僧ヲ留学セシムルコト(38)」の二点を挙げている。

「朝鮮仏教衰退論」ともいうべきこのような彼の認識は、朝鮮各地寺院に対する「探見旅行」に基づくものであった。一八九四年三月十九日から四月九日までの旅行記録である「鶏林仏教探見旅行日誌(39)」では、前述した「碑石売り」と軍営や朝鮮王陵の守護寺機能をする寺院の様相とともに朝鮮僧侶や宿舎で出会った人々とのエピソードが記録されており、非常に興味深い。その一、二を紹介すれば、ある宿主から妻はいるのかと質問されて三人の妻がいると答えると尊敬されたことから、「此国妻ナキモノハ年少ニ係ハラズ」「軽侮」すると理解したこと、扶蘇山行慶寺では「本尊ノ傍ラ長ケ八寸許金銅ノ釈迦仏」を買い求めると拒否されたが、翌日になって「金銅釈迦ヲ余ガ懐中ニ投ジ二貫文ヲ請求ス余笑ツテ二貫文ヲ与ヘントスルヤ和尚曰ク昨日ハ在俗者居ルヲ以テ許サザルナリ」とのことから「在俗ノ前ヲ憚ル一分ノ徳義心又可賞也」と感じたことなどからは、加藤のような日本僧侶をみる朝鮮民間人の眼差しの特色や朝鮮仏教遺物遺跡の海外流出の様子の一端が窺えるので、面白い。

以上、加藤文教の『風俗仏教朝鮮対論』を通して「朝鮮仏教」という概念が最初どのように現れたのかをみてきたが、それは「日本仏教」の登場を前提とするものとして、西欧キリスト教を意識しつつ、「精神死シテ形体ノミ存」する「救助の対象」として想定され、「軍営」「農事」「碑石売り」「乞食」「托鉢」などの言葉でいい表されるものであった(40)。

三　自己言及としての「朝鮮仏教」の変移

「朝鮮仏教」が朝鮮仏教者の自己言及として初めて明確に現れたのは、一九一二年に創刊された雑誌『朝鮮仏教月報』である。「朝鮮仏教月報発行趣旨書」では「自朝鮮仏教有史以来」「凡一千五百四十年間」「初有」の「盛挙」としてその意義が示された。『朝鮮仏教月報』の性格は、韓龍雲の『朝鮮仏教維新論』が進化論や自由主義などの西欧思想と日本仏教からの影響を受けつつ、一九一〇年代前半においてまずは「朝鮮仏教」の「革命」「維新」を唱えるものであったのと同様に、「朝鮮仏教」の「革命」「維新」による近代化を追究しようとするところにあった。これは前節でみたような日本仏教者による「朝鮮仏教衰退論」を強く意識した結果でもあったといえよう。だが、

「維新」の志向性を強く表す一方、「朝鮮仏教」の独自性や朝鮮文化の大要素といった認識は、一九一〇年代後半および一九二〇年代に入ってから本格的に現れる。権相老によって一九二四年に発刊された雑誌『仏教』では、「我が朝鮮仏教は日本仏教各宗よりはその発展の経路と民族性の相違に基因して現著な特色がある。この特色を助長し発展させるためには努めて宗旨を確立し日本各宗と蘭菊の美を争耀することに至ることが我々の努力すべきところである。従って我が朝鮮仏教は実に朝鮮文化の一大要素と思料す[41]」と述べられ、「日本仏教」を相対化する形で「朝鮮仏教」の特色を主張し、民族性への言及とともに「朝鮮文化の一大要素」としていることが確認できる。そして「幸い三十本山及びその末寺の熟誠により、財団法人教務院が成立し本年三月評議員会にて布教費、布教図書刊行、高等学校以上の在学徒弟の学費補助及び本紙の発行等を決議」されたこと、「一、参禅道場の新設、在来専門学校の改良及びその統一　二、仏教専修学校の新設、在来専門学校の改良とその統一　三、法式、梵唄の研究とその統一」など、本格的な仏教近代化へ向けた要望が満ち溢れる時期であった。一方、これは非常に注目すべき事例ではあるが、日本人主導で朝鮮側有力者も多数参加して、ある意味日朝聯合組織のように造られた朝鮮仏教団の機関紙『朝鮮仏教』（一九二四年創刊）は、半島で活躍する「内地仏教」をも「朝鮮仏教」の範疇に含む認識の仕方をみせている。その創刊の辞において「第一は半島に於ける仏教界の消息を報道することであります。三十本山の活躍は勿論内地の仏教にして半島内に活躍しつつある状況を紹介したい」とその趣旨が示されているところから察すれば、「半島内に活躍しつつある」「内地の仏教」が「朝鮮仏教」の範疇内に収められるということになるのではないだろうか。要するにこの『朝鮮仏教』の認識は「朝鮮半島内」という地理的特殊を準拠にしてそこで活躍する「朝鮮仏教」と「日本仏教」をともに「朝鮮仏教」としようとするところに特徴がある。この一九二〇年代までにおいて「朝鮮仏教」概念は確実に普及したといえよう。

さて、一九三〇年代以後の「朝鮮仏教」は、韓龍雲によって「朝鮮仏教は朝鮮仏教徒の朝鮮仏教であることを知っているのか[42]」と叫ばれているとおり、「朝鮮仏教」の民族性やその特有性、独自性が表出される時期であった。そして統一体としての「朝鮮仏教」は一九三〇年代における許永鎬の通仏教論によって完成したと私は考えているので、以下では許永鎬の「朝鮮仏教」認識について詳しく論じてみたい。

まず、第一節で言及した趙明濟の研究[43]に依拠して許永鎬の履歴を簡単にまとめてみよう。許は一九〇〇年十二月二日に釜山で生まれ、梵魚寺で伝統的な仏教教育を受けて僧侶となった。一九一九年の三・一独立運動の時には梵魚寺の僧侶たちとともに積極的に運動に参加し、保安法違反などで三年間の懲役となった。一九二〇年代は青年僧侶として釜山地域で活動していたが、一九三〇年に大正大学仏教学科へ入学、一九三二年二月に卒業して帰国する。帰国後は中央仏教界で活躍することになるが、その活動が本格的に現れるのは一九三七年に復刊された雑誌『仏教』の編集および発行人として就任する時期からである。戦後の韓国では東国大学校初代総長を務めるなど、仏教界を代表する人物として様々な社会活動を行った。朝鮮戦争中の一九五二年一月に没する。要するに、一九三〇年代後半から植民地期が終わるまで、彼は「朝鮮仏教」を代表するエリート学僧であったのだ。彼の遍歴はエリート学僧として「朝鮮仏教」の近代化に果たした貢献と、代表的な戦争協力者としての親日性で説明されており、本稿が最終目的とする「親日仏教」と「民族仏教」の言説を脱臼させる作業に最も適合する人物だといえよう。では、彼が雑誌『仏教』を通して「朝鮮仏教」概念をどのように展開しているのかをこれからみていこう。彼は次のように述べる。

> 新羅時代から各宗諸山の分立各拠があったのはあったけれども、その底流には通仏教的思想が流れていたこと

は容易に指摘することができます。そのなかでも、元暁聖師の仏教観はあまりにも鮮明にこの通仏教的意義を明確にしており、……朝鮮仏教が朝鮮仏教としての歴史性と特殊性をもつとすればそれは唯一元暁聖師の思想から出発したことを再認識する必要があります。(44)

「朝鮮仏教」の歴史性と特殊性を、新羅僧元暁にその根拠を求めてそれが「通仏教的思想」だと指摘している。さらに通仏教の意味をみると、「五教九山の別あり七宗両家の殊があるとはいえ、その根幹をなしその底流に流れる朝鮮仏教の中心思潮または根本傾向は、意識的または無意識的に千六百年の間断絶することなく伝承してきた……それは一乗仏教への要請、統一仏教への企画であった(45)」ということになる。「各宗諸山の分立」「五教九山の別」を乗り越える「統一仏教」こそが、通仏教であるとされている。彼がこのような通仏教を「朝鮮仏教」のあるべきものと提示する理由は、当時の「朝鮮仏教」が三十本山によって分立されており、統一体としての「朝鮮仏教」認識が共有されていない状況に対する危惧があったからである。統一体としての「朝鮮仏教」の必要性を強く抱いていた許は、最後まで元暁思想を追究しつつ通仏教を主張し続ける。

元暁の通仏教的思想は「朝鮮仏教のあらゆる潮流に滲透して宗派的特色を、宗学的に、教団的に無く」すものとされ、「現在の朝鮮仏教が華厳天台両教学の体系組織より優越するというのではない。ただ、仏教を観察する根本態度または立場において、元暁祖師の態度と立場が天台智顗や華厳智儼のそれより根本的でより広大であった(46)」と、その意義を唱えている。もちろん、元暁と通仏教に関しては一九二〇年代から崔南善《チェナムソン》が主張して一九三〇年に発表する『朝鮮仏教』を出発として、すでにかなり流行していた議論であった。しかし一九三七年段階において、許永鎬が崔南善の議論をそのまま踏襲していたとみることは難しい。たとえ許が崔の通仏教論から大きく影響を受けたことは事実だとしても、元暁の思想に執着する許の研究が崔とはその立場性を根本的に異にする点において、その中身には全く違うものがある。つまり崔は仏教者でもなく、文化統治期といわれる一九二〇年代の状況下で、朝鮮民族の発見につながる「朝鮮学」の提唱との関わりで発表したのが『朝鮮仏教』であった。しかし一方、中央仏教界で活躍する僧侶としての立場を持つ許が戦争期という時代状況のなかで仏教界の内部矛盾を打破しようとして痛烈にいい続けていたのが通仏教の必要性であったのだ。とくに許が一方で親日的で戦争協力的な発言を積極的にしながらも、一方では通仏教を通して「朝鮮仏教」の特有性や元暁の卓越性を唱えうるところに問題の核心がある。

さらに、許は「朝鮮の仏教はどのような仏教なのか。朝鮮的仏教だ。自然人文のあらゆる影響において、教団的に、経済的に、儀式的に、朝鮮的要素を持つようになった仏教だ。朝鮮人の生活と叡智を通して朝鮮的理解を持つようになった仏教[47]」であると「朝鮮仏教」の特殊性に言及している。つまり元来の本質的で普遍的な「仏教」からみれば「朝鮮仏教」は時代的、地理的制限を持つ特殊なのである。そしてその特殊は何も「朝鮮仏教」に限定されるのではなく、「印度思想の精華……それが南印仏教となり北天仏教となり西域仏教となり支那仏教となり、また朝鮮日本仏教となるにつれ各々の地理的人文的要素が影響し新しい仏教の形態と教義を持つようになった[48]」としている。彼にとってこのような特殊の問題は、つねに葛藤を止まない「朝鮮仏教」の宗派性という現実問題に対する危惧と連動するものであった。彼自身、雑誌『仏教』の編集者として、あるいは朝鮮仏教総本山の幹部として、三十本山勢力を中央で調節する立場に身をおいていたので、宗派性という問題は「統一」には最も悩ましい課題であったに間違いないだろう。そして実際この問題はいつまでも解決することはなかった。「朝鮮仏教」における宗派というそれぞれの特殊が通仏教的思想で統一され、普遍へと向かっていくというこのプロセスは、後の戦争末期における構想において、より鮮明に「帝国的構想」になっていく。徳光允と創氏改名した許は次のように述べる。

大東亜戦争が起こってから帝国はもはや一億国民のなかにある日本ではありません。十億の国民を領率し、二十億の国民を指導する日本であります。この世界史的転換を迎えた日本国民は勿論、仏教徒としてその担当する部門において彼等を指導すべき仏教原理を確立し……これまでの宗団仏教寺院仏教としては十億乃至二十億民衆の人心を把握し指導するにはあまりにも僧尼的で宗団的です。大東亜共栄圏の仏教を立てなければなりません。世界的日本仏教を立てなければなりません(49)

一九三七年以来、中央仏教界の真っただ中で、「朝鮮仏教」の宗派性打倒を数年にわたって訴え続けてきた許の努力は、戦時下の厳しい統制状況のなかで総督府の朝鮮仏教管理機構のような機能を果たすようになった総本山のあり方と、依然として強い宗派性のもとでまとまることのなかった地方本山のあり方を前にして、ほぼ絶望と挫折に転じていた。彼の目に映った「朝鮮仏教」「内地仏教」あるいは仏教一般のあり方は「封建的独善的残滓(50)」と表現するまでとなった。そのような状況で構想されていたのが上記引用文にみえる「大東亜共栄圏の仏教」「世界的日本仏教」という発想だったのだ。

この発想を彼の戦争協力言説、親日言説として片づけてしまうことは容易なのだが、ここでもう少し踏みとどまって彼の構想が持つ意図を注意深く読み取ってみる必要がある。上記引用文中の構想には、国民国家単位を準拠とする一国史的観点に慣れ親しんでいる今のわれわれの感覚を転覆させる論理が隠されているからである。それを理解するためには、これまでみてきた許の通仏教論の要点をもう一度整理しながらこの「大東亜共栄圏の仏教」「世界的日本仏教」に結びつける必要がある。彼の通仏教論は三十本山の葛藤と矛盾を生み出している宗派性という特殊を打開し、元暁の通仏教的な思想に基づく普遍的で、統一的なものとしての「朝鮮仏教」を要求するものだった。ここで普遍へと関与しうるようになる「朝鮮仏教」は、崔南善のそれとは違って許にとってそれは現前しない未来への企図であったのだ。しかしここで一つ問題なのは「朝鮮仏教」というカテゴリーは、歴史的、地理的限界を有する特殊なのである。それは「朝鮮仏教」のみならず、「西域仏教」「支那仏教」「日本仏教」もそれぞれ特殊なのである。したがって、特殊の「朝鮮仏教」が普遍へ関与しうるために必要なのが通仏教なのだということになる。ここで注意深くみておく必要があるのは、彼が「朝鮮仏教」とともに「日本仏教」をも特殊として明確に言及していることなのだ。そして朝鮮半島内の三十本山という特殊と、統一体としての「朝鮮仏教」という普遍から目線をアジアの方へ拡大してみると、いわゆる「西域仏教」「支那仏教」「朝鮮仏教」「日本仏教」という特殊と、それらを統一できる何らかの普遍が必要になったわけだ。彼にとってそれが上記引用文中の「大東亜共栄圏の仏教」「世界的日本仏教」だったわけである。となるとひとまず、彼にとって「大東亜共栄圏の仏教」「世界的日本仏教」も、「朝鮮仏教」と同様に、現前しない未来への企図であったことを喚起しておこう。

ここで次に、彼のいう上記引用文中の「帝国」「日本」「日本仏教」の意味をつかみとることが必要だ。「帝国はもはや一億国民のなかにある日本では」ないということは、「帝国」はもはや「大日本帝国」いわゆる「内地」としての「日本」という特殊ではないのだ、ということになる。「帝国」は「二十億の国民を指導する日本」という普遍でなければならない。ここでの日本は「内地」としての特殊ではなく「帝国日本」としての普遍なのだ。そしてその普遍における「大東亜共栄圏の仏教」「世界的日本仏教」は「帝国仏教」を意味するといえよう。ここでの「日本仏教」が現前する特殊としての「日本仏教」とは全く違う次元のものであることが理解できよう。これまで「朝鮮仏教」に執着してきた許が、ここで急に「日本仏教」に言及している。この言葉を単なる親日的発言だと片づけることができない理由はここにあるのだ。彼のいう「日本仏教」は「内地仏教」でもなく、朝鮮で活動する

「日本仏教」でもなく、どこにもない、現前していない未来への企図なのだ。

こうなると、われわれは「親日仏教」と「民族仏教」といった矛盾するかのようにみえる両者が、実は何も矛盾するものではないことがようやく理解できよう。つまり、朝鮮民族の「朝鮮仏教」が特殊から普遍へ向かう時、自己の出自とする「日本」を踏み場として、あるいは「日本」を通してしか普遍へ向かうことはできなかったのだ。

おわりに——「親日／民族仏教」論から「帝国仏教」論へ

これまで「朝鮮仏教」という概念の登場から植民地期におけるその意味合いの変移をみてきたが、それをもう一度整理してみよう。

一八九〇年代に入ってから日本人仏教者の眼差しを通して登場した「朝鮮仏教」という概念は、「日本仏教」という概念の成立を前提としてそれとの接触、共存の産物として現れた。一八九〇年代から一九〇〇年代までは「日本仏教」に対する「朝鮮仏教」「朝鮮にある仏教」という意味合いで使われはじめた。一九一〇年代に入ると、朝鮮の人々による自己言及としての「朝鮮仏教」が現れ、一九二〇年代までにほぼ定着をみる。「朝鮮仏教」の「改革」「維新」「近代化」などが強く意識され、「日本仏教」を相対化しつつ朝鮮民族の仏教というナショナル・アイデンティティとの接続が行われた。そして一九三〇年代に入ると、「朝鮮仏教」の独自性や独創性を明確に主張する言説が形成されるとともに通仏教思想を媒介とした統一体としての「朝鮮仏教」構想が進行する。また、戦争期になると、許永鎬にみるように、「朝鮮仏教」という概念が「帝国」「日本」「日本仏教」という諸概念をめぐる普遍と特殊の関係性のなかで認識されざるをえなくなる。結局「朝鮮仏教」は特殊としての「日本仏教」とともに普

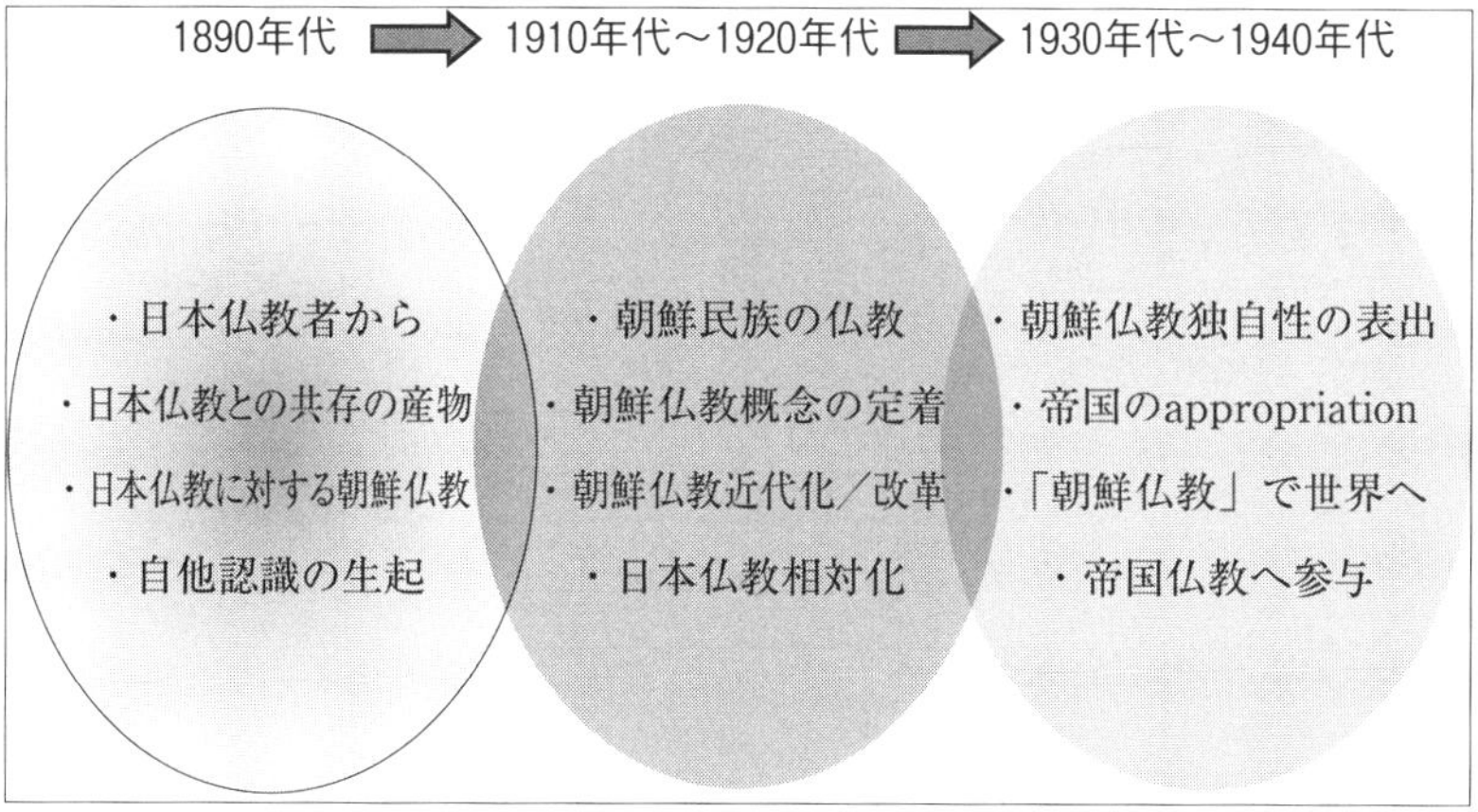

遍的な「帝国仏教」のようなものへの志向性を強く帯びるものとなる。ここでみるように、これまで本稿で描き出そうとした「帝国仏教」とは、帝国の宗主国の仏教を代弁するものではない。支配／被支配の力が錯綜するなかで仏教信仰を媒介として噴出する欲望、帝国の植民者と被植民者の双方的な営みによって生まれる仏教的アイデンティティを収斂するものとして「帝国仏教」を位置づけようとするのである。

植民地朝鮮という空間はそこで生を営む被支配民族にとっては、予め「失敗」の場であった。植民地朝鮮人のなかで、「帝国臣民」になることを夢見て自ら積極的に創氏改名をして「日本人」になった人々が多くいた。これらの人々を「親日派」と呼ぶ。しかし彼らは自分たちが「帝国臣民」としての「日本人」になることはできても「日本民族」になることはできないことを十分承知していた。なぜなら、そこには厳格な差別と暴力の機制が存在するからである。この意味において被支配民族にとって植民地は出発時点から「失敗」の場なのだ。「失敗」の場から離れることのできる者は、「希望」を追い求めて自らディアスポラの道を選択するか、場合によっては「帝国」圏内の他の植民地で植民者を振る舞うことになるだろう。しかし、自らの立っている場が自分にとってはどうしようもできない予め「失敗」の場なのだということを分かってし

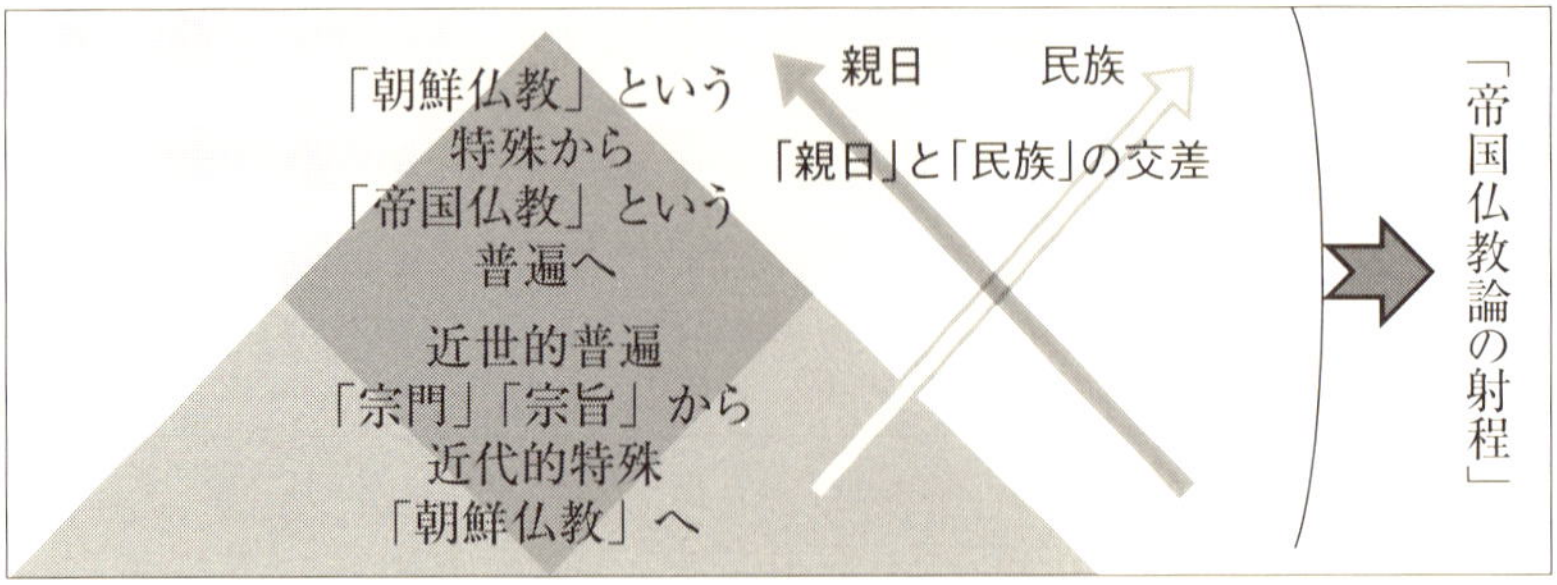

まっても、そこを離れられない者の方がほとんどである。彼らはその「失敗」の場で生きるしかない。今日からみれば「親日性」を強く帯びた「朝鮮仏教」は、まさにこの「失敗」の場で生きるしかできなかった、被支配民族の仏教者たちが生み出していたアイデンティティだったのである。彼らは自らのアイデンティティが「朝鮮仏教」であることを自ら停止できないかぎり、植民地という空間で「朝鮮仏教」を背負っていかざるをえない。それが朝鮮仏教者たちにとって予め付与された「失敗」の場であった。そのなかで許永鎬のような「朝鮮仏教」論は、①朝鮮民族による「朝鮮仏教」を特殊とすることで、日本民族による「日本仏教」をも特殊とする。②特殊を超える新たな普遍として「日本仏教」を構想する、というようなものであった。朝鮮民族が朝鮮民族であることを止めて日本民族として「日本人」になることはできず、朝鮮民族として「日本人」になるしかないのと同様に、「朝鮮仏教」が「朝鮮仏教」であることを止めて特殊としての「日本仏教」になることはありえず、「朝鮮仏教」として普遍としての「日本仏教」へ参加する、ということである。何も「民族仏教」と「親日仏教」は矛盾する概念ではない。

以上のように、近代仏教をめぐる問題は、一国史的な観点に準拠する「朝鮮仏教」「日本仏教」のような枠組みでのアプローチが、もはやその限界を露呈していることを、明らかにしている。複雑な概念の連鎖を精密に把握していくためには、彼らが構想していた「帝国仏教」概念に真剣に向き合わなければならない。そのために「帝国仏教」論の意義がある。

注

（1）とくに、磯前順一『近代日本の宗教言説とその系譜――宗教・国家・神道』（岩波書店、二〇〇三年）、ジェームス・E・ケテラー『邪教／殉教の明治――廃仏毀釈と近代仏教』（ぺりかん社、二〇〇六年）に依拠している。

（2）ここでいう近代帝国日本は、戦前のいわゆる「内地」を意味するものではない。植民地支配を前提とする「帝国」の範疇を想定している。これについては、金泰勲「一九一〇年前後における「宗教」概念の行方――帝国史の観点から」（磯前順一＋尹海東編『植民地朝鮮と宗教――帝国史・国家神道・固有信仰』三元社、二〇一三年）を参照のこと。

（3）「日本仏教」という四字熟語については、オリオン・クラウタウ「〈日本仏教〉の誕生――村上専精とその学問的営為を中心に」（『日本思想史研究』四二、東北大学文学部日本思想史学研究室、二〇一〇年）および同『近代日本思想としての仏教史学』（法藏館、二〇一二年）に詳しい。本稿の執筆に当たってとくに「日本仏教」に関するオリオン氏の論考から学んだことが多い。

（4）김광식『韓国近代仏教의 現実認識』（民族社、一九九八年）、同『近現代仏教의 再照明』（民族社、二〇〇〇年）。

（5）同右『韓国近代仏教의 現実認識』序、なお、史料を含め韓国語文献引用の日本語訳はすべて引用者による。以下同じ。

（6）同院のシリーズとして『東アジア仏教、近代와의 만남』（二〇〇八年）、柏原祐泉『日本仏教史 近代』（二〇〇八年）、『近代東アジア의 仏教学』（二〇〇八年）、『東アジア仏教의 近代的変容』（二〇一〇年）、『アジア仏教 伝統의 継承과 転換』（二〇一一年）、『アジア仏教、西欧의 受容과 対応』（二〇一一年）、『東アジア仏教交流史研究』（二〇一一年）がそれぞれ出版されている。なお、韓国語文献の書名引用は、漢字、カタカナに直せる部分は直し、その他はハングル文字のままにした。以下同じ。

（7）「帝国史」的宗教研究については、大谷栄一「帝国と仏教」（『日本思想史学』四三、日本思想史学会、二〇一一年）、および磯前順一＋尹海東編前掲『植民地朝鮮と宗教——帝国史・国家神道・固有信仰』を参照。

（8）류승주「日帝의 仏教政策과 親日仏教의 様相」（『仏教学報』四八、二〇〇八年、一五八頁）。

（9）心田開発運動に関しては、川瀬貴也『植民地朝鮮の宗教と学知——帝国日本の眼差しの構築』（青弓社、二〇〇九年）、とくに第五章「「心田開発運動」政策について」、また、青野正明「朝鮮総督府の農村振興運動期における神社政策——「心田開発」政策に関連して」（『国際文化論集』三七、桃山学院大学、二〇〇七年）および金泰勲「唯一神概念をめぐる知の競争——赤松智城の再評価をめぐって」（『사이間』一一、国際韓国文学文化学会、二〇一一年）を参照。

（10）류승주前掲論文。

（11）同右、一七一—一七二頁。

（12）金泰勲「イデオロギーと希望——天理教の三教会同」（『日本研究』一四、高麗大学校日本研究センター、二〇一〇年）。

（13）한상길「韓国 近代仏教 研究와「民族仏教」의 模索——最近（2005-2009）의 研究動向을 中心으로」（『仏教学報』五四、二〇一〇年）。

（14）これについては、尹海東「トランスナショナル・ヒストリーの可能性——韓国近代史を中心に」および磯前順一・金泰勲「ポストコロニアル批評と植民地朝鮮」（『季刊日本思想史』七六、ぺりかん社、二〇一〇年）を参照。

（15）한상길前掲論文、一四五頁。

（16）尹海東／藤井たけし訳「植民地認識の「グレーゾーン」——日帝下の「公共性」と規律権力」（『現代思想』三〇—六、二〇〇二年、一三二—一三三頁）。

（17）조성택「近代仏教学과 韓国 近代仏教」（『民族文化研究』四五、二〇〇六年）、同「近代韓国仏教史 記述의 問題：民族主義的 歴史 記述에 関한 批判」（『民族文化研究』五三、二〇一〇年）。

（18）조명제「許永鎬의 戦争 協力의 談論과 近代仏教」（『港都釜山』二七、二〇一一年）。

(19) 同右、二頁。
(20) 同右、三頁。
(21) 同右、二四頁。
(22) 同右、三一—三二頁。
(23) オリオン前掲論文「〈日本仏教〉の誕生——村上専精とその学問的営為を中心に」。
(24) 実際執筆が完了したのは一九一〇年十二月である。김광식前掲書『近現代仏教의 再照明』、二一〇頁。
(25) 植民地朝鮮の仏教組織については、김순석「近代 仏教 宗团의 成立 課程」(大韓仏教曹渓宗教育院仏学研究所編『仏教近代化의 展開와 性格』曹渓宗出版社、二〇〇六年)を参照。
(26) 加藤文教『風俗仏教朝鮮対論』「自序」、三頁。
(27) 同右、一頁。
(28) 同右、二頁。
(29) 同右、一一頁。
(30) 同右、二一頁。
(31) 同右、二二頁。
(32) 同右、二三—二四頁。
(33) 同右、二四頁。
(34) 同右、二五頁。
(35) 同右、二五頁。
(36) 同右、二六頁。
(37) 同右、三五頁。
(38) 同右、二九—三〇頁。
(39) 同右、三七—五八頁。

(40) これはあくまで日本人僧侶の目を通してみた「朝鮮仏教」のイメージに関するものであり、十九世紀末の朝鮮寺院の実体についてはより具体的な検討を要する。これに関する研究としては、한상길「開花期 寺刹의 組織과 運営」(大韓仏教曹渓宗教育院仏学研究所編前掲『仏教近代化의 展開와 性格』)が参考になる。
(41) 権相老「우리의 行進할 方途」(『仏教』創刊号、一九二四年、三頁)。
(42) 韓龍雲「朝鮮仏教統制案」(『仏教』新二号、一九三七年、九頁)。
(43) 조명제前掲論文「許永鎬의 戦争 協力의 談論과 近代仏教」。
(44) 許永鎬「朝鮮仏教와 教旨確立——教団의 未来를 展望하면서」(『仏教』新三号、一九三七年、九頁)。
(45) 許永鎬「朝鮮仏教의 立教論」(『仏教』新九号、一九三七年十二月、八—九頁)。
(46) 同右、九頁。
(47) 同右、一〇頁。
(48) 許永鎬「元暁仏教의 再吟味」(『仏教』新二九号、一九四一年五月、一三頁)。
(49) 徳光允「大東亜戦争下의 花祭를 맞어서」(『仏教』新三六号、一九四二年五月、八頁)。
(50) 許永鎬「決戦第二年과 새로운 仏教에의 構想——仏誕을 맞이면서」(『仏教』新四七号、一九四三年四月、六頁)。

第4部

伝統と近代

伝統と近代

末木文美士

はじめに

本書ではこれまで、近代の仏教のあり方を、グローバルな視点から、あるいは日本という場に内在して、さまざまな問題を考えてきた。第4部では、近代仏教を伝統仏教と比較しながら、近代仏教の特徴と問題点をもう一度整理しなおし、今後の仏教のあり方を考える手掛りとしたい。以下、本稿ではまず「近代仏教」という概念規定について検討し、その後、日本という場に即して、仏教における伝統と近代の関係に立ち入って考察したい(1)。

一　近代仏教とは何か?

1　近代仏教という問題提起

そもそも「近代仏教」という一つの範疇が成り立つのであろうか。もちろんその場合、単に近代という時代の中の仏教というだけでなく、もっとはっきりした特徴を持ち、それ以外の仏教のあり方から区別されるような意味での「近代仏教」である。それゆえ、たとえ近代という時代の中の仏教であっても、必ずしも「近代仏教」といえないような仏教のあり方もあることになる。例えば、近代社会の中にあっても、伝統を守っているような「伝統仏教」があり、それが「近代仏教」と対照されるということが考えられる。後述のロペスやマクマハンは「古典仏教」と「近代仏教」を分け、両者は単なる時期区分の問題ではないとする。

私は、そのように「近代仏教」と「伝統（あるいは古典）仏教」が近代の中で対立するような図式は、必ずしも適切でないと考えるが、その点は、後ほど改めて検討したい。もちろんそうはいっても、近代の仏教の中でも、「近代仏教」と呼ぶのにふさわしい典型的な仏教のあり方は十分に考えられる。十九世紀以来の欧米やアジア各地の仏教を見渡すならば、共通する同時代的な特徴が明らかに見て取れる。そもそも、それら諸地域に共通し、かつ交流を持つようなグローバル化現象自体が近代になってはじめて起こったことである。もちろん「近代仏教」を実体化することは危険であるが、研究上の作業概念として用いることは十分に可能と思われる。

「近代仏教（Modern Buddhism）」をグローバルな問題として大きく提起したのは、ドナルド・ロペスであろう。ロペスは、『近代仏教――初心者のための読本』（二〇〇二年）[2]で、ブラヴァツキー夫人からチョギャム・トゥルンパに至る三十一人の著作のアンソロジーを出版し、「近代仏教」が十九世紀後半から二十世紀にかけての世界史的な現象であることを明らかにした。ロペスによれば、一八七三年八月二十六日にセイロン（スリランカ）のコロンボ郊外のパナドゥレで行われたキリスト教の牧師と仏教僧の対論が「近代仏教」のはじまりとされる。この時、アジアの仏教はキリスト教と対抗することで、自らをグローバルな視点で仏教者として位置づけ、近代的な意味づけを探りはじめたというのである。

ロペスは、以下のように「近代仏教」の特徴を挙げている。

近代仏教は、それまでの仏教の諸形態に見られる多くの儀礼的、呪術的要素を拒否し、階層差別よりも平等を、地域性よりも普遍性を強調し、しばしば共同体よりも個人を高く評価する。しかし、……近代仏教はそれ自体を長い進化の過程の頂点と見るのではなく、むしろ原始仏教、即ち、ブッダ自身の仏教への回帰として見ている(3)。

ロペスは、そのアンソロジーに、日本人としては、釈宗演、鈴木大拙、鈴木俊隆の三人の禅者を取り上げている。

2　デヴィッド・マクマハンの仏教モダニズム論

「近代仏教」の研究を大きく進展させたのは、デヴィッド・マクマハンである。マクマハンはその著書『仏教モダニズムの形成』(二〇〇八年)(4)において、紛らわしい「近代仏教」ではなく、「仏教モダニズム」という用語を採用する。以下、同書によりながら、マクマハンの議論を簡単に見ておきたい。

第一章「序論」で、マクマハンは、チャールズ・テイラーが近代的自我の特徴として挙げた三つの領域は、仏教モダニズムの場合にも適用されるという。すなわち、西洋的な一神教、科学的な合理主義と自然主義、ロマン主義的な表現主義という三つの面である(5)。これらが仏教モダニズムにも大きな影響を与えている。マクマハンは、仏教モダニズムの場合、特に科学的合理主義とロマン主義的表現主義との緊張と妥協のあり方からさまざまな形態を取ると見ている。

第二章「伝統とモダニズムのスペクトル」では、アメリカとアジアの五人の具体的な仏教徒の例を挙げて、仏教モダニズムのさまざまな形態を示し、伝統とモダニズムとが対照されながらも、連続性を持っていることを明らかにする。その上で、仏教モダニズムの特徴として、脱伝統化、脱神話化、心理学化の三つを挙げている。第三章「仏教とモダニティの言説」では、先に挙げた近代仏教と科学的合理主義、ロマン主義、キリスト教の関係について論じ、第四章「モダニティと科学的仏教の言説」、第五章「仏教ロマン主義」では、それらの問題をさらに詳説している。

第六―八章では、伝統的な仏教の教説や実践が近代社会の中でどのように変容して生きているかを、具体例に即して検討しており、興味深い。第六章「縁起略史」では、今日、縁起が相互依存性として解釈され、世界中のあらゆるものは相互関係にあるとして、それが社会的、政治的問題や環境問題に適用されていることから出発し、もう一度仏教史を遡って縁起の概念の展開を検討する。もともとパーリ仏典では、縁起は苦しみの世界がどのように生まれるかを論ずるものであり、あらゆるものが相互関係にある世界を賛美するような意図はなかった。それが大乗において、龍樹の空や『華厳経』によって相互依存的な方向に展開し、さらに東アジアの自然観や仏性論がそれを増幅した。他方、欧米においても十八世紀以来、科学的合理主義とロマン主義の葛藤の中で新しい自然観が進展し、とりわけアメリカの超越主義の影響で自然への関心が高まった。そうした動向を受けて、仏教の相互依存性を受け入れたエコ仏教のような形態が生まれることになった。

ところで、こうした仏教モダニズムによる縁起解釈で問題になるのは、業と輪廻の教説である。人生のある状況が過去世の行動によって規定されているという観念は今日では受け入れ難い。そこで、業の脱神話化が図られる。こうして形成された新しい環境仏教論は、伝統的な教説とは合致せず、それでも仏教といえるかという疑問が提出される。マクマハンは、それを、「アジアと西洋の資料を利用して、それらを新しい概念に総合したハイブリッドな構成物」と見ている(6)。

第七章「瞑想とモダニティ」では、やはり今日仏教の核心のように考えられている瞑想の問題を取り上げる。伝統的には、「瞑想が悟りに達するのに必要と考えられたにもかかわらず、ごく僅かの仏教者〔出家者〕だけが本格的に実践できた。大多数のアジアの仏教者〔在家信者〕は、倫理や儀礼、サンガへの奉仕によってダルマを実践してきた」(7)。ところが、「今日ではアジアでも西洋でも、多くの在家仏教徒や仏教に共感する人たち――キリスト教徒、ユダヤ教徒、ヒンドゥー教徒、世俗的な人々を問わず――は、さまざまな形態の仏教の瞑想やマインドフルネス〔精神集中〕の技法を実践している」(8)。今日、実際にカトリックの修道院などでも盛んに坐禅が行われており、坐禅は仏教だけのものといえなくなっている。

マクマハンは、縁起解釈と同様に、このような動向が単に仏教内の変化だけでなく、西洋の思想展開と深く関わるものとして論じている。すなわち、「「東洋」はスピリチュアルで主観的、直感的であり、「西洋」は物質主義的、合理的、外向的」という一般的理解に対して、「多くの最近の思想家は、主観性や自己や心に注意を向けていくことを、西洋のモダニティに内在する動向として説明している」(9)。そのような動向は、すでに十七、八世紀の「主観的転回」にはじまり、二十世紀には精神分析が瞑想への関心を持った。近年の傾向としては、瞑想が科学的研究の対象となり、さらに瞑想自体が「心の科学」として論じられることもある。このような傾向は、瞑想の脱伝統化と見ることができる。

以上のように、マクマハンは、今日仏教の核心をなすと考えられている縁起や瞑想という思想や実践が、じつは伝統とは大きくずれており、そこには仏教だけでなく、欧米自体の思想的な展開との複合という観点が必要だというのである。これは適切な指摘であろう。第八章「マインドフルネス、文学、日常生活の肯定」では、心理療法として用いられているマインドフルネスなどについて、同様の検討を加えている。第九章「近代からポスト近代へ」

は、さらに今日の動向として、民主化、フェミニズム化、ハイブリッド性などを挙げ、また、今後へ向けての新しい方向として、「グローバルな民俗仏教」を指摘するなど、興味深い問題が取り上げられているが、今はこれ以上立ち入らない。

　このように、マクマハンの著書は仏教モダニズムの諸動向を、アジアと欧米にまたがる思想史・宗教史の広い視野から考察しており、従来ほとんどまとまった研究のない領域を切り開く意欲的かつ刺激的な論考となっている。マクマハンは、そのような「仏教モダニズム」に対して安易な評価を避けながらも、比較的好意的な視点を持っているように思われる。

二　伝統から近代へ

1　近代仏教と伝統仏教

ところで、マクマハンの著書はアジアへも目配りはしつつも、その中心は欧米、特に新しいアメリカ仏教の展開に向けられている。このことはロペスの場合も同様である。ロペスのアンソロジーで、日本人として取り上げられているのが、アメリカに布教した禅者に限られているのは、そのことを証するものである。

しかし、アジアの近代仏教の場合には、必ずしも欧米の場合と同一視できないところがある。欧米の仏教を中心に見ると、そこには仏教の伝統がないのであるから、仏教は外来の全く新しい宗教であり、そもそも伝統仏教と対比されることとさえも起こらない。むしろそこでの問題は、伝統的なキリスト教との相克であろう。それに対して、アジアの近代仏教は、近代という免れ難い時代の圧力の中で、伝統をどのように変容させるかというところから出発しているのであり、伝統仏教との間に一方では断絶がありながら、他方では否応なく伝統を引き摺り、それと連続せざるをえない面を持っている。

これについてもう少し検討してみたいが、その際に注意すべきは、欧米を中心に見ると、アジアの仏教の近代化が、欧米の帝国主義、植民地主義の侵略下の厳しい状況の中で形成されたという違いが軽視されるという点である。それは仏教だけに限らず、「近代」という時代そのものの持つ基本的な問題点ということができる。しばしば、欧米の圧力がなかったならば、非欧米地域（例えば日本）に独自の近代化がありえたかということが問題にされるが、それは問題自体がナンセンスである。なぜならば、欧米の植民地主義的進出がなければ、グローバルな近代ということはありえなかったと考えられるからである。欧米の近代と非欧米の近代は、はじめから巨大な力を持って近代を輸出する側と、それを否応なく受け取らざるをえない側とで非対称的であり、両者を同一に論ずることはできない。

仏教の場合も同様であり、近代仏教といっても、欧米の近代仏教とアジアの近代仏教とでは、根本的に同一視できないところがある。ただ仏教の場合やや特殊なのは、単純に一方的な輸出・輸入の関係だけですまない点である。そもそも欧米の仏教はアジアの仏教の発見というところからはじまったのであるが、それはアジア起源の文化が欧米の植民地主義的進出の中で発見され、欧米の中に歪められて受容されるというオリエンタリズム的な一般的な傾向に合致する。仏教の場合、その過程で変質したものが再びアジアに輸出され、それがもとのアジアの仏教を変え、それがまた欧米に輸出されるという具合に、キャッチボール的に繰り返される往復的な連関を作っていくところに特徴がある。

このような過程の中で、両者に共通するグローバルな「仏教モダニズム」ともいうべき新しい形態が育つことになるが、同時に両者が簡単に同一視できない相違性も消えてなくなるわけではない。とりわけアジア諸地域に根差した伝統の中には、簡単にグローバル化できない面も持続していく。その際、それらが伝統的な仏教を継承し、ある面で保守的であったとしても、それだからといって近代の洗礼を受けずに、変わらなかったということはありえない。きわめて保守的に伝統を墨守しようとしても、その主張自体が近代の中で行われる時には、近代性を帯びざるをえないのであり、保守的と見なされるような仏教もまた、じつは近代の中で大きく変容していたと考えなければならない。そう見るならば、仏教の伝統を有するアジア諸国の場合、近代という時代の中で、はたしてどこまで「近代仏教」あるいは「仏教モダニズム」と「伝統仏教」とを二項対立的に区別できるかという疑問が生ずる。むしろそれぞれの地域で、トータルな運動として近代の仏教の流れを見るほうが適当ではないかと考えられる。

このようなアジアの近代仏教へも配慮したという点で注目されるのは、マクマハンが『仏教モダニズムの形成』の後で、編集を担当して出版した『近代世界における仏教』(二〇一二年)[10]という本である。これは大学教育用の教科書であり、全十六章にわたって近代仏教の幅広い問題をそれぞれの専門家が執筆しており、このような方面に関してははじめての本格的な入門書となっている。それだけ、今日近代仏教が宗教を学ぶ学生にとっても大きな関心事となっていることが知られる。

本書は、第一部「地理的コンテクストにおける仏教」、第二部「仏教とモダニティの挑戦」の二部からなり、第一部では東南アジア、スリランカ、日本、チベット・ヒマラヤ、ヨーロッパ、北アメリカの各地域の近代の仏教の歴史が論じられ、第二部では、仏教モダニズム、仏教と政治・ナショナリズム、社会参加仏教、仏教倫理、仏教と心のパワー（オカルティズム、精神療法など）、仏教とジェンダー、仏教とグローバリゼーション、仏教・メディア・ポピュラーカルチャーという問題が扱われている。

本書の第二部が、「仏教モダニズム」に特徴的な諸相の解明であるのに対して、第一部は、それぞれの地域の近代における仏教の変容を、必ずしも「仏教モダニズム」に合致しない面をも含めて、その地域全体の歴史的な流れとして捉えようとしている。その両面を押さえようとした点で本書は注目されるが、しかし、なお検討の余地はあるように思われる。以下、日本の場合を具体的な例として、近代の仏教のあり方をもう少し詳しく考えてみたい。

2　日本における近代仏教の形成

日本の場合を見るならば、確かに今日の日本においては、テーラワーダ仏教やチベット仏教の影響が見られるようになっており、その形態はグローバルな「仏教モダニズム」の特徴をかなり強く示している。また、今日かなりの勢力を持っている創価学会、真如苑などの仏教系新宗教の場合も、「仏教的モダニズム」と近い傾向を持っている。遡ってみると、鈴木大拙のように「仏教モダニズム」の典型ともいえる国際的な仏教者も出ているし、清沢満之や田中智学らも、「仏教モダニズム」的な性格を強く持っている。しかし、そのような突出した例に入らず、保守的、伝統的と見られる教団の場合でも、やはり近代の刻印が顕著である。

『近代世界における仏教』第一部の日本仏教に関する章は、クラーク・チルソン（Clark Chilson）が担当している。チルソンは明治維新からはじめて、今日の日本の宗教の現状に至るまで手際よく略説している。その基本的な見方は、「さまざまな変化を通じて、伝統的な仏教組織は、封建的な過去が完全には捨てられず、長い間の国家依存が克服できていないと主張されうるかもしれない」(11)と一応そのような解釈を示しながらも、「仏教の組織や指導者や在家者たちは、長い間、近代社会に寄与しようとしてきており、そこに彼らの宗教を居心地よく位置づける場所を見出そうとしてきた」(12)と、伝統的教団を含めて仏教者の側の積極的な活動を全体としてある程度評価しているのは、適切であろう。

実際、近代になって日本の仏教は大きく変化するのであり、そこには政治的変革によって否応なく対応を迫られたという面があったとしても、仏教が単に受身に時代に押し流される旧時代の遺物というだけのものと見るのは不適切である。逆境ともいえる仏教への強圧に対して、仏教者たちはあるいは抵抗し、あるいはそれらを積極的に受け入れながら、新しい近代の仏教を形成していった[13]。

明治初期の新政府の宗教政策を見ると、かなり混乱して変動した[14]。もともと明治維新は、水戸学派に由来する儒教的名分論と平田篤胤に由来する復古神道の国粋主義的な神道を大きなイデオロギー的支えとして実現された。特に維新初期には復古神道の勢力が強く、一八六七年（慶応三）、王政復古とともに律令時代の神祇官が復興され、祭政一致の新体制が成立した。翌一八六八年（明治元）には、神仏分離令が出され、神社から仏教色が一掃された。それとともに、廃仏毀釈の運動が起こり、仏教は大きな打撃を受けた。

しかし、祭政一致国家はあまりに時代錯誤的であり、神祇官は神祇省に格下げされ、ついに廃止されて、一八七二年（明治五）には代わりに教部省が設置された。これは、仏教が国家から排除されることに危機感を抱いた仏教側の強い働きかけがあって実現したものであり、政府の側も、仏教を国家の側に取り込むことで、キリスト教に対する防波堤を作るという意図があった。そのために、仏教の僧侶と神道の神官をともに取り込んで国家公認の教導職として、国民教化を担当させることとし、教導職の指導管轄のために、中央に大教院、各地方に中教院・小教院を設置した。

ところが、大教院に神を祀り、その指導理念となる三条教則が「敬神愛国ノ旨ヲ体スベキ事」など、神道的な色彩の強いものであったために、島地黙雷によって指導された浄土真宗諸派が反対し、一八七五年（明治八）に大教院から離脱したため、教部省の政策は失敗に帰し、一八七七年（明治十）には教部省が廃止され、宗教行政は内務省の一部に縮小された。それが日本における信教の自由と政教分離の確立とされる。その後、一八八九年（明治二十二）に公布された大日本帝国憲法で、信教の自由が認められた。こうして仏教は自由に選択可能な民間の一宗教となった。

以上のような経緯を見るならば、今日常識のように考えられている日本の宗教のあり方のいくつかは、じつはこの明治初期に成立したことが知られる。第一に、今日、神道と仏教は別の宗教とされ、一般の人はあたかも両者がもともと別のものであったと考えている。実際、神仏分離の根拠は、古代には純粋な神道があったが、仏教が入ってきたために神仏習合の不純な状態になったので、再び両者を分けて古代の純粋な状態に戻すというところに求められた。また、そのような説が研究者の間でも長く通用してきた。比較的最近になってようやく、そのような説が全くのフィクションであり、神道は中世以後に成立したことが明らかになった。それでもなお、両者を別々の宗教と考える一般常識は変わらない。このような神仏分離にもとづいて、仏教が民間の一宗教化する一方で、他方では一九〇〇年に内務省に宗教局と別に神社局が設けられ、神道は他の宗教と分けられて非宗教とされ、いわゆる「国家神道」が成立することになった。

第二に、「宗教」という概念が挙げられる。上記のように、当時の仏教界を指導して政府と渡り合ったのは島地黙雷であるが、島地はその頃欧州視察中であり、西欧における信教の自由と政教分離を学び、それを根拠に大教院政策を批判した。島地によれば、宗教は人間の心に関する問題であるから、人間の外形に関する政治が関与できないというのである。これも今日常識化していることであるが、島地や当時の啓蒙思想家たちによって普及され、定着したものである。そもそも「宗教」という言葉はもともと仏教語ではあるが、彼らはそれを religion の訳語として用い、ここに近代的な宗教概念が成立することになった[15]。

　しかし、そのような宗教概念はもともとなかったものであり、マクマハンのいうように、近代的な宗教の心理主義化ともいうべきものと考えられる。仏教（この言葉自体、近代に多く用いられるようになったもので、古くは仏法・仏道などと呼ばれた）はもともと決して個人の心に限定される問題ではなく、社会的、共同体的に機能していたもので、国家とも密接に関係していた。そこに近世の寺檀制度も展開してきた。近代の宗教概念はこのような側面を前近代的として捨象するものであり、実際には近代になっても葬式仏教として新たに編成されるような、仏教の社会的役割を見えなくさせてしまう結果となった。それと同時に、それでは神道は宗教の枠に入るかどうかが大きな問題となり、最終的にそれは非宗教として宗教の範疇外に置かれ、信教の自由に縛られることなく、国家神道として臣民に押しつけられることが可能となった。近代の宗教概念はこのような問題を含んでいる。この点に関しては、後ほどもう少し詳しく検討してみたい。

　以上の二点に加えてもう一つ注目されるのは、今日一般化している僧侶の肉食妻帯も、この時期にはじめて制度的に確立したということである。すなわち、一八七二年（明治五）に「自今、僧侶の肉食妻帯蓄髪等、勝手たるべし」という政府の布告が出されたが、これが一般に肉食妻帯許可令と呼ばれるものである。もちろん日本仏教では戒律が弛緩していたことも事実であり、なかでも浄土真宗は近世にも肉食妻帯が認められていたが、それが他宗派にも及ぼされたことになる。僧侶の肉食妻帯は、アジアの他地域と異なる日本仏教の特徴とされ、他ではチベットや韓国の一部の宗派に見られるだけであり、しばしば戒律無視として槍玉に挙げられる。

　この布告は従来の身分制を廃し、すべての臣民を一般の戸籍に編入する過程で出されたもので、仏教者もまた特権を奪われ、一般の人々と同列に扱われることになった。近世には寺檀制度のもとで仏教者は士農工商の身分制度外の存在として特別視されていた。肉食妻帯の禁止はそのシンボルともいうべきもので、僧侶に世俗の人々と異なる聖性を付与するものであった。この布告はその特権の廃止とともに、仏教者を法的に俗人と同列に扱うことを明確にした。もともと世俗を超えた世界と関わる存在であった僧侶は、世俗の職業の一つということになる。

それに対して、当初仏教界の指導者の間では反対運動が起こったが、逆にそれを積極的に推進するような言論も盛んになり、やがてなし崩しに僧侶の肉食妻帯が普及することになった。こうして寺院は儀礼や修行の場であると同時に、僧侶が妻子とともに住む家庭生活の場となり、実質的には子供によって継承される世襲制が当然のこととなった。このようなことは、それまでも浄土真宗寺院では行われていたことで、いわば日本仏教全体の浄土真宗化ということができる。先に挙げたような神仏分離による仏教の純粋化や、宗教を内面的な心の問題に限定することも、浄土真宗では受け入れやすいことであり、そのような面を含めて、近世には異端視されていた浄土真宗が近代になって仏教界の中心的な位置を占めることになった。

しかし、このように僧侶が家庭を持つことが一般化しても、それと仏教の戒律との整合性は解決されなかった。妻子を持つことは愛欲の罠の中に入り込むことであり、それからの離脱こそが仏教の本来の目的のはずであった。そうである以上、妻子を持つことを積極的に意味づけることはきわめて困難といわなければならない。早くから妻帯に踏み込んでいた浄土真宗の場合でも、人間は弱い存在で煩悩をどうしようもないから妻子を持つことになり、そのように弱い人間を阿弥陀仏が救ってくれるという論法で、妻子を持つことが積極的な仏教的意味を持つことにはならない。

このことは、僧侶の家族の位置づけの問題として困難な問題を課することになった。僧侶の家族は寺族と呼ばれるが、寺族は仏教的に適切な位置づけが与えられないまま、中途半端な扱いを受けることになる。寺族問題はフェミニズムの立場からも問題提起されており、今後の大きな課題となっている。

このように、僧侶の肉食妻帯、とりわけ妻帯は日本の近代仏教の大きな特徴であると同時に、さまざまな課題を今日に残している。この問題を最も広範に取り上げて論じたのは、リチャード・ジャフィの著書『非僧非俗』（二〇〇一年）[16]である。本書は、近世の真宗の妻帯に関する議論からはじまり、明治維新期の戸籍問題、肉食妻帯令に対する仏教界の反対運動と、逆に積極的な支持の言説、そしてその後の展開から今日の問題に至るまで、全十章にわたってきわめて丁寧に史料を網羅して論じている。以上の記述も、ジャフィの著作をもとにしたものである。

このように、明治初期に形成された日本仏教のいくつかの新しい性格は、かなり近代仏教としての特徴を示している。それは、政府の動きと密接に連動しながらも、宗教の内面化、純粋化の方向へ向かうとともに、肉食妻帯はもともと強制されたものとはいえ、世俗化の方向へと強く推し進めるものであった。このようにして出発した日本の近代仏教は、二十世紀の初め頃、一気に思想として深められる。時期的には日清・日露戦争の中間頃になる。この頃には、日本の政治・経済的な近代化が一応の成果を見た。政治的には、憲法発布によって法治国家としての体制が整い、経済的には資本主義体制が確立した。条約改正も進められて、欧米と対等になると同時に、アジアへの侵略に手を伸ばしていく。

このような中で、外なる政治の進行に対して、内なる自己の確立が大きな問題となってきた。それを果たそうとしたのが、この時代の宗教的な思想家たちであった。浄土真宗の清沢満之、日蓮信仰の高山樗牛、キリスト教から出発して神秘主義的な独自の信仰へと深めた綱島梁川などであり、この時代は「主観主義の時代」とも呼ばれる[17]。また、日蓮主義の田中智学、禅の鈴木大拙らもこの時代に活動をはじめている。これらの思想家は、いずれも外的な組織や儀礼ではなく、内面の心に重心を置き、まさしく日本における仏教モダニズムを代表するような性格を強く示している。彼らの影響下に、知識人の仏教への接近が大きく進められ、それは後の京都学派の哲学などに結実する。他方、欧州に留学した南条文雄や高楠順次郎らによって欧米の新しい仏教研究が導入され、それもまた、仏教モダニズムを推進する大きな力となった。

三　近代仏教の重層性

このように見ると、日本の近代の仏教は、ロペスやマクマハンのいう「近代仏教」あるいは「仏教モダニズム」にすっかり転換するかのように見える。ところが、じつはそうはいかず、もう一方に葬式仏教と呼ばれる形態が近代以後ずっと続き、今日にまで至っている。これは従来、仏教の近代化に対する前近代の伝統仏教の遺物であり、本来近代化しなければならないのに、日本仏教の遅れた部分のように見られ、正面から議論されてこなかった。しかし、はたしてそれを単に日本の近代化が不十分であったために残された前近代の遺物と見ることが適切であろうか。

私はそのような見方に反対であり、じつは近代の葬式仏教は前近代の遺物ではなく、近代になって再編された新しい仏教の形態であり、ロペスやマクマハンの規定では捉えられない近代仏教の別の側面と見るべきではないかと考える。そもそも近世における仏教は寺檀制度のもとで、死者供養のみならず、生きている人々の生活をも規制する力を持っていたのであり、決して葬式仏教だけとはいえないものであった。それが、近代になると、そのように民衆を全体として支配するという形態から、死者との関わりへと中軸が移されることになるところに大きな違いがある。

それだけならば、単に近世の寺檀制度下の仏教の一部の機能だけが、それこそ遺物として残されたに過ぎないといわれるかもしれない。しかし、もしそうとすれば、明治以後今日に至るまで百数十年永らえることができたであろうか。近代の激変する時代の中で多くの寺院が生き残ってきたということは、近代社会の中で相当の大きな役割を果たしてきたということではなかったか。妻帯した僧侶による寺院の世襲化のもとで新たに再編された葬式仏教は、決して前近代の遺物ではなく、まさしく近代の産物として重要な意味を持つものではなかっただろうか。

この点を考えるには、近代日本がどのようなイデオロギーに支えられていたかという点から見ていく必要がある。(18)近代日本は、天皇が絶対権力を持つ絶対主義体制といわれるが、近代天皇制はきわめて巧妙なイデオロギー構造の上に成り立っていたと考えられる。その大原則は、大日本帝国憲法（一八八九年）第一条に「大日本帝国ハ万世一系ノ天皇之ヲ統治ス」と規定されるとおりである。近代法治国家体制という点から、天皇を政治的な絶対権力者とするだけであれば、憲法があれば十分である。ところが、憲法発布の翌年（一八九〇年）、教育勅語が発布され、それによって憲法を補うことになった。このことは、天皇が単なる政治的支配者というだけでなく、道徳的な意味づけを与えられた存在であることを示している。

教育勅語は儒学者元田永孚が草稿を作ったものであるが、その根本原理は、家族道徳の原理を天皇への忠に結びつけるところにあり、儒教的な道徳原理が基礎となっている。一般に、日本の儒教は江戸時代に最も栄えて、明治になると衰えると考えられているが、じつは江戸時代には儒教は武士の道徳原理に留まり、一般の民衆に広く普及したわけではなく、その一般民衆への普及は教育勅語など、近代になってからのことであった。(19)もちろん、そこでいわれる儒教は、きわめて日本的、かつ近代的に変容された儒教であって、もともとの儒教とは異質のものとなった近代日本儒教である。その点で、仏教の場合とも似ているところがある。

さらに、日本近代のイデオロギー構造で重要な意味を持つ法律として、皇室典範（一八八九年）と民法（一八九六年総則等成立、一八九八年施行）を挙げることができる。[20] 皇室典範は、皇室に関する規定を定めたもので、特に重要なことは、そこで天皇の継承順位が定められ、男系の男子による継承が決められたことである。それまでは女性天皇を認める議論もあったが、皇室典範により、天皇家は家父長的な相続が確定することになった。

それに対して、民法は一般民衆の相続を長男一人による家督相続と定めることで、天皇家のみならず、一般の民衆もまた家父長的な家督相続をすることに定められた。民法もまた、制定まではさまざまな議論があり、個人単位の相続制度を採用すべきだという意見も強かったが、それが退けられ、家を重視する家父長体制が定められた。しばしば、家を重視する家父長体制は前近代の封建的制度の遺産のように考えられがちであるが、実際には日本でそれが確立したのは、近代になってからである。

このように、近代日本は憲法によって天皇中心体制が確定され、皇室典範と民法によって天皇と一般民衆の両方に家父長体制の家制度が形成され、それが教育勅語の儒教道徳によって支えられるという構造になっている。すなわち、西洋近代を模した法体系や言説空間とその下部をなす儒教的道徳によって世俗秩序が作られている。

ところが、近代天皇制は、そのような世俗的な秩序だけでは不十分で、そこに見えざる世界の秩序が要請されることになる。それは、家制度を維持するために家の祖先の崇拝を重視することである。神道は、天皇家の祖先である天照大神を頂点として再編成され、国家神道は天皇家の祖先崇拝として意味づけられる。それに対して、一般の民衆は、天皇と同じ形態をとることは認められないために、神道による祖先崇拝は禁止された。しかし、祖先の位牌と墓を維持し、祖先祭祀を行うことが家父長に課された義務であった。そこで、近世以来の寺檀制度を転用して、祖先の位牌は仏教の方式で祀られ、墓は仏教寺院の中に設けられることになった。仏教寺院はその墓を管理し、祭祀を実施するという重要な役割を担うことになった。近代の「葬式仏教」は、法的には何の規定もないにもかかわらず、実質的にはまさしくこのように近代天皇国家の基盤となる家父長体制を支える根本的な機能を果たしてきた。

こうして、日本近代の精神構造は、上の図のような四重構造を取ることになる。現世的な法や道徳の秩序を「顕」と呼び、それに対して、霊的な世界の秩序を「冥」と呼ぶならば、西洋近代科学・哲学と儒教が「顕」の領域に関わり、それに対して神道と仏教が「冥」の領域に関わるということができる。仏教はこのような四重構造の中に位置づけられ、一般の民衆の祖先祭祀を担当することで、近代日本の精神構造の重要な一角を確保することになった。こうして日本の仏教は近代になって国家と切り離されたにもかかわらず、大きな勢力を持ち続け、仏教界は近代を生き延びることができたのである。

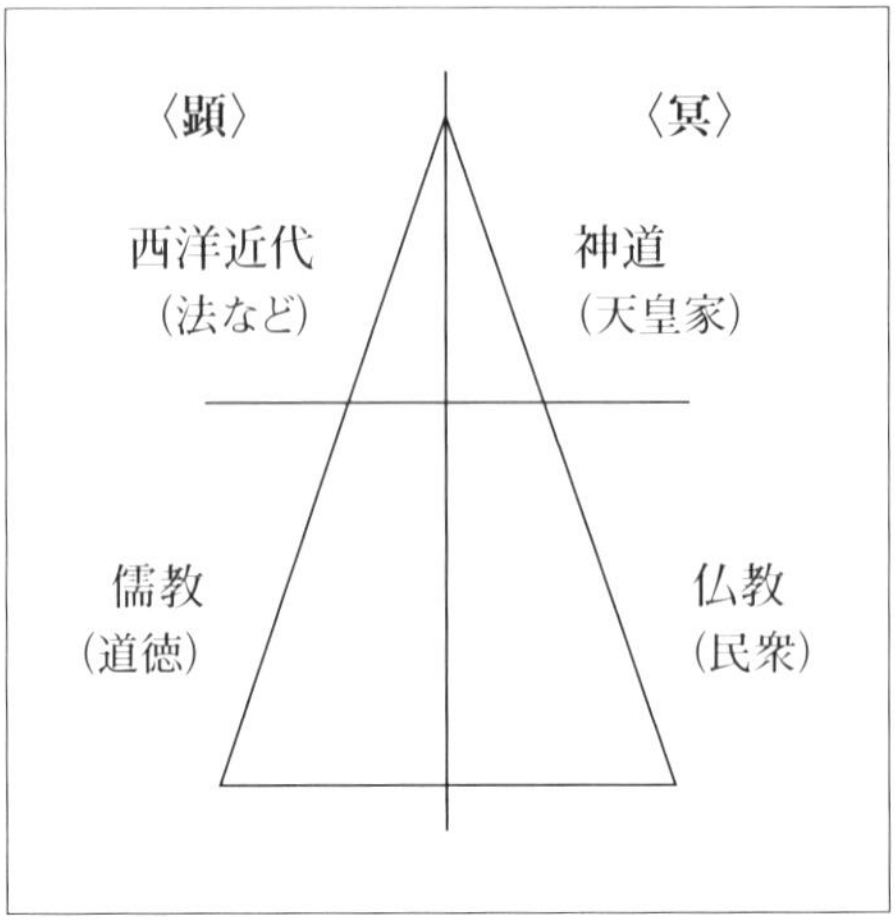

図　日本近代の精神構造

第二次世界大戦後、近代の天皇中心の家父長体制は崩壊し、それによって、日本近代の四重の精神構造も解体することになった。しかし、一九七〇から八〇年代まで家の意識が残ったので、葬式仏教は継承された。その後、家意識の崩壊とともに、急速な少子高齢化の進行もあって、葬式仏教は従来のままで継承されにくくなり、今日日本の仏教は大きな転換期に立たされることになった。

このように、葬式仏教は日本の近代社会の中で大きな意味を持つのであるが、それは、ロペスやマクマハンのいう「近代仏教」あるいは「仏教モダニズム」の規定では捉えきれないものである。それは個人の心の問題に解消されない家の共同体の問題であるが、だからといって、単なる前近代の遺物ではなく、まさしく近代国家を支える根本の役割を果たしているのである。

それでは、このような近代の葬式仏教は、先に取り上げた「近代仏教」もしくは「仏教モダニズム」とどのような関係を持つのであろうか。それは、この図の左上の西洋近代的な枠組みを持つ言説空間に属するものである。仏教界の最先端を担う少数のエリートは、この中の一角に食い込むべく、いわば必死の努力をして、曲がりなりにも成功した。それはまさしく仏教界の到達した輝かしい成果である。しかし、じつはそのような近代的言説としての仏教は、その経済基盤を葬式仏教に持ち、それを隠すことでようやく成り立つ際どい成果であったのである。ちなみに、僧侶の肉食妻帯は、制度と言説の両面にわたっており、その架け橋をなすような役割を果たしている。

このように、日本の近代仏教は、一方に近代的言説の中に食い込もうという「仏教モダニズム」的な言動と、他方に再編された近代のイデオロギー構造の中で厳然として大きな役割を担うことになった葬式仏教的側面と、その重層性を持つと見なければならない。前者によって仏教の近代性を最大限アピールし、後者によって経済的・社会的基盤を確保するという巧妙な両面作戦である。その両面を含む総体として、日本の近代仏教を捉えなければならず、「仏教モダニズム」の面だけに焦点を当てると、もう一つの重要な側面を見落とすことになってしまう。

このような近代仏教の重層性ははたして日本だけの特異なものか、それとも他のアジアの仏教国にも見られることか、なお検討を要しよう。おそらく東南アジアの仏教国や、政教一致体制を取るチベットの場合、ある程度近似したところが見出せるのではないかと思われる。例えば、ダライ・ラマの欧米における役割と、チベット社会における役割はかなり異なっており、その重層性を捉えなおすことも必要のように思われる。

四　伝統の再解釈

マクマハンも指摘するように、近代仏教は伝統の言葉を使いながらも、じつは伝統と大きくずれた解釈を与え、非伝統化の方向を示す。すでに見たように、日本の近代仏教の諸動向もそれと同じ方向を持ち、伝統を受けながら、それを再編し、再解釈して、新たな意味づけが与えられるようになる。表面の言説からは消し去られる葬式仏教においても、近世までに形成されてきたものが全く新たに位置づけを与えられる点で、同じである。ここで改めて、日本の近代仏教における伝統の再解釈の問題を、とりわけ近代の仏教史の見方という点に焦点を当てて考えてみよう。

欧米における近代仏教の特徴の一つとして、釈尊に還れということで、パーリ仏典による原始仏教の再発見がなされたことが挙げられる。それは日本にも輸入されるのであるが、日本では必ずしも釈尊中心主義、原始仏教中心主義がそれほど広がらなかったことが注意される。日本はもともと大乗仏教に拠ってきているので、欧米の原始仏教中心主義は大乗仏教の危機として捉えられ、大乗非仏説の問題が浮上することになった。大乗仏教が仏説でなければ、日本の仏教は崩壊してしまう。その矢面に立たされたのが仏教学者村上専精であったが、結局、十分に議論は深められないまま、大乗は歴史的には非仏説であるが、教理としては仏説だということで、終息してしまう。そのため、一体仏教とは何なのか、ご都合主義的な解釈で終始して、今日にまで至っており、そこに批判仏教のような形での批判がなされる必然性も生まれるのである。

釈尊に還れ、ということがあまり大きな力とならなかったとすれば、日本では非伝統主義的な原点回帰の運動はなかったのかというと、そうではなく、それは宗祖に還れということで、鎌倉時代の祖師たち、法然、親鸞、道元、日蓮などが再発見されるという形が主流となり、定着する。いわゆる鎌倉新仏教中心主義と呼ばれるものである。宗祖ということであれば、空海や最澄も同様に重要なはずであり、実際、明治期には平安期の彼らの運動は日本仏教の重要なエポックとして論じられていた。しかし、次第に彼らは否定的に見られるようになり、焦点は鎌倉新仏教に集中されることになる。このような傾向は、とりわけ第二次世界大戦後著しく、平安仏教はいわゆる鎌倉旧仏教とともに、完全に否定されるべきものと見なされるようになった。

鎌倉新仏教、それも祖師たちだけが高い評価を受け、日本仏教の最高峰を形作り、その後、日本仏教は再び衰退していくという仏教史観が作られた。その堕落の極致が近世とされ、それが近世仏教堕落論と呼ばれるものとして、定着した[21]。それゆえ、鎌倉新仏教中心論と近世仏教堕落論は別のものではなく、両者はセットとして、同じ主張の裏表をなしている。そこには、近代になってその堕落から再び新しい仏教を立ち上げ、祖師に還るという、反伝統主義的原点回帰の志向を見て取ることができる。

それでは、どのような点で新仏教は傑出しているとされたのであろうか。多くの仏教史研究者の常識となっていた鎌倉新仏教中心論は、きわめて明確な新仏教と旧仏教の二項対立図式の上に成り立っている。個別の論者の議論ではなく、大まかな全体的傾向として図式化すると、以下のようになるだろう。

新仏教	一向専修　密教否定　神祇不拝　民衆的　反権力的　近代的　合理的　進歩
旧仏教	兼学兼修　密教的　神仏習合　貴族的　権力癒着　前近代的　非合理的　反動

この対比から見ても分かるように、近代的価値観から見て肯定的に見られることはすべて新仏教の側に入れられ、それに対して、否定的に見られることはすべて旧仏教の側に押しつけるのである。すべて善いことずくめの善玉としての新仏教と、すべて悪いことずくめの悪玉としての旧仏教が対立することになる。旧仏教が伝統的側面を表すとすれば、それに対する新仏教のほうは、反伝統主義的に再発見された近代仏教的な要素を表すということができる。なお、ここでいう新仏教と旧仏教は、鎌倉時代という限定された時代の対立構造だけでなく、新仏教は鎌倉新仏教の祖師たちに限られ、それ以外の仏教はほとんどが旧仏教の中に含められてしまうのである。

ここで注目されるべきは、この新仏教対旧仏教という対立図式が、近代日本国家の意図した方向に合致しているということである。前述のように、日本の近代国家は、神仏分離を推し進め、政教分離によって仏教を国家から切り離すという方向を目指し、仏教界もまたそれに呼応して、自らの位置を確保するという戦術を取った。それに応じて、新仏教中心論では、新仏教は神仏習合を否定し、権力構造から仏教を切り離すという方向性を持つものと評価された。

また、密教が最も強い批判の対象となり、新仏教の密教否定性が高く評価されたが、これも密教が前近代的な呪術的な仏教を表すものと見られ、批判の対象になったことによる。空海や最澄は、密教的呪術に頼ったり、国家と癒着しているということで、その評価は落ちることになったのである。

さらにいえば、新仏教は一向専修として特徴づけられるが、これもまた、近代国家の意向に従うものであった。なぜならば、仏教は宗教としての枠に収まり、政治を含めたそれ以外の領域に口出しすることは国家としても不都合なことであり、仏教界もまたそれに応じて、仏教をあくまで心の問題に限定し、世俗面においては国家に従うことで自らの位置を確保しようとした。政教分離をした上で、世俗的な世界観の中の一部に身を置くことになるわけである。そのような近代の価値観が反映して、新仏教はあくまで個人の救済という、近代的宗教の枠内に限った活動をしたものとして高く評価され、それを超えた総合的世界観を提示しようという空海の密教などは、宗教の枠を逸脱するものとして、否定されるのである。

このように見てくると、新仏教といっても、例えば、日蓮の場合には必ずしも適合しないことは直ちに分かる。日蓮は国家の政治に口出しをしようとしたし、密教や神仏習合の影響も強い。それを受けて、近代の日蓮主義の運動も、他の近代仏教とは異なる形態を取ることになる。それゆえ、新仏教としての典型とはいい難い。それでは、新仏教の典型はどこに求められたかというと、親鸞であり、それも近代的に再解釈された親鸞であった。このことは、日本の近代仏教が浄土真宗によってリードされたこととも深く関係する。

こうした近代的な鎌倉新仏教中心論は、今日大きく変容し、近年の研究ではもはや通用しないことは明らかになっている。今日ではむしろ、新仏教中心論で否定された「旧仏教」的な価値観の再発見が重要な課題となっている。また、近世仏教堕落論がすでに過去のものになるとともに、新たに近世仏教を見直し、それをどのように位置づけ、近代との関係をどう見るかも大きな課題となっている。これらの問題に立ち入る余裕はもはやないが、このように過去の仏教的伝統をどのように見るかは、研究者自身の位置ときわめて密接に関係していることが明らかである。それとともに、逆に過去の仏教に関する研究の成果が、現代の仏教観を大きく規定していく面も見落としてはならない。伝統と近代・現代は常に相互に緊張関係に立ちながら、規定しあっているのである。

おわりに

以下、第4部では、本稿中にもしばしば言及したマクマハンの仏教モダニズム論に関して、その編著『近代世界における仏教』の第二部第一章のマクマハン担当章を翻訳掲載する。その著書『仏教モダニズムの形成』はあまりに浩瀚であるが、ここでは自らの著書に論じた仏教モダニズムの問題を適切に要約して記しており、マクマハンの論の入門として好個のものである。また、ジャフィの肉食妻帯論については、その著書『非僧非俗』の最後の総まとめとなる第十章を翻訳掲載した。さらに、日本の近代仏教の形成を考える際には、キリスト教との交渉が不可欠であり、それは中世末のキリスト教導入期まで遡って考えなければならない。その問題に関して、西村玲氏の論考を収めた。第4部は必ずしも広く全体の問題にわたるわけではないが、これらの論考は近代仏教と伝統との関係を考える大きな手掛かりとなるであろう。

注

（1）本稿は、拙稿「趣旨説明・近代と仏教」（末木編『近代と仏教』国際日本文化研究センター、二〇一二年）をもとに、大幅に加筆修正した。

（2）Donald Lopez, *Modern Buddhism : Readings for the Unenlightened*, Penguin Books, 2002.

（3）Ibid., p. xi.

（4）David McMahan, *The Making of Buddhist Modernism*, Oxford University Press, 2008.

（5）Charles Taylor, *Sources of the Self: The Making of Modern Identity*, Harvard University Press, 1989. 下川・桜井・

田中訳『自我の源泉』（名古屋大学出版会、二〇一〇年）。

（6）McMahan, *op. cit.*, p. 179.

（7）Ibid., p. 183.

（8）Ibid., p. 184.

（9）Ibid., p. 188.

（10）McMahan, David (ed.), *Buddhism in the Modern World*, Routledge, 2012.

（11）Ibid., p. 50.

（12）Ibid., p. 50.

（13）ジェームス・E・ケテラー著、岡田正彦訳『邪教／殉教の明治——廃仏毀釈と近代仏教』（ぺりかん社、二〇〇六年）。

（14）末木文美士『日本宗教史』（岩波新書、二〇〇六年）、第一〇章。

（15）磯前順一『近代日本の宗教言説とその系譜』（岩波書店、二〇〇三年）。

（16）Richard M. Jaffee. *Neither Monk nor Layman*, Princeton University Press, 2001.

（17）末木文美士『明治思想家論』（トランスビュー、二〇〇四年）参照。

（18）以下の記述は、第五回中日仏学会議（中国人民大学、二〇一三年）の発表原稿にもとづくところが多い。拙著『日本仏教入門』（角川選書、二〇一四年）終章に収録した。

（19）小倉紀蔵『朱子学化する近代日本』（藤原書店、二〇一二年）。

（20）早川紀代『近代天皇制と国民国家——両性関係を軸として』（青木書店、二〇〇五年）。

（21）オリオン・クラウタウ『近代日本思想としての仏教史学』（法藏館、二〇一二年）。

仏教排耶論の思想史的展開
――近世から近代へ

西村　玲

はじめに

日本の近代仏教を研究するにあたっては、近代以前の仏教との関わりを考察することが重要であることは、つとにいわれている[1]。ここでは近世から近代にかけての排耶論を通して、仏教思想が近代化する一側面を追う。

十六世紀後半から東アジアにやってきたカトリック・キリスト教の布教は、日本から中国へと進んだ。その布教活動は、キリシタン禁教を目的とする日本の寺檀制度の確立や、中国の天文学などに大きな影響を及ぼして、その後のそれぞれの国の歴史を特徴づける一要素となった。キリスト教の事情からいえば、東アジア布教は十六世紀初頭からのプロテスタント勃興に対する、カトリック側の反撃の一環であった。プロテスタントに対抗して排他性を強めていたカトリックは、日本では仏教と正面から敵対し、中国では主に儒教と軋轢を起こして、十八世紀初頭までに両国において禁止された。近代に入ってからは、プロテスタント・キリスト教が中心となって布教を再開し、現代に至っている。東アジアにおけるキリスト教は、いわゆる世界史的な時代区分でいえばすぐれて近代的なものであり、日本史においては近世と近代を俯瞰しうる要素である。

芹川博通は、日本の排耶論を三期に分ける[2]。第一期は近世初期のカトリック・キリスト教に対するもの、第二期は開国に伴ってプロテスタント・キリスト教が伝来した幕末維新期、第三期は明治中期以後の国家主義の擡頭に伴うものである。日本における排耶論は、その折々の対外的な危機意識の表現であり、西欧による日本の植民地化への恐怖と不可分であった。

仏教とキリスト教の宗教思想史の概観としては、家永三郎の研究がある。[3] 家永は、近世における両教の論争は、無神論である禅仏教と有神論であるキリスト教との対立であると定義して、両教の絶対者や来世賞罰、霊魂などの議論を比較している。近世にひきかえ、近代の論争は哲学的な進歩がないとするが、井上円了（一八五八—一九一九）が近世の排耶論に自然科学の視点を付け加えたことを示す。最後に、同時代の京都学派の田辺元（一八八五—一九六二）を取り上げて、東西思想の止揚を目指すものとして高く評価した。[4] この論文は「無」と「有」という近代哲学的な概念を使うことによって、思想史における両教の大きな枠組みを捉えて、仏基論争を思想的に類型化することに成功した。しかし近代的な概念によって両教を分析したことで、その歴史的な実態と思想的変容が背景に退かざるをえず、近代の視点からの静止的な理解となっている。家永論文以後の研究成果を踏まえつつ、その枠組みを見直す必要があろう。

十六世紀から二十世紀までの仏教を中心とする日本の排耶論では、何が忘れられて何が加わっていったのか。近世から近代にかけての排耶論の動向を考察することで、排耶論という限られた視点からではあるが、仏教思想の近代化を明らかにする一助としたい。以下では、中国の明末仏教から井上円了に至るまでの仏教排耶論を中心として、その思想史的な流れを追う。

一　虚空の大道

十六世紀の日本において中心的な思想は仏教であったから、来日したイエズス会宣教師は仏教との対決を迫られて、熱心に仏教を学んだ。イエズス会士は、「地獄や極楽を説く念仏などの教えは大衆のための表層的な教えであって、禅は知識人に対する真の教えである」と理解した[5]。彼らが禅を仏教の中心とするのは[6]、中世後期からの日本の支配層における禅の優勢を反映していると思われる。ヴァリニャーノ（一五三九—一六〇六）による『日本のカテキズモ』（リスボアにて一五八六年出版）は、そのことをよく示す。ヴァリニャーノは、「世界の第一原因者が無分別であるという仏教は、混沌を事象の根元としている[7]」として、第一の根元者が「認識の力と能力を持っていない」のであれば「石や岩」と変わらない、と批判した[8]。

中国へのキリスト教布教は、日本に遅れて一六〇〇年前後からはじまった。中国では、思想界の中心であった儒教をはさんで、仏教とキリスト教のそれぞれが儒教との共通性を主張し、双方が綱引きする状態になった[9]。イエズス会による中国仏教批判は、ヴァリニャーノの弟子であるマテオ・リッチ（一五五二—一六一〇）の教理書『天主実義』（万暦三十一、一六〇三年か）に見える。その批判は、輪廻転生や仏性についてなど多岐にわたるが、ヴァリニャーノと本質的には同じものである。

当時の中国仏教は、いわゆる明末新仏教である。中国の仏教は明代中期に衰退するが、陽明学の流行と共に、同じ心の学として復興しつつあった。その一端を担ったのが、臨済禅僧の密雲円悟（一五六六—一六四二）と、弟子の費隠通容（一五九三—一六六一）である。原理的な臨済禅僧であった彼らは、宗の内外で激しい論争を繰り広げており、異教であるキリスト教のイエズス会に対しても全く容赦がなかった。[10]

円悟は、崇禎八年（一六三五）に著したキリスト教批判『弁天説』の冒頭で、自らを恃まずに外界に神を立てることを非難する。曰く、「あなた方宣教師は、大道の根源を知らないまま、名前や様相を逐って天主や仏を実体化する過ちを犯し、仏とは覚であることを知らない。覚とは悟りのことである。人が覚悟すれば、その人が仏である。あなたや私に本来内在する覚りを知らず、内なる覚悟を退けるとは、まさに自暴自棄である」[11]と。

その翌年に、弟子の費隠はキリスト教批判の論として、『原道闢邪説』を書いた。費隠は、キリスト教の神に対して「大道こそが普遍である」と主張する。大道とは、はじまりなく終わりなく、平等で浩然とした全き根元であって、個々人に内在する真理とされた。[12] 無限の空間と永遠の時間にゆきわたる大道は、虚空にたとえられる。[13]

〔大道は〕譬えば虚空の万象を該羅するが如し。時に間離すること無く、亦た逃遁すべきこと無し。直ちに万象とともに無始無終なり。まさに全功と称すべし。[14]

「譬えば虚空が万象を含んで包むようなものである。時間的にも空間的にも途切れることがなく、万象とともに無始無終のまさに完全な働きである」という。この主張の基盤となるのは、インド仏教の虚空と中国思想の大道という、伝統的な普遍の概念である。インド仏教における虚空の概念は、物を妨げることも妨げられることもないことから、普遍的な意味を持ち、複雑に発展した。大乗仏教では、虚空は純粋で清浄なものとして、真理である如来蔵にたとえられる。[15] 中国における大道も多義的であるが、まずは生物や世界を生成養育する根元であるといえるだろう。[16] すなわち費隠のいう虚空の大道は、今の私たちが思うような無意味な空間と無機的な原理ではない。虚空のように純粋で透明な大道が、海や光のようにあまねく内外に満ち溢れてゆく宇宙、いわば如来蔵の世界観をあらわすものである。

日本の臨済禅僧であった雪窓宗崔（一五八九―一六四九）は、正保四年（一六四七）に徳川幕府の命を受けて、長崎で排耶説法を行った。宗崔は、その翌年に書いた排耶論『対治邪宗論』で、費隠通容のキリスト教批判をそのまま引用して、虚空の大道を理論的基礎としている。[17] イエズス会宣教師の神《でうす》（天主）に対して、中国と日本の臨済禅僧は虚空の大道を提示した。この段階で見る限り、両者は正面から論争していたといえるだろう。

二　天道から人道へ

近世日本の排耶論の主流は、徳川幕府のキリスト教禁教を支える言説であり、明末中国のような宇宙論や存在論的な性格は正面に出てこない。その原型の一つは、文治政治の基礎を築いた一人である臨済禅僧の金地院崇伝（一五六九―一六三三）による『排吉利支丹文』である。崇伝は慶長十八年（一六一三）に、幕府からの突然の命により、一夜でそれを書して将軍秀忠に献上した。すなわち「日本は神国、仏国にして神を尊び仏を敬い、仁義の道を専らにし、善悪の法を匡《ただ》す」と、日本一国の正義と平和の拠りどころは、神道・仏教・儒教の三教であり、キリシタンに対抗する原理は仁義の道と善悪の法であると宣言した。この中で「かの伴天連の徒党、みな件の政令に反し、神道を嫌疑し、正法を誹謗し、義を残《そこ》ない、善を損なう」[18] ものであって、キリスト教の宣教師は「邪法を弘め、正宗〔仏教〕を惑わし」、日本を奪い「己が有と為」さんとする「大過」であるとしている。[19]

また幕臣から曹洞禅僧となった鈴木正三は、『破吉利支丹』（寛永十九年〈一六四二〉頃）でいう。

彼等〔宣教師らは〕天道を掠《かす》め奉り、偽りを構え、無数の人を地獄へ引入たる、悪逆無道の自業自滅、至極せる処眼前なり。……彼等幾度来るとも、天道のあらん限りは、皆々自滅せん事疑いなし[20]。

正三は、キリシタンに対抗する原理として、世間一般に共有されていた摂理である天道を示した[21]。崇伝や正三の「天道」、天地と人間にゆきわたる摂理は、その後の排耶論を担った儒者たちにも受け継がれていく。十七世紀の林羅山（一五八三―一六五七）は、その短い著『排耶蘇』で「理は前にして天主は後なり」と、天主《デウス》に対抗する普遍として朱子学の理を示して「太極」をいう[22]。同じく近世前期の儒者であった熊沢蕃山（一六一九―九一）は、仏教を「後生を説く西仏」、キリシタンを「国を盗る南仏[23]」と呼んで論難した。「釈迦は、後生を本として、幻術を以て方便とし、教えたり。南仏の法は、幻術をして国をとるを本として、後生の説をかり用いて、方便としたり。実は西仏・南仏、相表裏す[24]」として、いずれも幻術を根幹としており、両者共に「乱世の盗賊[25]」であるという。幻術による両教に対して、儒教と神道による蕃山の原理は、次のようなものである。

天は物を生ずるを以て心とし給う。春は生じ、夏は長じ、秋は実のり、冬はかくすによりて、来歳の生長収をとぐる也。……地は万物を養いそだつるを以て心とし給う。この天地生育の心より、先祖・父母・吾出来れり。……この生の徳は無始無終……人にありては仁愛と名付く。この仁愛、天地生育の命をつぎたすけて、斉家治国平天下をなせり。……天道は無心にして感応あり。人道は有心にして礼報あり。……感応・報[26]、体は一理なり。無心・有心は時なり。太虚の風物にあたりて、ひびき異なるがごとし[27]。

天地が万物を生育する普遍の徳（天道）と、人間の仁愛（人道）は、本質的に一つである。蕃山によれば、天地自然と人間社会は一つの道を踏んで運行する現実の有機体として完全であり、ここに架空の後生や幻術を説く仏やデウスが入る余地はない。

十八世紀に入ると、儒仏一致を説いた儒者の森尚謙（一六五三―一七二一）が、主著『護法資治論』（宝永四年〈一七〇七〉成立）で、明代随筆書の「キリスト教が仏教に優れる」という言は、「大道を知らず。善悪邪正を弁ずることあたわざる」[28]ものであると、大道によってキリスト教を批判している。新井白石（一六五七―一七二五）は、宝永六年（一七〇九）に屋久島に潜伏してきた最後の宣教師、シドッティを尋問した。これをもとにして、白石が享保九年（一七二四）頃に著した『西洋紀聞』からは、彼が明末高僧や雪窓宗崔の排耶論を見ていることが分かるが[29]、尋問報告書という性格もあって、大道や天道などの形而上的な原理については、何もいわない。

日本近世を通じてキリスト教批判の原理は、大道や天道という言葉に託されるが、近世前期の天道や大道には、人間と自然を一体化する包括的な宇宙観の側面が強い。十九世紀には、幕末維新期における国家存亡の危機感を背景としながら、大道に託して五倫や人倫という、人間社会の倫理と秩序が前面に出てくることになる。

三　虚空の忘却

幕末の水戸学は、西洋列強による日本植民地化への恐怖を背景として、キリスト教と西洋諸国を激しく攻撃した。会沢正志斎（一七八二―一八六三）は、その排耶論『闢邪篇』で、「奇を好んで」人倫をなおざりにする「愚民」に対して悲憤慷慨する。

人倫は五を過ぎず、則ち道も亦五者を徽《つな》ぐのみ。人人その親に親しみ、その長を長す、これそれ尤も知り易き、従い易き者なり。……それ大道既に掲げれば、人倫既に明らかにして、知り易く従い易く、人をして由て行ぜしむ。……こいねがわくばそれ大道をして邪説〔キリシタン〕に害せられざらしめよ。(30)

人道は五倫（君臣の義・父子の親・夫婦の別・長幼の序・朋友の信）であって、それは「知り易く従い易き正路」にして「公平中正の大道」(31)であるという。幕末に人々が守るべき大道とは、なによりもまず人倫のことだった。その大道観は、同時期の仏教排耶論にも共通している。

幕末維新期には、浄土宗僧の鵜飼徹定（一八一四—九一）による明末排耶論の刊行が相次ぎ、真宗を中心に多くの仏教排耶論が書かれた。開国後には、ジョセフ・エドキンズ（一八二三—一九〇五）の『釈教正謬』をはじめとするキリスト教からの仏教批判書も出版されている。その中で、西本願寺を代表する護法僧であった超然（一七九二—一八六八）は、慶応元年（一八六五）から明治元年（一八六八）にかけて、『斥邪漫筆』（三本）と『寒更霰語』の計四本の排耶論を書いた。超然は、この時期の西本願寺教団におけるキリスト教研究の第一人者とされる。(32)

西洋教ノ邪法タル所以ハ、三綱五常ヲ滅裂スルガ故ナリ。今現ニ人ノ生ヲ見ヨ。天覆ヒ地載セ、父生ジ母育シ、国君統治シ鬼神照覧シ保護ス。……君臣父子長幼朋友ノ五倫ハ天道ノ自然ナリ。(33)

天道とは人倫社会の五倫のこととされる。「皇国ノ僧」超然は、「皇国ニ神儒仏ノ三道アリ。協和シテ国家ヲ衛護スベシ」(34)として、皇国の一員である儒・仏・神の三教が一致団結して、外敵であるキリスト教と西洋諸国から国家を守るべきであると主張した。

超然の虚空についての言は、この時期の排耶論の特徴をよく示している。超然は、キリスト教の神（天主）が他によって存在するものではなく「自ら有り自ら在る」とされることを批難して、次のようにいう。

汝、他ヨリ生ゼズ、自有ナリト云フ。サラバ万物ヲ生ズルコトアタハジ。譬ヘバ虚空ノ如キ、他ヨリ生ゼズ、故ニマタ他ヲ生スルコトアタハズ。汝ガ天主モ亦此クノ如シ。然ルニ自有ニシテ、而モ能ク天地万物ヲ生ズト云フ、何ゾ理ニ悖ルノ甚シキヤ。(35)

「神が自らだけで存在するならば、他を生み出すことは不可能である。たとえば虚空は他から生じないし、虚空が他を生じることもできない。神は虚空と同じである」という。ここで虚空はなにものも生み出さない単なる空間として、明末の費隠とは全く逆に、神の無意味さの喩えになっている。(36)神と対峙する虚空の普遍性は完全に忘れられ、虚空は無意味な近代的空間となった。これは、仏教排耶論における空の原理の忘却を示していよう。

明治時代に入ってからは、浄土律僧の福田行誡（一八〇九―一八八）による排耶論『外道処置法』（明治十四年〈一八八一〉、行誡七十六歳）に、普遍的原理としての空が出てくる。行誡は、キリスト教をインド古代の外道とみなす明末以来の排耶論の定型を踏襲して、仏教を空としキリスト教を執着として、両者を形式的に対比した。(37)しかしキリスト教批判もさることながら、末尾の絶筆偈「般若〔空〕の門は無所得なり　塵々法々融和に入る　強いて彼我邪正の念を存すれば　内道〔仏教〕も亦外道〔キリスト教〕の過と同じ」が示すように、むしろ僧侶の内省を呼びかけることが主眼となっている。近世の仏教排耶論では仏僧への呼びかけは見られないから、これは廃仏毀釈を背景としつつ、キリスト教が現実の競争相手となった近代初頭の状況を示している。

幕末維新期には植民地化への恐れを背景として、キリスト教と西洋列強という恐怖のセットに対抗するための尊皇攘夷が叫ばれた。同時期の仏教においても、日本の原理として皇国の道がいわれている。十九世紀の厳しい現実の中で、仏教排耶論における虚空大道の宇宙観は全く忘れられ、虚空は近代的理解としての単なる空間になったといえるだろう。

四　排耶論から近代哲学へ

明治期に入ってからの仏教とキリスト教との関わりは多岐にわたっており、その全体像を論じることは難しい。ここでは、この時期の排耶論の代表とされる井上円了の『真理金針』全三篇（一八八六―八七年）を取り上げて、近世排耶論の視点から考察したい。

円了は近世の排耶論を巧みに利用しており、『真理金針』はそれまでの排耶論の集大成という性格を持っている。たとえば、神の世界創造説への批判は、「時間と空間こそ、万物すべてに先行して存在する。時間と空間によって成り立つ宇宙は無始無終であるから、神による世界創造という開始点はありえない(38)」という。これは、先に述べた費隠の「時間と空間は無始無終である」という時空論を利用していよう。

円了は、虚空をどのように捉えていたか。超然と同じく、円了は虚空を神の無意味さの喩えとしている。曰く、「神が虚空であれば、身体に触れる空間すべてが神ということになる。空間に物を産出する力はないから、空間である神に万物を造出する力はない。神は空間と同じものではないし、空間の中に分布しているものでもない。神が空間の外に在ると言うのであれば、空間の外の場所というものはありえないから、それは成り立たない(39)」という。虚空を単なる「空間」と考える円了は、超然の延長上にあって、虚空の大道は彼の原理ではない。円了の原理は、論理性と合理性である。

学者の天帝は、ヤソ教者の一般に用いる大工神に非ずして、純然たる絶対の理体、不可思議の妙体なり。これいわゆる仏教の真如法性にして、かの大工神〔キリスト教の神〕とは全くその性質を異にす(40)。

「古今にわたりて変ぜざるもの(41)」は理学にかなう学理であり、学者にとって絶対なるものは、絶対の理体、仏教の真如法性であるとした。円了は宗教の価値を測る学問として、論理と合理にもとづく哲学を導入する。

宗教の真理を定むるものは純正哲学にして、純正哲学の実用を示すものこれ宗教なり(42)。仏教はヤソ教のごとき愚俗一般の宗教にあらずして、哲学上の宗教なるを。……仏教はただに宗教なるのみならず、また純正哲学の一部分なるを。……けだし釈迦は哲学上の宗教を立てんと欲して、その教中一派の哲理を論定するに至る(43)。

宗教と哲学は補完し合うものであり、「仏教は哲学上の宗教」であるという。円了は前近代排耶論の最終段階であると同時に、現実の政治や社会とは異なる論理と思弁の領域に哲学という名称を与えて、仏教における形而上的な領域を近代的な形で再び開こうとした。円了の排耶論はキリスト教を媒介として、近代以前の仏教が担っていた形而上的な領域の一部を切り分け、近代において仏教から哲学が分節化する契機となっている。

おわりに

最後に、家永が評価した田辺元を紹介しておきたい。戦中の『正法眼蔵の哲学私観』（一九三九年）では、円了以来の論点である科学と宗教の整合性から、キリスト教の有神論と対比して、絶対否定・絶対無をいう禅仏教は「科学と矛盾することなく完全に之を包容する可能性[44]」があるという。田辺元が敗戦三年後に著した『キリスト教の弁証』（一九四八年）は、「宗教的解放即社会的解放[45]」であるキリスト教には社会を改善する実行力があるが、「現世否定の寂静主義」の仏教には現実に関わる力が欠けるとした。しかし哲学的な次元では、仏教を無として高く評価している。京都大学の退官後に長野で行った集中講義をまとめた『哲学入門——補説第三　宗教哲学・倫理学』（一九五二年）では、なぜ普遍で絶対なるものは無でなければならないか、ということを説明する。

民族の統一を支持するような統一観念に包括するには、神を種々なる内容属性から抽象して単に存在者と規定するより以上に、安全なる方法はなかった……主神は単に怒りの神として諸部族神を罰するばかりではなく、自己否定的にそれらを自らと和解させる如き愛の神であるのでもなければなりません。……神は、愛の自己否定性を成立せしむるものとして、無をその構造とするのでなければならぬ……[46]

神が愛としてどのようなものをも包括するためには、神はどのような特定の性質や属性も持ってはならない、神は積極的な無でなくてはならない、という。田辺は、すべてを包括する絶対普遍なるものは、論理的に無でなければならないと考えている。そして「キリストの懐いた神の観念は、その外見にもかかわらず内容において、絶対無即愛という否定的媒介統一を意味したことは、今や明らか[47]」であるとした。

最晩年の田辺は、『メメント　モリ』（一九五八年）で「クリスト教の神は旧約以来の規定に従って本来絶対存在（いわゆる「在りて在るもの」）であって絶対無ではない[48]」として、もう神は無即愛であるとはいわず、有である神のありかたを認めた。田辺自身は、生の哲学（キリスト教）に賛同できず、「遂に「死の哲学」まで思索を徹しようとする[49]」。死の哲学とは、自己の悟りより他者の救済を優先する「大乗仏教の中心観念たる菩薩道[50]」であるという。死後に出版された『生の存在学か死の弁証法か　補遺』（一九六七年）は、「科学的なる西欧思想を媒介とし、その立場を特色附ける「生の哲学」を継承しながら、その行詰まりを打開して現在の「死の時代」を突破するために、自ら進んで死に身を抛ち、復活還相して「死の哲学」に禅道を思想化せんとする[51]」と終わる。

十七世紀初頭の明末禅仏教では、キリスト教の唯一神に対峙する仏教の普遍として、空と如来蔵にもとづく宇宙観である、虚空の大道が提出された。明末思想界に呼応する日本の近世思想においては、大道や天道を原理とする排耶論が展開する。近世前期の天道や大道という言葉は、人間と自然を包括する宇宙論的な側面を持つが、幕末維新期の水戸学では植民地化への恐れを背景として、大道の内実はほぼ人倫のみに限定されている。同時期の仏教排耶論においても人倫と皇国が原理となっており、かつての虚空の大道は忘れ去られ、虚空は近代的な単なる空間となった。丸山真男は、近世の政治思想は「自然的秩序」から「主体的作為」へ推移したといい、近世思想史に「自然」から「作為」への道筋を見た[52]。仏教排耶論における虚空の忘却は、その大きな流れの一端でもあろう。

近代になってからの排耶論では、井上円了が西洋哲学を導入して、仏教における形而上的な領域を近代的な形で再びひらき、仏教から哲学が分節化していく契機となった。これをもって、明末以来の護教的な排耶論は終わりを告げる。第二次大戦後には、田辺元の仏教的なキリスト教観が注目される。田辺は、キリスト教の神を「無即愛」とする仏教的な理解に至っている。晩年には、キリスト教にもとづく生の哲学に対して、大乗仏教の慈悲である死の哲学を述べた。近世から近代の仏教排耶論の大きな流れを見ると、虚空の大道が持つ全体的な宇宙観が失われる一方で、理性と論理による哲学が新たに分節化していったといえるだろう。

注

（1） 吉田久一『近現代仏教の歴史』（筑摩書房、一九九八年、三一―五八頁）。末木文美士「序章　思想史の深層」（『近代日本の思想・再考Ⅲ　他者・死者たちの近代』トランスビュー、二〇一〇年、一四―一七頁）など。

（2） 芹川博通「明治中期の排耶論」（池田英俊編『論集日本仏教史――第八巻　明治時代』雄山閣、一九八七年、一六三頁）。

（3） 家永三郎「我が国に於ける仏基両教論争の哲学史的考察」（『中世仏教思想史研究』法藏館、一九四七年初刷、一九五五年改訂増補二版）。

（4） 家永は、自身の研究論文について田辺と書簡のやりとりもあり、後に『田辺元の思想史的研究』（法政大学出版局、一九七四年、総頁数四二八頁）を著している。同書では、田辺を「日本仏教・キリスト教・マルクシズムという三大古典思想の統一への突破口を開いた」（同書、四一八頁）、田辺哲学は「貴重な精神的遺産」（四一九頁）と高く評価する一方で、「社会的実践を哲学の根本問題としながらあまりにも社会の実態に無知」（三五五頁）であり「歴史の実態に盲目であったこと」（三八八頁）が、「民主主義・自由主義に対する否定的評価」（三六七頁）を招いたと厳しく批判する。その淵源は「明治憲法的天皇制の呪縛」（三八五頁）にあり、「明治後半期の思想的状況、特に小学校・中学校で田辺の受けた教育の内容がある」（三九九頁）として、明治期の教科書を引用し分析している。この田辺評価は、敗戦後の日本における知識人として教科書裁判を闘った家永の思想を示す。

（5）Urs App, *The Cult of Emptiness*, University Media, 2012, p36. など。後述する臨済禅僧の雪窓宗崔は、排耶説法の場で「念仏宗と日蓮宗とキリシタンは、口誦や儀礼という定型によって人々に執着を起こさせる。定型に頼らない禅は執着を生じない」（「興福寺筆記」大桑斉編著『史料研究　雪窓宗崔』同朋舎出版、一九八四年、七二頁）と、禅を他宗より優れたものとする。イエズス会の仏教観は、こうした禅の言説が起源と思われる。

（6）App, ibid., pp.23-75.

（7）エヴォラ屛風文書内の日本文「日本ノカテキズモ」（『キリシタン教理書』教文館、一九九三年、二二八頁）。一五八六年にリスボアで刊行されたラテン文「日本ノカテキズモ」（家入敏光訳編『日本のカテキズモ』天理図書館、一九六九年、一二頁）。

（8）「日本ノカテキズモ」、日本文前掲書、二二八頁。ラテン文前掲書、一二頁。このヴァリニャーノの理解が、その後のヨーロッパにおける仏教観、いわゆる「虚無の信仰」の第一歩となった。アップは、イエズス会による東アジア仏教観とインド哲学の知識が相俟ってヨーロッパの近代オリエンタリズムの初発点となり、「東洋哲学は無神論であり、世界の根源を混沌のカオスとする一元論である」というイメージが形成されてゆく過程を論証する（App前掲書、一八六頁）。

（9）中国仏教とキリスト教については、横超慧日「明末仏教と基督教との相互批判」（『中国仏教の研究　第三』法藏館、一九七九年、初出は一九四九・一九五〇年）が、総合的に論じる。中国儒教とキリスト教については、後藤基巳『明清思想とキリスト教』（研文出版、一九七九年、一一五—一二二頁）が分かりやすい。儒教からのキリスト教批判の理論的中心となったのは、明末高僧の一人である藕益智旭（鍾始声、一五九九—一六五五）である。日本の仏教と中国の儒教という受容主体の違いについては、井手勝美『キリシタン思想史研究序説』（ぺりかん社、一九九五年、一三三—一三六頁）。

（10）明末における円悟らの思想的な特徴については、Jiang Wu, *Enlightenment in Dispute*, Oxford University Press,

2008, pp. 135-161. 彼らのキリスト教批判については、西村玲「虚空と天主」（『宗教研究』三六六号、二〇一〇年）。

(11) 円悟「弁天三説」（近世漢籍叢刊『闢邪集／聖朝破邪集』中文出版社、一一五一八—一一五一九頁）。

(12) 「無始無終は正しくこれ大道の元なり。亦たこれ吾が全真の旨なり。且つ此の全真の旨は人人具足せり。……全真の体は無始無終にして、一道平等にして浩然大均なり」（費隠『原道闢邪説』、前掲書『闢邪集／聖朝破邪集』、一一五七四頁）。

(13) 空間については、「実約多広に拠て論ずれば、則ち虚空尽ること無く、包む所の世界も亦尽ること無し」（費隠『原道闢邪説』、前掲書『闢邪集／聖朝破邪集』、一一五七九頁）、時間については、「実約久常に拠て論ずれば、則ち虚空に終始無く、世界も亦終始無し」（費隠『原道闢邪説』、前掲書『闢邪集／聖朝破邪集』、一一五七九頁）。

(14) 費隠『原道闢邪説』（前掲書『闢邪集／聖朝破邪集』、一一五七九頁）。

(15) 虚空無為を説いて、『阿毘達磨倶舎論』は「虚空但以無礙為性。由無障故、色於中行」（巻一、大正蔵二九巻・一頁下段）とし、『成唯識論』では「〔依識変〕似虚空等無為相現。……〔依法性〕離諸障礙、故名虚空」（巻二、大正蔵三一巻・六頁下段）とする。中国仏教で重視された『楞厳経』は、如来蔵を虚空に喩えて「当知了別見聞覚知、円満湛然性非従所。兼彼虚空地水火風、均名七大性真円融。皆如来蔵本無生滅。……汝元不知如来蔵中、性識明知覚明真識、妙覚湛然遍周法界、含吐十虚寧有方所」（巻三、大正蔵一九巻・一一九頁上段）という。

(16) 『原人論』では「儒・道二教説人畜等類、皆是虚無大道生成養育。……故死後却帰天地復其虚無」（大正蔵四五巻・七〇八頁上段）とする。

(17) 詳細は、西村玲「近世仏教におけるキリシタン批判」（『日本思想史学』四三号、二〇一一年）。

(18) 金地院崇伝『排吉利支丹文』（『日本思想大系二五　キリシタン書　排耶書』岩波書店、一九七〇年、四二〇頁）。

(19) ここに見られるようなキリスト教布教に伴う日本植民地化への危機感は、近世初頭の崇伝の段階では、ある程度はリアリティがあったと思われる。その後の林羅山の時には、すでにキリシタンは政治的な仮想敵として利用されており、排耶論は国内統一や仏教排除のための政治的な言説となっていたようだ。Kiri Paramore, *Ideology and Christianity in Japan*, Routledge, 2009, pp. 52-102.

(20) 鈴木正三『破吉利支丹』（前掲書『日本思想大系二五　キリシタン書　排耶書』、四五七頁。『鈴木正三全集』上巻、鈴木正三研究会、二〇〇六年、九一頁）。

(21) 天道については、神田千里『宗教で読む戦国時代』（講談社選書メチエ、講談社、二〇一〇年、五一―六七頁）。天道思想は「現実の生活・行動の総体を超自然的摂理の次元で考える観念」（同上、六七頁）とされる。

(22) 林羅山『排耶蘇』（前掲書『日本思想大系二五　キリシタン書　排耶書』、四一六頁）。近世初頭から明治期までの羅山をはじめとする儒者たちの排耶論の政治思想的な役割については、Kiri Paramore, 前掲書。

(23) 熊沢蕃山『三輪物語』巻六（『増訂蕃山全集』第五巻、名著出版、一九七八年、二七〇頁）。

(24) 熊沢蕃山『夜会記』巻三（前掲書『増訂蕃山全集』第五巻、一七五―一七六頁）。蕃山と同じく仏教を「幻術」であり「神通力」とする批難は、近世後期の富永仲基（一七一五―四六）にも見える（西村玲「聖俗の反転」〈『近世仏教思想の独創』トランスビュー、二〇〇八年、九七―一〇三頁〉）。近世儒者が仏教を幻術と批難するパターンは、もしかするとキリシタン批判から生まれてきたのかもしれない。

(25) 熊沢蕃山『三輪物語』巻六（『増訂蕃山全集』第五巻、二六九―二七〇頁）。

(26) 「報」は、前掲書『増訂蕃山全集』校訂の神道叢説本による（二四五頁）。

(27) 熊沢蕃山『三輪物語』巻四（『増訂蕃山全集』第五巻、二四五―二四六頁）。

(28) 森尚謙『護法資治論』巻五（『日本思想闘諍史料』名著刊行会、一九七〇年、一九六頁）。森は、明代の随筆書『五雑俎』（正しくは五雑組、万暦四十七・一六一九年成立）が仏教を批難してリッチの『天主実義』を称揚することを批判する。

(29) 白石があげる明末排耶論として、鍾子が確認できる（『西洋紀聞』下巻〈『日本思想大系三五　新井白石』岩波書店、一九七五年、八一頁〉）。鍾子とは藕益智旭の出家前の儒者名である鍾始声であり、智旭はその名前を使って、儒教の立場からキリスト教の批判書『天学初徴』『天学再徴』を著した。また白石のキリスト教批判として、①キリスト教の自称である天主教の語は最勝王経にもとづくこと（同上、七九頁）、②キリスト教の天地創造に仏教の世界劫初説を対比すること（同上、七九頁）など、いずれも宗崔の『対治邪宗論』（大桑斉編著『史料研究　雪窓宗崔』同朋舎出版、一九八四年。①八九頁、②一〇四頁）にある。『対治邪宗論』は幕府に秘蔵されていたから、白石は読んだと思われる。
（30）会沢正志斎『闢邪篇』（神崎一作『破邪叢書』第一、哲学書院、明治二十六・一八九三年。一一四―一二三頁）。近代デジタルライブラリーには『闢邪篇』写本がある（http://kindai.ndl.go.jp/info:ndljp/pid/754814、二〇一三年四月三十日アクセス）。
（31）会沢正志斎『闢邪篇』（前掲書『破邪叢書』第一、一一六頁）。
（32）当時の真宗教団と超然については、岩田真美「近代移行期における真宗思想の一断面」（『龍谷大学論集』四八〇号、二〇一二年）。
（33）超然『斥邪漫筆』第二筆（『明治文化全集』第二三巻、思想編、日本評論社、一九六七年、一六四頁下段）。
（34）超然『斥邪漫筆』第二筆（前掲書『明治文化全集』第二三巻、二〇五頁上段）。
（35）超然『寒更霰語』（前掲書『明治文化全集』第二三巻、二〇一頁下段）。
（36）超然は明末仏教のキリスト教批判（破邪論）を見ていたので、費隠の虚空を改変した可能性がある。超然と明末破邪論については、吉田寅「『寒更霰語』と幕末期仏僧の中国語キリスト教書批判」（『駒沢史学』五二号、一九九八年）。
（37）たとえば、「一、仏は人法二空の理を明かに了達し、彼は二執に繫着す」、「二、仏は一切法を如幻虚疎と説き、彼は真実不虚と執す」、「九、仏は作者・使作者なしと説き、彼は自ら造物主と執す」などである。『平成新修　福田行誡上人全集』第二巻「論稿篇」（USS出版、二〇〇九年、二三五―二三八頁）。
（38）「第六　時空終始説　……時間と空間は、万物にさきだちて存し、たとえ万物滅尽するも、この二種ひとり依然として存すべきなり。……宇宙も世界も共にはじめもなく終わりもなきなり。宇宙も世界も果たして始終なきにおいては、天帝これを創造すべき理なし」（『真理金針』〈『井上円了全集』第三巻、学校法人東洋大学、一九八七年、五六―五九頁〉）。
（39）「第八　物外有神説　……あるいは虚空の全体すなわち天帝なりといわんか。わが身体の周囲咫尺みな虚空なるをもって、天帝わが周囲にありというべし。またかくのごとき虚空は自ら物を生じる力なきをもって、天帝万物を造出すべき理なし。これによりてこれをみれば、ヤソ教の天帝は虚空と同体にも非ず、またその中に存するにもあらざるべし」（『真理金針』〈前掲書『井上円了全集』第三巻、六六頁〉）。

(40)『真理金針』（前掲書『井上円了全集』第三巻、一二九頁）。
(41)『真理金針』（前掲書『井上円了全集』第三巻、七一頁）。
(42)『真理金針』（前掲書『井上円了全集』第三巻、一七二頁）。
(43)『真理金針』（前掲書『井上円了全集』第三巻、一七三頁）。
(44)『正法眼蔵の哲学私観』（『田辺元全集』第五巻、筑摩書房、一九六三年、四五〇頁）。
(45)『キリスト教の弁証』（『田辺元全集』第一〇巻、筑摩書房、一九六三年、序一〇頁）。
(46)『哲学入門――補説第三　宗教哲学・倫理学』（『田辺元全集』第一一巻、筑摩書房、一九六三年、五二五―五二六頁）。
(47)『哲学入門――補説第三　宗教哲学・倫理学』（前掲書、五二七頁）。
(48)「メメント　モリ」（『田辺元全集』第一三巻、筑摩書房、一九六三年、一七二頁）。
(49)「メメント　モリ」（前掲書、一七二頁）。
(50)「メメント　モリ」（前掲書、一七二頁）。田辺の死の哲学については、末木文美士「死者とともに」（『哲学の現場』トランスビュー、二〇一二年、九六―一一五頁）、末木文美士『近代日本の思想・再考Ⅲ　他者・死者たちの近代』（トランスビュー、二〇一〇年、一七七―二二〇頁）など。
(51)「生の存在学か死の弁証法か　補遺」（五）（『田辺元全集』第一三巻、筑摩書房、一九六三年、六四一頁）。
(52)丸山真男「近世日本政治思想における「自然」と「作為」」（『日本政治思想史研究』東京大学出版会、一九五二年初版）。

※熊沢蕃山の史料は、適宜に読点を施した箇所がある。

付記　本稿は、二〇一三年一月二十七日に開催された仏教史学会一月例会（共催：幕末維新期護法思想研究会）のミニシンポジウム「近世仏教とその彼方——他者としてのキリスト教と思想の再編成——」での発表をもととしている。多分野から有益なご教示をいただいたことに心より感謝申し上げる。本稿は、科学研究費「基盤研究(A)インド的共生思想の総合的研究——思想構造とその変容を巡って」（課題番号　25244003）による研究成果の一部である。

限りなく在家に近い出家

リチャード・ジャフィ
（訳・前川健一）

はじめに

肉食・妻帯をめぐる対立は、今日に至るまでも続いているが、それが終結を迎えることなく、こじれたのは、近代日本の宗教団体・組織の歴史におけるいくつかの重要な潮流のためであった。社会生活を近代化するという政府の取り組みの一環として、明治政府は身分にもとづく規制の強制を撤廃した。それは、肉食・妻帯の禁止や、得度した僧の剃髪といったことである。結果的に、こうした規制がなくなったことで、僧侶身分にあることを意味する強制的な行動様式が、僧侶が拒否することもできる自発的な実践へと変質したのである。では、いったい誰が僧侶としてのあるべき姿を決定するのかということは、曖昧なままであり、長らく激しい論争の主題となったが、明治中期までに明らかになったのは、純粋に宗教的な背徳に対して政府が刑罰を科すことはもはやないということであった。

国法上の罪を宗教的・道徳的な罪と区別するという、この方向性は、明らかに、国家組織と宗教組織の分化の副産物であり、この分化は世俗化の特徴の一つである。世俗化という言葉には、規範的な要素がまとわりつくが、これは問題が多く論議の的となってきた。カサノヴァの見事な仕事は、こうしたものを、世俗化の中核をなす社会学的・記述的な意味から区別した。カサノヴァは簡潔に、次のように述べている。「世俗化論の核となる中心的命題は、社会の近代化のプロセスを、世俗的な領域――主として国家、経済、科学――が宗教的領域から機能的に分化して解放され、同時に宗教の方は新たに見出した宗教的領域の内部で分化して特殊化する、そういうプロセスとして概念化したところにある」(1)。日本においては、こうした分化の一環として、国家による戒律の強制を終わらせることや、僧侶の行動規制を宗教的領域――信徒、聖職者、宗教組織が相互作用する複雑な領域――へと移行させることが含まれていた。

近世・近代の日本の歴史の進展に日本特有の紆余曲折があるのは自然なことだと考えれば、多くの政府指導者が「私的な道徳性」に属する事柄と考えることに対して、国家が介入することをやめるという決断をしたことは、近代化を進める多くの国家で起こった分化過程の一部であった。特に明治時代の最初の十数年間において見出されるのは、religion を定義するという苦闘――「宗教」という新しい翻訳語を用いての――である。それは、まさしく政府の司法権が及ばない領域で行われた活動であった。明治政府の官僚たちは、教学という厄介な領域に関わることをやめるつもりでいたし、様々な仏教徒たちが、各教団の高僧の支配から自由になりたいと思っていた。彼らは、双方とも、自分たちの行動を正当化するために、公的／私的という区別を利用した。高崎五六のような官僚たちは仏教を「心術」と呼んだ。すなわち、内面的な事柄であり、個人にゆだねるのがふさわしいものということになる。同様に、宇川照澄のような僧侶たちは、戒律を内面的な道徳性の問題と見なしていたし、山伏たちの中には自分たちは真言宗にも天台宗にも服従しないと主張する者たちもいた。仏教は内面的な事柄に関わるのであって、宗派の法規には関わらないからであるというのが、山伏たちの言い分であった。さらに、田辺善知のような僧侶たちは、独身の強制は個人の権利の侵害であると攻撃した。最終的に、肉食妻帯をめぐる論争は、いったい誰が僧侶の行動を規制することに責任を負うのかという点に集中した。国家であるのか、宗派の指導者か、檀信徒か、それとも、僧侶個々人なのか。明治政府の官僚たちが、戒律の強制から手を引いた時点では、肉食妻帯をめぐる闘争は、宗派の指導部と個々の僧侶たちとの争いとなった。前者は僧侶の行動についての基準を定めることを望み、後者の多くは宗派の規制にしたがうか否か自分自身で決めることを望んだのである。

近代日本の国家指導者たちは、宗派上の問題に直接的に関与することから手を引くつもりであったが、彼らは同時に、江戸時代初期にさかのぼる趨勢に棹さして、仏教教団の集権化を促進し、宗派としての帰属意識を一本化する法令を制定した。政府の官僚たちは、宗派内の事柄への直接介入という方針から、管長制の創出を通じた宗派の間接的な統制という方針へと移行したが、それにともなって、彼らは、どの宗派の僧侶にも通用する官許の宗法を採用することを要求し、一般の僧侶には指導部の採用した法規にしたがうことを求めた。このようにして、世俗化と社会変化のため仏教指導者による下位の僧への統制力が弱まったまさにその時に、政府はそうした指導者たちに教団組織・宗法・包括的な公式の宗義を成文化するように求めたのである。福田行誡・西有穆山・釈雲照といった人々が、真の仏教への回帰を訴えた時でさえ、その仏教は進行中の大規模な制度的変化の影響のもとで変化していた。過去において、仏教の実践は地域や宗派、どの階層に属するかなどによって多様であったが、多くの仏教宗派の指導者たちはそうした多様性を捨象し、その宗派のすべての僧侶に対する均一の法規と制度上の仕組みを採用した。合法化、社会的分化、社会規範の変化といったものが、公然たる僧侶の妻帯を可能としたまさにその時に、多くの宗派の指導者たちは、出家主義の採用と肉食妻帯の排斥を各宗派のアイデンティティ形成の重要な構成要素としようとしたのである。

禁欲的な独身生活が宗派としてのアイデンティティの一部であると強調される一方、寺族は隠し立てするものではなくなり、増加を続けていた。この二つの事態の間の緊張は、多様な社会の動向によって激化した。そこには、たとえば、家庭に対する高い評価、日本人女性の地位改善運動、性の生物学化、僧侶の子どもが私生児扱いされていることや寺族の貧困といった現象が社会問題として再定義されたことなどが含まれる。改革者の中には在家もいれば出家もいたが、彼らの圧力を受けて、教団の指導部は寺族の保護と寺院の相続を定め、それによって社会的危機を緩和したのである。

一　肉食妻帯と僧俗の区別

明治以後の僧侶妻帯の拡大にもかかわらず、既成の日本仏教の諸教団は在家者の役割と僧侶の役割の間に乗り越えがたい区別をつけ続けている。ユベール・デュルトは、初期大乗仏教における僧俗の区別を詳細に論じた際、ついでに「今日の日本では、僧侶は世俗化しているが、にもかかわらず在家者とはほど遠い[2]」と述べているが、この言葉は正鵠を射たものである。この区別が根強いことから示唆されるのは、既成の仏教教団の内部において、現代の仏教聖職者が完全に在家化してしまったわけではないということである。『非僧非俗』第八章（訳注——田中智学の妻帯論を論じている）で述べたように、十九世紀末からの日本の宗教の主たる特徴の一つは、「在家中心主義」へと向かう流れであると、学者たちは見ている。すなわち、在家信徒の担う宗教的役割が増大し、聖職者と在家信徒の区別が小さくなっていくという傾向である[3]。確かに、こうした見方は、多くの日蓮系新宗教に当てはまるものである。それらは、田中智学や長松清風といった人々によって最初に提唱された、反聖職者的なモデルを踏襲している。

僧侶妻帯という問題に対して田中や長松が示唆した解答は、当時、他の大多数の仏教者たちが出した解決とは、顕著な対照を見せている。田中は、日蓮宗改革の青写真である『宗門之維新』を書く頃までには、僧侶に対する肉食妻帯の許容を教義的に正当化しようとすることを完全に放棄した。それに替わって、田中は、真正な僧侶としての実践は今日の状況では不可能であり、すべての仏教者は（名目上の「出家者」でさえも）在家仏教者であると、考えるようになった。誰にでも想像できるように、得度を受けた僧侶が在家化するにつれて、彼らに帰される僧侶固有の役割を維持することは困難に直面することになる。明治政府の多くの官僚たちと同様、田中は、僧侶特有の名前（俗姓ではなく「釈」を姓とすること）や僧籍への登録・不妻帯などがなくなったことを、真正な僧侶がもはやいないことのしるしであると見なし、僧俗の区別を完全に終わらせることを求めたのである。伝統的な禁欲的聖職者や妻帯僧の替わりに、田中は純粋に在家的な組織による継承を創始した。彼は、現実世界に全身を投じながら『法華経』に完全に帰依することを求め、それによって非常に信仰心の篤い在家仏教を唱道した。彼はしばしば、寺院に縛りつけられた僧侶たちに仏教の実践が専有されていることを非難し、それに替えて現実世界での在家的な宗教実践を求めた。田中が主宰した様々な在家組織には公的な聖職者は存在しないし、結婚式や葬式を含め、組織が行う儀式はすべて在家者によって執行される。この種の信仰心篤い在家中心主義が、田中の日蓮主義を祖とする知的系譜に属する日本の仏教団体（すなわち新宗教）を特徴づけるものなのである。国柱会・霊友会・立正佼成会は、いずれも、この範疇に収まるといえよう。阿含宗や真如苑のような他の多くの新宗教も、三宝教団のような独立した在家禅団体も[4]、伝統的な仏教の出家制度を拒絶する姿勢は明白であり、この点では先に挙げた宗教団体と同じである。

しかしながら、既成仏教教団は、在家中心主義へ向かう潮流に屈することはなかった。仏教僧侶の多数派は事実上、肉食妻帯を受け入れたが、にもかかわらず、既成教団において、それに付随するはずの僧俗の区別の解消はなされなかった。僧侶の妻帯を受け入れた後でさえ、仏教の僧侶はあいかわらず「得度」として知られる通過儀礼を執り行っている。得度によって、彼らは、得度していない人間には行えない儀式——そのうち最も重要なものは葬儀であるが——を執行するのに必要な知識と儀礼的清浄さに対する能力と権限が与えられる。妻帯僧の大部分は第一義的には司祭として機能しており、檀家に対して儀礼の専門家としての役割を果たしている。ゴンブリッチが指摘するように、これは今日の日本において仏教僧の最も重要な機能となっている。というのも、彼らが「宗教的有徳者であることは当然として、道徳的模範である[5]」ことはほとんど求められていないのである。既成仏教教団において僧侶と在家者を区別しようという衝動は、非常に持続的で強い影響力を持っているので、基本的には反出家的な浄土真宗にも影響を及ぼしているほどである。浄土真宗では宗派独自の得度儀礼を発展させて、「僧侶」と通常の信徒を区別しており、「僧侶」は在家信者に対して儀礼の専門家としての役割を担っているのである[6]。中里日《なかざとにっ》勝《しょう》・田辺善知《たなべぜんち》・鴻雪爪《おおとりせっそう》・宇川照澄《うがわしょうちょう》といった妻帯を肯定する僧侶たちは皆、僧侶が世俗的な事柄にますます関わっていくことを熱心に推進した。こういった人々は、次のように論じた。妻帯は、(キリスト者の)改宗、国家道徳の宣布、さらには軍隊といったものに僧侶が全面的に関与することを保証し、国家にとって多大の利益をもたらす、と。しかし、彼らのうちの誰一人として、僧侶が僧侶としての地位を失うとは口にしなかった。主要仏教団体において僧俗の区別が持続したことは、それらを在家仏教的な新宗教と区別する一つの特徴である。

　肉食妻帯の広がりが照射するのは、「在家化」という概念をより精緻に理解することの必要性である。在家菩薩について論じた際、ゴンブリッチは次のように指摘している。「在家化という言葉は、在家の重要性が増すこととか、僧侶集団に在家的特徴が分与されることとか、典型的に在家的な価値観によって教義が色づけされることとかを意味するものとして、しばしば曖昧に用いられている[7]」。この見方からすれば、肉食妻帯の受容は、僧侶に在家的特徴を分与したという意味で、在家化の進行ということができる。しかし、既成仏教教団の内部において、それに随伴するはずの在家の重要性の上昇は起こらなかった。特に、彼らが聖職者の機能を担うことについては、そうであった。肉食妻帯する仏教僧が存在することによって、近代日本の著作家たちは、清僧ないし出家僧と、在家僧ないし在俗僧という、いささかぎこちない、とはいえ示唆に富む用語上の区別を作り出さねばならなかった(8)。いわゆる普通の僧（凡僧）すなわち妻帯僧から純潔な僧を区別する、こうした言葉の使用は、日本仏教の中では長い伝統を持つもので、妻帯の可否は、僧侶たちの一部によってしばしば熱心に議論されてきた。

日蓮系の在家運動である創価学会と、その母体である僧侶中心の日蓮正宗とが、一九九一年に分裂したことは、完全な在家化を好む組織と、妻帯僧があいかわらず機構上の支配権を握っている組織との間で生じる緊張を示す最良の例である。創価学会と日蓮正宗との協調は常に容易ではなかったとはいえ、太平洋戦争の終結以来、両者は協力してきた。得度を受けた日蓮正宗の僧侶たちは、巨大で熱心な在家組織のために、聖職者としての不可欠な機能を遂行した。それは、教団にとっての基本的な信仰対象（御本尊）の下付、葬式の執行、寺院の維持といったことである。しかし、時が経つにつれ、僧侶の在家化は、創価学会会員にとって不満の種となった。堕落した日蓮正宗の住職たちが遊興にふけったり、愛人を作ったり、わいせつな事件に関与したりしたと非難して、創価学会の会員たちは、結婚して全く在家化した僧侶たちが会員の宗教生活への監督権を持っていることを疑問視した。僧侶たちの妻帯という生活形態が、両者の間の唯一の係争点でなかったのは確かであるが、創価学会会員が日蓮正宗僧侶に対して僧侶の特権を攻撃する際、このことは大きな影を投げかけた。創価学会に好意的な新聞『中外日報』に連載された論説や記事で記者たちは、創価学会の会員たちが日蓮正宗僧侶に対して信頼を失った大きな潜在的理由の一つとして、肉食妻帯が事実上一般化し日蓮正宗寺院が世襲されていたことを挙げている。記者たちは、特にいく人かの日蓮正宗寺院の住職夫人の贅沢な生活を取り上げ、いわゆる「俗僧」による寺院財産の不正使用と法主の情実人事（と彼らが考えるもの）を攻撃している。(9)

二　肉食妻帯と寺院の理想

国家の後援がなくなったことで、各宗派の本山の力は減退したが、完全に崩壊したわけではなかった。明治時代の社会的な激変と、それに続いて起こった圧倒的大多数の仏教僧による妻帯の実行にもかかわらず、今日に至るまで、大部分の既成仏教教団は僧侶が結婚する権利をあからさまには認めていない。田中智学・中里日勝・栗山泰音といった妻帯の推進者たちは、僧侶の妻帯を許容しうるような教理上の解釈を提案したが、彼らの提案は既成仏教の側からは、少なくとも公的なレベルでは、おおむね無視された。こうした主張にもとづく仏教の再構築が示した道は、既成仏教の伝統によって採用されることはなかった。仏教の教義は、仏教の実践ほど柔軟ではなかったということである。

僧侶妻帯を擁護する主張として最も強力であったのは、教義的なものではなく、人口動態であった。というのは、一九三七年までに、仏教僧侶の大多数が結婚してしまったからである。しかし、この事実だけでは、教団を支配する僧侶たちに、僧侶の妻帯を受け入れさせるには十分ではなかった。というわけで、結局のところ、僧侶の妻帯は大目に見られるようになったものの、あいかわらず望ましくない行いであった。今日でさえ、多くの仏教僧侶は、自分たちの妻帯を、彼ら自身の弱さを示すものと見なすことを好み、それ以外の意味を与えたがらない。

大多数の宗派では、事実上の僧侶の妻帯は受け入れられたが、それにともなう儀礼上・教義上の変化は生じなかった。実際、指導的僧侶たちは「肉食妻帯」に教義的正当性を認めることを拒否したのである。金岡秀友は、現代日本における得度の意味を論じた論説の中で、以下のように記している。近代における仏教教団やライフスタイルの大きな変化にもかかわらず、得度の際に受ける戒律にはほとんど何の変化もない、と。(10) 現代日本における得度儀礼とその解釈に関しては、どの言語でも、全宗派にわたる情報はほとんど入手できないので、金岡の断定が正しいのか十全に検証することは困難である。しかしながら、私が収集した情報によれば、彼は正しいようである。特に、規模の大きい宗派のいくつか、たとえば曹洞宗ではそうである。曹洞宗と黄檗宗では、すべての得度者が受ける戒律の中に性交渉を禁止する条項（「不貪淫」「不淫欲」）が残っている。黄檗宗の場合、肉食や飲酒をしないという誓いも立てるのである。(11)

得度の際に受ける戒律と大多数の僧侶の実際の生活との間の矛盾を説明しようとして、僧侶たちは様々な説明をしてきた。たとえば、浄土宗の学者の中には、次のように論じる者もいる。戒律を完全に守ることは、そもそも人間には不可能なのである。にもかかわらず、戒律を受けることで、我々は人間の脆《もろ》さに気づかされ、より真剣に念仏に励むようにうながされるのである、と。浄土宗の別の僧侶たちは、戒律が担っている重要な役割は、不完全な現世において絶対的なものが完成することを象徴することにある、と論じている。ジェームズ・ドビンズによれば、現代の浄土宗の僧の中には、以下のように主張する者もいる。「具体的に各条項を見れば、戒律は規則と禁止を集めたもので、まじめに守れば、悪を離れ、善を涵養する生活を生み出すものである。しかし、理想として見れば、玄妙な仏教の絶対的境地を目に見えるかたちで表現したものが戒律である。こういうふうに立て分けて、浄土宗では、必ずしも各条項を逐一受持しなくとも戒律を理想として受持することは可能であると考えている」(12)。同様に、ある曹洞宗の僧侶は、現実生活と戒律との矛盾を説明しようとして、戒律の超越とか戒律にとらわれないといった大乗仏教的な戒律否定の思想を持ち出す。安藤嘉則は次のように記している。「スリランカやタイの南伝仏教の比丘は、二二七条に及ぶ行動規制を守る必要がある。一方、日本の僧侶は、肉食や結婚・飲酒を禁止する戒律のことを思い起こして、良心の痛みを覚えるに違いない。にもかかわらず、私たちは、杓子定規な「戒律のための戒律」といった態度を避けるよう気をつけなければならない」[13]。安藤のコメントは、多くの僧が妻帯について引き続き感じているどっちつかずの気持ちを表しており、僧侶としての規律を捨てたことを合理化する一つの試みでもある。

大正・昭和を通じて、多くの仏教教団で制定された宗制・宗規は、僧侶妻帯にともなう多くの社会問題を軽減するものであった。しかしながら、こうした制度的な変化は、その後登場した戦後の僧侶とその妻たちの世代を満足させることはできなかった。肉食妻帯や、僧侶夫人の役割についての議論は、戦争の勃発とその後の復興によって、一時的に鎮静化したものの、戦前、寺族を部分的に認めることすら拒んでいた宗派は、結局のところ、僧侶妻帯に正当性を認める宗規改正を行いはじめたのである。顕著な例を挙げれば、一九六一年、臨済宗妙心寺派の指導部は、多くの議論の後、寺族についての一連の条項を新しい宗規に加えている。新しく追加された条項では、住職夫人には、歴代住職の墓を守ることで住職を助け、檀家の先祖のために供養を行ったり、寺院の経営を手伝うといった責任があることが明記された。新しい宗規では、然るべき理由のない限り、亡くなった住職の跡は寺族のうちの誰かが継ぐことも定めている。『中外日報』の記事によると、指導部が最終的に宗規の変更に同意した理由の一つは、同派寺院の住職のほとんどが結婚しており、結婚する権利が国の法律で認められているのに、宗規でその権利を無視するのは、「ナンセンス」だったからである。「僧侶夫人を認めることで、臨済宗の教えの清浄さは不純となり、末寺の世襲を招いてしまう」と主張する人たちの反対を封殺するため、指導部は新しい箇条を採用したのである[14]。

僧侶の妻帯を公認し、寺族の権利を認めるというのは、戦後の一般的な趨勢であるが、にもかかわらず、日本の僧侶や寺族の中には、彼らの宗派の公式の教義と多数の僧侶が送る家庭生活との間の矛盾に不愉快な思いを感じていた者たちがいた。一九五九年までに、曹洞宗の僧侶である山内舜雄は、再三にわたり、曹洞宗の教義と現実生活との矛盾に注意を喚起し、両者の間の溝を埋めるよう改革を提案してきた。(15)近年では、僧侶の妻たちもこうした矛盾に不満をつのらせている。彼女たちの目からすれば、この矛盾が源となって、自分たちは差別され続けており、居住する寺院の維持に彼女たちが重要な役割を果たしていることも認知されていないのである。今日では既成仏教諸宗派の中で肉食妻帯はほぼ常態化しているにもかかわらず、多くの僧侶やその妻は、宗派の指導部が末寺の生活の実態を捉えそこなっていると感じている。こうした人々は、「教義と現実生活とのギャップはさらに縮められなければならないし、寺族の女性は夫である住職と完全に平等なパートナーとならねばならない」と論じている。(16)

曹洞宗の僧侶の妻で学者でもある川橋範子は、一九九五年の論文において、僧侶の妻帯に今なおつきまとう社会的矛盾のいくつかについて、見事な要約を行っている。曹洞宗の僧の大多数は結婚しているし、在家信者はこの事実をほとんど気にしていないように見える（最近の調査では、曹洞宗信者の大多数は、独身の僧侶よりも妻帯している僧侶の方を好ましく思っているという結果さえ出ている）。にもかかわらず、僧侶の妻はあいかわらず曹洞宗の指導部からはほとんど認知されていないのである。(17)大正時代中期、栗山泰音は、「僧侶の妻帯が公認されていないため、寺族は彼女たちの夫とともに葬られることがない」と悲しげに記している。(18)七十五年以上が経っても、川橋は依然として以下のような観察を記している。

俗世から離脱するという原則と寺族の存在とが折り合えないことを示す一つの例は、寺族の墓の問題である。夫妻が一緒に埋葬される在家信者の場合と異なり、寺族は現在に至るまでも僧とは別々に埋葬される。というのは、僧は俗世から離脱した存在だからである。この問題は現代教学研究会の関心事の一つである。この研究会では、現在、この埋葬の制限を緩和しようという態度を示しつつある。というのは、ますます多くの寺族の女性が自分の夫と一緒に埋葬されることを求めているからである[19]。

ある僧侶の妻は、寺族が受けている悲惨な扱いに打ちひしがれて、次のように語っている。「死んでしまえば、私たちは悲惨な扱いを受けます。住職には立派なお墓がありますが、私たちには何があるでしょう。私たちには小さくみすぼらしいお墓があるだけなのです[20]」。今日の日本の既成仏教において、僧侶の妻帯と寺族は曖昧な状態にとどまり認知されていないままである。変わったのは、寺族(僧侶の妻と新世代の僧侶)が現状に異議申し立ての声を挙げていることである。

新しい世代の寺族たちは、宗制・宗規において、この係争中の問題にかかわる条項にささやかながらも変更を加えようとしているが、このことは時として、様々な僧侶集団の間に長きにわたる論争を引き起こした。たとえば、曹洞宗の新しい「宗憲」は一九九五年に採択されたが、曹洞宗指導部がその草案を作成しはじめた時、重要な関心分野の一つは宗派内における寺族の地位であった。多くの議論の後、宗派として、「本宗の宗旨を信奉し、寺院に在住する僧侶以外の者を「寺族」という」と規定する条項を採択した[21]。新しい『曹洞宗宗憲』の起草者たちは数年にわたる研究と諮問の後に寺族について上記のように規定することで意見の一致を見たのであるが、川橋が苦言を呈しているように、この新しい条項では僧侶の妻帯について何ら積極的な支持を与えていない。すなわち、最終的に採択された条項では寺族の性別について言及していないので、表面上は妻帯せず修行に専心するという伝統の外観を維持しているのである。さらに議論を呼んだ改正案は、「住職は社会活動を通じて仏教の修行を実践すべきであり、そこには結婚も含まれる」というもので、これは採択されることがなかった[22]。それゆえ、現在では公然と許容されているにせよ、僧侶の妻帯はいまだに宗派の指導部からは公的な支持を受けてはいないのである。

既成宗派のすべての僧侶が、不淫戒を軽視しているというわけではない。ほとんどの尼僧は結婚していない。一八七三年以来、男性の僧と同様、結婚することは認められたにもかかわらず、である。ポーラ・アライによれば、一九八五年現在で、曹洞宗の尼僧で結婚しているのは一パーセントにも満たない。肉食妻帯の禁止を無視する尼僧が極端に少ないことには、いくつかの理由がある。アライの記すところによれば、この違いについての一つの説明は、今日においてさえ、寺族出身の尼僧がほとんどいないことにある。尼僧たちは、「出家」を選択したのである。寺族出身の男性の場合、しばしば、家族としての責任から僧侶になるが、尼僧たちはむしろ強い内的衝動から僧侶となるので、その結果、彼女たちはより厳しく戒律を護持するのである[23]。これが一要因であることは確かだが、日本での筆者の個人的経験からすると、寺族出身でない男性僧侶のほとんどは、同じ条件でありながら、結婚しているのである。もし寺族出身でない男性僧侶と尼僧との統計的な比較があれば、この要因がどの程度僧侶の結婚の傾向に影響しているのか明確にするのに役立つだろう。

同様にアライが記しているもので、もう一つの重要な要因は、跡継ぎに関するプレッシャーである。寺族出身の男性僧侶の多くは、住職となって寺を継ぐことができる子ども（望むらくは男児）を作るために結婚する。今日、多くの男性僧侶は、「家族に寺を残す」ため努力を重ねている。そこではしばしば結婚や婿養子が必要となる。対照的に、尼僧は、男性僧侶に比べて極めてわずかの寺院を住持しているだけである。その結果、跡継ぎに関するプレッシャーは、尼僧の場合、遥かに緩和されている。尼僧が住持する寺院の後継者を見つけることが難しくなるにつれて、尼僧でも結婚の支持を表明する人が増えてきたというのは、納得のいく話である[24]。様々な既成宗派の中で、独身で修行を行い続けている男性僧侶はごくわずかである。事実上の二本立てに等しいシステムの中で、臨済宗妙心寺派の修行道場のほとんどは独身の僧が住持している。臨済宗僧侶のいく人か、たとえば盛永宗興は、仏教僧としての生活を送る上で最良の選択肢として、独身を擁護し続けている。この話題についての短いエッセイで、盛永は「自分自身にとっては、仏教を実践し利他行を行う上で最善の方法は、家族の絆から身を引き離し続けることであった」と述べている。盛永は、今日の大多数の日本の寺院で全面的に在家的な生活が営まれていることは、社会的な機能不全の兆候であると批判し、次のように記している。

世界の平和と福祉に貢献したいと願いながらも、日本仏教のすがたは現世利益を目指す傾向をますます強めている。同時に、僧侶の共同体というよりも在家の共同体としての性格が増大している。特に、現代文明の非宗教的な傾向は、それにともなう家庭倫理の喪失、生命の軽視、全世界での人間中心的な資源・環境の破壊といったものとともに、浅薄な現世利益的思考では結局は手に負えない極端な状況に向かっている。出家者たちもまた、三宝の自覚から生じる信念よりも、世俗的な栄達を追い求める傾向が増大しているのは、事実である。彼らは、自らの基盤であるはずの僧侶の共同体を軽く見て、その規則を無視し、自らの霊的探究を完成する前に、家族と私有財産のある世俗世界へと引き寄せられるのである。(25)

曹洞宗の中でも、少数の僧侶たちは妻帯を拒否し続けている。また、宗派の中で寺族がどっちつかずの立場に置かれていることを批判する声もあるにもかかわらず、多くの僧侶の妻はどちらかというと満足しているように見える。一九九四年に、約一六〇〇人の僧侶の妻を対象にした調査では、彼女たちの六七パーセントは自分たちの地位の曖昧さに悩んでいなかった。彼女たちの多くは跡継ぎを見つけることや仏教の知識がないことに懸念を示しているが、宗派の中で生きていく上で今以上に公的な立場が得られないことは気にしていないようである[26]。

曹洞宗をはじめとする諸宗派の中で、僧侶の妻帯をめぐって紛争が続いてきたことは、在家化へと押しやるとてつもない圧力に直面しても、寺院としての理想が弾力性と持続性を有していることを納得させる一つの例である。それはまた、僧侶の妻帯が合法化されるといった新しい状況への適応が生じる場合の規定要因を、宗派の教義がどの程度決定してきたかを示してもいる。今日、曹洞宗をはじめとする諸宗派の僧侶たちは、僧侶の妻帯が含意するものと格闘を続けているが、その存在は宗派の指導部からは大部分無視されてきた。日蓮宗や浄土宗と比較すると、天台宗・曹洞宗・臨済宗といった宗派の方向性は、僧侶の妻帯を受け入れることをことさら難しくしているかも知れない。たとえば、栗山泰音にとって、僧侶の妻帯を擁護するために利用できた曹洞宗の教義は、日蓮宗や浄土宗が有していた選択肢よりも、限定されていた。どういうことかといえば、曹洞宗の教義では末法史観にあまり重要性を置いていないし、道元は特に後期の著作では「出家」と僧院生活を強調しているので、曹洞宗の指導部にとっては、道元の教説に重きを置くことから方向転換せずに僧侶の妻帯を受容することは極端に困難なものとなったのである。それとは対照的に、浄土宗の教義を僧侶の妻帯を許容するよう適合させる作業は、それほど面倒ではなかった。というのは、過去において、浄土宗では、仏教実践における戒律の位置づけが、曹洞宗などよりも曖昧だったからである。そういうわけで、曹洞宗のような禁欲的宗派では、教義に支えられて、僧侶の現実の実践からは浮き上がった理想が生き残ってきたのである。

しかしながら、僧侶の妻帯がほぼ例外なく受け入れられた後も続いた実践と理想の乖離を、偽善といってしまうのは、早計に過ぎる。こうした評価は、歴史上多くの僧侶が人目を忍んで妻帯していたことを無視しているし、戒律を破った修行者にとってあいかわらず戒律が重要な意味を持ち続けているという可能性を看過している。ジェームズ・レイドローは、在家者のジャイナ教における禁欲の価値と実際の実践の関係について書く中で、「実際の実践と衝突を起こす規範の要請を、理由はともかく「真のジャイナ教」を構成しないものとして捨て去るだけなら、大事な点を見落とす」と指摘している。今の場合なら、これを「真の仏教」と読み換えてよいだろう。「真の仏教」を持ち出すことは同時に、「日本の僧侶たちは、彼ら自身がどう思っているかとは別に、「本当に」僧侶といえるのか」という神学的な論争に踏み込むことを意味している。多くの人にとって、今日の日本で僧侶であることを構成する重要な部分は、実際に守れなくても、僧侶としての振る舞いの規範にしたがわねばならないということを受け入れることにある。マーティン・サウスウォルドは、スリランカ特有の実践についての民族誌の中で、真正で理想的な仏教を分離しようとしたが、レイドローはサウスウォルドへのコメントの中で、次のように記している。

〔サウスウォルドが調査した〕村人たちの発言の中で「こうするべきである」とか「こう考えるべきである」と言われたことは、彼らが実際にしたり考えていることの一部である。彼らがそれを言ったり考えたことは、彼らが行っていることの一部である。それがどれほどサウスウォルドの感覚を逆なでしようと、宗教的権威にもとづいて考えていることは宗教伝統に関して中心を占める事実なのである。宗教聖典においてそうであるように、宗教生活においてもそうなのである。(27)

同様に、現代の多くの日本の仏教僧侶が時々行っている重要なことが一つある。それは、様々な理由のため、彼らが守れない戒律(たとえば不淫)があると反省することである。様々な力の作用によってそうなったとはいえ、多くの仏教系新宗教に倣うことや、禁欲的な理想を完全に捨て去ることを、彼らはしてはいないのである。現代の既成仏教寺院での生活についての民族誌的研究をするなら、禁欲的規範が持続的な力を持っていることを真剣に取り上げる必要がある。

結婚し、後継住職を得るように命じられているにもかかわらず、浄土真宗以外の日本の仏教僧侶の大多数は、禁欲的な修道生活が現実には達成できないとしても、望ましい生活形態だと見なし続けている。結婚しても、仏教僧侶たちはおおむね、少なくとも法会に臨む時は、特徴的な服装と剃髪を維持している。こうした実践は表面的なものに見えるかも知れないが、それは、こうした外形によって示された理想に対する変わらぬ敬意を表す振る舞いなのである。既成宗派において宗祖の生き方と教えが強調され続けていることは、この修道生活への郷愁を再強化するものであり、檀家寺と家庭生活の両方に対する規制的な力を持った批判としての意味を持っているのである。明治政府が肉食妻帯を合法化してから百年以上が経ったものの、禁欲的な不淫の実践は、宗派としてのアイデンティティの核心に位置し続けて理想とされている一方、限りなく在家に近い寺院での家庭生活は、地に足のついた現実であり、両者の間の齟齬から起こる緊張のただ中で、多くの日本の仏教僧侶とその家族は生きているのである。

注

（1） José Casanova, *Public Religions in the Modern World*. Chicago: University of Chicago Press, 1994, pp. 19–20. ※邦訳、津城寛文訳『近代世界の公共宗教』（東京・玉川大学出版部、一九九七年、二〇―二一頁）。

（2） Hubert Durt, "Bodhisattva and Layman in the Early Mahāyāna," *Japanese Religions* 16 (3), 1991, p. 15. 下記も参照。Richard H. Robinson "The Ethic of the Householder Bodhisattva," *Bhāratī*, Bulletin of College of Indology, Banaras

Hindu University 9, 1966, pp. 25–56.

（3） Helen Hardacre, "The Lotus Sutra in Modern Japan," in *The Lotus Sutra in Japanese Culture*, edited by G. J. Tanabe, Jr., and W. J. Tanabe. Honolulu: University of Hawaii Press, 1989, pp. 209–224.

（4） シャーフは、三宝教団のような在家禅集団は、実際のところ新宗教に分類されるべきであるとまで述べている。Robert H. Sharf, "Sanbōkyōdan: Zen and the Way of the New Religions," *Japanese Journal of Religious Studies* 22 (3–4), 1995, pp. 417–458.

（5） Richard Gombrich, "A Buddhologist's Impression of Japanese Buddhism," in *Japanese New Religions in the West*, edited by P. B. Clarke and J. Somers. Sandgate, Folkstone, Kent: Japan Library, Curzon Press, 1994, p. 21.

（6） 浄土真宗の得度式については、以下参照。龍口明生「真宗本願寺教団の得度式」（『修学院論集』五四、一九八三年、一八—四二頁）。

（7） Robinson 注（2）前掲論文 pp. 25–56. 前後を含めての引用が Durt 注（2）前掲論文 p. 5 にある。

（8） 「日本仏教における聖と俗」（『中外日報』一九九一年二月四日、三頁）。

（9） 「日蓮正宗と創価学会の根本問題」（『中外日報』一九九一年一月十四日・同三十日）。日蓮正宗法主夫人の浪費癖について詳細に伝える暴露記事は、同じ新聞の一九九一年一月十七日号八頁にある。

（10） 金岡秀友「現代「出家」考」（『仏教タイムズ』一九九〇年三月二十五日・四月五日・四月十五日）。金岡は、現代日本の僧侶にとって最も適合する戒は十善戒であると示唆している。十善戒は、「邪淫」（不適切な性交渉）を禁じているが、性交渉や飲酒を全面的に禁じているわけではない。

（11） たとえば、下記を参照。曹洞宗宗務庁教学部編『曹洞宗行持規範』（東京・曹洞宗宗務庁、一九八九年）、海野虎林編『沙弥得度儀範要略』（宇治・黄檗宗務本院教学部、一九七九年）。注意されるのは、いくつかの比較的小規模の宗派では、得度の手続きに若干の変更が生じていることである。興福寺での法相宗の得度では、沙弥十戒が授けられるのであるが、僧侶となる者は不適切な性的関係を禁ずる戒（不邪淫）を受ける。福田行誡の議論によれば、すべての性的関係を禁じた第三戒（不淫）こそ、沙弥のための第三戒として正しいものなのであるが、彼らはこれを受けないのである。それだけでなく、明治時代の初めから、黄檗宗でも曹洞宗でも、僧侶の得度に『四分律』の二百五十戒を用いなくなっている。というのは、僧侶の多くが結婚していて子どももいたからである。こうした得度手続きの変化が僧侶妻帯に対する意識的な対応であるのか否かは、今後検討されるべき興味深い問題である。法相宗の得度についての情報は、一九八六年十二月十六日に興福寺で行われた得度式で用いられた未公刊の手引書にもとづいている。この手引書をコピーさせていただいたロバート・シャーフに感謝申し上げたい。黄檗宗と法相宗の得度式については、田中智誠（黄檗宗大本山万福寺文華殿主任）と多川俊映（法相宗管長）へのインタヴューにもとづく。田中・多川両師の御海容に感謝申し上げたい。

（12）James Dobbins, "Buddhist Precepts in the Jōdoshū," paper read at The Practice of Vinaya in East Asian Buddhism, Taipei, Taiwan, 1995, p. 27-28.

（13）Yoshinori Andō（安藤嘉則）, "The World of the Yuikyōgyō," *Zen Quarterly* 6（2）, 1994, p. 14.

（14）「妙心寺派、新宗制施行へ」（『中外日報』一九六一年三月七日）。花園大学の西村惠信教授からは、この議論がいつ行われたのかご教示いただいた。記して感謝申し上げたい。

（15）一九五九年に山内舜雄は、この問題に関して三回にわたる連載論説を発表している。山内『曹洞宗における在家宗学の提唱』（大蔵出版、一九九〇年、一四―二三頁）参照。

（16）この点で特に注目すべきものとして、以下のものが挙げられる。田中敬信「「明治五年太政官布告第131号」考――その2」（『宗学研究』二六、一九八四年）、熊本英人「曹洞宗における寺族の語について」（『宗学研究』三七、一九九五年）、中野優信（優子）「曹洞宗における僧侶の婚姻と性差別」（『曹洞宗宗学研究所紀要』八、一九九四年）、川橋範子・熊本英人「弱者の口を借りて何を語るのか――仏教界の「女性の人権」の語りをめぐって」（『現代思想』二六巻七号、一九九八年）。

（17）Noriko Kawahashi（川橋範子）, "Jizoku（Priest's Wives）in Sōtō Zen Buddhism: An Ambiguous Category," *Japanese Journal of Religious Studies* 22（1-2）, 1995. 熊本英人との共著論文では、寺族が直面している問題は曹洞宗に限られないことを指摘している。川橋・熊本注（16）前掲論文、二〇三頁注一参照。

（18）栗山泰音『僧侶家族論』（東京・桜樹下堂、一九一七年、二六九頁）。

（19）Kawahashi 注（17）前掲論文　p.174, n. 25.

（20）曹洞宗宗務庁教学部編『第15回寺族中央集会報告書』五八頁、Kawahashi 注（17）前掲論文　p.175 所引（訳注——原文が入手できなかったため英訳より翻訳）。

（21）Kawahashi 注（17）前掲論文　p.162.

（22）Kawahashi 注（17）前掲論文　p.173.

（23）Paula Arai, *Woman Living Zen: Japanese Sōtō Nuns*. New York: Oxford University Press, 1999, pp. 138–139.

（24）Arai 注（23）前掲書　pp. 139–140. Kiyohiro Miura, *He's Leaving Home: My Young Son Becomes a Zen Monk*. Translated by J. Rutland, VT: Cahrles E Tuttle, 1996（三浦清宏「長男の出家」、一九八七年発表）は、ある禅宗寺院の女性住職が直面した跡継ぎのプレッシャーに触れてフィクションとして面白い説明をしている。翻訳者によれば、この小説は作者の実体験にもとづくという。

（25）Sōkō Morinaga（盛永宗興）, "Celibacy: The View of a Zen Monk from Japan," in *For Love Alone: Reflections on Priestly Celibacy*. Middlegreen, UK: St. Pauls, 1993, pp. 157–158.（原著は *Solo per amore: Riflessioni sul celibato sacerdotale*. Cinisello Balsamo: Edizioni Paoline, 1993）.

（26）「寺族——百年の軌跡」（『曹洞宗報』一九九四年十月号二九—三一頁）。

（27）Richard Laidlaw, *Riches and Renunciation: Religion, Economy, and Society among Jains*. Oxford Studies in Social and Cultural Anthropology. Oxford: Clarendon Press, 1995, p. 11.

*

Richard M. Jaffee, *Neither Monk nor Layman*, Princeton University Press, 2001, Chapter 10, pp. 228–241. から冒頭のエピグラフを除いて、全文。

仏教モダニズム

デヴィッド・マクマハン
（訳・田中　悟）

はじめに

西洋における仏教の一般的なイメージといえば、瞑想や緊張の緩和、心の探求や憐憫を強調する宗教もしくは哲学、といったものである。このイメージに従えば、仏教は厳格なルールを持たず、ドグマ的・儀礼的ではなく、創造性や思想の自由を促進し、近代的世界観と矛盾することなく、それ自身が宗教というよりもむしろ内面の科学、ないしは「スピリチュアリティ」に近い。それはまた、民主的であり、社会的・政治的な自由や人権、環境行動主義を支持する、ともされる。しかしながら、西洋人の仏教探究者がアジアの典型的な仏教寺院や巡礼の現場に行ってみれば、多くの儀式や仏像の前での礼拝、神話的な宇宙観や魔術や天国・地獄への信仰、祈禱や供犠に応える仏陀や菩薩・守護霊・幽霊・悪霊など目に見えぬ存在の氾濫が、大多数の仏教徒の宗教実践には必然的に伴っていることに、しばしば驚くことになる。

では、この明らかな不一致を、我々はどのように説明すればよいのだろうか。西洋において人々が学んだ「仏教」は、「真の」仏教とは何の関係もない誤解の産物に過ぎないのだ、と切って捨ててしまうのはたやすい。しかし、多くのアジアの仏教者たち、とりわけ高度な教育を受け、世界的に活躍して裕福な生活を送る者たちもまた、上記のような記述には同意を与えている。仏教に関するそのような表現は、何世紀にもわたって実践されてきたアジアのきわめて多様な仏教の描写としては妥当でないにしても、研究者が「仏教モダニズム」と呼んできた仏教のトランスナショナルな新しい類型を記述したものだ、とはいえるのである。この類型は、すでに示唆したように、数千年にわたってアジアで実践されてきた仏教の多様な姿を描写したものではないし、単なる西洋の幻想でもない。それはむしろ、西洋近代の主要な言説や実践と、仏教の特定の要素とが結びついた、ハイブリッドな宗教的・文化的形態なのである。「仏教モダニズム」とはそのとき、ヨーロッパ啓蒙主義や科学的合理主義・ロマン主義やその後継者・プロテスタンティズム・心理学、そして近代的社会・政治思想といった近代における支配的な文化的・知的な思潮と結びついて形成された、仏教の多様な形態のことを指している。西洋の影響を受けたとはいえ、それは単なる「西洋的仏教」ではない。むしろ、アジア人と西洋人とによって創造された運動の、一種のグローバルなネットワークであり、単一特定の地理的・文化的背景によって排他的に作り出されたものではないのである。

これまで研究者が指摘してきた仏教モダニズムのすぐれて近代的な特徴の中には、仏教的世界観を近代科学的世界観と結びつけるために、伝統的宇宙観を再解釈もしくは脱神話化するという企図——儀式や僧職・位階制の後景化、そして民主主義や社会的平等主義の哲学とともに、時としては社会的労働や政治的関与を強調する行動主義的要素までも含む世俗的な傾向——が含まれる。こうした特徴を仏教におけるプロテスタンティズムの影響として解釈する者もいるし、こうした近代的形態を一種の「プロテスタント仏教」と見なす者もいる（Gombrich and Obeyesekere 1988）。この解釈の影響は、例えば儀式や社会的実践よりも経典に見られるべきとされる「真の仏教」の解釈にも及び、また神霊崇拝や占いのような物事を堕落や迷信と見なす傾向にある。それはまた、「魂の平等主義」や個人の責任・自己探求などとともに、個人が媒介なしに自らの究極の目的を追い求めることを含んでいる（ibid.:

p. 216)。サンガ（僧団）[1]に置かれた重要性は、在家者の重要性が増すにつれて減じていった。ドナルド・ロペスによれば、仏教モダニズム（もしくは、彼がいうところの「近代仏教」）は、階層性に対して平等を、地域的なるものに対して普遍的なるものを強調し、共同体よりも個人を称揚したとされる（Lopez 2002: p. ix）。そこではまた、仏陀の原型的メッセージが、理性・経験主義・科学・普遍主義・個人主義・寛容・自由や宗教的正統性の拒否といった近代的な概念と親和的なものとして解釈された（ibid.: p. x）。仏教モダニズムにおいては、女性はそれ以前よりもより大きく能動的で目に見える役割を与えられ、社会的な位置づけとしてはしばしば教育を受けた中間層であると目された。ロペスはそれを、一種の「トランスナショナルな仏教セクト」、すなわち、文化的・国民的な境界線を越え、知識人の世界的なネットワークを創出し、多くの関係文書がしばしば英語で書かれる国際的な仏教である、と見なしていた（ibid.: p. xxxix）。ここでいう「セクト」は、地理的なものにも伝統的な教派にも根ざすものではなく、異なる地域の多様な仏教教派の近代的な相である。さらにそれは、独自の世界的な系統と正典となる「文書」を有している。そうした「文書」は主に、近代仏教形成期以来の大衆的書き手やセミプロ的学者によって書かれ、近年では鈴木俊隆、サンガラクシタ、アラン・ワット、ティク・ナット・ハン、チョギャム・トゥルンパそしてダライ・ラマ十四世ら、さかのぼっては釈宗演、アナガーリカ・ダルマパーラ、ドワイト・ゴダード、鈴木大拙そしてアレクサンドラ・ダヴィッド・ネールなどの名が挙げられる。

一　植民地時代

仏教の「近代化」における最初の動きは、多少の偶然を伴って、十九世紀西洋の東洋学者たちによってなされた。

西洋の多くの仏教観察者は、その偶像崇拝や迷信・厭世主義を指摘して拒否感を示していた中で、とりわけリス＝デイヴィズ（一八四三―一九二二）のような初期仏教経典の翻訳・解釈に携わる学者の間で、合理的で心理学的で倫理的な生命の哲学として仏教を描き出すことがはじまった。そうした人々は、仏教の本質的な要素をその古典的経典に存するものと見なし、現実にある仏教の伝統を周辺的で腐敗したものとして無視するいっぽうで、哲学・倫理・瞑想についての文書をそうした観点から選び出した。ヘンリー・デイヴィッド・ソローのような超越主義者たちも、仏教の理解には限界がありつつも、西洋において仏教に肯定的な評価を与え、著作の中で賞賛を与えた。

しかしながら、その伝統をはっきりと近代的に再解釈することをはじめた最初の仏教者は、アジアの改革者であった。実際に、仏教モダニズムは、相互の好奇心や文化交流、心を開いた世界的な対話といった文脈ではなく、競争・危機そして植民地主義の文脈においてはじまったのである。アジアの仏教者の中に仏教モダニズムの起源の時と場所とを一つに定めるとすれば、それはおそらく、当時イギリスの植民地であった十九世紀のセイロン（スリランカ）であろう。その当時、西洋人による仏教についての好ましくない表象の多くは、セイロンの多数派を占めるシンハラ人の仏教信仰と実践についての報告をヨーロッパにもたらした植民者によるものであった。彼らはしばしば、シンハラ人の人々を無精で怠惰で子供っぽく、より進んだ存在と考えられたヨーロッパ人よりも、進化論的に遅れた存在と見なした。多くのヨーロッパ人の説明に従えば、彼らの宗教は迷信的・虚無的にして不可解なものであり、キリスト教の伝道によって取って代わられるべきものであった。それゆえに、植民地統治と、それに伴う宣教活動によって、仏教は正統性の危機に直面し、その威信や少なからぬ経済的政治的な力が失われていた。シンハラ人の改革者たちが彼らの伝統の再考をはじめたのは、単なる概念上の問題ではなく、主として征服という現実的な挑戦を受けてのことであった。アナガーリカ・ダルマパーラを嚆矢とする信仰復興者たちは、自らにより好意的な西洋の東洋学者の解釈に沿って、つまり、近代科学的な知識やヴィクトリア期の社会道徳観と親和的な合理的・倫理的哲学として、仏教の再構成を開始したのである。

仏教モダニズムの有名な、そして一貫した主張の一つに、仏教は他の宗教よりも近代的科学的世界観と両立しうるという、スリランカの仏教復興運動にさかのぼる主張がある。ダルマパーラは、「仏教は近代科学と両立しうる」と主張しただけではなく、仏陀自身が「自然法」や「因果律」そして「進化」といった概念を内的に認識した一種の科学者であったと示唆する。これは、地質学や生物学の近代的理論とともに、ダーウィンの進化論によって、キリスト教が深刻な打撃を蒙ったと見なすものであり、激しい論争となった。さらに、科学的因果律の概念は、聖書の天地創造や自然界の因果関係に介在するとされる人格神、さらには天使や天国と地獄、死後の復活といったことに関する直解主義的な説明に疑いを抱かせ、それらすべてが力強く勃興する科学的言説によって攻撃の的にもなった。実際に、十九世紀末から二十世紀はじめのヨーロッパや北アメリカにおいて、多くの人々は、科学的近代的知識による挑戦によって、歴史家が「ヴィクトリア期の信仰の危機」と称する深い宗教的懐疑を経験していた。

ダルマパーラは、この危機において、自らの伝統の強みを喧伝することに躊躇《ためら》うことはなかった。仏教は最も高度に個人化された利他的倫理を内包する科学的宗教である、と彼は主張した（Dharmapāla 1965: p. 25, 27）。そうした仏教は、政治や貿易や帝国主義的拡張といった動機づけのもとに彼の国に強要されていた福音主義キリスト教が、聖書やウィスキーや銃弾を武器とする「政治的カモフラージュ」であることと対比された（ibid.: p. 439）。彼は、科学の時代において仏教がキリスト教を凌ぐ可能性を有していることに、全面的な確信を抱いていたのである。

科学的な知識の普及に伴って、創造主や地獄・霊魂・贖罪といった非科学的な教義を持つキリスト教は次第に忘れ去られていくだろう。知識の拡大に伴い、進化や因果法則、万物流転の本質、事物の可分性、動物や人の知覚の連続的な本質などをヨーロッパ人は知るに至り、そのとき仏教は好意的に受け入れられることになるだろう。

(ibid.: p. 465)

仏教と科学との両立性について強調するのに加えて、ダルマパーラは、近代のその他の変化にも完全に適応した宗教として仏教を描き出し、虚無的で悲観主義的で受動的で儀礼的だという西洋的な仏教表象と闘って、行動主義的・楽観的・倫理的な宗教としての仏教を喧伝した。彼は、東洋学者によって提示された自身の伝統の原文主義的な再構成を広く採用して、利他的な社会奉仕とともに個人や個人の救済を中心に据える合理的仏教というイメージを提供した。かくして彼は、暗黙のうちに、彼と同時代の生きた仏教が腐敗と堕落の状態にあるとする東洋学者に同意し、迷信的で儀礼的だと解釈できる同時代人の多くの実践に批判的な立場に立った。その代わりに彼は、農民の日々の振る舞いを改めるべく、仏教における出家者の振る舞いの規定の様式に、ヴィクトリア期の道徳や秩序を翻案したものを体系化しようとした(Gombrich and Obeyesekere 1988: pp. 212-215)。

この時期、仏教に好意的な西洋人もまた、仏教モダニズムの基礎の発展にとって助けとなった。あらゆる宗教の中に隠されていると措定された深遠なる真理を明らかにすることを目指した組織である神智学協会のメンバーの多くは、仏教に強い関心を示した。神智学は、超自然的現象を研究し、霊媒によって死者と交信して、人間界と霊界との隔たりを乗り越えようとするスピリチュアル運動に、その起源を有する。この神智学は、たとえ「オカルト科学」であるにしても、オーラや超感覚的知覚などについて証明すべく経験主義的な調査や合理的な議論を行う、原理的には科学的な営みと見なされた。その中で最も知られたメンバーの一人であるヘンリー・スティール・オルコットは、「公式的に」仏教に改宗した、おそらく最初のアメリカ人であった。またオルコットは、迷信的・偶像崇拝的・後進的であるという以上に科学的・合理的・倫理的であるという仏教観を広めるのに大きな影響を与えた人物であった。彼は、仏教神智学協会を結成し、セイロンの仏教を改革し、世界的な仏教のネットワークを構築しようとする活動において、一時期ダルマパーラとも協力関係にあった。

二十世紀初頭までには、儀礼やドグマや非科学的な信仰や宇宙観とは無縁の、合理的で経験的で倫理的な生き方としての仏教、というイメージが、広く普及していた。ポール・ケーラスのような西洋の仏教擁護者は、仏教が「科学的に証明されうる真理の他にはいかなる啓示も認めない宗教」（Carus 1897: p. 114）であると強く主張した。同様に、初期の仏教への共鳴者であるストラウスは、「純粋なる仏教」は、神秘主義的ではまったくなく、奇跡を拒絶し、真実の上に築かれ、そして絶対者やその他のいわゆる造物主をめぐる思索をも拒否する、と主張した（Strauss 1922: p. 105）。さらにストラウスは、仏教について、祈禱や儀礼・儀式が無用のものであるだけでなく、スピリチュアルな発展を阻害するものと見なしている、と主張した（ibid.: p. 53-54）。こうした解釈における「仏陀の法」は、儀式・儀礼や偶像崇拝、さらには植民地化された土地で西洋人がしばしば目にした大衆的な仏教に共通して見られた、神霊をコントロールしようという試みなどとは、まったく異なるものとなった。

二　鈴木大拙と禅

日本は、仏教モダニズム、特に禅の近代主義的な形成において、もう一つの歴史的起点であった。一八六七年に成立した明治政府のもとで、仏教は、日本国家の国民的な凝集力への妨げであるだけでなく、科学技術的な発展をも妨げる腐敗した迷信的外国宗教であるとして批判にさらされた。十九世紀後半以来、少なからぬ知識人が仏教の再生を企図し、文化的・制度的に腐敗・癒着していると見なされた要素を取り除き、ブッダの教えの原初的な生命力を回復させようとした。彼らがはじめたこの運動は、西洋哲学と併せて禅の文献から多くのものを導き出しており、「新仏教」として知られた。唱道者たちはその運動を、政府の仏教迫害への対応であるのみならず、経済的・軍事的競争という国際的な文脈において日本独自の宗教的・国民的な力を増進する手段としても捉えていた。こうした改革派仏教に好意的なある高名な哲学者は、二十世紀初頭の世界で仏教が果たすだろうとして自身が期待した役割について、次のように要約している。

あらゆる種類の物資や道具だけでなく、統治や法、軍事システムや教育、自然科学や技術についてのモデルを調達しようとすれば、西洋世界に視線を向けなければならないということは、誰でも知っている。しかし、日本が外国に伝え、名声を得ることのできるものが一つある。それは仏教だ。(quoted in Snodgrass 2003: p. 131)

この新仏教運動に影響を受けた書き手の中で最も世界的に影響力を持った者といえば、近代化された禅仏教に関して精力的に発言し、西洋世界に大きな影響を与えた鈴木大拙であろう。ウィリアム・ジェームズや、日本の哲学者・西田幾多郎、そしてロマン主義や観念論・先験主義の担い手の著作に見られる宗教経験という概念から影響を受けつつ、鈴木は、禅とはその神髄において、あらゆる宗教の特殊性を超越する「経験」である、と述べた。禅における最も純粋な形態に見出せる、「悟り」という解放経験は、ただ禅の神髄たるのみならず、あらゆる宗教における真髄である。それゆえに鈴木は、仏教史と禅との密な歴史的関係性をあまり重視しないのみならず、「禅経験」

以外のあらゆる要素を周辺的なものとした。伝統や儀礼・社会生活を越えた個人的・直観的な経験の権威に対するこの強調は、仏教モダニズムのある種の見解における顕著な特徴だといえよう。

西洋の読者に禅の紹介を行うとき、鈴木は、十九世紀の観念論やロマン主義・先験主義の思想家の語彙をもって、禅の難解なテーマを表現した。例えば彼は、個人を超越した絶対者や普遍的な霊性・究極の現実における主体と客体との二重性の統合という問題を、フリードリヒ・シュライアマハーやフリードリヒ・シラーのようなドイツ観念論者の用語を用いて力説した。また彼は、自然界を巨大な機械と見なす機械論的な啓蒙主義の世界観に対して、個人の心の内面深くまでに踏み込むことによってアクセスすることのできる「全的に浸透する霊性」を表現すべく、ロマン主義的な自然概念を用いた。さらに彼は、ロマン主義における自発性の観念や合理的・打算的な思考の超越に、禅の精神を見出した。禅の公案の「非合理性」は、概念化を超えた純粋経験を示し、人類と自然と単一性の根本的かつ直観的な把握から来るものである。そうした公案は、ロマン主義的な詩観のように、自然内部のこうした直観的な理解の直接的経験に、源を持つのである。またさらに鈴木は、こうした直観的な現実把握を芸術や創造性の源泉であるとして、禅と芸術との間に特殊な関係を設定した。禅が提供する現実や、それに伴う自発性との直接的な遭遇は、人生における日々の活動と同様に、あらゆる形式の芸術における創造性の源泉を構成する。知的な内省や計算や予想、そしてあらゆる認識行動は、整えられて鋭敏な心から導き出されるこうした直観的・自発的・創造的な行為の対極に位置づけられる。鈴木にとって、偉大な芸術家とは、無意識の領域にある創造的エネルギーの神秘的な深淵に踏み込み、それを世界へもたらすという、ほとんど神に近い存在なのである。

そして鈴木はまた、仏教モダニズムにおける一つの決まり文句を広めた。きわめて単純化すれば、それはすなわち、「西洋」は技術的・合理的・物質的であるのに対して、「東洋」は直感的・審美的・精神的である、というものである。このような二分法はかつて、東洋学者や宣教師、アジアへの入植者によって使われていたものであり、彼らにとってそれは西洋に対する東洋の劣等性を特徴づけるものであった。鈴木は、東洋と西洋の基本的な特徴づけ方を受け入れつつも、その評価を反転させて、超合理的で直観的な禅の実践者を、近代西洋における合理的・技術的な存在に対して優位に位置づけたのである。彼はかくして、西洋における二つの大きな言説の潮流――一方における啓蒙主義的合理主義と科学的実証主義、そして他方におけるロマン主義や先験主義――との間に先在する緊張関係の中に、禅を組み込んだのである。

私たちはここに、アヴァンギャルドな芸術や実験的・即興的な音楽や演劇、あるいは二十世紀中葉のアメリカのカウンターカルチャーと、仏教や禅とがいかにして緊密な関係を持ったのかについての手がかりを、おぼろげながら見出すことができる。事実、自発性と創造性についてのこの定式化は、ある種のカウンターカルチャー的な芸術家や音楽家や作家、例えばビート詩人のような者たちが、なにゆえに仏教の実践を彼らの芸術において本質的なものと見なしたかを、説明してくれる。そしてそれはまた、彼らがなぜ、鈴木の教えを奉じて、自然と調和した自発的な活動が「伝統的な道徳」を超越するということを信じるがゆえに、伝統的仏教道徳が包含する義務に従う必要をほとんど感じなかったかについての、理解の助けともなる。鈴木の定式化のもう一つの、より重要な結果は、とりわけ西洋において、仏教――なかでも特に瞑想――が、創造性に独自につながる何ものかとして認識されたことである。西洋で影響力を持った仏教家、例えばラマ・ゴヴィンダ（一八九八―一九八五）やサンガラクシタ（一九二五―）のような人々は、仏教芸術を「超合理的な水準」から流れ出るものとするようなロマンティックな霊感による説明を、同じようにしている（Sangharakshita 1973: p.111-112）。アヴァンギャルドな芸術家たちは、鈴木に直接的に影響を受けた。例えばジョン・ケージ（一九一二―九二）は、芸術や詩や音楽の目的は、「何が起きてもそれと調和すべく、心を落ち着け、鎮めること」にあると主張した（Baas 2004: p. 166）。

こうした新しい言葉で禅を表現するとき、鈴木は、時代の関心事に言及するために伝統を求め、近代西洋文化において支配的な合理的・科学的な志向と、それとカウンターバランスを取る力としてのロマン主義との間の緊張関係の中に、禅を投げ入れたのである。かくして、我々が上で見たような仏教モダニズムにまつわる数多くの発言が仏教と科学的合理主義とを密に結びつけようとしているとはいえ、そこには合理的・科学的アプローチ批判という強い緊張状態がまた存在し、この批判は西洋思想におけるロマン主義の特質とパラレルなものであった。科学に対するこの両面性はまた、仏教と西洋近代が交差するもう一つの場で明らかとなる。すなわち、仏教と心理学との邂逅である。

三　仏教モダニズムと心理学

仏教と西洋心理学との連結は、特に西洋において、仏教の近代的解釈において最も有力な枠組みであり続けてきた。ダルマパーラのような初期の仏教復興者や、リス＝デイヴィズのような初期の仏典翻訳者でさえ、仏教の心理学的な要素を強調した。仏教と西洋心理学とをパラレルに捉える人々は、多くの正典的な仏教テキストにおける心とその機能についての洗練された議論を強調し、それを様々な西洋の心理学思想の学派と明示的に結びつけた。この試みは、西洋の著述者たちが仏教と心理学における精神分析学派とをパラレルに捉えるようになった二十世紀半ばに、本格的にはじまった。「心理学としての仏教」という扱いは、西洋においては相当の正統性を認められている。例えば、二十世紀半ばまで、大きな神殿を抱えるチベット仏教は、西洋においてしばしば堕落した多神教・偶像崇拝の宗教として表象されていた。カール・ユングは、こうしたチベット仏教のあり方を理解するための、もう一つの道を提供した。ユングはそれらを、普遍的な心理学的原型——例えば、人類共通の集合的無意識の相——の表現として、また人間の心の原始的構造を示すものとして解釈した。「神と神霊の世界」はまさに「私の内面の集合的無意識」に他ならないのである（Jung 1960: p.liii）。この解釈は、西洋において特に衝撃的なものであり、多くの研究者によって取り上げられた。現在もこの説を信奉する研究者はほとんど存在しないが、一般的な著作においてはほとんど標準的な解釈となっている。科学的合理主義とユダヤ教・キリスト教的な偶像崇拝の禁止という一対の伝統は、原子・分子からなる世界から神や悪魔を追放し、チベット仏教が脚光を浴びる以前にはそれらを精神的な必要性という側面にのみ限定して位置づけていたのである。

この種の再解釈は、ある種の研究者が「脱神話化」と呼んできたものであり、古代的世界観に埋め込まれた教えから、近代的世界観の文脈の中に位置づけることのできる意味を抽出——より正確には再構築——する試みである。脱神話化と仏教の心理学化について、もう一つ例を挙げるなら、それは心理学的現実としての再生の領域をめぐる解釈である。仏教の教義には、生ある者が再生しうる六道が設定されている。天道・人間道・修羅道・畜生道・餓鬼道・地獄道がそれである。数世紀もの間、これらは、涅槃に到達することなく生と再生とを繰り返すあらゆる生き物の存在論的な秩序として受け止められてきた。北アメリカのチベット仏教教師の中でも最も影響力があり、かつ西洋化された人物の一人に数えられるチョギャム・トゥルンパは、これらの領域を「我々自身や我々の周囲の環境に対する、概念化と合理化によって支えられた、すぐれて情緒的な態度」として描き出した（Trungpa 1976: p.24）。例えば天道は、自尊心や自己同化という人間の感情であり、人間道は情念を表象し、地獄道は「憎悪や偏執」に他ならないとするのである。乗り越えられるべき特殊な感情や心の状態に六道を結びつけるというのは、生ある者は自身の心や体の動き、そして言動に基づく因果応報によって決められる世界に生まれ変わるという、仏教の経典的伝統にしっかりとした背景を有しているとはいえ、その意味表象は第一に、あるいは独占的にといってもよいくらいに、すぐれて近代的なものである。そのような、倫理的な宇宙論の教えの再解釈は、十九、二十世紀のある種の仏教の系統の変換に特徴的なものであった。それは、脱神話化の過程の一部であり、仏教の近代化・再活性化・再創造の主要なメカニズムの一つであり、心理学が仏教の近代的解釈において重要となっていく過程の一つでもあった。

影響力があったもう一つの仏教の心理学的再解釈は、仏教の瞑想が、精神分析のように意識の中に無意識の領域を切り開き、そうすることで個人は破壊的な習慣や抑圧された心の痛みから解放される、というものである。心理学者のエーリッヒ・フロムは、医学的症状の基礎にある無意識の領域を回復させることのみを追求する精神分析のやり方とは異なり、禅の瞑想は「無意識の完全なる再生」を目指すものであるとする（Suzuki, Fromm and De Martino 1960: p.139）。フロイトは、精神分析ができることは特定の症状について無意識的な基礎を明らかにすることによって神経症の症状をいくらか緩和させることができるにとどまると信じていたのに対し、フロムは、神経症の症状的治療を克服してあらゆる無意識の条件を一掃することを目指すものとして、また真に自由な個人を出現させるものとして、禅を捉えていた。ユングとフロムの影響下にあって、分析的な心理学の観点から見た瞑想との相互関連性は、西洋における一般大衆的な仏教論の中心的なテーマとなった。例えば、ダグラス・バーンズは、その著書『仏教の瞑想と深層心理学』において、伝統的な仏教における心の汚れ（klesas）を抑圧された感情と同一視し、自己洞察（vipassanā）をそれらの活性化と解釈する。

その精神医学的用法において、自己洞察は、かつては無意識の領域にあった感情や動機や価値に対する自覚を人々が獲得するということを意味する。罪責や恐怖や欲望や憎悪といった抑圧された感情は、我々の心の奥深くに隠れているものであり、それらを意識化するその時まで、無意識のうちにわれわれの生を形成する。そして、もし意識化されないとすれば、我々がそうした感情に対して適切に振る舞うことはできない。

（Burns 1994）

同様に、現代の精神科医マーク・エプスタインは、瞑想における「無批判的自覚」が、精神療法医の用いる自由連想法とよく似ていると見なしている。明らかにフロイトは、「これがまさに仏教の瞑想者たちが数千年の間行ってきた配慮ある態勢であることを知ることなく、独自の研究を進めたのだ」。エプスタインはこのように結論づけたのである（Epstein 1995: p.114）。こうした見解、また同様の見解に沿って、仏教と精神分析とを本質的に同じ活動の二側面に過ぎないと見なす現代の仏教論が大量に書かれ、前者は後者のより急進的で徹底されたバージョンであると目された。二十世紀半ばにおける仏教と心理学とのこうした取り合わせは、心理学の理論や治療実践に仏教を持ち込むような現代の文献がおびただしく登場する道を、拓くものであった。

四　瞑想と近代

仏教に関する近代的な解釈は、その当初から、瞑想をその中心に据えて強調してきた。瞑想は常に、啓蒙において本質的なものだと考えられてきたが、歴史的に見て、それを真剣に考えてきた仏教者はごく少数であった。多くの仏教文化においては、瞑想は、しばしば森林寺院や洞窟に暮らすような、実践に特化した出家者に関わる範疇のものと考えられてきた。その他の出家者、例えば学問や儀式儀礼に特化した者たちは通常、瞑想を行うことはなく、在家者においてはそうした実践はさらに稀なものであった。

しかしながら、近代主義者による仏教再生運動は、瞑想の実践を甦らせ、より根底的なところでは、在家者の実践としてその普及を促進した。修道院でも伝統的寺院でもない、在家者のための瞑想センターは、十九世紀半ばのスリランカや東南アジアにはじめて登場し、現在は全世界に数多く存在する。今日では、西洋のみならずアジアでも、キリスト教徒・ユダヤ教徒・ヒンドゥー教徒や世俗的な人々まで含む仏教への共鳴者はいうに及ばず、出家していない仏教徒までが、様々な形態の瞑想やマインドフルネス技法を実践している。世界の多くの仏教徒の実践が今もなお主としては、倫理的な戒律に従い、カルマ的な功徳を得るための儀式を遂行することから成るいっぽうで、教育を受けた中間層の男女において現在、瞑想を自身の仏教的な実践の本質と捉える人が増加している。現代の仏法の教師は、自覚や憐憫の情・心の平安の増進のため、またさらにはその他の信仰の実践力を高めるためといったことさえ含む様々な理由に基づく瞑想やマインドフルネスを実践するために、様々な背景を持つ人々を日常的に招いている。と同時にそうした実践は、仏教自体の枠を越えて、キリスト教やユダヤ教はいうに及ばず、心理学や医学やヘルスクラブといったところでも採用されている。瞑想を専門とする僧侶にとってこの実践は、輪廻を克服し、仏陀となるための手段である。だがこの、より広範な人々の間で民主化され、世俗化された瞑想は、多くの異なる機能を抱え込むようになっている。それは例えば、ストレスの軽減であったり、至高体験に到達するための試みであったり、病気に伴う苦痛の緩和であったり、心理学的トラウマの克服であったり、労働の効率化であったり、家族や同僚との関係改善のための同情心の養成であったりする。

ある種の特徴的な近代仏教の運動は、伝統的な仏教制度と自由な形式のスピリチュアリティとの間の、一種の境界領域を占めている。例えば、内観もしくはヴィパッサナー運動と呼ばれるものは、ビルマ（ミャンマー）・タイ・スリランカの上座部仏教から出てきたのであるが、僧院への制度的な加入やその権威の構造からは相当程度に独立している。この運動においては、上座部仏教には必須の儀式や典礼や積善といった要素なくして、瞑想が提示されている。ビルマやその他の東南アジアの師について学んだジョセフ・ゴールドスタイン、ジャック・コーンフィールド、シャロン・サルツバーグのようなアメリカ人は、とりわけ北アメリカにおいてヴィパッサナーを大衆的なものとした。アメリカのヴィパッサナー運動は、アジアの制度からはかなり独立的であり、教師を認証する公的な組織もないままに運動を行っている。この点については、ヴィパッサナーの教師にして研究者でもあるギル・フロンスダルが、「本質的に開かれており、不定形で、任意に定義される」と述べているとおりである（Fronsdal 1998: p. 165）。しかし、積善や詠唱・儀式や信心といったものを超えた瞑想の役割のこの高まりはまたやはり、単に西洋の産物というわけではない。近代ヴィパッサナー運動の創設者の中でも重要人物の一人であるビルマの僧マハシ・サヤド（一九〇四―八二）は、近代の多くの瞑想教師のように、もっぱら瞑想の実践と覚醒という目標に焦点を当てており、儀式や出家制度の強調の度合はその分低かったのである。

五　瞑想と「心の科学」

瞑想を中心に据えたこと、そして心理学と手を結んだことは、仏教を、少なくとも仏教的な瞑想を、科学に近似した何か、あるいは科学的に研究されるべき何かとして理解しようとする試みの、近年における再度の活況への道筋を準備した。現場の宗教家や好意的な研究者は、瞑想と科学的方法論との類似性をしばしば主張してきた。ドイツ生まれの上座部仏教の僧侶であるニャーナポーニカ・セラ（旧名：ジークムント・フェニガー、一九〇一―九四）は、一九五四年、仏教的瞑想を「心の科学」として描き、「純粋な注意」の方法論について、科学者の方法論――「事物に対する先入観なき感受性、判断における主観性の縮減、事実に対する注意深い吟味がなされるまで判断を保留すること」――と本質的には同じものであると述べた。仏教的な瞑想が、「事実の解釈」や「心に対する思弁的な知識」を超えて、心それ自体を考察しようとする試みであるにもかかわらず、これは「学術研究に従事する者の真の精神」である、と彼は主張したのである（Nyanaponika 1954: p. 42）。

現代のヴィパッサナー瞑想の教師であるサティア・ナラヤン・ゴエンカは、自己洞察的な瞑想を、意識を探求する科学的な方法論だと述べ、仏陀は「宗教」の創始者ではなく、西洋の科学者や心理学者によって近年ようやく見出されるに至った真理に先行して、心の真理を発見した内面の探求者であった、と主張している（Goenka 2007）。このアプローチに従えば、科学と仏教はともに、それぞれの探求の領域において真理を打ち立てるための実験的な手段である、ということになる。同様に、アラン・ウォレスは、次のように主張している。「心や意識の本質に向かう仏教的な自己洞察は、その言葉の科学的な意味において純粋な発見であると言える。すなわちそれは、十分な事前トレーニングを受けた有能な研究者であれば誰でも模倣することができるものなのである」（Wallace 2003: pp. 8-9）。科学的実験と同様、「直接的経験」から導き出される発見や、そうした発見に基づく主張は、「報告された発見の価値や欠陥を議論しようとする同じ黙想者によるピア・レビューを受けることになるのである」（ibid.: p. 9）。

これらの主張、もう少し一般的な表現でいえば「仏教と科学との間で同盟を結ぶ」という試みは、いくつかの方面――科学者・宗教学者そして他ならぬ仏教徒自身――から、懐疑の目に晒されたが、それ自体を科学的だと主張しないまでも、科学者の手で生産的に研究されるべき対象として、瞑想を科学的に研究するという動きは、この数十年で爆発的に増加している。こうした研究は、脳や中枢神経に対する瞑想の影響について、最先端の技術を用いるに至っている。例えば、最近の研究は、注意力や知覚的敏感性、不安、感情的状態の調整、ストレスを生む刺激への神経生理学的反応、免疫機能、中枢神経の活動、そして特殊な神経病の構造などに対する瞑想の効果を、査定するまでに至っている。神経科学者は、神経可塑性——感情や行動や知覚を変える新たな神経細胞や細胞同士の連結——を生み出す脳の能力について調査を進めるために、また注意力や知覚情報の処理過程について研究するために、瞑想を用いている。ハーバード大学メディカルスクールの研究者は、瞑想は免疫機能を増進し、心臓病の回復を助け、慢性の痛みを軽減すると主張している。さらに、ある研究では、瞑想が抑鬱や不安を減じ、ストレスを生むホルモンの過剰分泌を抑えうるという示唆が与えられている。様々な仏教的瞑想はまた、幸福や安寧の感情、そして憎しみや怒りのようなネガティブな感情の減少といったことに関わる領域に関係する脳の活動に連動していると考えられている。

伝統の上に立った、仏教と科学との間での現代におけるこの対話が、果たして何をもたらすのかは定かではない。高等教育を受けたグローバルなエリート層の間では、仏教の地位は確かに向上した。しかしながら、仏教徒の技法や自己洞察についての科学的「検証」を過度に強調することが、幸福やストレス軽減や心の健康に関する近代的モデルに適合させられることによって、仏教の実践や信仰の豊かな多様性が損なわれることにつながるのではないか、と懸念を示す者も存在する。またある者は、仏教が幸福のための単なる科学的技術にとどまらず、仏教を科学に適合させることに熱中している間には無視されがちであった社会的・倫理的・哲学的思考を含むこと、また瞑想が近代的心理学や生理学の健康モデルに適合することに、より総合的な関心を見せている（Lopez 2008, Verhoeven 2001;

McMahan 2008)。

六　仏教モダニズムと複数のモダニズム

様々な仏教的伝統と西洋近代との邂逅から生み出された特定の仏教解釈を示す例は、この他にも数多い。一九六〇年代、ベトナム戦争中にはじまり、この数十年の間に大きく成長した世界的運動である社会参加仏教は、その一つである。これは、個人レベルにとどまらず、より広い組織レベルで苦しみを和らげる方向性を有する、社会的・政治的な積極行動主義を取り入れ、非暴力主義的抵抗や平和的抗議活動といった近代に根ざした技術だけでなく、人権・平等主義・個人の自由・民主主義といった近代的な社会・政治理論の用語を採用している。またさらに、環境問題についても数多の仏教徒の間では世界的な影響力を持つ言説が共有されており、それらはいずれも現代の環境問題における相互依存やあらゆる生命への憐憫の情といった概念に適合的なものである。

こうした発展形はすべて、西洋近代を吹き込まれた仏教のハイブリッドな形態である。しかしそれらの形態は、単なる西洋への適応としてのみ、理解されるべきではない。我々が見てきたように、こうした発展形の中には、特定の西洋近代の概念や実践を、近代性の主要な特徴、例えば西洋の帝国主義や物質万能主義を批判する道具として、選択的に採用したものもある。場合によっては、仏教徒たちは西洋近代によって規定される条件や術語の制限をかなりの程度受けてきた。だが、また別の時には、明らかに仏教自体の特定の目的に沿って、そうしたものが含む要素を用いてきた。さらに、我々はこれまで、仏教モダニズムの理解の鍵となるある特徴──合理主義の協調・創造性・行動主義そして女性や在家者の参加の増加──について概観してきたが、あらゆる仏教モダニズムがそのようなものであると考えるべきではない。これらの題目は、しばしば特定の仏教コミュニティや研究学派において、独自のやり方で採用されているのであり、ある者たちがこうしたもののどれかを採用したからといって、他の者たちもそうであるとはいえないのである。したがって、スリランカにおける仏教の近代的形態は、ニューヨークやインドにおけるチベット仏教のそれとは異なって見えるのである。ある理論家によれば、近代性それ自体が、文化的・物質的・政治的な近代性のリソースを選択的に利用し、変容させて地域化する異なる文化のもとにおいて多彩なものであるように、様々な概念や実践や技法を仏教が採用するやり方も、それぞれの所与の条件に応じて多様でありうるのである。

例えば、人々が属するネイションとの関係や、その国家が正統性の決定や宗教の形成において果たす役割などは、仏教がある形態をとるのにおいて、かなりの影響を与えてきた。例えば、宗教に関する国家的禁制が緩和された結果として中国で発展しつつある近代主義的仏教は、明らかに近代についての中国的様式を反映している。それは、国家の影響力によって形作られ、左右されるとともに、西洋的な仏教近代主義と比較すれば個人主義への言及は少ない。エスニシティをいかに解釈するかという問題は、特定の仏教コミュニティが近代的要素をどのように選択的に採用しているかという点が大きく影響を与える。例を挙げれば、中国の報道機関は、チベット仏教は「民族」文化の一部として描き出すいっぽうで、中国の仏教を合理主義的な線に沿って言及する傾向にある。宗教の管理において強い指導的役割を国家が持っている国でのそうした類別化には、その所与の条件からはじまる因果関係がある。

特定の場所において独自色を見せる仏教の近代的形態の中からもう一つ例を挙げるとすれば、シンハラ人の仏教ネイションの（再）創造を基盤としてスリランカにおいて繰り返し現れる、より民族中心主義的な仏教ナショナリズムであろう。よりコスモポリタン的な仏教モダニズムとは対照的に、この仏教は、グローバリゼーションや国際的な影響力を堕落として激しく批判し、伝統を強調する。にもかかわらず、それはまた仏教を精神において科学的なものとして解釈するという、先に見た傾向に近く、近代技術を親しく用いて、自らの教えを広めている。

　こうした例はすべて、我々が仏教モダニズムをあまりにも狭く定義することや、近代と「伝統」との間に固定的な区別を想定することに注意深くあるべきだということを示唆している。近代社会と同様に、近代仏教もまた多様でありかつ複合的なのであり、また必ずしも特定の特徴を共有せずとも、家族的類似を有しているのである。

注

（1）筆者は、「出家者」という言葉を「（男性の）僧」と「尼僧」の両方を指すものとして用いている。より正確にいえば、「サンガ（僧団）」という言葉は、在家的な実践者たちや非公式的な瞑想グループすら含めるまでに拡張されて用いられている。

さらに詳しく知りたい人のために

Bechert, H., 'Buddhistic modernism: present situation and current trends,' in *Buddhism into the Year 2000: International Conference Proceedings*, pp. 251-260, Bangkok: Dhammakaya Foundation, 1994.
Gombrich, R. and Obeyesekere, G., *Buddhism Transformed: Religious Change in Sri Lanka*, Princeton, NJ: Princeton University Press, 1988.
Lopez, D. S., Jr., ed., *A Modern Buddhist Bible: Essential Readings from East and West*, Boston, MA: Beacon Press, 2002.
McMahan, D., *The Making of Buddhist Modernism*, New York, NY: Oxford University Press, 2008.
Prothero, S., *The White Buddhist: The Asian Odyssey of Henry Steel Olcott*, Bloomington and Indianapolis: Indiana University Press, 1996.
Snodgrass, J., *Presenting Japanese Buddhism to the West: Orientalism, Occidentalism, and the Columbian Exposition*,

Chapel Hill, NC: University of North Carolina Press, 2003.

参考文献

Baas, Jacquelynn and Mary Jane Jacob, eds,, *Buddha Mind in Contemporary Art*, Berkeley, CA: University of California Press, 2004.

Burns, D. M., *Buddhist Meditation and Depth Psychology*, The Wheel Publication No. 88/89, Kandy: Buddhist Publication Society, 1994. Online: available at http://accesstoinsight.org/lib/authors/burns/wheel088.html

Carus, P., *Buddhism and its Christian Crisis*, Chicago, IL: Open Court, 1897.

Dharmapāla, A., *Return to Righteousness: A Collection of Speeches, Essays and Letters of the Anagārika Dharmapāla*, Ceylon: Government Press, 1965.

Epstein, M., *Thoughts without a Thinker: Psychotherapy from a Buddhist Perspective*, New York, NY: Basic Books, 1995.

Fronsdal, G, 'Insight meditation in the United States: life, liberty, and the pursuit of happiness,' in C. Prebish and K. Tanaka, eds, *The Faces of Buddhism in America*, 163–80, Berkeley CA: University of California Press, 1998.

Goenka, S. N., 'The art of living: vipassana meditation.' Online, available at http://www.dhamma.org/en/art.shtml, February 24, 2007.

Jung, C. G., 'Psychological commentary,' in W. Y. Evans-Wentz, *The Tibetan Book of the Dead, or, The After-death Experiences on the Bardo Plane, According to Lama Kazi Dawa-Samdup's English Rendering*, pp. xxxv-lii, Oxford: Oxford University Press, 1960.

Lopez, D. S., Jr., ed., *A Modern Buddhist Bible: Essential Readingd from East and West*, Boston, MA: Beacon Press, 2002.

Lopez, D. S., Jr., *Buddhism and Science: A Guide for the Perplexed*, Chicago, IL: University of Chicago Press, 2008.

McMahan, D., *The Making of Buddhist Modernism*, New York, NY: Oxford University Press, 2008.

Nyanaponika Thera, *The Heart of Buddhist Meditation*, Kandy: Buddhist Meditation Society, 1954.

Sangharakshita, *The Religion of Art*, Glasgow UK: Windhorse Publications, 1973.

Snodgrass, J., *Presenting Japanese Buddhism to the West: Orientalism, Occidentalism, and the Columbian Exposition*. Chapel Hill. NC: University of North Carolina Press, 2003.

Strauss, C. T., *The Buddha and His Doctrine*. Port Washington, NY: Kennikat Press, 1922.

Suzuki, D. T., *Essays in Zen Buddhism*（First series）. New York, NY: Grove Press, 1949.

— *Zen and Japanese Culture*. Princeton, NJ: Princeton University Press, 1959.

Suzuki, D. T., Fromm, E. and De Martino, R., eds., *Zen Buddhism and Psychoanalysis*, New York, NY: Grove Press, 1960.

Trungpa, C., *The Myth of Freedom and the Way of Meditation*, Boston, MA: Shambhala, 1976.

Verhoeven, M., 'Buddhism and science: probing the boundaries of faith and reason.' *Religion East and West* 1:, 2001, pp.77–97.

Wallace, B. A., 'Introduction: Buddhism and science - breaking down the barriers,' in B. A. Wallace, ed., *Buddhism and Science: Breaking New Ground*, New York, NY: Columbia University Press, 2003.

＊

David L. McMahan, "Buddhist Modernism," in *Buddhism in the Modern World*, ed. by David L. McMahan, Routledge, 2012, pp. 160–176. から、論文末の Summary, Discussion questions を除く全文。

あとがき

日本仏教史において、これまで膨大な研究が古代、中世の仏教史の解明に捧げられてきたことは、言うまでもないことであろう。とりわけ鎌倉新仏教に関する研究は、教理研究においても歴史研究においても、汗牛充棟の数にのぼる。それと比べてみると、近世、近代をあつかった仏教史では、その絶対量は少なかった。さらにいうと近代仏教の研究は、近世仏教の研究よりも、いっそう後れをとったようにも見える。一つの大きな理由として、おもな仏教宗派の開祖は平安時代、鎌倉時代に生きた人物であったから、研究者も好んで開祖の教理や歴史的背景を探究してきたが、時代が下ると、関心が薄れてしまったことがある。つまり日本仏教史は、鎌倉時代という黄金期にピークをむかえて、しだいに衰微したというイメージが、漠然としてではあるが研究者の間でも共有されていた。

一九六〇年代以降、吉田久一、柏原祐泉、池田英俊は、近代仏教という、これまで不毛に見えた領野に鍬をいれ、種をまき、この研究領域をはじめて開拓した先覚者となった。研究史の回顧がなされるときに、常にこの三人の名前があげられる。それは彼らの先覚者としての研究史的な意義によるが、見方をかえると、三人しかプロパーの研究者は出なかったともいえる。こうした事態が大きく転換したのは、二〇〇〇年前後であった。近代仏教を対象にした書籍、論文がつぎつぎと刊行されたのである。それにより、斬新な視点が提供され、新資料の発掘もなされ、近代仏教は、一種のブームであると語られるようになった。

では、何が起こっているのであろうか。これまで王座にあった古代仏教、中世仏教の研究が求心力を失い、失速し、代わって近代仏教が浮上したと見ることもできよう。しかしこの見方は必ずしも正確ではない。これでは相手の失点で点を稼いだだけで、近代仏教そのものには積極的な価値や魅力はないことになる。そうではなく、近代仏教の価値や魅力が発見される過程があり、然るべき理由をもって近代仏教は、浮上したのである。ここではその二点の理由をあげてみよう。

第一に、古代、中世、近世の仏教史は、実は近代仏教の産物なのであるという認識が定着したこと。空海でも親鸞でもその実像は、歴史学者、仏教学者などの研究の累積の上に築かれたものであって、近代の創造物であることを否定しがたい。われわれの空海理解、親鸞理解は、まさに近代仏教の学知が生んだ歴史像なのである。近代仏教研究には、古代、中世、近世の仏教史を反省的に再検討する契機とそれを行う責務があると考えられる。日本仏教史像の反省的な再検討という課題が、近代仏教研究に与えられた責務と特権であることを自覚すること、そのことによって近代仏教研究に新しい意義が与えられた。古代、中世、近世の仏教史の専門家も、自分たちが使っている概念や枠組みがいつできたのかを内省しようとする場合、近代仏教へ目を向けざるをえない。逆説的ながら、近代仏教研究は、古代、中世、近世の仏教史研究者の潜在的な欲求に支えられているのである。本書の第1部、第4部は、われわれが自明にしている概念や枠組みを歴史的に相対化し、近代仏教研究の可能性を見せてくれる。

第二に、吉田ら三人の先駆的な研究を克服していく具体的な道筋が、しだいに見えてきたことがある。最も影響力のあった吉田の研究には、講座派歴史学、大塚久雄、丸山真男などの成果を吸収した近代主義的な価値観があり、それゆえに当時において研究史上の意義は大きかったが、今となっては限界も露《あら》わになってきた。それは、仏教教団は、権力に服従した「御用宗教化」し封建的な体質を温存していたため、権力を批判的に対峙できたのは、清沢満之の個人化した信仰のみであったという見方を導いた。このような価値観のもとでの歴史像では、清沢や新仏教運動だけが高く評価されて、それ以外の人や組織が積極的な関心の対象にならないという難点はあった。その難点は、研究対象の幅を狭めたというだけでなく、吉田らが依拠していた近代主義的な「近代」観が無効になったところから来ている。第3部の総論で取り上げられている「帝国主義近代」「植民地近代」の認識は、近代主義的な「近代」観を克服し、次のステージを提示する。これと関連して、トランスナショナルな交流という視点も、近年の研究の特徴になっている。近代仏教がトランスナショナルに生成し、ハイブリッドの面をもつことに注目することは、国民国家論やナショナリズムの形成で「近代」を語る方法を相対化し、風穴をあける衝撃力をもつであろう。第2部の論文は、こうした流動的な「近代」のありかたを示唆する。

本書は、「はじめに」に紹介されているように、国際日本文化研究センターにおける共同研究「仏教からみた前近代と近代」（代表、末木文美士）と、その最後を飾った二〇一一年十月の国際研究集会をもとにしている。国際研究集会に参加した一人として、私の率直な感想は、国籍は違っていても、同じテーマへの興味を共有できれば、言葉の壁を越えて、幅広く議論を深めることができるということであった。共同研究や国際研究集会における活発な議論や情熱が、本書を通じて読者に伝わることができれば、望外の幸いである。

最後になったが、出版を引き受けていただいた法藏館と、編集を担当された戸城三千代氏に篤く感謝申し上げる。

二〇一四年　一月

林　淳

◆執筆者・原著者・翻訳者略歴（五十音順）

大谷栄一（おおたに　えいいち）
一九六八年生まれ。専攻は宗教社会学。佛教大学准教授。主な著書・論文に『近代日本の日蓮主義運動』（法藏館）、『近代仏教という視座――戦争・アジア・社会主義』（ぺりかん社）、「アジアの仏教ナショナリズムの比較分析」（末木文美士編『国際研究集会報告書第41　近代と仏教』国際日本文化研究センター）ほか。

金　泰勲（きむ　てふん）
一九七四年生まれ。専攻は近代日韓宗教史。立命館大学文学部講師。主な論文に、「一九一〇年前後における「宗教」概念の行方――帝国史の観点から」（『植民地朝鮮と宗教――帝国史・国家神道・固有信仰』三元社）、「唯一神概念をめぐる知の競争――赤松智城の再評価をめぐって」（『SAI（間）』一二）ほか。

クラウタウ、オリオン（Klautau, Orion）
一九八〇年生まれ。専攻は宗教史学（近代日本仏教）。ハイデルベルク大学研究員。主な著書・論文に『近代日本思想としての仏教史学』（法藏館）、"Against the Ghosts of Recent Past: Meiji Scholarship and the Discourse on Edo Period Buddhist Decadence"*Japanese Journal of Religious Studies*, 35/2、「十五年戦争期における宮本正尊と日本仏教」（『近代仏教』一九）ほか。

キング、サリー（King, Sallie B.）
米国ジェームズ・マディスン大学教授。テンプル大学にてPh.D.取得。研究分野は社会参加仏教（Engaged Buddhism）、宗教間対話、異文化宗教哲学、女性と宗教。著書 *Being Benevolence: The Social Ethics of Engaged Buddhism*、*Socially Engaged Buddhism* など。

シッケタンツ、エリック（Schicketanz, Erik）
一九七四年生まれ。専攻は近代日本宗教史・近代中国宗教史。東京大学死生学・応用倫理センター特任研究員。主な論文に"Wang Hongyuan and the Import of Japanese Esoteric Buddhism to China during the Republican Period"（Tansen Sen（ed.）, Buddhism Across Asia: Networks of Material, Intellectual and Cultural Exchange, Vol.1, Institute of South East Asian Studies, Singapore, pp. 323-347）ほか。

島津恵正（しまづ　えしょう）
一九五三年生まれ。専攻は宗教学。京都府立亀岡高等学校図書館司書。主な訳書・論文に、ケネス田中『真宗入門』（法藏館）、「三業惑乱研究序説」（『仏教と人間社会の研究』永田文昌堂、五七一—九九頁）、「慧能の六祖継承と三業惑乱」（『禅とその周辺学の研究』永田文昌堂、五九九—六二〇頁）。

末木文美士（すえき　ふみひこ）
一九四九年生まれ。専攻は仏教学、日本思想史。国際日本文化研究センター教授、東京大学名誉教授。博士（文学）。主な著書に、『浄土思想論』（トランスビュー）、『他者・死者たちの近代』（トランスビュー）、『鎌倉仏教形成論』（法藏館）ほか。

ジャフィ、リチャード（Jaffee, Richard M.）
米国デューク大学准教授。イェール大学にてPh.D.取得。研究分野は日本仏教、特に仏教と近代。著書：*Neither Monk nor Layman*. 邦訳論文に「釈尊を探して」（『思想』九四三）など。

スノドグラス、ジュディス（Snodgrass, Judith）
ウエスタン・シドニー大学准教授。Japanese Studies（Taylor and Francis）編集長。シドニー大学でPh. D. を取得。専門はアジアにおける仏教と近代について。論文"Performing Buddhist Modernity: The Lumbini Festival, Tokyo 1925"や"Exhibiting Meiji Modernity"など。

高橋　原（たかはし　はら）
一九六九年生まれ。専攻は宗教学。東北大学准教授。主な著書・論文に『ユングの宗教論』（専修大学出版局）、「臨床宗教師の可能性」（『現代宗教2013』国際宗教研究所）ほか。

田中　悟（たなか　さとる）
一九七〇年生まれ。専攻は政治学、宗教学。神戸大学特命助教。主な著書・論文に『会津という神話——〈二つの戦後〉をめぐる〈死者の政治学〉』（ミネルヴァ書房）、「関係論としての「国家神道」論」（『宗教研究』三六〇）、「現代韓国における「死者の政治学」」（『北東アジア研究』一八・一九合併号）ほか。

ツイード、トマス（Tweed, Thomas A.）
ノートルダム大学アメリカ学教授。アメリカ宗教学会副会長（二〇一二年）。スタンフォード大学でPh. D. を取得。専門はアメリカ宗教史、仏教とキューバ移民の宗教を研究。著書は *Our Lady of the Exile* や *Crossing and Dwelling* など。

西村　玲（にしむら　りょう）
一九七二年生まれ。専攻は日本思想史、東アジア仏教思想。公益財団法人中村元東方研究所専任研究員。主な著書・論文に、『近世仏教思想の独創——僧侶普寂の思想と実践』（トランスビュー）、「近世仏教論」（『日本思想史講座三——近世』ぺりかん社）、「須弥山と地球説」（『岩波講座日本の思想　第四巻　自然と人為』岩波書店）、「慧命の回路——明末・雲棲袾宏の不殺生思想」（『宗教研究』三七四）ほか。

新田智通（にった　ともみち）
一九七一年生まれ。専攻はインド仏教学。大谷大学文学部仏教学科講師。主な著書・論文に『原始仏典Ⅱ　相応部経典　第四巻』（春秋社、共訳）、「大乗の仏の淵源」（『シリーズ大乗仏教　第五巻　仏と浄土——大乗仏典Ⅱ』春秋社）、「仏身の無漏性・有漏性について」（『仏教学セミナー』第九五号）ほか。

長谷川琢哉（はせがわ　たくや）
一九七五年生まれ。大谷大学非常勤講師。専攻は宗教学、宗教哲学。主な訳書・論文として「円了と哲次郎——第二次「教育と宗教の衝突」論争を中心として」（『井上円了センター年報』第二二号）、ジャン・ルフラン著『一九世紀フランス哲学』（共訳、白水社）ほか。

林　淳（はやし　まこと）
一九五三年生まれ。専攻は宗教史・日本宗教史。愛知学院大学教授。主な著書・論文に『近世陰陽道の研究』（吉川弘文館）、『天文方と陰陽道』（山川出版社）、「宗教系大学と宗教学」（『季刊日本思想史』七二）、「暦と天文」（『岩波講座　日本の思想　第四巻　自然と人為』）ほか。

堀　雅彦（ほり　まさひこ）
一九六七年生まれ。専攻は宗教学・宗教哲学。北星学園大学ほか非常勤講師。主な著書に、鶴岡賀雄、深澤英隆編『スピリチュアリティの宗教史・上巻』（共著、リトン社）、櫻井義秀、三木英編『よくわかる宗教社会学』（共著、ミネルヴァ書房）ほか。

前川健一（まえがわ　けんいち）
一九六八年生まれ。専攻は日本仏教思想史・生命倫理学。公益財団法人東洋哲学研究所研究員。主な著書・論文に『明恵の思想史的研究』（法藏館）、『新アジア仏教史一二　躍動する中世仏教』（共著、佼成出版社）、「『叡山大師伝』の成立と仁忠」（『印度学仏教学研究』六一巻二号）ほか。

マクマハン、デヴィッド（McMahan, David L.）
米国フランクリン・アンド・マーシャル大学教授。カリフォルニア大学サンタバーバラ校にて Ph.D.取得。研究分野は、仏教とモダニズム、南アジア仏教。著書 *The Making of Buddhist Modernism* 編著 *Buddhism in the Modern World* など。

吉永進一（よしなが　しんいち）
一九五七年生まれ。専攻は宗教学、秘教思想史。舞鶴高専准教授。主な論文に "After Olcott left: Theosophy and 'New Buddhists' at the Turn of the Century" *The Eastern Buddhist*, Vol. 43, nos. 1&2, 2012,「太霊と国家——太霊道における国家観の意味」（『人体科学』一七巻一号、二〇〇八年）ほか。

梁　明霞（Liang Mingxia）
一九八〇年生まれ。専攻は仏教学・近代日本仏教史。中国華南師範大学外国語言語文化学院講師。主な論文に「中国近代仏教における新仏教運動の影響——『海潮音』、『南瀛仏教』を中心に」（『東アジア仏教研究』第八号）、「日露戦争日本宗教界的戦争観——以『新仏教』、『六合雑誌』為中心」（『日本学』第一六輯）。

ロペス、ドナルド（Lopez Jr., Donald S.）
ミシガン大学アジア言語文化学部教授。一九八二年にヴァージニア大学で Ph.D.を取得。専門は、仏教学、チベット学。著書として、*Prisoners of Shangri-La: Tibetan Buddhism and the West* や *Buddhism and Science: A Guide for the Perplexed* など多数ある。

日文研叢書

ブッダの変貌――交錯する近代仏教――

二〇一四年三月三一日　初版第一刷発行

編　者　末木文美士
　　　　林　淳
　　　　吉永進一
　　　　大谷栄一

発行者　西村明高

発行所　株式会社　法藏館
　京都市下京区正面通烏丸東入
　郵便番号　六〇〇-八一五三
　電話　〇七五-三四三-〇〇三〇（編集）
　　　　〇七五-三四三-五六五六（営業）

装幀者　高麗隆彦

印刷・製本　亜細亜印刷株式会社

ISBN 978-4-8318-6226-6 C3021

人名索引

・本文中に登場する近代仏教に関する主要な人物を、五十音順で収載した。
・配列は、姓（ファミリーネーム）の順に従い、同姓の場合は名（ファーストネーム）の順に従った。
・「人名解説」に収載した人物については、＊を付した。

あ行——

か行——

さ行——

た行——

な行——

は行——

ま行——

や行——

ら行——

わ行——

人名解説

アーノルド、エドウィン（Arnold, Edwin）：1832～1904。イギリスの新聞記者、仏教学者、詩人。『デイリー・テレグラフ』紙編集長を務める。釈迦を描いた叙事詩『アジアの光』によって、欧米世界に仏教を広く紹介した。

芦津実全（Ashizu, Jitsuzen）：1850～1921。天台宗明王院にて出家。シカゴの万国宗教会議に天台宗僧侶を代表して参加する。後に臨済宗に移り、永源寺派管長を務めた。

アナンダ・メッテイヤ（本名、ベネット、チャールズ・アラン）（Metteyya, Ananda）：1872～1923。神智学協会、実践魔術教団「黄金の曙」に参加の後、スリランカで仏教徒となる。ビルマ（ミャンマー）に国際仏教協会を設立して英字仏教誌を発行、その後ロンドンで仏教誌の発行に協力し、仏教の国際伝道に貢献した。

姉崎正治（Anesaki, Masaharu）：1873～1949。東京帝国大学宗教学講座の初代教授として、日本における実証的な宗教学の礎を築く。また貴族院議員などの政治的要職を歴任しつつ、嘲風という号で言論界でも活躍した。

アリヤラトネ、アハンガマ・チューダー（Ariyaratne, Ahangamage Tudor）：1931～。スリランカの仏教徒。世界から飢餓・病気・無知・争いをなくすことを目指した農村開発運動である、サルボダヤ・シュラマダーナ運動を始める。

アンベードカル、ビームラーオ・ラームジー（Ambedkar, Bhimrao Ramji）：1891～1956。インドの政治家、思想家。インド初代法務大臣を務める。カースト制度廃止を目標に集団でヒンドゥー教から仏教徒に改宗し、仏教復興運動の端緒を開いた。

井上円了（Inoue, Enryō）：1858～1919。東洋大学の前身となる哲学館の創始者。「護国愛理」を掲げ、仏教の哲学的な護教論を展開した。また迷信打破を目的とする妖怪学などを通じ、民衆の啓蒙活動も広く行った。

印順（Yinshun）：1906～2005。中国の僧侶、仏教学者。閩南仏学院で学び、後にそこで教鞭をとる。太虚のあとを受けて人間仏教思想を提唱し、また師である太虚の全集編纂なども行った。

エドキンズ、ジョセフ（Edkins, Joseph）：1823～1905。イギリスのプロテスタント宣教師、中国学者。中国に長期間滞在し、中国語および中国文化、とりわけ仏教に通じた。中国名は艾约瑟。

欧陽竟無（Ouyang, Jingwu）：1871～1943。中国の著名な居士、仏教学者。仏教学校である支那内学院を創設して仏典研究と仏典整理を行い、仏教

教育にも尽力した。

大内青巒(Ōuchi, Seiran):1845〜1918。仏教学者、思想家。『明教新誌』などを通して、明治中期の仏教啓蒙運動を牽引した。また島地黙雷らと共に「尊皇奉仏大同団」を結成し、仏教にもとづく政治活動も行った。

小栗栖香頂(Ogurusu, Kōchō):1831〜1905。真宗大谷派の僧侶。東本願寺上海別院を設立して、日本仏教の中国開教のさきがけとなる。また、中国の楊仁山との間で浄土教論争を行ったことでも知られている。

オルコット、ヘンリー・スティール(Olcott, Henry Steel):1832〜1907。神智学協会の創始者の一人で、初代会長。スリランカでブラヴァツキーと共に受戒し、スリランカ、ビルマ(ミャンマー)の仏教復興に大きな貢献をはたした。

木村泰賢(Kimura, Taiken):1881〜1930。曹洞宗の僧侶、仏教学者。東京帝国大学印度哲学科において高楠順次郎のもとで学び、後に同大学教授となる。主著に『阿毘達磨論の研究』、『印度六派哲学』などがある。

清沢満之(Kiyozawa, Manshi):1863〜1903。真宗大谷派僧侶、哲学者。東京大学哲学科に学び、仏教的な宗教哲学を構築する。本山改革運動とその挫折を経て、近代的仏教信仰の確立をめざす「精神主義」を主導した。

ケーラス、ポール(Carus, Paul):1852〜1919。ドイツ系アメリカ人思想家、著述家。宗教、哲学、科学を広く扱うオープンコート出版社の編集長を務める。鈴木大拙や釈宗演らと交わり、仏教のアメリカ紹介に貢献した。

境野黄洋(本名、哲)(Sakaino, Kōyō):1871〜1933。仏教学者、仏教運動家。哲学館に学び、村上専精らと共に『仏教史林』を発刊。また、「仏教清徒同志会」(後に新仏教徒同志会)の設立メンバーとして、「新仏教」運動の中心人物の一人となる。

シネット、アルフレッド・パーシー(Sinnett, Alfred Percy):1840〜1921。ジャーナリスト、神智学協会会員。インドにおけるブラヴァツキーの活動をヨーロッパに伝えるなど、著述活動によって神智学を広める役割を担った。

島地黙雷(Shimaji, Mokurai):1838〜1911。浄土真宗本願寺派僧侶。本山に派遣されヨーロッパの宗教視察を行い、帰国後は政教分離・信教自由論を展開した。明治期の開明的な仏教運動の主導者。

釈雲照(Shaku, Unshō):1827〜1909。真言宗僧侶。維新期の廃仏毀釈の中で、仏教復興のために戒律主義を唱える。明治中期には十善会を結成し、実践的な仏教の布教に努めた。

釈宗演(Shaku, Sōen):1860〜1919。臨済宗僧侶。慶應義塾に学び、スリ

ランカに留学。臨済宗円覚寺派管長。シカゴの万国宗教会議に参加し、アメリカに禅を紹介。その後、再度渡米し、アメリカに禅を伝える。

ジョーンズ、ウィリアム（Jones, William）：1746～94。言語学者、弁護士。サンスクリット語とヨーロッパ諸語との間に共通の起源がある可能性を示し、インド・ヨーロッパ語族比較言語学の嚆矢となる。

鈴木大拙（本名、貞太郎）（Suzuki, Daisetsu）：1870～1966。仏教学者、居士。今北洪川、釈宗演に禅を学ぶ。アメリカでポール・ケーラスのもとで働き、仏教についての著作を数多く発表した。仏教を世界に紹介することに多大な貢献をはたす。

ストラウス、カール・セオドア（Strauss, Carl Theodor）：1852～1937。ダルマパーラから居士戒を受けたスイス系アメリカ人。大菩提会会員として、『ブッダとその教え』を出版。仏教の合理性や倫理性を主張して、仏教信仰の擁護に努めた。

スラック・シワラック（Sulak, Sivaraksa）：1933～。タイの環境・平和運動家。エンゲージド・ブッディズムを提唱し、多くのNGOや社会的企業を組織しながら、仏教的な観点から社会平和や環境問題に取り組んでいる。

ダーサ、フィランジ（本名、ベッターリング、ハーマン・カール）（Dasa, Philangi）（Vetterling, Herman Carl）：1849～1931。仏教、神智学、スウェーデンボルグ主義を融合した独自の宗教を提示した、アメリカ人の秘教主義的仏教徒。アメリカ最初の仏教雑誌『ブッディスト・レイ』を創刊。

太虚（Taixu）：1890～1947。近代中国における仏教改革の指導者であり、武昌仏学院を設立して人材育成に取り組んだ。また、世界の仏教徒の協力をはかる「世界仏教連合会」を組織した。

高楠順次郎（Takakusu, Junjirō）：1866～1945。仏教学者。西本願寺の普通教校（現龍谷大学）に学び、在学中に『反省会雑誌』を刊行。英国でマックス・ミュラーのもとで学んだ後、東京帝国大学教授となる。渡辺海旭と共に『大正新脩大蔵経』の編纂責任者となる。

田中智学（本名、巴之助）（Tanaka, Chigaku）：1861～1939。在家仏教教団・国柱会の創始者。明治から昭和期にかけて、日蓮主義にもとづく仏教的な政教一致をめざし、政治活動や社会活動、芸術活動など、幅広く活動した在家仏教者。

ダライ・ラマ14世（The 14th Dalai Lama）：1935～。第14代ダライ・ラマであり、チベット君主であったが現在はインドに亡命中。チベット仏教の指導者として政治的・宗教的な影響力を持ち、1989年、ノーベル平和賞受賞。

ダルマパーラ、アナガーリカ

(Dharmapala, Anagarika):1864～1933。大菩提会(Mahabodhi Society)の創始者。スリランカの仏教復興に貢献し、仏陀一仏信仰にもとづく仏教改革運動と仏教ナショナリズム運動を展開した。

ティク・ナット・ハン(Thich, Nhat Hanh):1926～。ベトナム出身の禅僧、平和運動家、詩人。ベトナム戦争時には非暴力にもとづく反戦運動を行った。その後フランスに亡命し、仏教的な社会活動を行っている。

土宜法龍(Doki, Hōryū):1854～1923。真言宗僧侶、仏教学者。慶應義塾に学び、シカゴの万国宗教会議に日本仏教の代表の一人として参加。後に高野派管長となる。また南方熊楠との交流もよく知られている。

南条文雄(Nanjō, Bunyu):1849～1927。真宗大谷派僧侶、仏教学者。マックス・ミュラーのもとでサンスクリット語を学び、近代的な仏教研究の方法論を身につける。日本における仏教原典研究に先駆的な業績を残した。

ニャナティローカ(本名、ギュート、アントン)(Nyanatiloka)(Gueth, Anton):1876～1957。ドイツ人の仏教徒。最初は音楽家、後にスリランカに渡りテーラワーダ僧侶となり、アイランド・ハーミティジという国際的な僧院を開く。日本にも滞在し、渡辺海旭らと交流した。

能海寛(Noumi, Yutaka):1868～1903(?)。真宗大谷派僧侶、仏教学者。慶應義塾、哲学館などで学ぶ。チベット大蔵経の原典入手のために日本人ではじめてチベット潜入を試みた。

野口復堂(本名、善四郎)(Noguchi, Fukudō):1864?～?。教談家、英語教師。オルコットとダルマパーラの日本招聘に尽力する。またシカゴの万国宗教会議に参加して講演を行い、通訳も務めた。

原坦山(Hara, Tanzan):1819～92。曹洞宗僧侶、仏教学者。西洋の生理学や解剖学の学説と仏教の教えを融合し、「実験」をキーワードに仏教の近代化をはかった。また、東京大学で最初にインド哲学の講座を担当した。

韓龍雲(Han, Yong-un):1879～1944。朝鮮の僧侶、独立運動家、詩人。朝鮮仏教の改革を唱えて『朝鮮仏教維新論』を発表し、雑誌『惟心』を刊行する。また、朝鮮独立運動では仏教界を代表して積極的に行動した。

ビゲロー、ウィリアム・スタージス(Bigelow, William Sturgis):1850～1926。日本美術研究家。モースの講演をきっかけに来日。フェノロサとともに天台宗に改宗し、日本美術の収集を行った。アメリカに帰国後はボストン美術館理事を務める。

ビュルヌフ、ウジェーヌ(Burnouf, Eugène):1801～52。フランスの言語学者、東洋学者。サンスクリット、パーリ語、古代ペルシア語など、東

洋の諸言語に通じる。アベスター文献、サンスクリット文献の研究で名高い。

平井金三(Hirai, Kinza):1859～1916。英学者、教育家。京都に英語塾「オリエンタル・ホール」を開く。オルコット招聘など仏教界で活躍。シカゴの万国宗教会議に参加し日本仏教を世界にアピールする。一時はユニテリアン運動に参加。

ブッダダーサ比丘(Buddhadasa, Bhikkhu):1906～93。タイ人の僧侶。タイ語ではプッタタート。現代タイ仏教最大の改革者であり、生活に根づいた修行の実践を説く。また仏教にもとづいた社会改革運動も行った。

ブラヴァツキー、ヘレナ・ペトロヴナ(Blavatsky, Helena Petrovna):1831～91。神智学を創唱し、オルコットと共に神智学協会を設立。近代オカルティズムの始祖的人物で、仏教をはじめとする東洋思想を称揚した。

古河老川(本名、勇)(Furukawa, Rōsen):1871～99。浄土真宗本願寺派僧侶、仏教活動家。仏教雑誌『仏教』の主筆として仏教界に改革的な意見を吹き込んだ。反省会や仏教青年会にも関わり、「新仏教」運動のさきがけとなる。

許永鎬(Heo, Young-ho):1900～52。朝鮮の僧侶。独立運動に僧侶として積極的に参加した。大正大学に留学し、帰国後は朝鮮の仏教界で活躍する。雑誌『仏教』の編集および発行人も務めた。

水野梅暁(Mizuno, Baigyō):1877～1949。曹洞宗僧侶で後に浄土真宗本願寺派に移る。雑誌『支那時報』を創刊し、東亜仏教大会を開催。また湖南省で僧学堂を開いて仏教の研究と普及に努め、日中仏教の交流に尽力した。

ミュラー、フリードリッヒ・マックス(Müller, Friedrich Max):1823～1900。イギリスに帰化したドイツの東洋学者、宗教学者。ビュルヌフにサンスクリットを学び、『リグ・ヴェーダ』の校訂、翻訳に取り組む。比較宗教学、神話学の業績でも名高い。

村上専精(Murakami, Senshō):1851～1929。真宗大谷派僧侶、仏教学者。東京大学教授などを務める。『仏教史林』を創刊し、仏教の歴史的研究の礎を築く。また彼の主張した大乗非仏説論は大きな反響を引き起こした。

八淵蟠龍(Yatsubuchi, Banryū):1848～1926。浄土真宗本願寺派僧侶。シカゴの万国宗教会議に日本仏教の代表者の一人として参加し、大乗仏教についての発表を行う。帰国後にはその様子を『宗教大会報道』にて報告している。

楊文会(Yang, Wenhui):1837～1911。中国の著名な居士、仏教学者。南京に金陵刻経処を創設し、多くの仏典を刊行した。また祇洹精舎と仏学研究会を興して仏教教育を行い、清朝

末期の仏教復興を牽引した。

梁啓超（Liang, Qichao）：1873〜1929。中国の政治家、歴史家。清朝末期の改革運動に関わるも失敗し日本に亡命。日本語文献で欧米の近代思想や仏教学を学ぶ。辛亥革命後に帰国し再び政治活動を行った。

リス＝デイヴィズ、トマス・ウィリアム（Rhys = Davids, Thomas William）：1843〜1922。イギリスのインド学、仏教学者。パーリ語仏典研究の先駆的役割を果たし、パーリ語原典協会を設立した。またその妻、リス＝デイヴィズ夫人（Davids, Caroline Augusta Foley Rhys：1857〜1942）もアビダルマの翻訳を行うなど、パーリ語仏典研究において著名である。

渡辺海旭（Watanabe, Kaikyoku）：1872〜1933。浄土宗僧侶、仏教学者、仏教運動家。ドイツに留学してインド学を学ぶ。教育者として芝中学校長を務めるほか、浄土宗労働救済会を創立し、社会事業にも尽力した。

（作成・長谷川琢哉）